Entretiens

L'ÉCRITOIRE

Daniel &
René-Daniel Dubois

Entretiens

Janvier-avril 2005

Leméac

Ouvrage édité sous la direction
de Marie-Josée Roy

Leméac Éditeur remercie le ministère du Patrimoine canadien, le Conseil des arts du Canada, la Société de développement des entreprises culturelles du Québec (SODEC) et le Programme de crédit d'impôt du Gouvernement du Québec (Gestion SODEC) du soutien accordé à son programme de publication.

ISBN-13 : 978-2-7609-6065-7
ISBN 10 : 2-7609-6065-X

© Copyright Ottawa 2006 par Leméac Éditeur Inc.
4609, rue d'Iberville, 3ᵉ étage, Montréal (Québec) H2H 2L9
Dépôt légal – Bibliothèque et Archives nationales du Québec, 2006

Imprimé au Canada

He who desires but acts not,
breeds pestilence.

Celui qui désire mais n'agit pas
porte la peste[1].

William Blake

---

1. *The Marriage of Heaven and Hell*, 1790. Traduction de René-Daniel Dubois.

PREMIÈRE PARTIE

Faux départ

R. Daniel Dubois, bonjour.

D. Bonsoir à vous.

R. D'entrée de jeu, il serait certainement approprié d'un peu situer d'éventuels lecteurs…

D. …
Excusez-moi?

R. … de les renseigner sur le lieu et le moment de ce premier entretien…

D. Ah bon! Vous voulez dire : de *leur* permettre de *nous* situer? Sur le coup, j'avais compris exactement le contraire. Et je ne voyais vraiment pas comment j'aurais pu faire ça.

R. …

D. J'aurais juré que vous me demandiez de prédire si cet éventuel bouquin, s'il allait jamais être lu, le serait dans un fauteuil de la bibliothèque du Cégep du Vieux-Montréal, ou pas plutôt les fesses collées sur un quartier de roc, à Rimouski, sur la berge du fleuve.

R. …

Départ

R. Daniel Dubois, bonjour.

D. Bonsoir à vous.

R. D'entrée de jeu, il serait peut-être indiqué de permettre à d'éventuels lecteurs de situer un peu les entretiens dont ils vont ici lire la transcription.

D. Excellente idée.

R. Le moment et le lieu, d'abord, peut-être?

D. Bien sûr.

Nous sommes ce soir le dimanche 2 janvier 2005. Il fait à l'extérieur un temps de chien – de husky, pour être précis : neige et verglas. Il est précisément vingt et une heures. Nous sommes vous et moi assis à une table du resto-café Le Barbare, à Montréal. C'est un endroit chaleureux et sympathique qui se trouve rue Saint-Denis, voisin immédiat, juste au nord, du Théâtre du Rideau vert. Tout le mur donnant sur la rue consiste en une grande porte de garage vitrée, ce qui fait qu'attablés comme nous le sommes tout contre cette vitrine, nous pouvons, à quelques centimètres à peine, voir tourbillonner et scintiller le grésil.

R. Merci.

D'autres repères, que vous souhaiteriez fournir? Concernant peut-être, par exemple, les buts visés par ces entretiens, les raisons que vous avez de les entreprendre?

D. Pourquoi pas?

Il s'agit tout simplement pour moi, soutenu et aiguillonné par vous, de raconter ma vie.

R. De faire votre autobiographie?

D. En quelque sorte.

R. Est-ce que ce n'est pas un tout petit peu présomptueux? Et puis, de toute manière, euh… hâtif? Quel âge avez-vous?

D. Nous sommes entrés hier dans l'année qui me verra célébrer mon cinquantième anniversaire.

R. Quarante-neuf ans, c'est ce qu'on appelle « la force de l'âge » – est-ce que ce n'est pas un peu jeune pour dresser le bilan d'une vie?

D. C'est bien possible, mais de telles considérations ne me concernent en rien, en tout cas pas en ce qui a trait à nos entretiens. Et puis, de toute manière, mon but en les entreprenant n'est pas du tout, comme vous venez de le suggérer, de dresser le bilan de ma vie. Il s'agit plutôt de marquer le terme d'une de ses étapes cruciales, ce qui est fort différent.

R. Vous vivez un passage?

D. Tout à fait. Je me sais sur le point d'entrer dans une nouvelle période de mon existence et je ressens, avec une force imparable, avec une puissance proprement cataclysmique, le désir de comprendre ce qui m'arrive et, même, de tenter de prévoir, ne serait-ce qu'un tout petit peu, ce qui m'attend. En un mot : de comprendre qui je suis – qui je suis devenu. Et ce qui m'anime.

R. Que voulez-vous me dire à propos de cette période qui s'achève?

D. Pour le moment, le minimum puisque de toute manière il ne sera pratiquement question que d'elle tout au long des pages qui vont suivre. *Grosso modo,* dans les termes les plus synthétiques possibles, voici : la quasi-totalité de mon existence, à ce jour, je l'ai vécue radicalement solitaire…

R. Vous avez pourtant été un personnage public.

D. Non, non : *vous* avez été un personnage public. Je vous ai d'ailleurs, en toute conscience, créé très précisément dans ce but : pour que vous me représentiez dans le monde. « Le monde » signifiant ici : tout ce qui n'était pas la solitude la plus pure et, trois ou quatre fois tout au plus au cours de ma vie, l'intimité d'êtres aimés.

R. Et que pouvez-vous me dire de cette rupture qui approche?

D. Pas grand-chose. Mais je dois d'abord vous corriger, si vous voulez bien me le permettre.

R. Faites.

D. Il ne s'agit pas du tout, à proprement parler, d'une rupture – d'ailleurs, je n'ai pas utilisé ce mot. Au contraire d'être un événement violent, bref et bruyant, il s'agit plutôt… de… d'une mue. L'impression de changer de peau. Et même en fait, encore plus précisément : de changer de corps, de changer de vie, mais pas en en remplaçant les morceaux, simplement en permettant que s'établisse entre eux un nouvel équilibre.

R. Une mutation?

D. Pas du tout : une mue – j'insiste. Il ne s'agit pas de devenir totalement autre, il s'agit de laisser tomber une peau – des pans de mon existence, de mes comportements, de mes croyances – devenue caduque. Elle a rempli ses fonctions, mais la conserver plus longtemps serait dangereux : je risquerais fort d'y étouffer.

Seconde correction : cette mue n'approche pas – elle est d'ores et déjà advenue.

R. Ah bon?

D. Elle s'est déroulée sur une dizaine d'années – une période allant du milieu de la décennie 1990 à maintenant – mais sa phase critique, la véritable transformation, a eu lieu durant la seconde moitié de cette décennie-là : de 1999 à 2004. Il ne s'est pas agi d'une espèce de vague impression, bien au contraire : à tout bout de champ, je me retrouvais à ouvrir la bouche pour répondre à une question qu'on venait de me poser mais, au moment où le premier mot allait franchir mes lèvres, à prendre soudain conscience de ce qu'en fait la réponse que j'aurais faite spontanément trois ou six mois plus tôt ne convenait plus du tout – j'avais changé d'idée, la plupart du temps sans savoir ni quand, ni comment, ni pourquoi. C'est vertigineux et complètement épuisant, de passer des années de sa vie à ne jamais savoir quel incident ne va pas, dans cinq minutes ou dans une demi-heure, encore une fois vous faire prendre conscience de ce que tout, en vous, est en train de changer de place et de valeur – et que vous n'avez pas la moindre idée d'où ce constant remaniement va finir par vous mener. En d'autres mots, de chaque jour, plusieurs fois par jour, vous faire remettre sur le nez par la vie que vous ne savez pas qui vous êtes.

R. Bon. Faisons déjà le point, si vous voulez bien.

D. Allez-y.

R. Un homme arrive à l'orée de ses cinquante ans après avoir passé les dix, mais tout particulièrement les cinq, dernières années de sa vie à se sentir se transformer radicalement – à « muer », comme vous dites – et il éprouve alors le besoin de raconter ce qu'a été ce changement et ce qu'a été sa vie…

D. Stop. Ce n'est pas du tout au terme de cette transformation que le désir de me raconter ma vie à moi-même a surgi.

R. De vous raconter votre vie… à vous-même ? Mais… ?
Si ce que vous souhaitez c'est de vous la raconter à vous-même, pourquoi le faire… dans un livre ? Ce n'est quand même pas le moyen le plus… euh… discret qu'on puisse imaginer.

D. D'abord, il n'est pas dit, pas dit du tout, que ce livre soit destiné à être publié – j'ai besoin, pour pouvoir l'écrire, de me raconter qu'il le sera, mais cela n'implique absolument pas pour autant qu'une fois qu'il sera achevé, si jamais il l'est, je déciderai de le sortir.
Ensuite, l'équilibre entre « me raconter à moi-même » et « raconter aux autres » est une simple affaire de proportions et ces proportions ne sont pas vraiment plus problématiques ici que dans quoi que ce soit d'autre que j'aie pu écrire au cours de ma vie : que ce que je raconte puisse être porté à la connaissance du public est presque sans importance à mes yeux. Je ne comprendrai – peut-être… – ce que je cherche à saisir que si je m'oblige à le raconter et à le mettre en forme. Or je ne connais aucune autre manière de parvenir à un tel récit et à une telle mise en forme que celle d'un projet au moins apparemment littéraire. Que ce processus-là risque de mener au dévoilement de pans entiers de ma vie privée est sans la moindre importance à mes yeux – en tout cas en comparaison de la possibilité que ce travail m'ouvre d'enfin comprendre. C'est comprendre, qui est essentiel. Aucun prix ne me paraît trop élevé à payer pour tenter d'y parvenir. Et de toute façon, je n'ai rien à cacher.

R. Bon. Je suppose que nous y reviendrons.

D. Sans l'ombre d'un doute.

R. Vous disiez que ce n'est pas au terme de votre… mue que le désir de vous raconter…

D. Non : pas de *me* raconter. De raconter ma vie. De raconter et de mettre en forme ce qu'elle a été, ce qu'elle est, pour moi. À mes yeux à moi.

R. D'accord. Je reprends.

Ce n'est pas au terme de votre mue qu'a surgi le désir de raconter ce qu'est votre vie à vos propres yeux…

D. Juste. Ce désir a été présent, il a même été au cœur de toute cette décennie à laquelle je viens de faire référence. Depuis dix ans, l'idée, le besoin, le désir d'organiser par le récit mes perceptions de ce que je suis, a été omniprésent. Je ne crois pas qu'il se soit passé une seule journée sans qu'il ne vienne me hanter. Et j'ai perdu le compte des tentatives de toutes sortes dans lesquelles je me suis lancé.

R. Et dont aucune n'a été menée à terme ?

D. Non, en effet. En dépit de tous mes efforts, je n'ai jamais trouvé le… le ton, la forme qui convenait.

R. Les entretiens auxquels nous commençons vous et moi ce soir à nous livrer ne sont donc pas spontanés, improvisés ?

D. Ils sont aux antipodes de l'être. Nos entretiens, mon cher René-Daniel, représentent la… peut-être la trentième tentative à laquelle je me livre pour enfin accomplir la tâche la plus capitale de ma vie à ce jour – capitale à mes propres yeux, en tout cas. Je dis « la trentième » par souci de mesure, en fait je crois bien que le chiffre véritable s'élèverait à cinquante ou peu s'en faut.

R. Et en quoi est-ce que…

D. Permettez. Encore une précision.

Je viens de dire que le désir de me raconter ma vie a été au cœur de mes jours depuis dix ans, et tout particulièrement depuis cinq ans, et que ce désir – je le répète : d'une force colossale, peut-être la plus grande que j'aie jamais connue hormis celle de la passion amoureuse – a été et demeure intimement lié à la mue qui a elle aussi commencé d'advenir au milieu des années 1990…

R. Oui…

D. … mais si ce désir-là a véritablement pris son essor vers 1995, et si à cette époque il s'est mis à acquérir la force redoutable qui est désormais la sienne, cela ne signifie absolument pas pour autant qu'il ait été absent auparavant. Dès 1987 – j'avais alors trente et un ou trente-deux ans –, je me souviens clairement avoir déjà été tenté par cette entreprise. La même, exactement. À ceci près que l'urgence, bien que forte, n'était alors en rien comparable avec ce qu'elle allait être devenue quelques années plus tard. Je peux même vous dire que ce désir-là de me raconter ma vie était déjà très clairement présent chez moi à vingt-trois ans.

R. D'accord. Je reprends une nouvelle fois ma récapitulation, puisque après tout nous semblons bien avoir tacitement convenu que notre entretien initial de ce soir devait permettre aux lecteurs…

D. … aux *éventuels* lecteurs…

R. … de se faire une idée de la trame des propos qu'ils sont invités à lire ici.

D. Tout à fait.

R. Nous disons donc.
Depuis de très nombreuses années, un homme, qui arrive à présent à cinquante ans, est habité par le désir de se raconter à lui-même ce que sa vie est et a été. C'est bien ça?

D. C'est bien ça : il souhaite se… se saisir, comprendre, au moins un peu, qui il est.

R. Bien. Au fil des ans, tentant de parvenir à ce récit, il s'est livré à des tas de tentatives de tous ordres – qui ont toutes été des échecs. Ça va toujours?

D. Essentiellement, oui. Je ne crois vraiment pas qu'« échec » soit le mot qui convienne, je pense que ces tentatives étaient exploratoires et se sont révélées de véritables mines d'enseignements, à tous égards, mais acceptons-le tout de même pour le moment. Oui, en gros, ça va.

R. Le but de cet homme, en racontant sa vie, n'est pas de se raconter aux autres, n'est pas du tout, si vous me passez l'expression, d'étaler sa vie aux yeux de tous, mais simplement – si j'ose dire – de se la raconter, oui, à lui-même. Or il sait, il... pressent...?

D. Il sait.

R. ... il sait que la seule manière d'atteindre cet objectif est de se donner un cadre. De s'obliger. Et, après mûre réflexion, il comprend que la *forme* de l'autobiographie représente peut-être le meilleur chemin qui s'offre à lui.

D. Pas « le meilleur » chemin : « le seul ».

R. Il va donc, en quelque sorte, faire semblant de se raconter aux autres, alors qu'en réalité c'est à lui-même qu'il cherche à parler.

D. Excusez-moi de vous interrompre encore, mais je crois que la distinction que je veux apporter est essentielle : non, ce n'est pas *uniquement* à lui-même qu'il cherche à parler. C'est *d'abord* à lui-même, c'est *surtout* à lui-même, mais ce n'est pas *seulement* à lui-même. Il y a aussi des hommes, des femmes, qu'il aime d'amour ou d'amitié, de qui il a été proche autrefois ou récemment, à qui il souhaite parler. Pour certaines et certains, ce seront ces fragments-ci qui seront significatifs, pour d'autres, ce seront ceux-là. De plus, il y a de parfaits inconnus, qu'il s'imagine parfois et à qui, peut-être, son récit pourrait être de quelque soutien, de quelque éclairage. Il y a cette jeune femme, par exemple, purement imaginaire, dont l'image lui revient souvent depuis une dizaine d'années. Elle appartient à notre avenir. Et même, à notre avenir lointain. Elle est étudiante. En anthropologie, je crois. À l'Université de Chicago. Un jour, par hasard, elle tombe sur ce livre ancien – que vous et moi venons de commencer d'écrire – et découvre par son entremise que tout un pan de l'histoire de l'Amérique du Nord telle qu'on la lui a enseignée peut être compris très différemment de ce qu'elle a toujours pensé. Je crois que je vous reparlerai d'elle, plus tard.

Essentiellement, ma remarque signifie ceci : je ne dis absolument pas que je veux *me* raconter ma vie par opposition à la *leur* raconter, non, je dis « Je veux me comprendre », par opposition à « Je veux étaler ma vie ». Si la seule façon qui me paraisse praticable pour parvenir à éventuellement me comprendre implique de courir le risque de paraître étaler ma vie, eh bien tant pis, je le prends.

R. Je crois que je commence à comprendre. Je ne peux pas dire que je sois convaincu, mais je commence à saisir. Je reprends encore une fois ?

D. Comme vous voulez.

R. Depuis plus de vingt-cinq ans, un homme atteignant aujourd'hui cinquante ans est habité par le désir de comprendre ce que sa vie est et a été. Il dit qu'il cherche à se « saisir », à comprendre, au moins un peu, qui il est. Au fil des ans, il a fini par réaliser que la seule manière d'y arriver, s'il en est une, devrait emprunter la forme d'un récit autobiographique. Il a tâté le terrain de nombreuses fois, cherchant le ton et la forme qui conviendraient, mais aucune de ses tentatives ne l'a satisfait. Il les a donc... abandonnées ?

D. Elles se sont détachées de moi comme des feuilles mortes.

R. Cependant, au fil des ans, et tout particulièrement depuis dix ans, au fil de ses tentatives, cette recherche a fini par revêtir dans sa vie un caractère d'urgence absolument primordial. Et durant cette même période, quelque chose, en lui, s'est mis à muer – il change de peau. L'homme se sent changer, sent qu'il doit renoncer à des attitudes, à des croyances, à des comportements, mais il ne sait ni vraiment lesquels, ni vraiment pourquoi, ni vraiment ce qu'il devrait faire à la place de ce qu'il a fait jusque-là...

D. Oui. C'est surtout cette dernière tache aveugle là, qui est troublante dans la vie de tous les jours : l'impression, terriblement angoissante, de ne plus savoir en regard de quelles valeurs choisir ce qu'il convient de faire. Un peu comme si, pour un navigateur d'autrefois, toutes les étoiles avaient soudain changé de place : il faut qu'il s'arrête et qu'il redessine la carte du ciel. Autrement, il est complètement égaré. Et le restera.

R. Notre homme décide donc de se remettre, une fois de plus, à la tâche. Cette fois, sa carte du ciel, son apparente autobiographie, prendra la forme d'entretiens. D'entretiens entre lui et… et qui ? Pourquoi moi ?

D. Parce que cette tâche, celle de jouer encore une fois le rôle de pont entre le monde et moi, fait partie de vos attributions, mon cher René-Daniel. Je vous ai créé, ou plutôt : je vous ai laissé surgir de moi, précisément dans ce but – pour que vous soyez l'arbitre, le médiateur entre moi et le monde où je vis. Et parce que c'est une tâche que jusqu'à maintenant vous avez remplie de manière tout à fait satisfaisante à mes yeux. Oh, je suis bien conscient de ce qu'au cours des entretiens que nous inaugurons ce soir, des désaccords risquent fort de surgir entre nous, peut-être même des désaccords sérieux, profonds – et je compte sur vous pour les exprimer et les expliciter. J'en ferai autant de mon côté. Je pressens, mais cela pourrait très bien n'être qu'un mirage, que vous et moi, à parts égales, sortiront de ce récit bouleversés. Au sens propre du terme : retournés à l'envers. C'est le but même de l'exercice. Assumer, enfin ! Enfin voir. Comprendre. Saisir. Et prendre en compte.

Tout est là, en vous, en moi. Prêt à sortir. De l'échange que nous entamons ce soir, sortira l'avenir. Le vôtre. Le mien. Le nôtre.

R. Bien.

Mais une question me titille encore : pourquoi avoir recours à un… à un dialogue… fermé… en quelque sorte ?

Je suis bien placé pour savoir que je ne suis pas vous, que je ne suis qu'une partie de vous, qui procède de vous et est en même temps, en partie, quasi indépendante de vous… et qui est donc fort loin de suffire à vous résumer. Et pourtant. Pourquoi ces entretiens ne peuvent-ils pas, selon vous, se dérouler entre vous et… je ne sais trop… un ami? Un intime? Voire un spécialiste : journaliste, biographe? Je vous donne un exemple : depuis 1995, le documentariste Jean-Claude Coulbois, à qui nous devons notamment une radiographie du théâtre québécois de 1968 à 1994, et aussi un portrait fascinant du comédien Jean-Louis Millette, travaille à un documentaire sur vous. Il est devenu votre ami, un confident, et il a toute votre confiance. Pourquoi ne pas lui raconter tout ça à lui?

D. Parce que je ne saurais pas comment. Cela n'a strictement rien à voir avec la confiance que je lui porte. C'est que. Je ne. Voici : pour dire les choses simplement, parce que ce n'est pas sur moi que porte le film que prépare Jean-Claude, mais sur vous…

R. …

D. … et que je n'ai strictement aucune envie d'intervenir dans son film. C'est son film à lui.

R. Euh.
Quelqu'un fait un film sur… enfin… sur vous vu à travers moi… et vous ne voulez pas… intervenir? Le paradoxe est un peu fort, non?

D. Mais pas du tout. Depuis dix ans que dure le projet de Jean-Claude, il est bien clair pour moi que l'intérêt de son film, à mes yeux en tout cas, c'est d'observer son regard à lui et pas du tout de tenter de le contrôler pour qu'il en vienne à donner de vous une image idéale. Ce n'est pas mon image qui m'intéresse, c'est le regard de Jean-Claude. Je lui dis souvent en gag que je suis une fourmi dans *Microcosmos* – ou un lion ou un phoque dans un documentaire de la *National Geographic*, si vous préférez. Ce film-là est un regard sur l'image publique, l'image extérieure, de ma vie.

Je ne l'ai pas commandé, je ne l'ai pas commandité non plus, et je ne me prends pas du tout pour son réalisateur : j'en suis le sujet. C'est un lien assez extraordinaire, et remarquablement précieux, de se retrouver soudain le sujet d'un autre artiste : à la fois d'observer l'évolution de son regard sur soi et de l'entendre vous le décrire et en décrire, lui aussi, l'évolution. Ça a donné lieu au fil des ans à nombre de discussions passionnantes, sur une foule de sujets. Ce n'est pas tous les jours qu'un microbe qui patine sur sa lamelle de microscope a la chance de pouvoir discuter avec le biologiste dont tous les jours il voit l'œil gigantesque dans la lentille, juste au-dessus de sa tête.

Après avoir durant de longues années essuyé refus de soutien par-dessus refus de soutien, de toutes parts, Jean-Claude a enfin reçu à la fin de 2004 quelques bonnes nouvelles concernant son projet avec vous. Des bonnes nouvelles qui permettent de croire que, peut-être, son film va finalement pouvoir être achevé, va enfin voir le jour. D'une certaine manière, cette éventualité me libère les mains : vous aurez votre film, et moi mon récit.

R. Voulez-vous dire que si le film de Jean-Claude était en danger, les choses risqueraient d'être très différentes entre vous et moi ? Différentes au point de, peut-être, rendre douteuses les chances de réussite de nos entretiens ?

D. Oui, c'est précisément ce que je pense.

R. Je vois. C'est donc parce qu'il existe, en ce 2 janvier 2005, de bonnes chances pour que le film de Jean-Claude voie le jour, que vous m'avez convoqué aujourd'hui pour ce premier entretien ?

D. C'est effectivement l'une des raisons.

R. Nommez-m'en une autre.

D. Une autre quoi ?

R. Une autre raison.

D. Une autre raison… pour vous avoir convoqué ?

R. Non. Oh, et puis oui, si vous voulez. Mais je pensais plutôt à une autre raison de me convoquer *maintenant*.

D. Oh.

...

Eh bien, comme ça, au débotté, il m'en vient cinq. Je vous les lance dans le désordre.

L'argent.

Le ménage.

Le temps.

L'amour.

La nécessité.

R. Et si vous les donniez dans l'ordre ?

D. Dans l'ordre, je dirais... attendez voir...

Au premier rang, *ex æquo* : la nécessité et l'amour.

Au second, *ex æquo* eux aussi – en fait je ne vois même pas bien pourquoi je me donne la peine de les distinguer, tellement ils renvoient, chacun, directement et imparablement à l'autre – : le temps et l'argent.

Au troisième : le ménage.

R. Le... ménage ?

D. Comme dans l'expression « faire le ménage ».

Il y a des moments de ma vie, des enjeux, nombreux, que je ressens le besoin de raconter – mais dont je ne veux pas qu'ils se retrouvent dans des œuvres de fiction : ce n'est pas la place qui leur convient. Je veux, oui, faire le ménage, « débarrasser mon pupitre », si vous préférez.

R. Et pourquoi donc ne pas les inclure dans des fictions ?

D. Parce qu'ils provoqueraient des déséquilibres – peut-être pas perceptibles en tant que tels par le lecteur ou par le spectateur, mais par lesquels, moi, en cours d'écriture, je serais grandement gêné. On peut très bien – je l'ai déjà fait – utiliser dans une œuvre de fiction des... matériaux littéralement tirés de notre propre vie, mais ce n'est pas du tout la même chose que de faire de ces mêmes événements-là l'enjeu d'une œuvre.

R. Vous avez un exemple ?

D. Non, j'en ai des tas. Dans *Being at home with Claude*, entre autres.

R. Je vous écoute.

D. Vers le milieu de la pièce, il se produit une drôle de rupture, presque un passage à vide : l'Inspecteur, excédé par les réponses évasives, apparemment contradictoires et fuyantes de Yves, l'envoie de force aux toilettes. Il profite de l'accalmie pour passer un coup de fil à son épouse, qui doit être en train de se faire un sang d'encre, de se demander où il a bien pu disparaître et, pendant qu'il est au téléphone, le Sténographe arrive. Aussitôt que l'Inspecteur a raccroché, le Sténographe se met à lui réciter les informations que la machine policière est, tant bien que mal, parvenue à glaner sur le compte du jeune homme. Dramatiquement, ce dialogue-là entre le Sténo et l'Inspecteur ne vise pas autre chose que de montrer que ce n'est certainement pas par l'accumulation d'informations biographiques que les flics vont parvenir à se tirer du très mauvais pas où ils se trouvent – pour l'excellente raison que tous les renseignements qu'ils peuvent déterrer à propos de Yves ne les aident pas, bien au contraire : chacun des nouveaux détails qu'ils dénichent épaissit encore davantage le brouillard au sein duquel ils tournent en rond. Ce n'est pas dans la biographie de Yves que se trouve la clé de la situation qu'il a provoquée, mais dans son regard – et ce regard, ce n'est certainement pas son numéro de compte de banque qui risque de le leur révéler.

J'ai écrit *Being…* très rapidement – il ne m'a fallu qu'à peu près le temps qu'il faut pour taper le texte – et quand je suis arrivé à l'écriture de la scène du Sténo et de l'Inspecteur, je n'avais pas du tout envie de changer de rythme, de ralentir pour prendre le temps d'inventer une vie complète à Yves : tout ce dont j'avais besoin, c'était d'éléments biographiques qui feraient voler en éclats l'image de lui que, depuis le début de la pièce, l'Inspecteur s'acharne à construire pour pouvoir le coincer. J'ai donc, à la volée, utilisé pour les dossiers de la police des bouts de ma vie à moi, à peine retouchés et adaptés.

R. Des bouts comme quoi?

D. Comme celui de la mort de la mère de Yves.

Le Sténo nous apprend qu'elle serait morte dans un bureau de la haute direction de Radio-Canada, durant les années 1950 – elle était avec son amant, elle était alcoolique, ils ont bu, elle est tombée et s'est frappé la tête sur un coin de table –, l'amant a paniqué, s'est enfui et l'a laissée mourir au bout de son sang.

Eh bien, c'est comme ça que ma mère à moi est morte. Ça ne s'est pas passé en 1957 mais en 1966, ce n'était pas à Radio-Canada mais à la Place Ville-Marie, au siège social du CN – aujourd'hui, VIA Rail. Il n'en reste pas moins qu'essentiellement, les circonstances étaient les mêmes : mannequin, bureau de la haute direction, amant, alcoolique, accident, fuite. Eh bien, quelqu'un qui s'imaginerait qu'en utilisant ce fragment-là de ma vie dans *Being…* j'ai cherché à régler mes comptes avec cette partie-là de mon histoire personnelle nagerait dans les patates jusqu'aux oreilles. Ce n'est pas comme ça que ça marche, pas comme ça du tout.

Le jour – si jamais il advient – où je voudrai réellement vider la question de la mort de ma mère, je devrai le faire *ouvertement, nommément, sûrement pas par allusions.*

Autre exemple. Dans *Monsieur Deslauriers…*

R. *Le printemps, monsieur Deslauriers…*

D. Oui. C'est aussi une pièce que j'ai écrite très rapidement. Je vais rencontrer Jean Duceppe pour lui soumettre un tout autre projet – à ma totale surprise il l'accepte, et nous nous mettons alors à parler de tout et de rien : nous faisons un peu connaissance. À un moment, il me dit « Je sais bien que ça ne marche pas comme ça, qu'un écrivain a besoin d'avoir ses propres idées, mais si jamais vous aviez celle d'écrire une pièce dans laquelle un homme arrive au bout de sa vie, se retourne, regarde le trajet de son existence et dit : " J'ai peut-être bien fait rien que ça, dans ma vie… mais ça, au moins, je l'ai fait "…, venez me voir tout de suite ! » Cette phrase-là me frappe tellement que je me retrouve incapable de travailler au projet sur lequel nous venons de nous entendre. Notre rencontre se termine, je pars pour Paris mais, à la mi-temps du séjour prévu, je rentre à Montréal en quatrième vitesse, me loue un nouvel appartement, y installe un futon, quatre assiettes, un rideau de douche, un cendrier, deux tables, deux chaises, une machine à écrire et une pile de feuilles blanches, et sors une première version à toute vapeur.

Je refais, mais à une échelle autrement plus importante, exactement ce que je viens de vous raconter à propos de la mort de ma mère. Sauf que cette fois-ci, c'est toute une partie de l'histoire de mon clan familial, que j'utilise. Mais ce n'est pas pour autant l'histoire de ma famille que je raconte : cette histoire, je me sers d'elle comme un maçon utilise les briques qu'il a sous la main, et c'est tout.

Cela dit, il existe bel et bien, dans mes œuvres, des passages pour lesquels je me suis inspiré d'individus que j'avais connus dans le but de… régler des comptes. D'exprimer, pour m'en débarrasser, l'impression de malaise qu'ils m'avaient laissée. Mais ces gens-là ne se sont jamais reconnus. Pas à ma connaissance, en tout cas…

R. Vous voulez dire que vous vous êtes arrangé pour qu'ils ne le puissent pas ?

D. Voilà.

À ce jour, il ne m'est *jamais* arrivé que quelqu'un de qui je me suis inspiré, mais en voulant qu'il ne le sache pas, se reconnaisse tout de même dans ce que j'ai écrit. Et *personne*, de tous les gens à être venus me voir en me disant « C'est mon histoire que tu as racontée » ou « Tu t'es inspiré de ma vie à moi pour écrire telle ou telle situation », n'est tombé juste. Je veux dire *vraiment* juste.

La même règle s'applique point par point, mais inversée, dans le cas de tous ces souvenirs, désirs, joies et douleurs qui cherchent à sortir de moi et que je sais devoir ne pas inclure dans mes œuvres de fiction : ces moments-là de ma vie veulent sortir, cherchent à toute force à être dits, mais les utiliser comme matériau – comme je l'ai fait lors de l'écriture de *Being…* ou de *Monsieur Deslauriers* – ne serait absolument pas suffisant. Pour que leur narration remplisse son rôle libérateur, il faut qu'ils soient pris en compte et narrés *ouvertement, nommément, sûrement pas par allusions.* Il n'est donc pas question que cela se fasse en transparence, dans une œuvre de fiction.

La seule autre option que je puisse concevoir, ce serait d'extraire l'essentiel de ce qui m'a blessé dans une situation donnée, par exemple, de le transposer complètement, et de… régler mes comptes – ce n'est pas l'expression juste, mais bon… – avec les enjeux de la situation, plutôt qu'avec la situation elle-même.

Il n'en reste pas moins que la pression exercée par ces souvenirs, ces joies et ces douleurs-là qui cherchent à sortir de moi est telle qu'elle en arrive par moments à m'empêcher d'écrire quoi que ce soit d'autre qu'eux. Ce qui fait que tarder davantage à les exprimer pourrait bien rapidement finir par signifier pour moi l'impossibilité pure et simple d'écrire, sur quelque sujet que ce soit, biographique ou fictif.

R. Je vois. Enfin… je crois.

Toujours sur le sujet de l'inclusion dans votre œuvre de fragments autobiographiques, il y a une question que je ne peux pas m'empêcher de vous poser. Je pressens très fortement qu'elle n'aura rien pour vous plaire, mais je ne vois vraiment pas comment je pourrais la contourner.

D. Ça promet…

R. Voici. Vous dites que vous êtes parvenu à inventer des récits en y incluant des fragments tirés de votre propre vie, mais que ces fragments-là, une fois inclus dans ces œuvres-là, ne parlaient plus de vous puisque ce n'était pas *pour ça* que vous aviez eu recours à eux. Vous savez pourtant parfaitement que la tendance la plus déterminante, de nos jours, en critique artistique, est de prétendre qu'un artiste parle toujours d'abord de lui-même. En disant ouvertement que vous avez eu recours à l'évocation de fragments de votre propre vie, est-ce que vous ne… courez pas après le trouble, comme on dit couramment? Est-ce que vous ne vous placez pas dans une position facilement qualifiable de narcissique?

D. Deux choses.

R. Je vous écoute.

D. *Primo*, l'affirmation selon laquelle nous ne pourrions jamais parler que de nous-mêmes est un serpent qui se mord la queue – et qui se la mâche avec une remarquable vigueur. Exactement comme si j'écrivais ici que « Tout texte écrit est un mensonge » : cette phrase-là serait écrite, elle serait donc un mensonge, mais pour qu'elle en soit réellement un, il faudrait que l'affirmation qu'elle porte soit vraie, or elle ne pourrait pas l'être puisqu'elle serait écrite et serait par conséquent un mensonge. Et ainsi de suite. Jusqu'à ce que mort s'ensuive.

Eh bien, si l'affirmation selon laquelle on ne peut jamais parler que de soi-même est vraie, pour qu'elle ait un minimum de sens, il faut supposer que chacun de nous est différent des autres – autrement, parler de soi reviendrait à parler de tous et il n'y aurait rien à redire. La phrase signifie donc essentiellement que, si elle est vraie, elle l'est pour une catégorie donnée d'individus. Or, cette catégorie-là, ce ne peut être que celle de ceux qui la prononcent, puisque ce sont eux qui ne peuvent pas imaginer qu'on puisse parler d'autre chose que de soi-même. Ce sont donc ceux qui prétendent qu'on ne peut parler que de soi qui sont, au tout premier chef, incapables de parler de quoi que ce soit d'autre que d'eux-mêmes et alors, s'ils ont raison, ce qu'ils affirment ne me concerne absolument pas puisque c'est d'eux-mêmes qu'ils parlent, et d'eux-mêmes seulement. Ils ne peuvent quand même pas prétendre que personne ne peut parler d'autre chose que de lui-même, sous-entendre que tout le monde est pareil à cet égard, et s'exclure de l'affirmation…

R. Et… paf.

D. L'autre phrase classique, vicieuse cousine de la première, qui veut que la réalité se trouverait uniquement dans le regard de celui qui regarde est, elle aussi, un non-sens. À chaque fois que je l'entends – et Vishnou sait que j'en ai souvent eu l'occasion hélas… – je suis tenté de suggérer à mon interlocuteur d'aller faire un tour à Bagdad, au Congo, au Rwanda ou d'aller jaser un peu avec les Vietnamiens qui ont eu la chance de se faire balancer des bombinettes au napalm sur la tête. Ils verraient que ces gens-là avaient le regard tellement pénétrant qu'ils ont réussi à se faire rôtir la peau avec.

Ces deux affirmations-là, et la pseudo-position philosophique sur laquelle elles prétendent reposer, sont intenables. Elles se résument à rien de moins que des tentatives de contrôle absolu du discours des autres. Elles représentent l'équivalent rhétorique du délire gestionnaire dans lequel on finit par s'imaginer que des colonnes de chiffres sont plus « réelles » que les objets concrets que ces chiffres sont censés représenter. Si ces deux phrases-là reposaient vraiment sur quoi que ce soit de déterminant, de toute manière il serait inutile de parler – et donc de les exprimer, elles –, puisque nous ne pourrions jamais rien connaître d'autre que nous-mêmes, que nous ne pourrions pas non plus rien exprimer d'autre, et que le langage serait par conséquent parfaitement illusoire.

Il y a, dans la critique et le commentaire artistique, en tout cas ici, une très forte tendance inquisitoriale : une volonté à pousser les gens à se confesser *de force*, qui est insupportable. Surtout si l'on tient compte du fait que la Sainte Inquisition avait une tendance extrêmement marquée à prétendre connaître d'avance les réponses à ses soi-disant questions.

R. Et *secundo* ?

D. *Secundo*, les souvenirs, en nous, occupent plusieurs positions et sont revêtus de plusieurs sens, et de plusieurs profondeurs de significations, *simultanément*. C'est ce qui nous permet de repenser parfois à un moment particulier vécu en un certain lieu ou en une certaine compagnie, sans que l'ensemble des souvenirs liés à cette personne ou à cet endroit ressurgissent nécessairement du même coup. Ainsi, on peut très bien, lors d'une entrevue pour un emploi, répondre à la question « Nom du père ? » sans éclater en sanglots, même si ce père était abusif ou est mort dans d'atroces souffrances. Il y a des degrés dans la remémoration qui font qu'on peut très bien avoir recours à des évocations de portions de sa vie sans pour autant que cela implique que nous sommes, à ce moment-là, en train d'évoquer la totalité de la charge émotionnelle liée à ces souvenirs. C'est précisément ce que je viens de vous dire avoir fait dans le cas de l'écriture de *Being...* et de *Monsieur Deslauriers*. Et c'est pour ça que je vous dis que le jour où je voudrai parler en profondeur des moments que je me suis, dans ces cas-là, contenté d'utiliser comme matériau, je devrai m'y prendre tout autrement.

Est-ce que ma réponse vous satisfait ?

D. Tout à fait. Merci.

Nous disions donc que parmi les raisons que vous avez de vous lancer dans nos entretiens, il y a la volonté, ou le désir, ou la nécessité, de faire le ménage dans certains de vos souvenirs. Mais vous avez précisé que faire ce ménage, ce n'est encore que la moins importante des raisons que vous avez d'écrire cette autobiographie *dès à présent* ?

D. Oui. C'est une raison capitale, bien entendu, mais toutes proportions gardées elle est quand même la moins déterminante des cinq que je vous ai énumérées.

R. Bon. Alors si vous donniez à présent quelques détails sur le couple temps-argent ?

D. Mon année 2004 a été formidablement occupée. Profession-
nellement, j'entends. Et artistiquement. J'ai travaillé à la
traduction en français d'une comédie musicale américaine.
On m'a aussi demandé de « réparer » un autre projet du
même type. J'ai consacré plusieurs semaines, au printemps,
à un roman que j'ai commencé d'écrire durant l'été de
1979…

R. *L'orgueil des rats* …

D. C'est ça. Ensuite, durant l'été, les choses se sont encore
intensifiées : j'ai tourné – avec un extraordinaire plaisir
– dans le prochain film de Robert Morin…

R. *Que Dieu bénisse l'Amérique.*

D. Oui. Et puis en plus de tout ça, j'ai accepté au pied levé de
diriger un exercice public – un « grand plateau » comme
on dit dans le jargon du métier – au Monument-National,
avec les étudiants de l'École nationale de théâtre…

R. Chose que vous aviez jusqu'à maintenant toujours refusé
de faire.

D. En effet. Mais toute cette question-là, de mes refus
d'enseigner, ou en tout cas de mes critiques aussi bien de
l'enseignement artistique tel qu'il se pratique au Québec
que de la pertinence de mon enseignement à moi, surtout
auprès de très jeunes artistes, est beaucoup trop vaste
pour être abordée tout de suite, elle nous éloignerait
considérablement de mon propos immédiat. Nous y
reviendrons plus tard, s'il y a lieu.

R. Comme vous voulez.

D. Les représentations de l'exercice public ont eu lieu au tout
début de novembre. Je comptais ensuite me remettre à
mon roman, ou alors à l'écriture d'une des pièces que j'ai
en chantier, certaines depuis fort longtemps…

R. *Lettre à mon fils, Krantz, La prière du Renard*…

D. J'avais aussi envisagé la possibilité de poursuivre un
autre projet d'écriture, entamé à la toute fin de janvier
2004 et auquel j'ai aussi consacré beaucoup de temps
au printemps et au début de l'été. C'était, avant celle-ci,

mon avant-dernière tentative en date pour tenter de me saisir. Un récit désordonné, à la troisième personne, dont le titre est *Артйст*.

R. C'est-à-dire…

D. *Artiste*, en russe.

R. Rien de moins.

D. Hé, hé.

Après de nombreux mois de travail intense, exigeant et littéralement ininterrompu, une fois achevé mon contrat à l'École de théâtre, je me suis donc retrouvé devant un choix à faire : auquel de mes nombreux projets est-ce que j'allais m'atteler ? Pour la première fois depuis très longtemps, l'énormité du travail accompli durant les mois précédents me permettait de jouir d'une relative liberté financière… pour quatre mois. J'avais, en d'autres termes, le choix entier : je pouvais – enfin ! – me consacrer pour un petit bout de temps, entièrement, tout mon saoul, à un projet qui me soit personnel, plutôt que d'avoir à répondre à des demandes extérieures.

Seulement, deux facteurs, aussi inattendus l'un que l'autre, sont alors intervenus avec une très grande force – ce n'est rien de le dire. D'abord l'épuisement : lorsque la pression s'est enfin relâchée, je me suis retrouvé incapable de bouger, tellement j'étais vidé. Mais ce facteur épuisement était encore peu de chose en comparaison avec un autre que j'aborderai dans un instant.

R. L'amour ?

D. …

Merci de m'enlever les mots de la bouche, mais… oui… l'amour, en effet.

Quoi qu'il en soit, les mois de novembre et de décembre 2004 ont disparu en fumée sans que j'aie écrit ou fait quoi que ce soit de ce que j'avais envisagé. Et, ainsi, deux de mes quatre mois de liberté provisoire se sont envolés.

R. Ce qui fait qu'à peu de choses près, il vous en reste deux.

D. Oui. Et c'est pourquoi s'est imposée à moi, ces derniers jours, la nécessité de choisir immédiatement l'objet auquel je vais consacrer le peu de forces recouvrées et le temps de liberté qui me restent. Autrement dit, il m'a fallu décider de ma priorité *absolue*, et le choix s'est imposé de lui-même : reprendre le récit de ma vie tant de fois amorcé. Mais, cette fois, le mener à terme. Coûte que coûte.

R. Le mener à terme... en deux mois.

D. Oui. Réserver ce qui me reste de force et de courage à enfin réaliser – si je le peux – ce que je crois avoir d'essentiel à accomplir. Et que je ne peux plus repousser.

R. Je comprends. Donc, vous me dites qu'une des raisons, mais secondaire à vos yeux...

D. ... *très* secondaire...

R. ... pour vous lancer *aujourd'hui* dans cette nouvelle tentative, c'est que vous disposez de... du soutien d'intendance requis pour le tenter, et que ces conditions-là ne dureront pas.

D. Non seulement elles ne dureront pas, mais en plus elles risquent de ne pas se trouver à nouveau réunies avant très longtemps.

R. Mais qu'est-ce que vous allez faire après ? En... mars... si mes calculs sont exacts...

D. Ils le sont.

R. Vous allez vous retrouver sans le sou et sans projets rémunérateurs ?

D. Eh oui.

R. Ça ne vous inquiète pas ?

D. Ça me terrorise complètement. Mais il n'est pas question que je m'abandonne à ce sentiment. J'ai une tâche à mener à bien, sacrée, à mes yeux – je veux dire : d'une importance primordiale – et je vais tout tenter pour l'accomplir.

R. Bon. Venons-en maintenant aux deux raisons principales. À égalité : l'amour et la nécessité.

D. Oui. Faire le ménage est essentiel, mais n'exigerait pas nécessairement la mise en branle d'une entreprise aussi vaste, complexe et accaparante que les entretiens que nous amorçons ici. De leur côté, le temps et l'argent, s'ils manquaient, ne représenteraient sans doute pas une raison suffisante pour m'empêcher de passer aux actes, puisqu'ils relèvent des circonstances – et qu'avec les circonstances, il y a, la plupart du temps, « moyen de moyenner », comme disait l'une de mes ineffables grands-mères.

R. Vous voulez dire que si vous n'en aviez pas, ce ne serait pas une raison de ne pas passer aux actes, mais que comme il y en a… autant ne pas les gaspiller ?

D. C'est en plein ça.

Mes deux raisons restantes sont, elles… j'oserais dire fondamentales. À telle enseigne d'ailleurs que, comme je viens de le dire, même si les circonstances extérieures ne s'y prêtaient pas, même si je n'avais pas quelques dollars en banque qui me permettront de me consacrer librement à mon projet pendant les semaines à venir, je n'aurais quand même pas le choix de foncer aujourd'hui. À quelque prix que ce soit.

Je commence par la nécessité. Le sentiment d'urgence que j'ai évoqué plus tôt – cette urgence de parvenir enfin à… à organiser une perception de mon existence – a encore crû, en 2004, de manière saisissante. D'abord à cause de l'approche de l'âge, éminemment symbolique à mes yeux, de cinquante ans.

R. Vous voulez parler du démon du midi ?

D. …

R. Non ?

D. Jamais de la vie.

Ni de celui du midi ni de celui de l'heure du thé.

Et ce genre d'images idiotes là ne m'intéresse pas.

R. Et… pif.

D. C'est devenu une manie omniprésente d'utiliser à tout propos des clichés pareils – une manie extrêmement perverse. On croit, en ayant recours à eux, identifier des phénomènes de la vie, mais en réalité, on les évince, on les vide de leur sens.

R. Comment ça?

D. Quand vous utilisez le sempiternel cliché du démon du midi, de quoi est-ce que vous croyez parler?

R. D'un phénomène courant. En particulier chez les hommes, je crois. Qui, vers quarante ou cinquante ans, se rendent compte que leur jeunesse s'est envolée et se mettent à courir de tous les côtés pour profiter de la vie avant qu'il ne soit trop tard, pour faire tout ce qu'ils se sont interdit jusque-là?

D. Bon. Ce que vous venez d'énoncer là recoupe assez bien, je crois, ce que la plupart des gens pensent évoquer quand ils l'utilisent. Eh bien, moi, voyez-vous, ce qui me frappe le plus fortement, chez lui, c'est son aspect mécanique.

R. « Mécanique »?

D. Oui. Réduire tout ce qui peut arriver dans la vie d'un homme, au cours d'une période donnée de sa vie, à un phénomène qui ne signifie rien d'autre qu'un réflexe « naturel », ça s'appelle, pour moi, lui voler sa vie. Lui en dérober le sens.

Quand bien même il serait vrai – et j'en doute fortement – que, *du seul et unique fait de l'âge qu'ils ont atteint*, tous les hommes ou la plupart d'entre eux traverseraient vers quarante ou cinquante ans une crise qui les mène à remettre en question des choix effectués depuis longtemps, je considère – et je pèse mes mots – criminel d'évacuer le sens que cette crise revêtira *aux yeux de chacun d'entre eux* en la réduisant *exclusivement* à un phénomène préprogrammé au même titre que la pousse des dents de sagesse ou la perte des cheveux. La naissance aussi, à ce prix-là, est un phénomène *naturel*. Et alors? La mort aussi, non? Il n'en reste pas moins que l'une et l'autre ont nécessairement un sens dans nos vies.

Ce qui m'intéresse, ce n'est pas que le phénomène advienne soi-disant à tout le monde, mais ce qu'il suscite chez chacun, individuellement – ce que chacun en a fait, en fait ou en fera. Ce n'est pas parce que tous les humains ont bien dû venir au monde un jour ou l'autre que leur vie n'a pas de sens. Ce n'est pas parce que tous les humains mourront nécessairement que la pensée de la mort serait pour eux sans objet. Et ce n'est pas non plus parce que presque tous les humains possèdent deux jambes que le fait d'être bipède ne signifie rien sous prétexte qu'il voudrait dire la même chose pour tout le monde. Ça ne veut *pas* dire la même chose, c'est faux : avoir deux jambes, ce n'est pas du tout la même réalité pour un enfant qui fait ses premiers pas, pour un paralytique qui regarde une compétition de ski alpin à la télé, pour une serveuse de restaurant qui en est à sa douzième heure de travail consécutive, pour un sprinter qui attend le signal de départ et pour un nageur qui vient de virer de bord à toute allure parce qu'il a aperçu la nageoire d'un requin qui file dans sa direction. Pour vous dire le fond de ma pensée, je ne serais pas étonné que le fait d'être bipède ne veuille pas dire la même chose pour *personne* – et moi, dans la vie, c'est cette variété-là qui me sidère, qui me ravit, pas la capacité de l'évacuer, de la nier ou d'en nier les conséquences. Ce n'est pas ce qu'un cliché a l'air de dire en termes de généralités qui m'intéresse, mais la réalité, différente pour chacun des individus concernés, et que ce cliché-là cherche justement à évacuer. Il ne sert d'ailleurs à rien d'autre.

J'ai horreur de la vérité « en moyenne » – parce qu'en termes de conscience humaine, elle est un mensonge éhonté. Je doute fortement que, dans un pays où le taux de fertilité est de un virgule quatre naissance par femme, toutes les femmes ayant passé la puberté se promènent en tenant leur enfant complet par une main et, dans l'autre, le panier contenant les moignons du deuxième.

R. Bon.

Donc, vous disiez que l'âge de cinquante ans est symbolique à vos yeux.

D. Oui. Il l'est même doublement.

D'abord, cet âge-là est, dans notre société, et tout particulièrement pour les artistes, celui de ce que j'ai appelé il y a longtemps la « momification ». Ensuite à cause d'un vœu que je me suis fait il y a plus de trente ans.

R. La… « momification » ?

D. Oui. J'ai constaté il y a déjà bien longtemps qu'il ne se trouve presque pas d'artistes, et en particulier pas d'auteurs de théâtre, à avoir, au Québec, dépassé l'âge de cinquante ans et qui soient restés créatifs. L'écrasante majorité, la quasi-totalité en fait, passé ce cap-là, ou bien se sont suicidés, ou bien sont saouls morts au point d'être incapables de signer leur propre nom, ou bien se sont tus, ou bien sont partis à l'étranger parler là-bas de l'impossibilité de parler ici, ou bien se sont mis à rallonger la sauce de leur jeunesse.

R. C'est-à-dire ?

D. C'est-à-dire qu'ils se sont mis à réécrire les mêmes œuvres que dans leur jeunesse, mais en en changeant le glaçage. Ils ne créent plus, ils recyclent. Ils se recyclent eux-mêmes.

R. Est-ce que ce n'est pas un jugement un peu sévère ?

D. Je ne tiens pas du tout à être sévère à l'égard de qui que ce soit. Je tente simplement de décrire le plus fidèlement possible un phénomène dont j'ai noté l'existence il y a longtemps – au milieu des années 80, alors que j'étais un tout jeune auteur – et duquel rien n'est, depuis, venu alléger ni transformer ma perception, bien au contraire : elle s'est vue confirmée au-delà de ce que j'aurais jamais pu imaginer dans mes pires cauchemars.

R. …

Je ne comprends pas.

D. Quoi donc ?

R. Vous haussez le ton parce que j'ai le malheur d'avoir recours à une généralisation que vous qualifiez de cliché

    – celle du démon du midi – et immédiatement vous en brandissez une autre : celle de la momification. Est-ce que vous ne venez pas vous-même de faire précisément ce qu'il y a dix minutes vous me reprochiez de faire ?

D. Pas du tout.

R. Alors expliquez-moi ça, vous serez gentil.

D. Quand vous m'avez balancé au visage le cliché du démon du midi, ce que je vous ai répondu ce n'était pas que le fait d'arriver au milieu de sa vie, ou que de sentir se terminer sa jeunesse, était sans importance. Je n'ai pas dit ça, et je n'ai rien dit non plus qui puisse de près ou de loin s'approcher de ça ou mener à ça, c'est même le contraire que j'ai dit. Ce n'est pas de la chose évoquée que j'ai parlé, mais la manière de l'évoquer que j'ai critiquée.

Quand je vous ai dit qu'il est bien possible que le fait d'être tous bipèdes n'a sans doute pas, au fond, exactement le même sens pour aucun d'entre nous, je ne voulais pas dire par là qu'il faudrait vendre les chaussures trois par trois au lieu de les vendre par paires, je voulais dire que l'expression « être bipède » a l'air de tout dire, alors qu'elle masque au moins autant qu'elle énonce – et même qu'en fait, elle masque sans doute bien plus qu'elle n'énonce. Je sais parfaitement qu'on ne peut pas tout dire tout le temps, à propos de chacun des objets du monde ou de la vie que l'on évoque, mais il faut au moins tenter de rester conscient du fait que ce qu'on dit est *toujours* incomplet.

Ce n'est pas l'expression « être bipède », qui est fautive, c'est l'impression qu'elle laisse – celle d'avoir tout dit sur le sujet – qui est complètement fausse et qui, surtout, a de fortes chances d'évacuer d'emblée les conséquences *en termes de conscience humaine* de ce qui est évoqué – et, donc, d'évacuer l'essentiel.

De la même manière, le cliché du démon du midi renvoie peut-être bel et bien à un phénomène qui peut être constaté – au moins chez certains. Mais le recours à ce cliché induit une compréhension extrêmement étroite de ce qui se passe au milieu de la vie d'un homme. Et cette étroitesse-là, si l'on n'en est pas conscient, a de très fortes chances de se révéler à l'usage extrêmement dangereuse, justement parce qu'en fait, elle dénature complètement ce qu'elle prétend évoquer, en ne lui donnant qu'un seul sens : le plus pauvre entre tous ceux qu'il recèle. Juste le mot « démon », à lui tout seul, donne déjà une impression de surgissement. Il évoque la possession – devenir soudain possédé, possédé par le démon, le fait de cesser d'être soi-même. Être frappé par le démon du midi, ce serait donc être tout à coup happé par une conscience malfaisante ou une volonté morbide qui ne serait plus vraiment la nôtre... et qui frapperait tout le monde, du simple fait de passer un certain cap – ça ne voudrait rien dire, ce ne serait qu'un mauvais moment à vivre, et c'est tout ; de l'autre côté, il y aurait le calme plat... jusqu'à la mort. Quelle horreur.

Il y a des foules de mots, d'expressions toutes faites, de phrases, de clichés, qui ont l'air d'évoquer quelque chose mais qui, en réalité, cachent, tuent, éviscèrent tout ce dont ils ont l'air de parler.

Cette expression apparemment banale là, celle du démon du midi, voulez-vous que je vous donne un exemple de ce qu'elle évacue ?!

R. ...

D. Hmmm ?!

R. Allez-y.

D. « *Nel mezzo del cammin di nostra vita,*
   Mi ritrovai per una selva oscura »

R : Je vous demande pardon ?

D. « Vers le milieu du chemin de ma vie,
   Je me retrouvai dans une sombre forêt » !

R. Dante...

D. Oui ! Dante ! Les deux premiers vers de *La divine comédie* !
   Une des œuvres les plus époustouflantes de la littérature universelle, un des poèmes d'amour et de passion mystique les plus bouleversants qui aient jamais été écrits,

commence par les mots : « Vers le milieu du chemin de ma vie, je me retrouvai dans une forêt obscure. Le droit chemin se perdait, égaré[2]. » Le milieu du chemin de la vie ! Et il est écrit entre trente-sept et cinquante-six ans, au long des dix-neuf dernières années de la vie de son auteur. Le narrateur erre dans la forêt, complètement découragé, jusqu'à ce qu'il arrive devant une grotte où l'attend un homme, un des plus grands poètes de l'Antiquité, Virgile, qui lui dit « Approche » puis le guide à travers le cœur du monde, lui fait traverser et lui explique l'enfer, le purgatoire, puis le paradis. Au bout du chemin, le narrateur tombe face à face avec la plus stupéfiante des merveilles : l'âme de la femme qu'il aime depuis sa jeunesse.

R. Béatrice…

D. Oui.

Vous ferez bien ce que ce voudrez, mais en ce qui me concerne, quand je pense à mes semblables arrivant au cœur de leur vie, ou quand je pense à moi y parvenant à mon tour, je préfère très nettement associer ce moment-là à la quête de Béatrice, la quête de l'idéal – ou à cinquante autres images relevant de ce regard-là sur la vie humaine – plutôt qu'à, encore et encore, celle d'un avocat bedonnant et à moitié chauve, pathétique, qui bave et qui bégaie, qui ne voit plus clair tellement il est obsédé, qui *spinne* comme une toupie en ne sachant plus sous quelle jupe se fourrer les mains, vite, vite, pendant qu'il en est encore temps, et qui a des sueurs froides qui lui pissent dans le dos à la seule idée qu'il va finir par avoir de la misère à bander.

Je ne dis pas que cette deuxième image-là est fausse, je dis qu'elle est incomplète – *très* incomplète. Qu'en fait, elle empêche d'avoir accès à l'essentiel. Que pourtant, dans notre société, il est rarissime qu'on ait recours à une

---

2.   Dante Alighieri, *La divine comédie*, trad. nouv. avec préface, notes et commentaires par Henri Longnon, Paris, Éditions Garnier Frères, 1938.

autre qu'elle. Et que cet état de fait là n'est pas accidentel : il parle très fortement et très clairement de ce que nous appelons sans cesse notre fameuse culture distincte. Et que ce qu'il dit d'elle est très largement suffisant pour donner la nausée.

R. ...

D. Quand je vous ai répondu, au moment où vous m'avez posé votre question sur le damné incube de l'heure du lunch, que ce qui me frappait c'était l'aspect mécanique de l'image à laquelle vous veniez d'avoir recours, ce que je voulais dire, c'était ceci : je voulais vous faire remarquer que je venais tout juste de vous dire que l'âge de cinquante ans est éminemment symbolique à mes yeux, et qu'en entendant ça, pour vous, la seule image qui pouvait surgir spontanément était nécessairement celle d'être en instance de Viagra. Pas celle de Dante, non, égaré dans la forêt de sa vie, arrivant face à face avec un poète qui propose de lui servir de guide, non, ni aucune autre qui soit aussi forte, non, il fallait *nécessairement* que l'image soit triviale, idiote, vide et mesquine.

R. ...

D. Je réalise soudain que vous vous êtes remarquablement adapté à votre environnement, mon très cher ami.
Toujours tout ramener à l'image la plus idiote possible est un des traits les plus communs de cette fameuse culture nationale à propos de laquelle tout le monde se pète les bretelles, et qui me fait vomir.
Ne vous arrêtez pas en si bon chemin, continuez, allez-y : « *Phèdre* ! l'histoire de la vieille plotte qui pogne pus ! » Ou encore, tenez : « *Lorenzaccio* ! l'histoire d'un salaud au cœur saignant. » Cette dernière-là, je l'ai prise, telle quelle, il y a quelques années, dans le dépliant de saison d'une des grandes compagnies de théâtre de Montréal !

R. ...
Je vois.

D. J'en doute.

R. …

D. Je crois que je vais devoir formuler une exigence.

R. …

D. Pour la suite de nos entretiens.

R. Allez-y.

D. Si vous me refaites, ne serait-ce qu'une seule fois, ce coup-là, celui du cliché merdique… j'arrête immédiatement.

R. Vous voulez dire… ?

D. Je veux dire que j'arrête. Complètement. Que je mets un terme à ces entretiens. Et les efface *illico* de mon disque dur.

R. …

D. Quand j'ai commencé à répondre à votre question « Est-ce que le fait que ce dont je vous parle ici soit lié à l'âge de cinquante ans ne signifie pas *nécessairement* que ce que je décris là ne soit qu'un simple phénomène mécanique qui arrive à tous les gars, d'une manière ou d'une autre ?… », j'ai immédiatement mis le holà pour deux raisons au moins. D'abord parce que ce que je décris là, et je m'échine à vous l'expliquer depuis le tout début de cet entretien, consiste en tout ce que vous voudrez sauf en un surgissement – c'est une entreprise dont le désir est partie constituante de moi depuis l'âge de vingt-trois ans au moins –, c'est une entreprise qui toute ma vie a été au cœur de moi. En faire une bluette vaguement associée à l'impotence sexuelle qui menace ou qui plane est une injure. Comprenez-vous ça ?

R. Oui.

D. Ensuite, parce que arriver à cinquante ans, ce n'est pas une possession, c'est même le contraire : c'est un dépouillement.
Je refuse mordicus que vous utilisiez ce cliché – ou quelque autre que ce soit – à propos de ce que j'évoque ici ou de quelque autre sujet que je pourrais aborder – parce que les clichés évacuent *nécessairement* le sens des expériences que justement, moi, je cherche à comprendre.

DÉPART

Si jamais j'arrive ici à m'exprimer convenablement à propos de ce que je recherche dans ma vie, vous risquez fort de vous rendre compte que l'un des plus grands dangers que j'aie eu à affronter, mille fois, tout au long de mon existence, a justement été celui de l'évacuation systématique, continuelle, de toutes parts, du sens de la vie, dans la société où je me trouve. Je ne récuse pas le cliché du démon du midi uniquement parce qu'il me paraît menacer directement le sens même de ce que moi je cherche à exprimer ici en ce moment, je le récuse d'abord et avant tout parce que l'utilisation systématique des clichés, aussi bien dans les vies privées que sur la place publique, est le signe d'une entreprise nihiliste extrêmement militante, dévastatrice et omniprésente dans l'ensemble de cette société.

« C'est pas de sa faute, y est jeune. »

« J'sais pas c'qu'a l'a à m' dire des affaires de même, pour moi a doit êt' en train de faire son *come-back* de cerise ! »

« Voyons donc, c'est pas le sens de sa vie... comme si ça existait, ces estics d'niaiseries là... C'est jus' le démon du midi, c'est tout' ! »

« Ben non, y est pas en amour. Voyons donc... c'est jus' la testostérone qui y coule par les oreilles ! »

« C'est pas ça qu'a voulait dire, chus sûr. C'est juste que là, c'est ses mauvais jours : faut pas faire attention à c' qu'a dit. »

« Ben oui, mais t'sais comment qu'y sont, les vieux... à c' t'âge-là... »

Tous les jours, de toutes parts, c'est vingt, trente, cinquante fois que j'entends des phrases comme celles-là lancées à tout propos. Au bout de la ligne ? Le néant ! Plus rien qui puisse être dit, plus une seule émotion humaine, plus une seule pensée qui ne soit pas aussitôt retournée sur sa propre doublure, éventrée et son cadavre jeté au vent.

Je ne peux pas freiner la progression de cette horreur-là sur la place, soit, mais j'ai le droit – et même, au diable le

43

droit : le devoir! – de refuser de la permettre dans ma vie à moi.

R. …

D. C'est clair?

R. Très.

D. D'autres questions?

R. …

Vous n'avez pas répondu à la deuxième moitié de mon interrogation : en quoi est-ce que le fait de parler de momification ne serait pas un cliché?

D. Au sens où je l'entends, pour quatre raisons. D'abord parce que le phénomène que j'évoque par ce mot n'est pas un automatisme soi-disant naturel, mais le résultat d'un choix conscient – la momification n'advient pas parce que nous serions préprogrammés pour elle dès la naissance, mais parce que nous la choisissons. Ensuite, parce que parler de momification, ce n'est pas un automatisme de langage – je doute que vous ayez déjà rencontré cette image. Ensuite parce que je ne l'utilise pas pour réduire à rien ce que je lui fais désigner, mais au contraire pour inviter à se pencher sur ce qu'il évoque, à l'étudier et à méditer en profondeur à son sujet. Enfin, quatrième raison – peut-être la plus importante de toutes – : parce que mon but, en ayant recours à cette image, n'est pas d'évacuer le sens *individuel* du phénomène, ni l'effroyable douleur qu'il génère. Bien au contraire : parler de « démon du midi », oui, c'est faire « Bof, ça n'a aucune importance, de toute manière c'est comme ça pour tout le monde », mais parler de « momification », c'est l'équivalent de hurler « C'est inacceptable! ».

R. Qu'est-ce qui est inacceptable?

D. Que, dans la société où je vis, les individus se retrouvent petit à petit transformés en morts-vivants, emmaillotés jusqu'à ne plus pouvoir bouger. Au point que, dans un nombre sidérant de cas, ils en viennent à n'être plus que la coquille vide d'eux-mêmes.

R. Emmaillotés dans quoi?

D. Dans les mensonges. Les mots d'ordre. La peur.

R. Et quel effet est-ce que ça vous fait?

D. Quel effet ça me fait?! Mais quelle espèce d'effet pensez-vous donc que ça puisse me faire? Une terrible révolte. Cet état de choses ne me paraît pas normal, pas normal du tout. Ni acceptable, sous quelque prétexte que ce soit. C'est, selon moi, le signe d'un danger littéralement épouvantable : qui suscite l'épouvante. Mais je ne veux pas trop m'étendre sur ce sujet-là non plus, je veux dire pas immédiatement, sinon là aussi je risquerais de perdre le fil de notre discussion – j'ai déjà suffisamment digressé comme ça.

R. Je vous en prie.

D. L'âge de cinquante ans est donc à mes yeux doublement symbolique.

Il l'est d'abord d'une momification endémique. Or, j'arrive à cet âge et la conscience du danger que je cours de moi aussi, à mon tour, me momifier constitue – croyez-moi sur parole – un excellent aiguillon, en termes d'urgence.

Le second sens symbolique n'est pas à proprement parler lié au premier, et pourtant ils se répondent tous les deux.

Avant même, dix ans au moins avant, d'avoir fait le constat terrible dont je viens juste de parler, j'avais pris une décision formelle quant à mon avenir : je ne serai pas, je ne deviendrai jamais, un vieillard qui utilise son âge et son expérience comme une arme pour tenter de blesser l'espoir des plus jeunes que lui. Ce comportement-là, je l'ai trop vu, j'en ai trop souffert, trop de gens que j'aime ou que j'ai aimés en ont eux aussi beaucoup trop profondément souffert pour que je me livre à mon tour à l'ignoble jeu dont il est la marque. Cette décision, je l'ai prise pour des raisons qui n'ont, en soi, que très peu à voir avec le fait que je suis devenu un artiste. Je veux dire que même devenu médecin, ou propriétaire de pizzeria, je me serais tout autant senti lié par elle.

R. Ce qui fait que, comme vous le soulignez vous-même, les deux valeurs symboliques que vous percevez dans l'âge de cinquante ans sont indépendantes l'une de l'autre mais pointent quand même toutes les deux dans la même direction – elles se renforcent l'une l'autre.

D. Redoutablement.

R. D'un côté, cinquante ans est l'âge auquel frappe ce que vous appelez la momification. Et de l'autre, c'est celui où, personnellement, vous pourriez devenir tenté d'agir comme vous avez vu tant de vos prédécesseurs le faire et de vous protéger de la jeunesse en vous réfugiant derrière l'autorité que confère l'âge.

D. Non, non! pas du tout de « me protéger » de la jeunesse : de l'attaquer! De chercher à la gâcher, ou même à la détruire, par stupide ressentiment! Il règne dans notre société une haine à l'égard de la jeunesse qui est proprement renversante. Et qui ne date pas d'hier. En fait, ce n'est pas la jeunesse elle-même qui est essentiellement visée, mais la liberté qu'elle représente – ou qu'elle peut représenter – et dont on ne veut pas. Dont on ne veut surtout pas, sous aucun prétexte, avoir à supporter le spectacle. La vie et son foisonnement ne sont pas considérés comme les trésors de splendeur qu'ils sont, dans la société où je vis, mais comme des dangers, des forces qu'il faut absolument canaliser, juguler, harnacher comme on le fait avec les rivières.

Au fil des millénaires, la haine à l'égard de la vie, chez les aînés, partout où elle est parvenue à monter sur le trône, a presque toujours fini par déboucher sur la guerre – envoyer les jeunes à l'abattoir, existe-t-il une plus belle vengeance possible, pour celui ou celle qui a passé le plus clair de son existence à détester la vie? Si les circonstances les empêchent d'entrer en conflit ouvert, réussir à quand même établir et maintenir mur à mur une atmosphère de caserne, obliger la jeunesse tout entière à prêter serment, à se mettre au garde à vous et à se tenir en rangs sans dire un mot sauf pour chanter en chœur, quelle jouissance, pour les haineux !

R. C'est comme ça que vous percevez la société où vous vivez ? Une société sous la coupe de vieux haineux ? Qui détestent la vie et ne cherchent qu'à l'embrigader ?

D. Oui, sous la coupe de vieux haineux… qui peuvent avoir n'importe quel âge. Mais de vieux haineux qui, non, ne cherchent pas à embrigader la vie – ce qu'ils veulent, c'est qu'elle se taise, qu'elle disparaisse, qu'elle sèche, qu'elle crève. Le spectacle de la joie leur est une insupportable souffrance, un affront, une brûlure. Allumez la télé ou la radio, et écoutez-les japper. De quelque côté qu'ils prétendent être, ils ont toujours l'air d'être au bord de la crise d'apoplexie, en train de hurler des mots d'ordre et d'excommunier. Il se dégage d'eux et d'elles, de leurs discours et de leurs gestes un parfum de mort à côté de quoi Dracula assoiffé sortant de son caveau est aussi sexy que la plus cochonne des danseuses du ventre.

R. Donc, vous avez décidé il y a plus de trente ans que vous… que vous quoi ?

D. Que je ne me livrerais pas à ce culte-là. Celui de la puissance. Et de l'extase nihiliste.

Que je consacrerais tout le temps qu'il faudrait à l'observer, à l'étudier. Mais que j'allais surtout cultiver en moi le désir – en parcourant la joie, la beauté. Parce que si l'approche de la cinquantaine a fini par signifier pour moi l'approche du péril de voir mourir mon âme, et si je trouve cet état de fait désastreux, révoltant, c'est que je crois que la cinquantaine peut être quelque chose de fondamentalement différent de ce dont j'ai eu le spectacle sous les yeux presque tous les jours de ma vie.

R. Quoi donc ?

D. Cinquante ans devrait être le début de l'âge de la maturité. De l'heure des fruits. Pas celui de la momification.

R. L'âge de… de la rencontre avec Virgile ?

D. Oui.

R. Et de celle avec… l'âme de Béatrice?

D. …

Oui.

Bref. Cinquante ans, dans notre société, à mes yeux, c'est ça – en tout cas la plupart du temps : l'heure de la momification et du passage à l'attaque contre la vie. Je sais que c'est aussi beaucoup plus, énormément plus, que ça. Mais c'est au moins ça.

R. Et c'est pour ça qu'il faut que vous passiez aux actes *maintenant*?

D. Oui.

R. Quels autres facteurs sont déterminants, dans la nécessité de réussir *maintenant* à remplir la tâche que vous vous êtes assignée?

D. Il y a le développement des différentes parties de moi.

R. …

D. Je me suis développé de manière anarchique – c'est peut-être bien le cas pour un grand nombre de personnes, mais je n'ai jamais entendu qui que ce soit faire allusion au fait que ça lui causerait problème. À moi, oui, ça m'en cause un. Un gros. Un essentiel.

J'ai développé mon art, j'ai développé ma pensée, j'ai cultivé ma sensibilité, j'ai développé ma réflexion par rapport à la société où je vis et à ce que j'y trouve de réjouissant ou de fâcheux, j'ai développé ma réflexion sur le sens que je trouve à la vie, sur celui que je trouve à l'amour, à la beauté, aussi. Bref, je pourrais continuer comme ça longtemps, mais en résumé : des masses de réflexions m'habitent, me hantent, me constituent, j'ai accumulé expériences et interrogations, j'ai développé au fil des décennies toutes sortes de positions, mais à cet énorme bagage il manque une unité : je me sens… éclaté. Je ressens très fort, depuis longtemps, et de plus en plus, qu'un fil court entre chacune de ces composantes de ma vie. Et je sais qu'il faut que j'arrive à l'identifier, ce fil. Il faut que j'arrive à le toucher. Que j'arrive à le voir, à le palper, à le tâter, à le caresser.

Il faut que je le comprenne. Que je l'apprivoise. Que je le vive. Je veux dire : que je le vive pour ce qu'il est, en toute connaissance de cause, et non plus uniquement à travers ses manifestations apparemment disparates. Que je l'assume enfin, plutôt que de simplement continuer à accepter de le subir. Je dois nommer mon mythe. Le mythe qu'est ma vie.

Ou bien les différentes parties de moi s'intègrent enfin les unes aux autres, comme les innombrables facettes d'une boule de miroirs qui en deviendraient un seul, unifié, ou bien j'éclate. Irrémédiablement. Le moment est venu. Je le sais.

R. Autre chose ?

D. Oui. Un nouveau devoir, qui m'est apparu il y a peu.

J'ai parlé rapidement, plus tôt, de l'exercice public que j'ai dirigé à l'automne 2004 à l'École de théâtre…

R. Le « grand plateau » du Monument ?

D. C'est ça. Eh bien, il s'est passé, au cours de ce travail, une chose inouïe. Je suis, en quelque sorte, tombé en amour, en amour fou, délirant, avec le groupe d'étudiants – aussi bien concepteurs et techniciens qu'interprètes – avec lequel je travaillais. Et du même coup, des morceaux, des séries entières de morceaux, même, des pans, justement, de mes réflexions, de mes expériences et de mes connaissances ont, d'eux-mêmes, presque spontanément, trouvé leur place. L'alchimie a commencé d'opérer… d'elle-même – c'est, en soi, d'un effet tellement saisissant qu'il aurait déjà suffi, à lui tout seul, à me pousser à toute allure en avant dans ma réflexion – mais ce n'est pas tout : la première manifestation de cette alchimie a été une prise de conscience terrifiante, fulgurante.

R. Une prise de conscience de quoi ?

D. De l'immense danger que ces jeunes gens, libres, remplis d'une vitalité bouleversante, d'un désir de vivre saisissant, de talents aussi débridés que divers, sont en train de courir.

Aussitôt cette fulgurance passée, il m'est apparu deux choses : d'abord que j'ai une dette à leur endroit. Une dette d'amour. Je dois faire tout ce qui est en mon pouvoir pour les aider à passer au travers de ce qui les attend. Ce qui signifie, en clair : trouver enfin, vaille que vaille, la manière que je cherche depuis si longtemps d'exprimer le mythe de ma vie. Peut-être que cela ne les aidera en rien. Ce sera à eux de le dire. Mais moi, en tout cas, je n'ai pas le droit de ne pas tout tenter pour y parvenir. Tout de suite !

La deuxième chose à m'apparaître a été celle-ci : que non seulement je leur dois de les aider à traverser les dangers immédiats qui les guettent – je veux dire dès leur sortie de l'École, au printemps de 2005 –, mais que je leur dois tout autant et peut-être même encore davantage de, surtout ! enfin crever le mur de la momification. Jusqu'à présent, j'avais toujours ressenti à quel point ce phénomène risquait un jour de me menacer, moi, personnellement. Et il est sans doute vrai que le danger se rapproche. Mais je viens de comprendre que le plus grave n'est pas là. Il réside au contraire dans le fait que si moi, qui le vois ce mur, qui le connais, qui l'ai étudié toute ma vie, si moi je ne parviens pas à le traverser et à communiquer à ces jeunes gens bouleversants ce qu'il faut pour qu'ils le traversent à leur tour dans vingt, vingt-cinq ou trente ans, eh bien, même leur capacité à survivre aux dangers immédiats qui les guettent aura été vaine.

R. Comment ça ?

D. La vie prend son sens et sa valeur dans la conscience que nous développons au cours de notre existence : ce ne sont pas d'abord les événements de notre vie qui constituent le cœur de notre existence, mais la conscience que ces événements suscitent en nous. Ce qui revient à dire que le cœur de la vie humaine, ce n'est pas la jeunesse mais la maturité. Le mur jusqu'à présent inébranlable qui dans notre société empêche de saisir à pleines mains les fruits de nos vies *doit* être défoncé. Il doit l'être maintenant. Tout de suite. Et c'est moi qui dois le tenter.

R. Pourquoi vous?

D. Parce que c'est moi qui le vois!

R. Vous seul?

D. Apparemment. J'ai longtemps pensé que c'était impossible, que je sois le seul. Mais force m'est à présent de conclure qu'en effet tel semble bien être le cas. Si ce ne l'est pas, si d'autres que moi le voient, eh bien, tout ce que j'ai à dire à leur sujet c'est qu'ils semblent posséder une épatante capacité de se fermer la trappe et de faire comme si de rien n'était. Quoi qu'il en soit, à ce point-ci de ma vie, peu m'importe de savoir pourquoi moi, et pourquoi, peut-être, moi seul. Je n'en suis plus là. J'en suis à passer aux actes.

R. À écrire ceci.

D. Absolument. Et à l'écrire *immédiatement*. De manière à ce que, si ça leur chante, ces jeunes gens dont je parle puissent le lire avant d'avoir quitté les murs de leur École.

R. Je vois…

D. En plus…

R. Un instant. J'aimerais aller au bout de ma phrase. Je vois. Je vois l'urgence de votre part. Et je vois les dangers. Non seulement pour vous, ceux que vous courrez – et me ferez courir à moi –, mais aussi ceux que pourrait entraîner, pour eux, pour elles, votre précipitation. Je veux dire : le fait que ce livre va être écrit très rapidement.

D. …
À Dieu vat.

R. Autre chose à ajouter, à propos de la nécessité?

D. Des tonnes… mais elles devront attendre d'être évoquées en lieu et place.

R. Ce qui nous amène…

D. À mon ultime motivation.

R. L'amour.

D. L'amour.

R. Je vous écoute.

D. Précisément au moment où je dirigeais cet exercice à l'École de théâtre, j'ai fait la rencontre d'un tout jeune homme – première moitié de la vingtaine – qui m'a, littéralement, ravi.

R. Et...?

D. Et c'est, bien entendu, un amour impossible.

R. Et...?

D. Et il n'en reste pas moins que je l'aime de toute mon âme, de tout mon corps, de tout mon être. Qu'il incarne le rêve de toute ma vie. Avec une force telle que je suis aux prises, depuis des mois, avec le sentiment que je vais littéralement me déchirer, physiquement. Écrire ce livre sera aussi, pour moi, une manière de lui exprimer pourquoi, et comment, il me bouleverse. Je veux, avec ce jeune homme, tenter à nouveau une entreprise dans laquelle j'ai toujours échoué : malgré la douleur, lui dire mon affection, ma tendresse pour lui. Et lui donner tout ce que je peux : le récit même de ma vie. Du même coup, je souhaite aussi adresser ce récit à toutes celles et tous ceux qui m'ont aimé, et que j'ai aimés, toutes celles et tous ceux qui m'ont permis de comprendre, parfois à un prix terrible, ce que je comprends aujourd'hui de la beauté, de la tendresse, de l'affection et de l'amour. C'est grâce à elles toutes, grâce à eux tous, que je suis aujourd'hui en mesure d'être bouleversé par cet être d'exception qui a fait irruption dans mon existence.

R. Autre chose?

D. Pas pour aujourd'hui, non, je ne crois pas.

R. Alors résumons-nous une dernière fois : vous traversez dix années de mue – dix années à lentement prendre conscience que vous ne vous reconnaissez pas, ne vous reconnaissez plus. Tout au long de la mue, ce vertige-là est doublé d'un sentiment redoutablement fort et allant toujours croissant : le besoin physique d'objectiver votre vie – de la tracer sur papier pour pouvoir la lire. De toute manière, même sans la mue ce travail de narration serait nécessaire : nombre d'éléments de votre vie cherchent à être dits sans toutefois être utilisés... dans des œuvres de fiction, par exemple.

D. « Le besoin physique de tracer ma vie sur papier pour pouvoir la lire »... C'est une excellente image, je trouve, très juste. Très belle. Touchante.

R. Au terme de cette mue-là, des mois et des mois de travail acharné vous permettent enfin d'avoir assez de petits sous de côté pour pouvoir songer à consacrer quelques mois à une œuvre qui ne soit pas de commande, ni même de demande. Seulement, au cours de ces mois de labeur, de nouvelles raisons sont encore venues accentuer l'urgence de tirer de votre vie une image que vous puissiez regarder dans les yeux : vous arrivez à cinquante ans – à la fois âge d'un terrible danger et moment d'enfin remplir une promesse faite il y a bien longtemps – vous réalisez l'existence d'un formidable péril dont vous croyez qu'il guette à court terme une flopée de jeunes artistes qui vous touchent très fort et, enfin... vous êtes saisi par le désir, à défaut de pouvoir l'aimer en le tenant dans vos bras, de donner à un jeune homme ce qui à vos yeux est votre seul bien : le sens qu'en ce mois de janvier 2005 vous pouvez extraire de votre propre existence.

Est-ce que cela rend assez bien votre pensée?

D. Je ne pense pas que je pourrais moi-même faire mieux, en tout cas...

R. Bon.

Et dans le cadre de cette entreprise, mon rôle...?

D. ...

Être l'interlocuteur idéal... je crois.

R. C'est-à-dire?

D. M'obliger à être le plus clair possible... me pousser... me retenir... poser aussi bien les questions qu'il faut que celles qu'il ne faudrait pas... savoir ce qu'il y a à savoir quand c'est nécessaire, puis redevenir aussi vierge qu'une page blanche en cas de besoin.

Nous n'avons jamais tenté cette expérience, vous et moi – pas dans les termes qui s'imposent ici, en tout cas. Nos rapports ont toujours été… spontanés : vous alliez « là-bas » – dans le monde – faire ce qui devait l'être et me rapportiez des moissons d'impressions.

R. Oui.

D. Cette fois…

R. Oui…?

D. Il *faut* que je réussisse.
Et ce que je vous demande, c'est de…
Je souhaite que…

R. …

D. … qu'après m'avoir permis de survivre… vous m'aidiez à sortir.

R. …

D. …

R. Alors à demain pour la suite?

D. Peut-être…

R. Bonne nuit.

D. Bonne nuit à vous.
Et…

R. Oui?

D. … merci.

Deuxième entretien
Dieu, l'actualité et l'absence

R. Bonsoir.

D. Bonsoir à vous.

R. Prêt pour notre deuxième entretien?

D. Je ne vous aurais sans doute pas convoqué si ce n'était pas le cas.

R. Nous sommes…

D. Au Barbare, encore une fois. Même table.

R. La date ?

D. Vingt-quatre heures plus tard, à cinq minutes près. Il est vingt heures cinquante-cinq, le lundi 3 janvier 2005. Le temps est doux, la neige et le grésil ont à moitié fondu. La ville a l'air d'un *snow cone* sale au mois de juin.

R. Qu'est-ce qui se passe dans le monde ?

D. Je n'en ai pas la moindre idée – comment voudriez-vous que je le sache ? Je ne suis, comme toujours et comme l'immense majorité de mes semblables, au courant que de ce qu'il fait l'affaire de nos Maîtres et de leurs Vizirs que nous sachions.

R. Assavoir…

D. Que les intégrismes de tous poils ont le vent à plein dans les voiles, tous. Musulman. Libéral. Catho. Hindou. Juif. Nationaliste. Conservateur. Impérial. Nihiliste. Tous.

R. Quel effet est-ce que ça vous fait ?

D. Celui d'un aiguillon : cela renforce encore davantage mon désir d'enfin parvenir à exprimer ce que je ressens et pense du monde.

R. Je vous écoute.

D. Le monde est un charnier. Un abattoir à espoirs. Qu'à cela ne tienne, il faut continuer. À vivre. À espérer. À rêver.

R. À… aimer ?

D. …

In petto, je paraphrase de plus en plus souvent la boutade servie par Gandhi à je ne sais plus quel reporter du… du *New York Times*, je crois, à propos de la civilisation occidentale.

R. Oui ?

D. Un journaliste demande à un Sage :

— Oh ! Homme de Grande Sagesse, que penses-tu de l'humanité ?

Le vieillard réfléchit un moment, puis il dit :

— Je pense… que ce serait une excellente idée.

R. Vous n'allez vraiment pas très fort, si je comprends bien ?

D. Moi? Mais je me porte à merveille! Je suis vivant. En pleine santé, malgré les innombrables excès que j'ai fait subir à mon corps. J'aime un jeune homme dont la pensée à elle seule m'est un véritable soleil. J'ai de quoi vivre pendant deux mois sans me serrer la ceinture et sans avoir à accepter d'ordres de qui que ce soit. Qu'est-ce que je pourrais demander de plus?

R. Je reviens à ma question d'ouverture de ce soir, qui n'avait d'autre but que d'encore une fois permettre à d'éventuels lecteurs de situer par rapport à leur vie à eux le moment où nous nous rencontrons : vous allumez la radio ou la télé à l'heure des infos – de quoi est-il question?

D. Du raz-de-marée qui a déferlé la semaine dernière sur les terres bordant et parsemant l'océan Indien.

R. Le tsunami de décembre 2004.

D. Oui. Aujourd'hui, l'évaluation approchait les cent cinquante mille victimes directes.

R. Ça vous touche?

D. Ça me bouleverse.

R. Pourquoi?

D. En plus de l'horreur de cent cinquante mille fois la mort?

R. Oui.

D. Pour trois raisons.

La première, c'est qu'en dépit des apparences, les survivants des déferlements ont été chanceux : en Occident, le temps des fêtes battait son plein et il n'y avait donc rien de mieux pour les médias à se mettre sous la dent. Autrement, je crois non seulement que les secours auraient été beaucoup plus lents à s'organiser, mais surtout qu'ils n'auraient sans doute jamais atteint l'ampleur qui se dessine de jour en jour. Imaginez rien qu'un instant qu'au moment où frappait ce raz-de-marée, une centrale nucléaire française ait passé au feu, ou que le président américain ait décidé de river son clou – je veux dire catégoriquement, militairement – à l'Iran ou à la Corée du Nord. La catastrophe de l'océan

Indien serait immédiatement passée au second plan. Ou au troisième. Ce qui est précisément, soit dit en passant, ce qui est arrivé à l'Afrique : toute une partie de l'aide alimentaire qui lui était destinée a été détournée vers le nouveau point chaud de l'heure – ce qui est quand même, dans le genre dégoûtant, d'une assez exceptionnelle qualité…

Ma deuxième raison d'être bouleversé, c'est que ce cataclysme est une leçon d'humilité. Comme toujours, ceux qui la paient le plus cher, et qui la paient *cash*, n'en tirent aucune leçon – et pour cause… – mais ceux qui en sont témoins ne la « lisent » pas davantage : enfin, la Nature rappelle à l'Homme moderne qu'elle n'est pas encore totalement hors de la course comme génératrice d'horreurs. Les bombes H, A, à neutrons, au napalm ont beau avoir déclassé la peste noire comme championne des tueurs aveugles ; les torpilles des sous-marins ont beau avoir, elles, depuis longtemps déclassé les banquises et les ouragans comme causes de naufrages ; les missiles et autres bombardiers supersoniques ont beau avoir déclassé les éclairs comme sources privilégiées de feu du ciel, la Nature nous rappelle qu'elle a quand même encore quelques atouts dans sa manche, que la partie n'est pas encore tout à fait gagnée par l'humanité en fait d'indifférence et de capacité à passer sans sourciller l'éponge sur la vie. Tout n'est pas joué, eh non : après tout, l'Homme sera peut-être tué avant même d'avoir réussi son suicide ; le néant glacial a peut-être encore des chances de l'emporter même sans l'appui déchaîné des post-modernes.

R. Croyez-vous en Dieu ?

D. Non.

Mais je crois que le désir de lui est sans contredit une des plus belles inventions de l'Homme. De très loin. C'est Jules Renard qui a écrit : « Il n'y a pas de paradis, mais il faut tâcher de mériter qu'il y en ait un[3]. » Je suis bien d'accord avec lui.

---

3. Jules Renard, *Journal*, 22 septembre 1895.

S'il fallait que Dieu existe, il serait un salaud de dimensions cosmiques. En dépit de leur perpétuelle et atterrante niaiserie, les humains sont une source d'espoir plus profonde qu'aucun des innombrables dieux que j'aie jamais entendu évoquer. L'espérance de certains d'entre nous en l'existence d'êtres supérieurs dotés d'empathie est l'une des rares sources de véritable beauté à nous rester accessible. Quand bien même cet espoir serait vain.

R. Je remarque que vous parlez d'« êtres supérieurs » – au pluriel.

D. Oui.

R. Pourquoi ?

D. Parce que l'espoir, la soif de sens, chez les humains, n'est pas compatible avec le monothéisme. Dès que Dieu est « un », il est par définition hégémonique : il a écrasé, détruit, écarté ou absorbé toute autre notion que celles qui Le définissent, lui. Il n'est pas unité, il est simplement négation de tout ce qui n'est pas lui. C'est pour ça que la vertu première, dans les religions monothéistes, est l'humilité : dès qu'il existe un dieu dont on prétend qu'il engloberait tout et son contraire, le dialogue avec. lui devient impossible – le sentiment de disparité est bien trop abyssal. Un dieu unique, c'est un dieu qui est pure Puissance. Et qui n'est que ça. Or, aux portes de la pure puissance, ce n'est pas le ciel qui commence, c'est l'enfer. Je ne crois pas que les armes nucléaires auraient pu être imaginées par une civilisation qui n'aurait pas été héritière du monothéisme – mais je rêve peut-être en couleurs.
Je ne sais pas s'il existe, en termes spirituels, autre chose que ce que nous pouvons ou pourrons un jour voir et toucher. Mais si c'est le cas – comme tant d'entre nous l'espèrent – alors j'espère tout autant que « ça » est multiple. Complexe. Conflictuel. Et « conflictuel », ça ne veut pas nécessairement dire « guerrier », quoi qu'en pensent certains de ceux qui croient avoir compris Héraclite. Le monothéisme, c'est forcément la croyance

au pouvoir absolu. C'est le contraire de la tension, de la vie. Je préfère quant à moi, et de très loin, aux terribles dieux des chrétiens et des musulmans, les dieux des Grecs anciens, avec leurs cachotteries, leurs ruses, leurs rivalités, oui, mais surtout… leur passion pour la vie. Par opposition à la sublimation de la mort et du martyre.

R. Revenons à l'actualité du jour, voulez-vous?

D. Certes.

R. Vous disiez que le raz-de-marée de l'océan Indien vous bouleverse pour trois raisons. Les deux premières, vous les avez données : la « générosité » des nantis est circonstanciée – « Heureusement que la catastrophe s'est produite à un moment opportun, sinon… » – et la puissance même du phénomène constitue une leçon d'humilité pouvant éventuellement faire comprendre à l'Homme…, même occidental…, qu'il n'a pas encore complètement remplacé la Nature comme source de dévastation. Je rends bien votre pensée?

D. Assez bien, oui, merci.

R. La dernière, alors – la troisième?

D. C'est une phrase littéralement épouvantable que des sinistrés de là-bas auraient dite – si l'on en croit les journalistes.

R. Laquelle?

D. Que leur plus profond regret était que le tsunami n'ait pas déferlé en pleine nuit, parce qu'alors eux aussi auraient péri, en même temps que leurs proches : « À quoi bon vivre quand on a perdu tout ce qu'on aimait? »

R. Pourquoi est-ce que cette déclaration-là vous touche tellement?

D. Parce que je me reconnais en elle. Entièrement. Oh, je sais, je sais : moi, contrairement à eux, j'ai de quoi vivre, j'ai même un nom, ou presque – en fait, j'en ai même deux… – et puis une quasi-renommée, des privilèges. Pourtant. Dès la première fois que j'ai entendu cette phrase-là, j'en ai été jeté par terre.

R. Mais pourquoi?

D. Parce que cette phrase-là, je me la suis dite et répétée, depuis l'âge de dix ans, tous les jours de ma vie.

*

R. Nous sommes toujours au Barbare.

D. Eh oui. Et il est à présent vingt-trois heures quarante.

R. Comment allez-vous?

D. Je vais… ça suffit.

R. Qu'est-ce qui vous occupe l'esprit?

D. Deux choses. D'abord le désir absolu, brûlant, torturant, d'embrasser, de caresser un jeune homme qui, en ce moment même, est peut-être en train de faire l'amour à la ravissante jeune femme qu'il aime. Ensuite – ou en même temps – le sentiment d'être une nullité.

R. Vraiment?

D. Oui, vraiment.

R. Pourtant, vous avez la réputation d'être quelqu'un d'énergique. D'autoritaire même. D'égotique.

D. L'opinion des autres sur nous ne parle pas de nous, elle parle d'eux.

R. Jolie boutade.

D. Merci. Il n'en reste pas moins que tant que je n'aurai pas achevé le travail que nous avons tous les deux entrepris hier, je me sentirai vide.

R. Et quand nous l'aurons achevé?

D. Nous verrons bien…

… s'il y a lieu.

Troisième entretien
Lectures, musique, rêves, momies et Deuil précoce

R. Bonjour.

D. Bon après-midi à vous.

R. Nous sommes maintenant…

D. … le mercredi 5 janvier 2005. Il est près de quinze heures. Il a fait ce matin un soleil splendide, mais à présent le ciel est couvert. Il ne semble pas faire trop froid – mais ce n'est qu'une impression, puisque je ne suis pas encore sorti de chez moi aujourd'hui, et que je n'ai pas non plus allumé la radio pour entendre la météo.

R. Cette fois-ci, nous sommes installés chez vous.

D. Dans mon appartement de l'avenue des Pins, dans mon bureau, face à la grande fenêtre qui donne sur le mont Royal. Il faudrait vraiment que je me décide à laver mes plein-jour…

R. Nous ne nous sommes pas parlé depuis lundi soir et cela m'inspire une question. Qu'est-ce que vous faites de vos journées, quand nous ne travaillons pas à ce livre-ci?

D. Essentiellement, je pense au garçon que j'aime. Je me demande où il est, ce qu'il fait, je me répète comme un mantra que j'aimerais être près de lui. Et j'espère qu'il va bien, qu'il est serein.

R. En dehors de ça?

D. Je lis.

R. Qu'est-ce que vous lisez, en ce moment?

D. Une biographie de Jean Jaurès par Max Gallo – très intéressante mais au style un peu trop fleuri à mon goût. Je relis pour une ixième fois un Agatha Christie. Et relis aussi un remarquable roman, lu une première fois il a dix ans : *The Wars*, de Timothy Findley.

R. Qu'est-ce que vous avez lu, récemment?

D. L'été dernier et à l'automne, les six tomes des *Mémoires de la Deuxième Guerre mondiale* de Churchill – un ouvrage prodigieux à de nombreux égards. J'ai aussi découvert il y a quelques semaines l'auteur de romans noirs Herbert Lieberman dont j'ai lu trois bouquins à la file, en commençant par son extraordinaire *Nécropolis* – à ne pas lire en mangeant ni en sortant de table, à moins d'avoir l'estomac rudement bien accroché. Mon ami Coulbois m'a suggéré il y a quelques semaines *Belle du Seigneur* d'Albert Cohen, que je suis aussitôt allé me chercher et que j'ai immédiatement commencé à dévorer – magnifique ! mais j'ai dû m'arrêter après cent cinquante pages : dans l'état émotif où je me trouve depuis quelque temps, cette beauté-là m'était une véritable torture. Il y a sur mon pupitre, depuis l'été dernier, un essai sur les procès des sorcières de Salem, à la fin du XVIIe siècle, que j'ai très hâte d'ouvrir. Et aussi un tome de la correspondance de Marguerite Yourcenar, commençant à l'époque de la publication des *Mémoires d'Hadrien* – je l'ai commencé aussi, il m'a beaucoup plu mais il ne convenait vraiment pas, lui non plus, à mon état d'esprit actuel – je compte le reprendre bientôt.

R. Pas beaucoup de best-sellers ni de parutions récentes là-dedans...

D. Non. Je ne suis pas très adepte de la chasse à ce qui est *hot*.

R. Au cinéma ?

D. Vraiment pas grand-chose. Et surtout pas en salles. J'ai visionné chez moi le *Angels in America* de Mike Nichols, d'après la pièce de Kushner – remarquable. Je le conseillerais fortement, entre autres à tous les anti-américains délirants – et qui sont légion par les temps qui courent – qui s'imaginent que les États-Unis ne sont peuplés que de brutes ignorantes et sans imagination. *Taking Sides* de Szabo – très beau. Je me suis aussi repassé plusieurs fois l'extraordinaire *Arche russe* de Sokourov, dont décidément je ne me lasse pas. Revu aussi le cycle de *The Matrix*. Et *The Wall*.

Depuis trois ou quatre ans, je dois admettre que je me sens nettement plus porté sur la lecture que sur le cinéma.

R. Théâtre?

D. À peu près rien.

R. Pas de commentaire sur le sujet?

D. Pas pour l'instant.

R. Donc, vous lisez, vous visionnez des DVD…

D. Oui. Ah, tenez, j'oubliais : depuis deux ou trois ans, je me suis procuré plusieurs épisodes de la série britannique *Poirot*, avec l'excellent David Suchet dans le rôle-titre – j'adore ça. Je me les repasse fréquemment.

R. En dehors de la lecture et des DVD?

D. De longues promenades.

R. En voiture?

D. À pied. Je n'ai jamais appris à conduire et il ne saurait être question que je le tente. Je dis depuis des décennies à qui veut l'entendre que, constamment livré à mes rêveries comme je le suis, je constitue déjà un tel danger à pied sur le trottoir que ce serait un véritable crime de me mettre un volant entre les mains.

R. Musique?

D. Oui, beaucoup. La plupart du temps quand je me promène, justement.

R. Qu'est-ce que vous écoutez, ces temps-ci?

D. Comme toujours : toutes sortes de choses. Ça va de Harry Belafonte à certaines chansons de Michel Rivard, j'aime tout particulièrement *L'oubli*, sur Claude Jutra, qui est une splendeur. Mozart : j'ai le bonheur de posséder l'enregistrement de *La flûte enchantée* dirigé par Böhm, avec Léopold Simoneau – magique. Verdi. Beethoven – évidemment…

R. Pourquoi « évidemment »?

D. Nous verrons ça plus tard, s'il y a lieu.

R. Bon.

D. Mercedes Sosa. Oum Kalsoum. Rick Wakeman. Loreena McKennitt – surtout ses premiers albums. Les *spirituals* de la merveilleuse Marian Anderson – et en particulier *Crucifixion* : « *They crucified My Lord. And He never said a mumbling word. Not a word. Not a word. Not a word...* »[4] – bouleversant. J'aime aussi beaucoup Daniel Mille, l'accordéoniste. Vissotski. Okoudjava. Gianmaria Testa. D'ailleurs – parenthèse – il y a dans le documentaire de Jean-Claude Coulbois sur Jean-Louis Millette, dont nous avons parlé l'autre jour, une scène qui à elle seule vaut très largement le déplacement : Testa, accompagnant Jean-Louis qui récite la quatrième des *Cinq grandes odes* de Claudel : « Comme une barque qui ne tient plus qu'à sa corde, et qui danse furieusement, et qui tape, et qui saque, et qui fonce[5]... » – inoubliable.

Quoi d'autre ? Ah oui ! Le *Atys* de Lully : « Vous devez vous animer d'une ardeur nouvelle : s'il faut adorer Cybèle, il faut encore plus l'aimer » – un excellent exemple de ce que je vous disais sur l'humanité des dieux antiques, soit dit en passant. Et oh !, un de mes *musts*, toutes catégories confondues : *Les contes d'Hoffmann*, d'Offenbach : pour la beauté de la musique, bien entendu, mais aussi pour le thème dramatique – ces trois amantes qui sont en réalité des facettes d'une seule, c'est une idée extraordinaire et qui me parle beaucoup.

Ensuite, qu'est-ce qu'il y a ?

J'adore Gilbert et Sullivan, et aussi Stephen Sondheim.

R. *Into the Woods*...

D. J'adore. Il y a Piaf, aussi, souvent. Certaines chansons de Diane Dufresne.

R. Lesquelles, par exemple ?

D. Son interprétation de *Je voulais te dire que je t'attends*. Et *Le parc Belmont*, tout particulièrement dans l'enregistrement

---

4. Anonyme, chanté par Marian Anderson, « Crucifixion », *Spirituals*, BMG Classics, 1952.

5. Paul Claudel, *Cinq grandes* odes suivies *d'un Processional pour saluer un siècle nouveau*, Paris, Gallimard, 1913.

symphonique. Et puis Ferré, bien sûr – surtout ses chansons sur des textes d'Aragon.

R. *L'affiche rouge*...

D. Oh oui! Et puis, et puis... l'« autre » Offenbach, le groupe – *Mes blues passent pus dans porte*. Brel – ça va de soi. Il y a quelque chose, chez Plume Latraverse, qui me fascine – *Les pauvres* est un chef-d'œuvre. Ferland. Jacques Blanchet. Cohen : essentiel. *The Wall*, encore une fois : la semaine dernière, plusieurs jours à la suite, j'ai réécouté je ne sais combien de fois l'album au complet, en me promenant – l'ensemble de l'album, mais en particulier *Hey You* : je pense que j'avais extraordinairement besoin de m'entendre dire, encore et encore, de ne pas lâcher. Oui, il y a tout ça. Et bien d'autres choses encore.

R. Mais dites-moi : films à la maison, lectures, musique au long de promenades... solitaires, j'imagine ?

D. Oui.

R. Est-ce que ça ne fait pas beaucoup de solitude, tout ça ?

D. Je vous l'ai dit : je *suis* un solitaire. J'ai autant besoin de solitude – au moins de temps en temps – que d'air à respirer.

R. Vous ne voyez personne ?

D. Oh que si. Richard, un ami médecin – souvent. Plein d'autres personnes aussi. Mais...

R. Mais ?

D. Autant que possible, une seule personne à la fois. C'est très drôle, d'ailleurs.

R. Quoi donc ?

D. Pour bien des gens – y compris des gens qui s'imaginent me connaître – je serais une intarissable grand' gueule. Ces gens-là s'imaginent que je ne peux pas m'arrêter de parler. Alors qu'en réalité, souvent, si je ne m'y oblige pas – à parler, je veux dire – je peux rester des jours de suite sans ouvrir la bouche. Il arrive que mon répondeur téléphonique se déclenche et qu'aussitôt que je reconnais la voix de la personne qui appelle je sois tenté de décrocher, de prendre l'appel, mais que je m'en empêche – j'ai trop peur de ne pas être capable d'articuler un seul mot : j'ai la langue et la gorge tellement engourdies que je suis convaincu que je ne pourrais rien faire d'autre que baver de vagues borborygmes. C'est d'ailleurs une des explications de mon attachement au Barbare : il se trouve à quarante minutes à pied de chez moi – et une heure, c'est le minimum que je dois marcher chaque jour pour ne pas m'empoter complètement – mais même si j'aime bien m'y trouver, j'aime encore plus la solitude, et souvent je suis obligé de me forcer à y aller parce que comme ça, au moins, je suis bien obligé d'ouvrir la bouche, ne serait-ce que pour commander mon repas, ma bière ou mon vin.

R. Mais cette réputation-là, que vous avez, d'être une intarissable grand' gueule, elle n'est quand même pas née dans un chou ?

D. Eh non.

R. Elle vient d'où ?

D. C'est une construction. De toutes pièces.

R. Je vous écoute.

D. C'est tout simple. J'ai compris, avant même d'avoir fini de traverser l'adolescence, que quand on est un ours solitaire dans mon genre, passer pour une grand' gueule présente au moins deux avantages considérables.

R. Allons-y.

D. Le premier, c'est de tenir les autres à distance quand vous en avez envie et – le comble ! – d'y parvenir sans même en avoir l'air. Si vous voulez qu'on vous sacre patience, donnez aux gens l'impression que s'ils ont le malheur de vous demander ne serait-ce que le temps qu'il fait, ils risquent d'être pris pour vous entendre pendant trois heures montre en main. C'est énormément de travail à mettre au point, mais une fois qu'on a compris la manière, c'est remarquablement efficace. Des tas de gens ne s'en rendent même pas compte, mais quand je les croise et que je n'ai pas envie de parler, je sais exactement – c'est devenu une seconde nature, chez moi – comment leur indiquer en quelques mots que je suis ce jour-là sur le mode bavard – alors qu'en fait c'est exactement le contraire. Ça marche dans quelque chose comme soixante ou soixante-dix pour cent des cas : en moins d'une minute ils ont pris leurs jambes à leur cou en soupirant de soulagement parce que, croient-ils, ils viennent de s'échapper – alors que c'est moi qui viens de les chasser.

R. Vous jouez à ça avec tout le monde ?

D. Qui a dit que ce serait un jeu ? C'est on ne peut plus sérieux. C'est une manière de protéger mon intimité. Or l'intimité est une chose pour laquelle il n'existe ici aucune espèce de respect. De plus, l'intimité *ne peut pas* être protégée ouvertement – ce serait un non-sens. On ne peut pas dire à quelqu'un : « Écoute, là, tu es en train d'empiéter sur mon intimité, ôte-toi de là. »

R. Ah non ?

D. Non. Parce qu'alors sa réaction a toutes les chances d'être : « Ah bon ? Et qu'est-ce qu'elle a donc de si précieux, ta fâââmcusc intimité, pour te justifier d'être aussi grossier à mon égard ? » Et que là, si vous vous taisez, il va se mettre à vous piétiner dans une véritable danse de Saint-Guy mais si, au contraire, vous avez le malheur de tenter de démontrer sa valeur, à votre intimité, vous êtes cuit ! – vous allez en fait vous retrouver à l'offrir en pâture, et vous avez toutes les chances de ressortir de là avec vos rêves à l'état de charpie sanguinolente. Non, on ne peut pas réclamer le respect de son intimité – c'est une contradiction dans les termes. Si on veut la préserver – lui permettre de continuer d'être un lieu de vie, un lieu de rêve et de méditation – on ne peut pas non plus s'enfermer en elle – ce qui débouche sur la folie. Intimité et enfermement, ce sont deux choses essentiellement différentes. À ma connaissance, la seule chose que l'on puisse faire, c'est de la camoufler. C'était à ça que servaient autrefois ce qu'on appelait « les bonnes manières » – aujourd'hui, il faut se construire un personnage… comme moi je vous ai créé.

R. Je vois.

Mais vous avez parlé de *deux* avantages qu'il y aurait à passer pour un bavard. Le second?

D. Il est symétrique au premier. Et lui aussi, avant qu'on puisse en tirer pleinement parti, exige un entraînement intensif et prolongé.

Voyez-vous, de la même manière que la plupart des gens s'imaginent que si vous parlez beaucoup c'est *nécessairement* parce que vous ne pouvez pas vous en empêcher, ils croient aussi que quelqu'un qui parle beaucoup est *nécessairement* quelqu'un qui n'écoute pas. Eh bien, la seconde croyance est au moins aussi mal fondée que la première.

R. Vous voulez dire que vous faites semblant de parler pour pouvoir à loisir écouter les autres?

D. Presque. Je ne fais pas *que* ça, bien entendu, et chaque fois que je parle ce n'est pas *nécessairement* ça que je suis en train de faire, non… mais quand je vous laisse vous mettre sur le mode « moulin à paroles », ou quand je vous incite à vous y mettre, il y a de bonnes chances pour que ce soit, oui, exactement ça que je sois en train de faire.

R. Comment est-ce que vous vous y prenez?

D. Le plus simplement du monde : je vous fais parler… pas pour ne rien dire, non, mais… pour que vous y alliez « en roue libre », tout simplement : sans aucun souci d'économie. Ce qui advient alors est fascinant, parce que la majorité des gens, en présence de quelqu'un qui parle vraiment beaucoup, s'il leur arrive à eux-mêmes de parler aussi, d'intervenir dans le flot… ils ne s'en rendent même pas compte. Il m'est arrivé un nombre incalculable de fois de me lancer au début d'une soirée dans de longs discours, vingt minutes, trente, cinquante s'il le fallait – et après cela de tout bonnement me taire, croiser les bras et me laisser être captivé par la suite. Eh bien, trois ou quatre heures plus tard, quand nous levions le camp, la plupart des autres ne s'étaient même pas rendu compte de ce qu'ils avaient dit, parce qu'ils étaient restés convaincus qu'à trois ou quatre courtes interventions près, il n'y avait quand même eu que moi pour parler tout le long de la soirée. Vous n'avez pas idée de tout ce que j'ai pu apprendre, de cette manière.

R. Mais pourquoi? Je veux dire : pourquoi de cette manière?

D. Parce qu'une société totalitaire réussie est une société où la propagande n'éradique pas nécessairement la faculté de penser, mais où elle entrave en tout cas nécessairement dans une large mesure la faculté d'exprimer volontairement ce que l'on pense. Ce qui fait que c'est une société où la meilleure manière d'apprendre ce que pensent les autres, ce n'est surtout pas en le leur demandant – tout mais pas ça – parce qu'alors ils vous débitent ni plus ni moins que des communiqués de presse. Non, dans une société totalitaire, si vous voulez savoir ce que pensent les autres, il faut la plupart du temps les mettre en situation non pas de *dire* ce qu'ils pensent – ou croient penser – mais de le mettre en action – sans qu'ils sachent que c'est pour cela que vous faites ce que vous faites. Il faut, autrement dit, les amener à *agir* en fonction de leur véritable pensée, plutôt que de leur demander de définir cette pensée *en principe*. De leurs actions, vous pouvez alors déduire la pensée effective qui est entrée en jeu.

R. Vous me donnez un exemple?

D. Si vous voulez. Tenez, un qui est extrêmement simple : sauf dans certains cas très particuliers, ne demandez jamais à quelqu'un s'il est raciste – c'est totalement inutile, à peu près personne n'admettra jamais qu'il l'est. En revanche… arrivez en trombe vingt minutes en retard à un rendez-vous de groupe au restaurant, enlevez votre manteau avec un air de flamboyante mauvaise humeur, ayez l'air de quelqu'un qui est en furie mais qui tente tout ce qui est en son pouvoir pour se contrôler, une fois installé faites référence au « maudit chauffeur de taxi incompétent » sans rien mentionner d'autre à son sujet que son incompétence, et ensuite, laissez la conversation prendre le cours qu'elle voudra. Une heure plus tard, l'air de ne pas y toucher, laissez tomber « au hasard de la conversation » que le dit chauffeur incompétent, cause exclusive de votre regrettable retard, était... un Haïtien. Vous allez voir ce qui va arriver... Des gens – pas tous mais certains – qui, si vous leur aviez posé carrément la question, auraient juré sur la tête de leur mère qu'il n'y a pas la moindre trace de racisme en eux, et qui en sont sans doute convaincus, vont se mettre à vous sortir tous les clichés les plus éculés sur le fait qu'il n'y a pas un seul chauffeur noir à Montréal qui sache faire la différence entre le boulevard Gouin et le pont Jacques-Cartier. Laissez-les prendre leur essor, et au bout de quinze minutes de délire raciste, si vous avez le malheur d'affirmer qu'en proportion il y a autant de chauffeurs de taxi « de souche » qui ne connaissent pas la ville qu'il y en a de Noirs, vous risquez de vous retrouver avec un bol à soupe renversé sur la tête.

Cet exemple-là est tout simple – il est même simpliste – mais la règle est claire : dans une société totalitaire il est, dans un nombre effarant de cas, totalement inutile de demander aux autres d'exprimer ce qu'ils pensent – ne serait-ce que parce qu'ils ne le savent pas eux-mêmes.

R. Comment pouvez-vous dire une chose pareille ? Lancer une généralisation aussi outrancière !?

D. Pourquoi ? Mais pour une raison toute simple, mon cher : parce que ce que je vous décris là, je l'ai constaté de mes propres yeux et de mes propres oreilles... un nombre incalculable de fois. Ce n'est absolument pas une théorie qui un beau matin m'aurait surgi entre les oreilles et que j'aurais ensuite cherché de toutes mes forces à étayer et à confirmer, non, c'est exactement le contraire : c'est la seule explication que j'aie été en mesure d'élaborer, brin à brin, jour après jour, et avec une totale incrédulité, pour parvenir à comprendre des comportements extrêmement fréquents, qui me sautaient littéralement aux yeux mais qui, en son absence, avaient l'air de tenir d'un véritable délire. Il m'a fallu des années d'observation et de réflexion pour parvenir à identifier ce que j'avais sous les yeux. Ce n'est pas un jugement, c'est un constat : dans une société totalitaire, et tout particulièrement dans une société totalitaire qui repose sur le vertige identitaire, choisir ouvertement, en toute conscience, de ne pas correspondre aux modèles imposés est suicidaire – et ça, même si personne ne le formule ouvertement et à haute voix, presque tous les individus le comprennent très tôt dans leur vie, d'instinct. Et agissent en conséquence.

Dans l'enfer d'une société totalitaire, il n'y a que deux manières de survivre : renoncer à toute individualité et se fondre au moule, ou s'inventer un personnage. Sauf que la vie a plus d'un tour dans son sac, elle est prodigieusement débordante de ressources. Ce qui fait que même si un système politique, idéologique, rhétorique parvient à empêcher dans une population l'expression de la pensée, et du même coup celle de l'individualité, il lui est à toutes fins utiles impossible d'empêcher totalement la pensée elle-même. La curiosité humaine est beaucoup trop forte. Alors qu'est-ce qui arrive ? En dépit de l'interdiction, les gens pensent quand même, certes, mais ils sont empêchés d'exprimer ce qu'ils pensent – autrement dit, à terme, leur faculté de pensée reste peut-être intacte, mais la pensée, elle, je veux dire *les* pensées, les fruits de la pensée, se mettent à pourrir sur les branches. Parce qu'on ne peut pas penser tout seul. Et qu'une pensée ne peut pas non plus se développer si elle n'est pas exprimée, et donc assumée – et, donc, consciente. Il y a au départ une étincelle, bien entendu, mais pour que cette étincelle se développe, il faut qu'elle sorte de nous, se heurte à la réalité et à d'autres pensées – c'est comme ça qu'elle finit par trouver sa forme, et par pouvoir se développer. Une pensée qui ne peut pas s'exprimer – et dont, de surcroît, on n'a même pas conscience – finit par dégénérer. Je viens de dire qu'elle pourrit, j'aurais tout aussi bien pu dire qu'elle se calcifie. Chose certaine, elle perd sa vitalité. D'ailleurs je peux d'ores et déjà vous dire – même si c'est un sujet que je préférerais ne pas aborder tout de suite à fond – que je crois que ce pourrissement ou cette calcification de la pensée est une des principales causes de ce que j'appelle la momification : pendant une grande partie de la vie, les embryons de pensées continuent d'apparaître mais, à la longue, il semblerait bien que l'accumulation d'idées, d'émotions, de réflexions avortées finisse par... par noyer l'âme, en quelque sorte. Trop de débris, trop de poids morts, et pas assez d'air frais, de mouvement et d'échange.

R. Et au bout d'une cinquantaine d'années, le processus est devenu irréversible...

D. C'est ce que je crois, en tout cas. C'est la seule explication plausible que j'aie pu trouver à ce que j'ai observé... et observe toujours.

Dans les années 80, quand j'ai commencé à être frappé par l'absence quasi totale d'écrivains véritables – je veux dire encore créatifs – de plus de cinquante ans, j'ai profité à plein du fait que j'étais alors *à la mode* pour m'entretenir avec nombre de mes aînés – auteurs ou ci-devant auteurs. Je ne leur dévoilais bien évidemment pas les raisons « sociologiques » de mon intérêt pour leur parcours de vie et de création, parce que je savais alors déjà depuis longtemps que le seul résultat que j'aurais obtenu aurait été la récitation d'une interminable litanie de déclarations d'intentions et autres manœuvres de relations publiques. Quoi qu'il en soit, dès après quelques-uns seulement de ces entretiens, une constante s'est mise à me frapper : tous ou peu s'en faut m'affirmaient avoir, autour de l'âge de cinquante ans, traversé une période extrêmement difficile – souvent, une dépression nerveuse carabinée. Et leur réaction à la douleur semblerait être ensuite devenue le fondement même de leur avenir artistique.

Les quelques rarissimes qui avaient réussi à... à comprendre que leur conflit intérieur comportait une part essentielle de conflit... avec leur société et les valeurs qui y sont dominantes... et qui étaient parvenus à accepter cette idée... ceux-là étaient souvent parvenus aussi à naviguer dans leur douleur, à la supporter, à l'assumer, à la prendre par les cornes, à la prendre en compte dans leur œuvre... et avaient continué d'écrire, de créer.

Ceux qui avaient, eux aussi, senti, même confusément, que la cause de la douleur qui les assaillait n'était pas uniquement intérieure, mais qu'au contraire cette douleur était suscitée ou en tout cas radicalement renforcée par l'atmosphère qui plane dans notre société... mais qui, eux, contrairement aux précédents, s'étaient sentis incapables d'assumer profondément cette prise de conscience, ceux-là étaient partis. Ou s'étaient tus.

D'autres – je l'apprenais par les biographies que je pouvais lire, ou par les récits que me faisaient certains de leurs proches – avaient souvent été incapables de se défaire d'un intense sentiment de culpabilité : ils s'étaient crus, d'une manière ou d'une autre, seuls « artisans de leur propre malheur » – comme on le dit si joliment... – et avaient sauté par la fenêtre.

D'autres encore – et, pour autant que j'aie pu l'observer en tout cas, c'étaient souvent ceux, en dehors de ceux qui ont poursuivi leur chemin, qui étaient porteurs de la plus grande vitalité – avaient sombré dans l'alcool : leur douleur était d'autant plus effroyable qu'ils étaient énergiques, et ils s'étaient retrouvés complètement paralysés, écartelés, incapables d'objectiver suffisamment leur souffrance pour parvenir à l'exprimer, incapables de renoncer à la vie, incapables de fuir, incapables de s'automutiler, et ils avaient tout simplement choisi d'entrer en dormance – d'ailleurs, je les appelle les « Endymions ».

R. ...

D. C'est un mythe grec. Endymion est un jeune homme d'une très grande beauté. Il se voit accorder la réalisation de son vœu le plus cher, et il choisit de dormir au fond d'une grotte, pour l'éternité, sans jamais vieillir.

En dehors de ceux, très rares, qui continuaient de véritablement écrire, les plus instructifs, ceux dont les récits me parurent immédiatement les plus révélateurs, c'étaient ceux que j'appelle les « rallongeurs de sauce » – ceux qui, même après leur crise, ont continué d'écrire, mais en repassant désormais sur les traces de leur jeunesse plutôt que de continuer d'avancer.

R. Vous voulez dire : ceux qui se mettent à tout bout de champ à raconter leurs jeunes années ?

D. Pas du tout. C'est même souvent le contraire : tout dans le discours et le comportement des rallongeurs de sauce porte à croire que leur jeunesse, ils l'ont parfaitement intégrée, et que leurs livres de comptes sont à jour. Non, « rallonger la sauce de la jeunesse », ce n'est pas parler d'elle sans cesse, c'est faire – dans son œuvre – comme si on avait encore vingt ans alors qu'on en a soixante. Implicitement, cela équivaut à affirmer qu'on a réussi tout ce qu'il y avait à réussir, compris tout ce qu'il y avait à comprendre, et qu'au total… tout ça ne rime à rien.

R. Vous voulez dire que c'est ça qu'ils… qu'ils enseignent, qu'ils mettent en circulation ? Qu'il n'y a rien à comprendre ?

D. Tout à fait. Et ils le font d'ailleurs presque toujours avec une hargne époustouflante. Une hargne sucrée, souvent, mais une hargne quand même.

R. Une hargne… sucrée ?

D. Oui. Ou une hargne « en gants blancs », si vous préférez. Il faut bien qu'ils aient l'air calmes et sereins, autrement leur rôle de grand sage aurait bien de la difficulté à tenir la route et leur discours risquerait de devenir sujet à caution. Mais si vous vous donnez la peine de lire sérieusement ce qu'ils écrivent, au lieu de vous contenter de lire ce que vous *croyez* qu'ils écrivent, l'effet est... dévastateur. À peu près celui que provoquerait un grand explorateur ou un chasseur de lions qui revient des contrées les plus lointaines avec dans ses bagages une foule d'objets fascinants, qui assemble les jeunes autour de son fauteuil, et qui entreprend de leur raconter nuit après nuit que oui, oui, il est allé à Thulé et à Cathay... oui, oui, il a vu le monde et ses merveilles... mais qu'au fond, restons calmes, c'est d'un ennui mortel : rien ne vaut une bonne pizza à la maison.

R. Pourquoi est-ce qu'ils feraient une chose pareille ?

D. Sérieusement ?

R. Sérieusement.

D. Pour que pas un de ces jeunes-là n'ait l'idée saugrenue de partir à son tour et n'aille se mêler de découvrir que le grand chasseur n'est, en fait, jamais allé plus loin que Plattsburgh.

R. Redites-moi ça ?

D. Ils ont chié dans leur froc en traversant le lac Champlain. Le mal de mer, ou je ne sais quoi.
Leurs peaux de lions, c'est du Sirbain. Et leurs tapis à prière, ils les ont trouvés dans un Wal-Mart.

R. Vous n'allez quand même pas prétendre...

D. Non. Non, je ne prétends pas que ce soit le cas de tous les écrivains de plus de cinquante ans. Mais c'est nettement celui de la plupart d'entre eux.

R. C'est étrange...

D. Quoi, ça ?

R. Vous évoquez ces... ces tricheurs-là... et vous n'avez pas l'air fâché du tout.

D. Non, c'est vrai.

R. Vous avez même l'air plutôt... triste ?

D. ...

R. Dites-moi...

D. Ce que je trouve infiniment triste... c'est qu'ils aient renoncé à raconter ce qu'ils ont vu. Ce qu'ils ont réellement vécu. Chaque fois que j'ai compris à propos de quelqu'un

ce que je décris ici, la tristesse s'est emparée de moi.
J'aurais voulu qu'ils me la racontent, la tempête sur le
lac Champlain. Qu'ils me disent pourquoi ils ont eu si
peur, plutôt que de se convaincre eux-mêmes que cette
terreur-là aurait été risible. Elle ne peut pas avoir été risible,
puisqu'elle a changé le cours de leur vie. J'aurais voulu les
entendre – les entendre pour vrai. Et ils me le refusaient.
Ce qui fait que ma réaction finissait par être double : d'une
part, respect pour la douleur qui avait dû être la leur, et qui
les avait obligés à renoncer au rêve de leur vie, et, d'autre
part, colère terrible, homérique, dévastatrice, à l'égard
de leur réaction de petits coqs et, surtout, à l'égard des
mensonges qu'ils édifient en système pour ne pas risquer
de voir leur lâcheté être découverte. Ils sont prêts à sacrifier
jusqu'aux rêves de leurs propres enfants, pour que personne
ne puisse voir qu'eux ont renoncé aux leurs.

C'est d'ailleurs pour ça qu'à mes yeux, une des plus belles
pièces à avoir jamais été écrite ici est *La dalle-des-morts* de
Félix-Antoine Savard.

R. Pourquoi?

D. Parce qu'elle est un chant dédié à la beauté et à la vastitude
du monde et de la vie. Un appel au métissage. Une
extraordinaire prise en compte de la peur de l'inconnu.
Et que, par-dessus le marché, Savard l'a fait paraître très
tard dans sa soixantaine.

R. Et ce chant-là, cet appel-là, cette prise en compte là, vous
ne les avez pas rencontrés souvent?

D. Non seulement je ne les ai pas rencontrés souvent, mais
encore et surtout, ce que je rencontre de toutes parts,
continuellement, c'est de féroces attaques contre eux, des
attaques en règle.

R. Revenons aux rallongeurs de sauce, vous voulez?

D. Bien sûr.

Les sept ou huit de cette catégorie-là qu'à cette époque j'ai
interrogés à fond, à ma manière indirecte de grand bavard,
ont tout particulièrement retenu mon attention parce que

chacun d'eux, chacune d'elles a utilisé, chacun à sa manière, la même formule : « J'ai décidé que... plus jamais. »

Dès la première fois que j'ai entendu la phrase, pour être parfaitement honnête, elle m'a immédiatement fait hausser les sourcils : je me souviens encore des circonstances comme si j'y étais. Mon interlocuteur, de son propre chef, sans même que je lui aie posé la moindre question à ce sujet, s'était mis à me raconter avec force détails la terrible crise qu'il avait traversée quelques années plus tôt. Soudain, il s'arrêta net de parler, laissa passer un temps, puis il me regarda droit dans les yeux et, avec une voix complètement différente de celle qu'il avait eue jusque-là, il me dit : « Et puis un bon matin, j'ai décidé que c'était fini ! Que j'avais assez souffert ! » Un autre long temps. Puis : « Et dès le lendemain, je me remettais au travail. » Encore un temps. « Et la souffrance n'est jamais, jamais ! revenue depuis. »

Ce qui me frappa, dans son récit, ce qui me sauta au visage, même, c'était le caractère volontariste de ce qu'il venait de me confier là. Il venait d'admettre – c'est en tout cas ce que je compris, et comprends toujours aujourd'hui, de son récit – que la souffrance qui avait été la sienne n'avait pas été liée à un trouble... comment dire... de source *essentiellement* psychologique : il n'avait pas souffert d'une dépression liée à un trouble physique, non, ni liée à un conflit qui aurait concerné des réalités uniquement personnelles, parce que de pareils troubles, il est douteux qu'une décision volontaire instantanée aurait suffi à les enrayer aussi catégoriquement, aussi rapidement et de manière aussi définitive que celle qu'il me décrivait là. Il me disait en fait qu'il avait *renoncé* à quelque chose, à quelque chose qui jusque-là avait dû lui être essentiel mais qui tout à coup s'était mis à lui poser un insupportable problème. Il avait tranché le nœud gordien en renonçant à l'un des deux termes du conflit – et aussitôt, pfuit ! la douleur s'était envolée pour ne plus jamais revenir.

Un autre élément frappant, c'était que ce conflit, cette terrible souffrance, je n'en avais trouvé aucune trace littérale, nulle part dans son œuvre.

Et le troisième, ce fut le soudain changement de ton, et même de voix : cet écrivain-là ne venait pas simplement de me raconter un point tournant de sa vie, oh que non, il venait surtout de me faire passer un message, et de le souligner énergiquement au crayon gras : il venait de m'enseigner.quelque chose – quelque chose qui semblait revêtu à ses yeux d'une importance extrême. Cette chose, elle ne pouvait être que celle-ci : « Attention, mon jeune ami : un jour ou l'autre, toi aussi tu te retrouveras devant ce choix-là. Souviens-toi de mes paroles. Et aie la clairvoyance, quand ça se produira, de ne pas t'acharner en vain. » Or, ce message capital, il n'avait pas cru bon d'y faire référence dans son œuvre. Comment était-ce possible ?

Quoi qu'il en soit, au cours des années qui suivirent, j'allais effectivement avoir amplement l'occasion de me les rappeler, ses paroles, puisque chacun et chacune des autres de sa catégorie que je rencontrai me les répétèrent presque mot pour mot. Dans chacun des cas, en allant lire leurs livres, je constatai ensuite que le moment où ils et elles me disaient avoir décidé de résoudre leur problème coïncidait avec le passage, dans leur œuvre, de la création au rallongement de la sauce. Alors qu'aucun, aucune, ne mentionnait dans ses livres cette transformation, ni ce qui avait pu la causer ou leur en faire ressentir la nécessité. Autrement dit, ce à quoi ils et elles avaient renoncé, c'était à leur propre création – à la parole. Je ne pouvais, de tout ça, déduire qu'une chose : ce qui les avait autour de cinquante ans plongés dans d'horribles, dans d'insupportables souffrances était lié – directement ou indirectement – au fait que leur travail d'artiste allait arriver à maturité. Se figer dans l'image stérile de leur jeunesse envolée ne posait pas de problème, mais assumer et aller plus loin n'était tout simplement pas envisageable.

C'est comme ça que j'ai commencé à comprendre que la disparition systématique des écrivains et des auteurs, autour de cinquante ans, ne trouvait sans doute pas sa cause – en tout cas pas sa cause déterminante – dans des facteurs personnels ni « naturels » – il y avait au contraire de très fortes chances pour qu'il s'agisse d'un phénomène de nature sociale, ou politique.

R. Comment ça?

D. Parce que si la cause n'était pas à l'intérieur d'eux, c'est qu'elle devait être à l'extérieur, tout simplement. Or une cause extérieure qui produit les mêmes effets sur des individus aussi différents les uns des autres relève nécessairement du social. Comme, en plus, cet effet-là était tout à fait cohérent avec d'autres phénomènes que je constatais aussi, et qui étaient, eux, ouvertement liés à des projets politiques... le lien n'était pas sorcier à faire. Une fois qu'on est parvenu à comprendre que a = b d'une part, et que b = c de l'autre, on n'a pas vraiment besoin d'un doctorat en physique quantique pour déduire que a = c.

D'ailleurs, les mises en garde qu'on m'adressait ne laissaient aucune place à l'équivoque : on m'avertissait très clairement de ce que la douleur que j'allais nécessairement connaître un jour à mon tour serait engendrée par une tension extrême entre deux pôles, qu'il n'y aurait que sur un seul de ces deux pôles-là que je pourrais agir et que la seule attitude qui me permettrait de survivre pouvait se résumer en un seul mot : renoncer. Renoncer à quoi? Leurs exemples me le montraient sans la moindre possibilité d'erreur. Renoncer à la poursuite de mon œuvre. Ce qu'on me disait, c'était : « Prépare-toi! Tant que tu es jeune, fais l'intelligent autant que tu le voudras, mais sache bien qu'un jour ou l'autre il faudra que tu te ranges. Ce jour-là, ne fais pas le fou, ne joue pas avec ton avenir : range-toi! » Autrement dit : un jour ou l'autre, j'allais moi aussi devoir renoncer à la maturité. Et si j'allais être assez idiot, assez aveugle pour ne pas suivre leurs conseils et leur exemple, l'état des choses que je pouvais constater autour de moi annonçait on ne peut plus clairement le sort qui me serait réservé : avoir à choisir entre la mort, la folie, le silence, l'alcool ou l'exil.

R. …

D. Des questions ?

R. Pas pour le moment, non.

D. Encore quelques mots sur le sujet, et après nous revenons à mon emploi du temps – ça vous va ?

R. C'est vous le patron.

D. Je vous disais que dans une société totalitaire réussie, les individus sont placés très tôt devant la nécessité de cesser de penser.

R. Oui…

D. Et que si ce renoncement les rebute, le seul choix qui s'offre à eux – à moins de parvenir à s'arracher le cerveau – c'est de se développer un personnage, comme moi je l'ai fait avec vous : je vous envoie dans le monde à ma place, vous faites les choses à peu près comme il faut les faire pour que nous ne nous fassions pas péter la gueule par les innombrables sbires du régime, et moi je reste tapi dans un coin, à continuer de faire mon possible pour ne pas me transformer en robot.

J'ai réalisé ces deux termes-là du choix assez tôt dans ma vie. Mais, comme je vous le disais, ce que mes observations-bavardes – mes manœuvres pour arriver à avoir accès à la pensée enfouie de certaines personnes – m'ont permis de réaliser, c'est qu'en fait, très souvent, les deux termes arrivent très bien à coexister longtemps chez un même individu : à la fois renoncement et personnage – ce qui donne quelqu'un qui fait tout ce qu'il peut pour être conforme, mais qui continue cependant à penser… la plupart du temps *malgré lui, à son propre insu.* Ce que je fais, quand je me livre à des manœuvres comme celles que j'ai évoquées tantôt, en parlant trop pour avoir la liberté d'observer et d'écouter, c'est donc simplement me donner accès à ce que certains de mes semblables pensent sans même s'en rendre compte.

Mais je ne le fais pas pour me moquer d'eux. Jamais de la vie. Ni pour les condamner – je n'en ai strictement aucun droit. Ni aucun désir, d'ailleurs.

Je le fais parce que je suis curieux, parce que la chose humaine, les êtres humains, me passionne. Je le fais pour pouvoir, malgré leur silence, entrer en dialogue avec eux – du mieux que je le peux dans les circonstances. J'ai appris à le faire parce que le silence ambiant était tout bonnement insupportable. Je l'ai fait durant plus de trente ans, un nombre incommensurable de fois... pour tenter de comprendre ce qui se passe dans le monde qui m'entoure, et auquel j'appartiens. Pour mieux comprendre mes semblables. Je l'ai fait pour être mieux à même de comprendre mes propres peurs. Et même, tout simplement, mes propres pensées. Je l'ai fait pour un jour être en mesure d'intervenir. Parce que ces gens, ces apparents robots que j'évoque ici, ce n'est pas leur côté automatique qui me fascine, c'est l'autre – celui qui, depuis la petite enfance, a vécu enfermé, hors d'atteinte de leur propre conscience. Leur côté automatique, lui, ils n'en sont pas responsables, il leur a été imposé – à un coût effroyablement élevé.

Ce que je voulais ajouter, c'est ceci : en plus de celles que je vous ai données dimanche dernier, lors de notre premier entretien, une des raisons capitales qui me rendent si urgente la rédaction de ma soi-disant autobiographie, qui me rendent si essentiel de « tracer ma vie sur papier pour enfin pouvoir la lire », comme vous l'avez si bien dit, c'est que je suis parvenu à un point de développement tel de ma capacité de lire la pensée enfouie chez les autres – chez certains autres, en tout cas – que je ne vois pratiquement plus qu'elle. Or il est extrêmement difficile, quand on la voit parfois aussi clairement qu'il m'arrive de la voir, de résister à la tentation d'ouvertement la prendre en compte

– de s'adresser à elle directement, en passant par-dessus ou à travers le personnage créé par l'autre. Or, prendre ouvertement en compte la pensée enfouie de l'autre, c'est quelque chose qu'il ne faut faire sous aucun prétexte, le danger est bien trop grand. Sa personnalité pourrait littéralement exploser.

R. Expliquez-moi ça.

D. Imaginez quelqu'un qui, sans même s'en rendre compte, a passé presque toute sa vie à avoir peur de se faire découvrir, à avoir peur que quelqu'un réalise un jour qu'en fait, il ne *fitte* pas. Alors que « ne pas *fitter* », dans la société où il vit, est un des pires crimes qui se puisse. Un crime passible de tous les châtiments psychologiques les plus pervers que vous puissiez imaginer. Ce n'est pas par lâcheté que cette personne-là se cache même à ses propres yeux : le danger d'être atrocement puni, d'être virtuellement lynché pour cause de non-conformité est tout à fait réel, et dès le berceau ou presque, cet individu-là a eu sous les yeux des exemples extrêmement concrets de ce qui arrive, quand on ne *fitte* pas, même sur des points qui ont l'air presque insignifiants : la haine, le rejet, la violence se déchaînent instantanément en véritable tornade. Ça vient de tous les côtés à la fois, ça vous tombe dessus comme une tonne de briques avec une telle force, de manière tellement impitoyable, qu'il est quasi impossible de ne pas être transformé en bouillie. La personne devant qui vous vous tenez, et dont soudain, pour une raison ou pour une autre, vous percevez les pensées, les rêves, toute l'intimité, enfouis par elle dans une chambre forte souterraine, un coffre-fort scellé, dont elle cherche depuis l'enfance à même jeter les clés, à oublier la combinaison, si, de but en blanc, vous débarquez dans sa vie et allez lui annoncer que vous le voyez, vous, qu'il y a un coffre-fort au plus profond d'elle, et à quoi il sert, et que même, peut-être, vous pressentez ce qu'il a des chances de contenir... imaginez un peu la folle terreur qui va s'emparer d'elle ! Ce sera pour elle, quelle que soit la délicatesse de vos manières, comme d'avoir la Gestapo ou le KGB qui défonce la porte de son appartement à quatre heures du matin !

Imaginez : ce qui se passe à l'intérieur de nous, cette personne-là n'en a même jamais entendu parler, jamais ! par personne ! autrement que pour se faire dire de s'en méfier de toutes ses forces !

R. C'est pour ça que vous êtes en colère contre les rallongeurs de sauce ? Parce qu'en niant la valeur du voyage, ils entérinent le silence intérieur ?

D. Précisément ! Ils font le contraire de ce que doit faire un artiste. Ils abandonnent leur crayon de poète pour s'emparer du tampon du censeur. Ils cessent d'être une route dans la forêt pour se transformer en mur de prison.

Et c'est aussi pourquoi, soit dit en passant, je suis tellement en colère contre la quasi-totalité des intellectuels de la société où je vis : parce qu'à leur manière, dans le champ qui leur est propre, ils remplissent exactement la même fonction que les artistes rallongeurs de sauce : ils font semblant de remplir la fonction de l'intellectuel – permettre de mieux comprendre le monde où nous sommes bien obligés de vivre – alors qu'en réalité, ils multiplient les obstacles à la compréhension. Ils n'aident pas à mieux comprendre les enjeux des débats de société, ils les embrouillent. Eux aussi, sont des propagandistes. Ils paient leur trahison d'un prix astronomique, mais ils ont accepté l'idée qu'ils seraient incapables de concevoir aucune autre manière de vivre leur vie, et ils ne se croient plus capables de revenir en arrière. C'est ce que, il y a une dizaine d'années, j'ai appelé le « syndrome de Polonius ».

R. Expliquez.

D. Dans *Hamlet*, Shakespeare a imaginé un personnage prodigieusement éclairant, qu'il a baptisé du nom de Polonius. Polonius est un vieil homme très cultivé, chambellan, régisseur de l'intimité de la Couronne. Or le nouveau roi du Danemark, Claudius, est un usurpateur. Il a assassiné le roi – son propre frère – pour lui succéder à la fois sur le trône et dans le lit de sa femme, Gertrude, la mère du prince Hamlet. Hamlet sent bien que quelque chose ne va pas, mais il n'arrive pas à comprendre, à mettre le doigt sur ce qui cloche. La seule personne qui pourrait l'aider, le seul, à part les deux complices, qui dispose de l'information et de la discipline intellectuelle pour « lire » ce qui est en train d'arriver, c'est le vieux Polonius. Mais Polonius, il n'y a plus qu'une seule chose, dans la vie, qui l'intéresse : son propre statut. Il n'a donc aucun intérêt à aider le jeune homme. Alors il ne répond pas aux questions d'Hamlet, tout au contraire : il les écarte en les mettant sur le compte de sa jeunesse, de son tempérament. Hamlet est ainsi privé de l'appui du seul véritable intellectuel – homme de savoir et de pensée – et se retrouve obligé d'inventer ses propres moyens pour comprendre le monde. Cela débouche sur un massacre, une véritable orgie de combats – à la fin de la pièce, le plateau est littéralement jonché de cadavres. Y compris celui de Polonius. Et celui de sa fille adorée, Ophélie. Pourquoi ? Parce que Polonius a trahi sa tâche et que, ce faisant, il a bloqué l'accès à la réalité. La seule manière de rétablir le passage, ç'a été... une explosion.

Shakespeare, en écrivant ça, savait parfaitement de quoi il parlait : la société au sein de laquelle il vivait sortait à peine d'une épouvantable guerre civile.

Au Québec, le syndrome de Polonius est endémique – c'est une véritable épidémie.

R. « Adeptes de Polonius » et « rallongeurs de sauce », même combat ?

D. Tout à fait. Pour les uns et les autres, il n'y a qu'une seule chose qui importe : empêcher que qui que ce soit se rende compte que les vampires, que les chasseurs de lions à Plattsburgh, sont au pouvoir.

R. Pourquoi ?

D. Parce que ce sont les vampires qui leur accordent leur statut… et qu'il n'y a justement rien d'autre que leur statut qui les intéresse.

R. Il faut donc faire sauter le mur?

D. Eh oui.

Il faut parler de l'autre face de la vie. Il faut parler de la vastitude du monde.

Et tenter de donner le goût et le courage à ses semblables d'abandonner les souterrains et les voûtes.

Je vous l'ai dit, j'en suis arrivé à un point où je ne peux plus faire comme si de rien n'était : je dois faire sauter le mur. Chez de plus en plus de gens qui me touchent, je la vois, la chambre forte. Mais faire sauter le mur, ça ne veut pas dire faire sauter du même coup ceux qui ont été forcés de l'édifier en eux : c'est le contraire, que ça veut dire. Je dois donc absolument trouver le moyen d'exprimer ce que je sais – pour pouvoir « lire » aussi cette pensée-là. Je ne peux bien évidemment pas le faire en m'adressant à qui que ce soit en particulier – ce serait la pire chose à faire. Du même coup, je dois mettre en circulation ce que je sais – ou crois savoir – pour que le plus grand nombre possible de personnes puissent, si jamais elles allaient en ressentir le désir, s'interroger *à leur propre sujet*. C'est donc aussi pour ça, qu'il faut absolument que je raconte ma vie : pour donner des indices. Pour permettre à d'autres que moi d'éventuellement sortir de leur enfermement, *par leurs propres moyens* – ce qui est la seule manière possible d'y parvenir.

R. Je ne suis pas certain de tout saisir.

D. Résumez-moi ce que je viens de raconter.

R. Que, dans notre société, il y a interdiction de penser hors des cadres…

D. Ce qui revient à dire : de penser tout court.

R. Que la transgression de cette règle-là, non dite mais omniprésente, porte des conséquences terrifiantes, ce qui fait que la plupart des individus se plient à elle d'instinct.

Mais que cela n'empêche pas nécessairement pour autant la pensée de fonctionner : les idées apparaissent bel et bien quand même, mais embryonnaires et enfouies. Et qu'à la longue, l'accumulation de ces... résidus de pensées, d'émotions non formulées, finit par engendrer ou bien la cessation de la pensée résiduelle, ou bien... ou bien quoi?

D. Ou bien le renoncement à une pensée... secrète... une pensée que l'on a entretenue bien à l'abri derrière un personnage qui, lui, semblait respecter la règle.

R. Vous voulez dire que la... que la « véritable » personne, celle qui, chez ceux qui se sont construit un personnage, est cachée derrière ce personnage, et qui continue de penser et de ressentir hors des cadres, finit par...

D. Oui...

R. ... par...

D. Allez-y, dites-le!

R. ... par être assassinée par son propre personnage?!

D. Voilà.

Si la « personne » cachée derrière le personnage et protégée par lui ne parvient pas à se montrer à visage découvert, il vient nécessairement un jour où, de la même manière que les pensées non dites et sous-développées finissent par enrayer la faculté de pensée résiduelle, cette personne-là devient un poids mort à son propre regard. Pis, même : elle devient une menace. Alors, elle se... liquéfie. Et le personnage prend sa place... *toute* sa place.

C'est comme ça, que du jour au lendemain, pfuit! la douleur disparaît pour ne plus jamais revenir...

R. Quelle horreur.

D. Il y a donc nécessité radicale de parvenir, à la maturité au plus tard, à se... débarrasser du personnage pour pouvoir enfin s'avancer à visage découvert – autant qu'on le peut, en tout cas.

Seulement voilà : le faire signifie mettre immédiatement en danger ceux que l'on rencontre, que l'on côtoie, parce qu'une prise de conscience soudaine et non choisie peut entraîner l'explosion de la personnalité chez ceux qui jusque-là n'avaient même pas conscience d'en avoir une. Et qui souvent, d'ailleurs, n'en veulent pas. Celui ou celle qui « sort » de derrière son personnage non seulement risque de ce fait de mettre en danger des gens qui lui sont très chers, mais il doit aussi s'attendre, en sortant, à se retrouver... au beau milieu d'un champ de mines. Seulement voilà, le champ de mines est sans importance aucune.

R. Comment ça ?

D. En deux mots : parce que s'il s'est rendu au point de prendre conscience de la nécessité de sortir... et qu'il ne le fait pas... il est mort de toute manière.

R. ...

D. Si je veux sortir de derrière vous, j'ai donc le devoir de lancer d'abord un avertissement : « Attention, je vais sortir ! »

Si je ne le lance pas, et le plus clairement possible, je mets immédiatement en péril, en grand péril, tous ceux avec qui je suis en contact, et tout particulièrement ceux que je peux être tenté d'aider.

R. Ouf.

D. Oui.

R. ...

Je savais bien qu'il allait être question de ma disparition. Mais je ne m'attendais pas à ce que le sujet soit abordé si tôt.

D. Moi non plus.

R. Ni de manière aussi directe.

D. Moi non plus.

Mais si vous le permettez, je préférerais ne pas aller plus loin sur le sujet. Pas tout de suite. J'ai même le sentiment, en fait, d'en avoir déjà trop dit, et peut-être bien, en effet, trop tôt.

R. ...

D. La seule chose que je préciserais encore, c'est celle-ci : ce n'est pas parce que la nécessité de renoncer à vous me paraît incontournable que… que ce renoncement serait pour autant facile à envisager. Vous n'êtes pas « un détail ».

R. Avez-vous une…

D. …

R. … une idée, même fugace, de ce que votre vie sans moi pourrait être… ?

D. …

R. … ou sera ?

D. Aucune.

R. …

Vertige ?

D. Non.

Terreur.

R. …

D. Et maintenant revenons, si vous le voulez bien.

R. …

D. La dernière chose que je voudrais encore ajouter au sujet des avantages que procure le fait de se livrer à « la grand' gueule en tant que personnage », c'est celle-ci : se placer trop ostensiblement dans une attitude d'observateur, c'est imposer un terrible handicap à ses observations – ne serait-ce que parce que les gens n'aiment justement pas se sentir observés – surtout pas dans une société où règne un climat comme celui que je viens d'évoquer.

R. Il faut donc… faire semblant de ne pas observer ?

D. C'est ça.

R. Et, donc, s'inventer une action ?

D. Tout à fait.

R. Une action comme… être une grand' gueule, par exemple ?

D. Eh oui.

C'est absolument nécessaire, parce qu'en plus, il faut encore tenir compte du fait que, dans la vie courante, le statut d'observateur, passé un certain cap, ne peut plus être maintenu : il vient immanquablement un moment où l'on est mis en demeure de quitter sa position de retrait et de prendre parti – le nihilisme est toujours militant et ne tolère pas la neutralité.

Ce que je suis en train de vous dire, mais, encore une fois, nous y reviendrons sans doute en détail plus tard, c'est que je n'ai pas du tout froidement choisi de vous créer, ni de jouer à des jeux comme celui de la grand' gueule. Je vous ai créé par nécessité. Pour protéger mon intimité, et pour me donner accès aux autres, fût-ce malgré eux. Si je n'avais pas eu le réflexe de vous projeter devant moi comme un écran de fumée… je suis convaincu que je serais mort depuis longtemps. Intellectuellement au moins. Émotionnellement, sans l'ombre d'un doute. Et, peut-être, physiquement.

R. Oui.

D. Aujourd'hui, le danger est renversé : c'est vous qui risquez de m'absorber. Et il ne saurait en être question. Pourtant, je n'ai pas l'intention de me débarrasser de vous. Absolument pas. J'ai l'intention de vous… intégrer. C'est pour cela que nous devons vous et moi faire le tour de notre existence commune.

*

R. Nous parlions de vous. De vos longues promenades. De ce que vous aimez. En lecture, en musique. Vous me disiez que, contrairement aux apparences, vous êtes un solitaire…

D. Depuis toujours. Et…
   Oh !

R. Quoi donc ?

D. Une idée vient de me traverser l'esprit.

R. À quel sujet ?

D. Un peu plus tôt, quand vous m'avez demandé si j'allais au théâtre, je vous ai répondu que non, ou alors vraiment très peu…

R. Oui.

D. Eh bien, c'est vrai que je vais très peu au théâtre mais, juste avant Noël, j'ai vu un spectacle chavirant.

R. Ah bon?

D. Ce n'était pas du théâtre, mais presque. En fait, c'était un exercice public, le récital de chant annuel des finissants en interprétation de l'École nationale – les mêmes jeunes acteurs et actrices avec qui j'ai travaillé au début de l'année scolaire.

R. Et…?

D. Et ça a été une soirée inoubliable. À tous égards. Ils sont formidables. Ce qui me fait penser, d'ailleurs, qu'en chanson, il faut ajouter Anne Sylvestre à la liste de mes préférés. Ce soir-là, justement, une des jeunes actrices a donné une interprétation de *Une sorcière comme les autres* qui était… renversante… à couper le souffle. Mais toute la soirée l'était. Drôle, touchante, intelligente. Il y avait de tout : en français, en québécois, en créole, en anglais, en américain. Des chansons hyper-connues, d'autres moins, même des œuvres originales – une chanson comique *Retour vers le futur*, pissante. Une autre, *Et si on s'aimait pour la vie* : parfaitement bouleversante. Je suis sorti de là scié.

R. Qu'est-ce qu'il y a? Vous avez l'air tout drôle.

D. Il me…
En repensant à la soirée, il vient de me revenir une émotion extrêmement puissante qui s'est emparée de moi, ce soir-là.

R. …

D. Et dont je n'ai parlé à personne. Pas ouvertement, en tout cas. Et surtout pas aux étudiants.

R. …

D. Je…

R. …

D. Quelques minutes seulement après le début du récital, j'ai croisé les bras. Et j'ai serré. Très fort. Si fort que j'en ai eu mal aux épaules pendant deux jours. Fort. Et de plus en plus fort, à mesure que la soirée avançait.

R. Pourquoi?

D. J'avais peur de me mettre à crier.

R. À crier quoi?

D. À monter debout sur ma chaise, et à interrompre le spectacle en hurlant « C'est magnifique! Sauvez-vous! Vite! Partez! Votre beauté est trop visible, vous allez vous faire piétiner! »

R. Que…?
Redites-moi ça?

D. J'entendais les hyènes qui claquaient des dents, à la porte de la salle. Qui les attendent en salivant. Qui vont se jeter sur eux et sur elles à la vitesse de l'éclair.

…

R. Vous continuez?

D. Non.

R. Pourquoi pas?

D. Trop douloureux. Plus tard, peut-être.

R. …
Revenons à vous.

D. D'accord.

R. Lecture, marche, musique, quelques films… quoi d'autre?

D. Je vous l'ai dit : penser au garçon que j'aime. D'ailleurs…

R. Oui.

D. Une autre association d'idées qui vient de me traverser l'esprit – et qui a rapport à la fois à lui et à la musique.

R. Allez-y.

D. Il y a quelques semaines, nous avons passé une soirée ensemble, lui et moi. Une soirée vraiment extraordinaire. Nous sommes allés manger, puis prendre un verre. Nous avons parlé de tout, mais surtout de lui, de sa vie, et de moi, de la mienne. Nous nous sommes laissés très tard, et le lendemain, au réveil… je ne sais pas comment dire… j'avais l'impression que cette soirée, nous l'avions passée tout entière à faire l'amour. Je veux dire : physiquement, littéralement. Alors que, bien entendu, il ne s'était rien produit de tel, et qu'il n'est d'ailleurs strictement pas question non plus que ça se produise un jour. Ce matin-là, je me suis éveillé empli de cette sensation si particulière qu'on ne ressent qu'au réveil, après une nuit passée à faire la tendresse avec un être qu'on aime profondément. Le sentiment d'une plénitude, mais à la fois d'un accomplissement, d'un apaisement. D'une lumière unique. Durant deux journées entières, ce sentiment-là ne m'a pas quitté un seul instant. Un bonheur d'une rare intensité. Il me semblait que soudain, j'étais lumineux… concrètement lumineux. Et j'ai fait, à ce moment-là, une chose qui a déjà été fréquente dans ma vie mais dont j'ai soudain réalisé que je ne l'avais plus faite depuis… peut-être vingt ans : j'ai sorti une pile haute comme ça de disques, dans tous les genres, de toutes les époques, et je me suis mis à les écouter, en toute liberté, avec un plaisir qui m'a étonné, qui m'a renversé, des heures et des heures d'affilée. Je pouvais réécouter la même chanson une heure durant, puis je passais à une autre, par simple association d'idées. Ça a été extraordinaire. Et c'était grâce à lui. Je veux dire : grâce à sa présence dans ma vie.

R. Eh bien, puisque vous abordez le sujet de cet amour…

D. Oui?

R. Continuons…

D. D'accord.

R. Vous me dites que vous pensez souvent à lui?

D. Non. Je vous dis que je pense *continuellement* à lui.

R. Pourquoi?

D. Le ton de votre « pourquoi » me donne à penser que vous me soupçonnez de complaisance.

R. Peut-être.

D. Eh bien vous avez tort. Je ne pense pas à lui pour le plaisir de me morfondre, je pense à lui parce qu'il m'est strictement impossible de faire autrement. Je rêve à lui toutes les nuits, parfois j'ai même l'impression au réveil de n'avoir rêvé à rien ni à personne d'autre, de toute la nuit. Il arrive que je m'éveille en sursaut avec la certitude qu'il dort à côté de moi. Évidemment, un instant plus tard, aussitôt que je réalise qu'il n'en est rien, la douleur est déchirante, monstrueuse. Mais, voyez-vous, la douleur a beau être immense, elle ne l'est pas moins que la joie que je vis en rêve. Ni que celle que j'ai connue ce soir-là que je viens d'évoquer, et durant les deux jours qui ont suivi.

R. Justement, parlant de ces deux journées de bonheur intense…

D. Oui?

R. Vous avez bien dit que le lendemain de cette soirée, vous avez eu l'impression que vous l'aviez passée à faire l'amour avec lui?

D. Oui, c'est ce que j'ai dit.

R. Mais quand vous me dites à présent que vous rêvez à lui chaque nuit…

D. Oui…

R. Je suppose que vous ne rêvez pas que, tous les deux, vous faites la vaisselle ou l'épicerie?

D. Pas vraiment, non.

R. Qu'est-ce qui se passe, dans ces rêves?

D. Nous faisons l'amour. Nous nous caressons, nous nous embrassons. C'est d'une lumière et d'une tendresse à couper le souffle.

R. Voilà, c'est précisément ce que je ne saisis pas bien : en quoi l'effet de ces rêves-là est-il différent de ce que vous avez ressenti après la soirée passée en sa compagnie?

D. Oh, c'est tout simple. C'est simple à dire, en tout cas. Mais je ne suis pas certain du tout que ce le soit à comprendre, en tout cas pour quelqu'un qui ne l'aurait pas vécu.

R. Essayez toujours…

D. Eh bien. Je le dirais comme ceci : quand je rêve à lui, quand je rêve que nous passons nuit après nuit à faire l'amour et que nous apprenons à nous connaître, je dirais que ce qui s'exprime, c'est mon désir. Cela le concerne, bien évidemment, mais cela le concerne, comment dire?... *en* moi. Ce qui s'exprime dans ces rêves-là, c'est ce qui, en moi, le désire. Qui désire le voir jouir. Le voir être bien. Le voir s'abandonner. Ce qui se met en action chaque nuit, c'est l'expression du désir qu'il allume en moi, quoi qu'il fasse, rien qu'à être celui qu'il est. Tandis que l'autre événement, le lendemain de notre soirée en commun, ce n'était pas ce que je désire qui l'a déclenché, mais ce qu'il a, lui, réellement fait, ce qu'il est. Son ouverture d'esprit, sa vivacité, sa curiosité, la tendresse qui émane de lui comme un parfum envoûtant, sa quête. Ce don-là de sa part, je ne l'ai pas imaginé, je l'ai reçu. Concrètement, reçu. Oh, je vous concède que les deux émotions peuvent paraître proches parentes, mais elles sont surtout profondément distinctes. Ce qui est le plus bouleversant dans l'histoire, c'est justement qu'elles se répondent. Mieux, même : qu'elles se confirment l'une l'autre.

R. Que voulez-vous dire?

D. Que ce qu'il y a de plus éprouvant, ce n'est pas que je sois obsédé par lui au point de rêver à sa tendresse et à la mienne pour lui chaque nuit depuis des mois, non. Ce qu'il y a de terrible, c'est que certains des moments que nous avons vécus ensemble m'ont confirmé au-delà de tout ce que j'aurais pu imaginer à quel point mes rêves sont... fondés. Non seulement ces rêves-là, de tendresse, ne sont pas des compensations – ils ne sont pas là pour remplacer son absence physique par l'illusion d'une présence onirique – non, ils ne sont en fait que de simples rappels de la tendresse et de la beauté qui émanent de lui quand il est là, debout ou assis devant moi. De lui dans la réalité. Ce qui est terrifiant, c'est que mes rêves, si forts soient-ils, ne sont en fait que de pâles évocations de ce que je sais vivre en lui.

R. Comment pouvez-vous avoir la certitude de ça?

D. Mais parce que je le vois en lui, chaque fois que mes yeux ont la chance, le bonheur de se poser sur lui, tiens!

R. Ce n'est pas encore un fantasme, mais éveillé, celui-là?

D. Mais non! Mes rêves de lui à répétition ne sont *pas* des fantasmes, justement!

R. Vous rêvez chaque nuit que vous faites l'amour avec un garçon qui n'y est pas, et vous trouvez, vous, que ce n'est pas un fantasme? Qu'est-ce qu'il vous faut?

D. Ce n'est pas un fantasme en ce sens que je ne rêve pas de faire l'amour avec lui *à la place* de le faire dans la réalité physique. Parce que ce n'est pas le fait que nous fassions l'amour, qui est capital dans ces rêves-là. Ce qui est au cœur d'eux, et qui me reste, après, parfois toute la journée, ce n'est pas la sensualité, l'érotisme, le cul, pas du tout. Ce qui en est au cœur, c'est la fabuleuse lumière qui brille dans ses yeux, c'est tout ce qu'il me « dit », me transmet de ce qu'il est – l'érotisme n'est rien d'autre que la seule manière que j'aie à ma disposition pour exprimer, de la manière la plus simple, la plus directe et la moins lyrique du monde, l'effet que provoque chez moi la lumière qu'il porte.

R. Mais qu'est-ce que vous êtes en train de me raconter là?

D. Je suis en train de vous dire, triple buse, que ce n'est pas parce que j'ai envie de coucher avec lui que je trouve qu'il déborde d'une vie qui m'éblouit, que c'est même exactement le contraire : c'est cette lumière-là, qu'il porte, qui sourd de lui, qui émane de lui comme d'un feu de joie, qui me rend fou de lui. Je suis en train de vous dire que rêver à faire l'amour avec lui, ce n'est pas *le plus* que je puisse faire, c'est *le moins*. Tout simplement parce que je suis totalement incapable d'imaginer aucune autre manière d'être en contact avec cette lumière-là qui est la sienne.
Vous vous souvenez qu'en mathématiques, au secondaire, nous disions que nous « arrondissions » à la fraction la plus près?

R. Oui?

D. Eh bien, par mes rêves de lui, mon imagination « arrondit » l'effet qu'il me fait dans la réalité : je suis bouleversé par une lumière qui émane de lui, et ce bouleversement ne trouve à s'exprimer qu'en s'arrondissant à la valeur la plus proche que j'aie jamais ressentie : la passion amoureuse.

R. Est-ce que vous n'êtes pas en train de nager en pleine mythologie?

D. Jamais de la vie. Je suis en train de nager en pleine vie. Je suis en train de tenter de vous faire comprendre que je vois, dans la manière de bouger, de parler, de se taire, de regarder, de ce garçon-là, une chose que j'ai recherchée de toutes mes forces, toute ma vie, et qui est tellement rare que j'ai même fini, à certaines époques, par renoncer à espérer la rencontrer un jour : la vie telle que je l'aime.

R. Vous me dites qu'il *est* la vie à vos yeux?

D. Non, je vous dis qu'il porte, d'une manière étonnante, une des qualités de la vie que j'ai espéré rencontrer tout au long de mon existence. Ce qui fait que continuer à rêver à lui, que penser à lui à chaque heure du jour et de la nuit, n'est en aucune façon complaisance de ma part. Quand bien même cette obsession serait porteuse de douleur. Elle fait mal, oh que oui! Mais elle ne fait pas que ça. Et au total elle ne fait mal que dans l'exacte mesure où elle est aussi, où elle est surtout, une prodigieuse source de joie. Comme la vie : elle est immonde et pourtant, *au même instant*, elle est d'une splendeur à couper le souffle. Le mal fait partie du miracle même d'exister, comme le disait magnifiquement Ionesco peu de temps avant de mourir. Vous n'aurez jamais accès à la splendeur de la vie si vous n'êtes pas prêt à aussi accueillir la souffrance, si abjecte soit-elle. Si vous choisissez de vous geler le cœur, vous ne pourrez pas ensuite vous le dégeler sur commande. La vie, c'est à prendre ou à laisser. Je prends.

R. Romantisme?

D. Je n'ai aucune espèce d'envie de résumer ce que je vis par une étiquette aussi bête et étroite que celle-là.

R. …

D. Et pas davantage qu'on le fasse à ma place…

R. Admettez tout de même que vous ne donnez pas vraiment ici dans le rose bonbon.

D. Et alors? Je vis ce que la vie m'envoie, c'est tout. Je ne suis pas fait pour le rose bonbon? Eh bien, qu'à cela ne tienne! Mon devoir n'est pas de vivre ce que, paraît-il, il serait de bon ton de vivre, il est de vivre ce que la vie me présente à vivre, ce qu'elle m'offre, ce qu'elle me met sous le nez, ce qu'elle me rentre de force dans la gorge. Mon devoir, c'est de le vivre à ma mesure à moi. Au mieux de mes capacités à moi. Je n'ai pas la prétention de savoir ce qu'est la vie, ni si elle attend, sous une forme ou sous une autre, quoi que ce soit de notre part. Tout ce que je sais à ce chapitre, c'est que si vous, vous croyez réellement qu'il existerait une formule simple et uniformément facile pour vivre sa vie... ce n'est certainement pas moi qui suis en train de nager en plein fantasme.

L'écoute inductive que vous m'accordez en ce moment...

R. L'écoute... « inductive »?

D. Oui : une écoute qui n'a absolument pas pour but de d'abord comprendre ce que je suis en train de vous dire, mais au contraire de faire cadrer de force tout ce qui vous est adressé dans des grilles préfabriquées...

R. Ah.

D. Vous n'êtes pas en train de tenter de saisir ce que je cherche à exprimer, vous êtes en train d'y rechercher une confirmation de ce que vous, vous pensez déjà avant même que j'aie ouvert la bouche – ce qui est le contraire d'« écouter ». Vous ne voulez pas m'entendre, vous voulez vous réconforter.

R. Et...?

D. Et, pour moi, tout particulièrement chez un artiste, mais en fait chez quelque individu que ce soit, une fausse écoute de cette espèce-là est le signe d'un syndrome extrêmement inquiétant.

R. Assavoir?

D. Le syndrome du Deuil précoce.

R. Du Deuil... précoce ?

D. Oui : « précoce » – comme l'éjaculation du même nom.

R. Tout un programme.

D. Le syndrome du Deuil précoce – du deuil « d'avance » ou du deuil « trop tôt » – consiste à renoncer à un objet, ou à inciter les autres à renoncer à un objet, sous prétexte que l'on connaîtrait d'avance les conséquences d'un attachement à lui, que l'on prétend que ces conséquences ne sauraient être que globalement négatives, à le faire sans avoir soi-même connu ni cet objet ni les conséquences d'un attachement à lui, et à le faire, enfin et surtout, au nom de principes dogmatiques, c'est-à-dire au nom de principes dont la validité n'aurait même pas à être démontrée : « Ils sont supérieurs, ils sont nécessaires, et ça suffit. »

Autrement dit, le syndrome du Deuil précoce incite à privilégier une soi-disant connaissance théorique *a priori* à toute expérience nouvelle que ce soit, à croire mordicus que penser savoir ce qu'est une chose sans l'avoir jamais vécue dans les faits serait préférable à la vivre, mais à le croire fondamentalement parce que le fait de la vivre risquerait d'entraîner le questionnement de principes qu'on ne *veut* pas questionner.

R. Par exemple ?

D. Un endeuillé précoce rencontre une femme qui le bouleverse. Conséquence de cette rencontre, tout à coup, rien de ce qu'il pensait savoir de l'amour, des femmes, de la vie, n'a plus l'air de tenir debout. Qu'est-ce qu'il fait ? Plutôt que de faire confiance à la vie, et même à cette femme, tout simplement, plutôt que d'aller voir ce qu'il peut apprendre du nouveau regard qui vient de s'imposer à lui, il tente immédiatement de « corriger » la femme, de la faire rentrer dans le droit chemin, c'est-à-dire dans le chemin théorique qu'il est, lui, profondément convaincu de connaître sur le bout de ses doigts. Si la femme refuse de se corriger dans ses termes à lui, voire si elle fait même seulement mine d'hésiter, l'homme se met à provoquer drame par-dessus drame, menant droit à la rupture. Pour s'expliquer auprès de ses amis, il dira ensuite : « De toute manière, je sais exactement ce qui aurait fini par se passer », ce qui est le comble du mensonge – il n'en sait rien du tout. Rien. Non content d'être un ignorant, il vient au surplus de refuser d'apprendre.

Une connaissance théorique qui ne nous permet pas de vivre encore plus richement les surprises que la vie nous envoie est une connaissance stérile. Mais une connaissance théorique qui débouche sur un refus radical de prendre en compte quoi que ce soit qu'on ne connaisse pas déjà *en principe* est le contraire d'une connaissance, c'est tout bonnement une forme anticipée de la mort cérébrale. Parce que le mot « connaissance » contient le mot « naissance » – « apprendre » c'est « changer ». Le Deuil précoce est l'équivalent de refuser de vivre sous prétexte qu'on sait d'avance qu'on va mourir.

Troisième entretien – bis
Colère et vampires

R. Nous voici le jeudi 6 janvier, quinze heures. Chez vous à nouveau, toujours dans votre bureau. Dehors il neige à plein ciel – le vent gémit doucement par la fenêtre entrouverte.

Notre séance d'hier s'est terminée si abruptement que je suis tenté de vous proposer de la poursuivre aujourd'hui plutôt que d'en entamer une nouvelle.

D. Comme vous voulez.

R. Hier après-midi, à la toute fin de notre échange, vous étiez furieux…

D. Pas du tout, j'étais excédé, ce qui est fort différent.

R. Excédé par quoi ?

D. Vous avez pris votre rôle d'interviewer tellement au sérieux que tout à coup, j'ai eu l'impression de passer à la radio de Radio-Canada. Ce qui m'a fait sauter au plafond, c'est un tic extrêmement fréquent sur ces ondes-là, et que je ne suis plus capable de supporter.

R. Soyez un peu plus explicite.

D. J'ai senti dans vos questions le petit ton baveux qui est le signe d'un comportement dont j'ai si souvent dans ma vie été le témoin que j'ai désormais peine à me contrôler devant lui.

R. Quel, comportement ?

D. Le Deuil précoce, bien entendu – je crois avoir été suffisamment explicite à cet égard – mais encore plus précisément : le Deuil précoce dans une de ses configurations les plus exécrables, celle du Militantisme du Néant.

R. Ah ?

D. Eh oui. Et c'est une configuration qui est, je viens de le dire, extrêmement fréquente dans notre société – particulièrement au sein des élites. J'ai si souvent constaté les dégâts qu'elle cause, et l'absence généralisée de réaction devant elle que, je viens aussi de le dire, dès les tout premiers signes avant-coureurs de son apparition, je suis désormais incapable de me retenir de sortir de mes gonds. Le fait qu'elle se double généralement – comme chez vous hier – d'une arrogance tranquille parfaitement puante et d'une bonne conscience étourdissante ne fait vraiment pas grand-chose pour m'aider à rester calme.

R. Revenons au Deuil précoce.

D. Je vous ai déjà dit l'essentiel de ce que j'ai à en dire : c'est, tout simplement, l'apparence du deuil de quelque chose d'important dans sa vie ou du deuil d'une personne, mais sans même avoir vécu cette chose – en tout cas pas jusqu'au bout – ou sans que cette personne soit morte ou partie – ce qui fait que ce n'est justement pas une perte, c'est le contraire : c'est une fuite. Je suis bien conscient de ce que ce deuil-là semble à première vue constituer une manière de se protéger, et je crois qu'il faut toujours faire montre de la plus grande délicatesse lorsque l'on critique les mécanismes de défense de nos semblables : nous ne savons généralement rien, ou alors pas grand-chose, des souffrances qui ont rendu nécessaire le recours à eux. Seulement voilà, de manière générale, le Deuil précoce est justement, quant à certains de ses traits constitutifs, un cas à part à mes yeux.

R. Lesquels, traits ?

D. D'abord sa généralisation, l'omniprésence de son règne. Le Deuil précoce est si fréquent dans notre société que j'en suis venu à penser qu'il n'est justement plus, à toutes fins utiles, un mécanisme de défense individuelle. Il est devenu un trait dominant de la culture ambiante. C'est ça, entre autres, qui me met hors de moi.

R. Redites-moi ça autrement.

D. Nous vivons dans une culture de chasseurs de lions à Plattsburgh. Qui prétendent chanter les vertus de la chasse au lion, du courage et de l'esprit d'aventure et, du même souffle, nier férocement qu'il y ait quelque autre endroit au monde que Plattsburgh où il vaille la peine de s'y livrer – si ce n'est encore plus proche de la maison : à Rawdon, par exemple.

Nous ne vivons pas dans une culture de la vie, mais dans une culture du tourisme. Ce n'est pas d'avoir appris quelque chose qui est le but, mais de pouvoir affirmer « Oui, oui, moi aussi je suis allé, là, ailleurs. Je les ai vues, toutes ces places-là. Et c'est de la schnoutte », alors que c'est complètement faux, on ne s'est jamais éloigné de plus de deux mètres du balcon arrière de la maison – et encore : avec un harnais qui nous retenait à la corde à linge.

Une culture dans laquelle n'importe qui peut se permettre de porter des jugements sur tous les sujets imaginables, et surtout sur ceux dont il ne connaît rien, parce que ces sujets dérangent ses certitudes.

Nous ne sommes pas dans une culture de l'amour de la vie, dans une culture de la curiosité, nous sommes dans une culture de la terreur à la simple idée qu'elle pourrait être autre chose qu'une rangée de bungalows.

R. …

D. Qu'est-ce qui s'est passé, hier? Je suis là, à tenter désespérément de mettre des mots sur une émotion extraordinaire, qui bouleverse ma vie depuis des mois. Je tente tant bien que mal d'exprimer que je viens de rencontrer un jeune homme qui me donne un désir de vie comme j'en ai rarement connu. Au point d'être prêt à me lancer dans la rédaction d'un livre qui a toutes les chances de ne me valoir rien d'autre, si jamais je le termine et le fais paraître, que des attaques de tous les côtés, mais je m'en fous : la seule chose qui importe est de contempler la beauté de ce garçon, de laisser se déployer les échos qu'il éveille en moi et d'écouter les questions que ces échos font surgir. Et vous, qu'est-ce que vous trouvez de mieux à faire? Une petite moue dégoûtée de grichée de Télé-Québec qui trouve que son porto n'est pas tout à fait de la bonne année. Au lieu de m'aider, de chercher à comprendre de quoi je vous parle, vous tirez sur la couverture de toutes vos forces pour démontrer que non, non, tout ça, au fond, c'est juste une affaire de cul impossible et vaguement masochiste.

R. …

D. Malheureusement pour vous, mon vieux, j'ai de l'entraîne-ment. N'oubliez pas que, pour ne donner qu'un seul exemple entre trente, j'ai eu l'indicible bonheur d'étudier durant trois ans avec Son Éminence le cardinal Ho Ho Ho soi-même.

R. Le… « cardinal Ho Ho Ho »? Je suppose que vous ne parlez pas de monseigneur Turcotte?

D. Pas vraiment, non…

R. …

D. Un de mes professeurs, à l'École nationale de théâtre. Dont le comportement avait – et a toujours – toutes les caractéristiques de celui d'un membre de l'épiscopat dans ce qu'il peut avoir de plus caricatural et de plus vulgaire.

R. C'est-à-dire?

D. La hauteur, la bonne conscience, l'infaillibilité, l'autorité… et l'onctueux mépris.

R. Pourquoi est-ce que vous ne l'identifiez pas explicitement?

D. Sans intérêt. Non seulement ça n'éclairerait rien, mais ça aurait même toutes les chances de brouiller les cartes.

R. Comment ça?

D. En mettant l'accent sur sa personne – alors que ce n'est pas elle qui m'intéresse, mais son comportement. Peu importe de qui il s'agit : de toute façon, ce n'est pas de « lui » que je parle, mais d'une attitude malheureusement typique.

R. Et il vous a enseigné trois ans?

D. Oui.

R. Je serais indiscret en vous demandant de préciser le rapport entre son comportement et celui que, selon vous, j'aurais eu hier à votre égard?

D. Son Éminence Ho Ho Ho a l'insigne honneur d'être un des Vampires en chef en personne de la nouvelle religion officielle du Québec.

R. Qui est…

D. « Molière sentait des pieds. »

R. …

D. J'ai entendu cet homme-là, peut-être deux cents heures durant, tourner en ridicule tout ce qui lui passe à portée de main, mais je ne l'ai jamais – soulignez « jamais » et encerclez-le – entendu prononcer un seul mot, pas un, à propos de ce qu'il aimerait – si tant est qu'il soit capable d'une émotion aussi pathétique à ses yeux – ou à propos des principes qui l'animent. Son discours se résume à baver sur tout ce qui lui échappe – ce qui, soit dit en passant, lui fait un terrain de jeu aux dimensions colossales.

Savez-vous quel était son sport préféré, à l'époque où il enseignait à l'École nationale?

R. …

D. C'était même devenu un sujet de discussion entre certains étudiants : réussir à faire éclater en sanglots une étudiante de première année le plus tôt possible durant son tout premier cours.

R. Je ne vous crois pas.

D. Rien ne vous y oblige.

Il avait parfaitement réussi avec notre groupe : une des filles s'est précipitée en larmes dans le couloir au bout de moins d'une demi-heure. À la fin du cours, j'arrive à la cafétéria, et l'étudiante en question est attablée avec une fille de deuxième année qui tente de la consoler. Quand je me retrouve seul à seule à table avec la fille de deuxième, elle me dit : « Oui, oui, je l'attendais à la porte de votre classe. » « Comment ça, tu savais qu'elle allait sortir ? » « Non, pas elle. Mais je savais que quelqu'un, en tout cas, allait sortir en larmes. Dans ma classe à moi, l'année passée, c'était Une Telle. Il fait ça à chaque fois : si personne ne s'élance en larmes vers la porte pendant son premier cours, il a l'impression d'avoir manqué son coup. »

J'ai entendu le gentleman en question, des années plus tard, à l'époque où il occupait de très hautes fonctions officielles liées à l'administration des arts, déclarer à la radio de Radio-Canada qu'il ne voyait pas de raison pour que les artistes gagnent leur vie avec leurs œuvres : « Qu'ils aillent travailler dans des restaurants, c'est excellent pour eux. »

Dommage qu'il n'ait pas appliqué sa morale à son propre cas…

R. Je suppose que nous n'allons pas passer le reste de la journée à faire son procès ?

D. Je ne fais absolument pas son procès – je me contente de décrire son comportement dans ce qu'il a de plus significatif à mes yeux. Il est exemplaire de celui des élites : tout ce qui ne peut pas lui être utile pour le maintien de son statut peut et doit être réduit en bouillie – même sous les prétextes les plus débiles.

R. Qu'est-ce que l'odeur des pieds de Molière vient faire dans l'histoire ?

D. « Molière sentait des pieds », c'est la substance à laquelle se résume sa philosophie : « Molière sentait des pieds. Et, d'ailleurs, Racine aussi. Brecht aussi. Et Shakespeare. Et Goethe. Et Pirandello. Et Guitry. Et tous ceux que vous pouvez me nommer – croyez-moi, je les ai tous lus. Donc ? Donc c'étaient tous des imbéciles. Et par conséquent, on ne peut qu'avoir tort de monter leurs pièces. Montez donc les miennes à la place. »

C'est ça, les fruits que porte une culture de chasseurs de lions à Plattsburgh.

Son Éminence le cardinal Ho Ho Ho est convaincu qu'il est doté d'un esprit d'une qualité remarquable… mais outrageusement sous-évaluée. Il importe donc, s'il veut un jour finir par être reconnu à sa pleine valeur, qu'on compare le moins possible ses œuvres à lui avec celles qui pourraient venir d'ailleurs, d'où que ce soit dans le monde. *Ergo* ? Il crache et bave sur tout ce qui n'est pas lui. J'ai passé deux cents heures de ma vie, calé dans une chaise, à être obligé sous peine de renvoi d'écouter chacun des mots qui sortaient de sa bouche entre deux mordées dans un club-sandwich, à me répéter : « Ne perds pas une syllabe de ce que dit cet homme-là, profite de ta chance – il est rarissime que l'on puisse être exposé de manière aussi brutale, claire et franche à tout ce qu'on déteste dans la vie. »

Je ne suis donc pas du tout en train de dire qu'il aurait dû être autre – de toute manière, je ne me sens aucune autorité morale pour juger qui que ce soit. Je me contente d'identifier au passage l'effet que son enseignement – d'une qualité très rare – a eu sur moi : il m'a été essentiel.

Et maintenant revenons au Deuil précoce.

R. Merci.

D. Oh, de rien. De toute manière, ça ne nous éloignera vraiment pas beaucoup.

Voyez-vous, faire un deuil, dans l'acception habituelle du terme, faire un deuil qui ne soit pas précoce, c'est assumer, tout doucement mais jusqu'au fond, une perte. Cela implique qu'on se soit attaché, profondément attaché – à quelqu'un, à quelque chose, à une situation, même. Prenons l'exemple de la mort du père ou de la mère. Le père, disons. Faire le deuil de son père, c'est ce que l'on fait lorsque, après sa mort, on se met à repenser, voire à revivre, toutes et chacune des facettes de notre relation avec lui mais, sans doute pour la première fois de notre vie, en réalisant que l'autre acteur de ces situations, de ces souvenirs, est parti – irrémédiablement. C'est *fini* : il n'y aura plus de suite, jamais – aucune qui puisse concerner les deux, en tout cas.

Faire un deuil, c'est prendre toute la mesure d'une perte, en en faisant le tour, chaque brindille, chaque parcelle, chaque moment à la fois. Faire un deuil, c'est assumer la douleur de la perte, dans toute son horreur, dans toute sa réalité. Et il faut fortement insister sur ce dernier point : un deuil ne peut pas se faire « en général », « globalement » – il se fait détail par détail. Ce qui signifie bien sûr que plus il y aura de détails, et surtout de détails de… de catégories différentes, si vous voulez, et plus le deuil sera douloureux à faire. Mais il se fera – l'inaltérable réalité de la perte ou de la disparition ne sera pas amoindrie par notre vertige devant elle. Et ça aussi, c'est un élément capital du deuil : son caractère *imposé*. Quand on vit un deuil, c'est que la vie vient de nous forcer à le vivre.

Eh bien, en ce qui a trait à ces deux caractéristiques essentielles que je viens de souligner – que le deuil est un parcours méticuleux, et qu'il nous est imposé par l'existence – le Deuil précoce est justement l'exact opposé d'un deuil véritable. Il nie les détails et l'unicité de l'objet perdu, et il n'est pas non plus imposé par la vie, il est au contraire imposé par celui ou par celle qui décide – consciemment ou non – d'avoir recours à lui, et qui ne l'impose d'ailleurs que pour une seule raison : il *refuse* l'existence de cette chose-là, dont il cherche à provoquer la disparition. Il pourrait très bien décider de simplement s'écarter d'elle, mais non, il est un Militant : il faut qu'il la vainque. Et la vaincre, pour lui, ça ne peut rien signifier d'autre que l'éradiquer. Ce qui revient à dire qu'alors que le deuil… « habituel »… si j'ose dire – ce qui est un contresens carabiné, mais bon… – nous est imposé par la vie, par la nature, par des circonstances qu'il nous est impossible d'infléchir, et qu'il consiste à nous laisser submerger par la douleur de la perte encourue, le Deuil précoce, lui, n'implique aucune perte pour celui qui a recours à lui, c'est, au contraire, celui qui en est atteint qui impose la perte aux autres – c'est lui, lui et non la vie, qui oblige les autres à renoncer.

R. Un exemple ?

D. Bon, si vous voulez. Alors, reprenons celui d'hier après-midi. Rencontre d'un homme et d'une femme exceptionnelle – « exceptionnelle » au sens premier du terme : qui n'est pas comme les autres. Ils se rencontrent donc, passent des moments ensemble, deviennent ou non amants, mais quoi qu'il en soit de leurs ébats ou de leur retenue, l'homme se retrouve retourné de pied en cap par cette femme. Seulement voilà, la ou les qualités qui justement la rendent exceptionnelle se mettent à l'obnubiler, lui, à le hanter, à l'habiter. Mais cet homme-là ne peut pas – peu importent les raisons profondes de cet état de choses pour le moment – il ne peut pas admettre que ce soit justement ce que cette femme-là a d'unique qui le chavire à ce point-là.

R. Pourquoi ?

D. Pour la raison la plus simple du monde : parce qu'il refuse que les qualités que possède la femme aient le moindre sens – il ne leur accorde, lui, aucune valeur. Ou, en tout cas, aucune valeur positive : ces qualités-là, si elles allaient exister, le menaceraient, elles sont un danger, à ses yeux, une aberration, une infirmité. Tout en prétendant vouloir garder la femme près de lui, il va donc se mettre à tenter de la changer – sans même avoir essayé de comprendre en quoi et comment elle a sur lui cet effet – en refusant même mordicus de l'apprendre. C'est elle qu'il va immédiatement mettre en demeure de changer. Et de ce fait, il va la placer, elle, devant un choix déchirant – un choix que lui n'a bien évidemment pas à faire : ou bien elle renonce à un aspect essentiel de sa propre personne, ou bien elle le perd, lui. Lui, de son côté, a déjà fait son choix : pour lui, la coupure est déjà assumée – elle l'est d'ailleurs, à toutes fins utiles, depuis le tout début et même depuis avant ça, depuis avant même qu'il ne l'ait rencontrée. Ce qui fait que même l'explication – la soi-disant explication – qu'il donne à ses amis après la rupture – « De toute façon, je sais exactement comment ça se serait passé » ou « comment ça ce serait terminé » – n'est pas le signe d'une perte, elle est le signe d'une négation : la négation du choix monstrueux qu'il a tenté d'imposer à cette femme. Sa phrase a l'air de dire qu'il regrette que cette femme qui l'a d'abord tellement bouleversé n'ait été en réalité *que* ce qu'elle était, alors qu'en réalité il lui reproche d'avoir été *davantage autre* que ce que lui était prêt à accepter. Il n'a pas seulement tenté d'oblitérer ou de transformer tout un pan de la vie de l'autre, il tente aussi et surtout, à présent, de nier que cet aspect-là de la vie de l'autre soit même seulement digne d'être pris en compte. Le plus cruel de la chose, c'est que son affirmation selon laquelle « cette fois-ci » aurait été « comme les autres » n'est peut-être pas entièrement fausse, après tout, mais que si elle recèle une part de vérité, cette vérité-là dit le contraire de ce que lui est en train de prétendre : il est en effet possible que cette fois-ci aussi, les choses se seraient passées comme il s'y attendait. Mais pas parce que toutes les femmes sont pareilles, non. Parce que *lui* l'aurait obligée, *elle*, à un jeu dont le scénario est écrit d'avance, et sur lequel elle n'a jamais détenu aucun pouvoir d'intervention. Ce n'est pas elle, qui aurait fait que les choses se seraient passées « comme toutes les autres fois », mais lui, sa rigidité à lui.

Le Deuil précoce, ce n'est pas simplement un deuil que l'on fait trop tôt, non, c'est infiniment plus grave que ça : c'est un deuil que, directement ou indirectement, l'on impose à l'autre ou aux autres, et qui est par définition le contraire d'un véritable deuil, puisque c'est l'exact opposé de la prise en compte de la douleur. Ce n'est pas se faire arracher le cœur, c'est tenter de toutes ses forces de l'arracher aux autres.

R. Hmmm hmmm…

D. Quant à sa composante que j'appelle le Militantisme du Néant, c'est tout simplement le fait de propager l'idée que la vie ne saurait être que vide, vile, veule et sordide. Mais là aussi, il y a un mensonge inhérent. Parce qu'il existe, à tout coup, un caractère frappant chez les Militants de cette cause-là.

R. Lequel ?

D. Leur dévouement. Leur fougue.

R. Je ne vois pas le rapport.

D. Le Militant du Néant est presque toujours, dans son militantisme, remarquablement énergique. Ce qui est un non-sens caractérisé. Réfléchissez : si la vérité c'est, comme il le prétend, que tout est de la merde, à quoi bon se mettre en frais de faire sa promotion ?

R. Redites-moi ça ?

D. Vous rencontrez quelqu'un qui se met à vous expliquer que tout, dans l'univers, n'est qu'une merde infâme, que rien n'a de sens. Chaque fois que vous tentez de lui rétorquer que non, qu'il existe pour vous des sources de beauté, d'espoir, il éclate de rire et entreprend de vous démontrer que vous avez tort, que vous êtes un naïf, que vous n'avez rien compris. Évidemment, au bout de deux heures de ce traitement-là, vous commencez à avoir le cœur qui chancelle…

Mais arrêtez-vous un instant et prenez du recul, observez-le, le Militant, appliquez-vous à bien décortiquer son discours. Vous risquez fort de rapidement vous rendre compte qu'il y a quelque chose qui ne tient pas debout, dans le numéro qu'il vous fait là. Oh, pas dans son discours lui-même, non. Le discours, il est en acier trempé, rien ne peut l'érafler. Non, ce qui est étrange, c'est que pour avoir la fougue de ce Militant-là, il faut être habité par une motivation extrêmement puissante – par une... foi! Or, tout son discours semble justement reposer sur l'affirmation que rien n'aurait de sens. Si tel est bien le cas... quelle est-elle donc cette puissante motivation qui l'anime? Se pourrait-il qu'elle ne soit qu'illusion? Sûrement pas – pas à ses propres yeux, en tout cas.

Le problème avec son discours, c'est tout simplement qu'il est essentiellement malhonnête. Sa malhonnêteté consiste en un petit bout de phrase qui devrait venir à la fin de chacune de celles qu'il vous sert... mais qu'il oublie... systématiquement... à chaque fois... d'ajouter. Un petit bout de phrase qui, s'il avait l'honnêteté de le prononcer, commencerait toujours par « sauf ».

Le Militant du Néant vous démontre fiévreusement, citations latines à l'appui s'il le faut, que rien n'a de sens – mais il oublie d'ajouter « ... sauf ce que moi je suis en train de te dire ». Il vous démontre, citant Démosthène et Nietzsche dans le texte, que tout est de la merde – mais il oublie de préciser « ... sauf ce que moi je fais ». Mais bien évidemment qu'il oublie de le dire, à chaque fois, et pour cause : parce que, autrement, si le Militant ne croyait pas que ce que lui dit est doté de sens, il ne se donnerait même pas la peine de le dire, et que s'il se croyait réellement aussi merdique que les autres, il n'y aurait pas grand raison de l'écouter.

R. Joli.

La rencontre des deux – le Deuil précoce et le Militant nihiliste – ça donne quoi?

D. Je ne parle pas de la « rencontre » des deux. L'aspect Militant du Néant est toujours présent chez l'Endeuillé précoce. Mais la force, l'importance, la place qu'occupe ce militantisme peut varier grandement d'un sujet à l'autre. J'évoque simplement ici un cas où le Militantisme est porté à son point culminant. Cela donne un Militant extrêmement énergique, tout entier dévoué à sa propre cause, qui passe ses journées complètes à tenter d'imposer aux autres qu'ils renoncent à tout ce qui leur importe dans la vie, sous prétexte que tout est de la merde. Tout sauf lui. Bien entendu. Et son autorité. Bien entendu.

Autrement dit, ça donne quelqu'un pour qui il n'existe qu'une seule chose qui importe, dans la vie : son pouvoir à lui, sa force de persuasion à lui. À n'importe quel prix. Un prix que devront payer les autres. Toujours. Un pouvoir et une force de persuasion qui ne peuvent jamais, dans leurs termes mêmes, mener nulle part ailleurs qu'au renforcement de ce pouvoir-là et de cette force-là de persuasion. En un mot, ça donne un vampire : il ne peut rien vous apporter, il ne peut que vous vider de votre substance. Le seul autre choix qu'il puisse vous offrir – et encore, pas souvent – c'est… de devenir comme lui.

R. Mais où est-ce que vous êtes allé chercher cette description-là ? Je veux dire : elle est assez saisissante, mais elle est… euh… comment dire… passablement dévastatrice. Qu'est-ce qui vous a mis sur sa piste ?

D. Oh, c'est tout simple. Le constat lui-même me trotte dans l'esprit depuis des lustres, je vous l'ai dit : j'ai eu la chance d'avoir très tôt des maîtres qui prêchaient par l'exemple et qui étaient des sommités en la matière. Mais je peux bien vous raconter la première fois que je l'ai exprimé, si ça vous chante.

R. Allez-y.

D. Au printemps de 1994, je fais la connaissance d'un jeune homme, un peintre de Toronto. Qui me chavire. Complètement. Il le fait d'ailleurs, dans une large mesure, d'une manière très apparentée à celle que je vis ces temps-ci. Dès le premier instant. Nous passons, lui et moi, quatre jours ensemble. Quatre journées et quatre nuits parfaitement inoubliables. Divines. Seulement, pour des raisons qu'il n'est pas nécessaire de détailler ici, il faut qu'au terme de ces quatre jours-là, nous nous quittions. Il doit partir. Le choix n'est ni le sien ni le mien, mais il est incontournable.

Le choc engendré par cette séparation est dévastateur pour moi. Je suis défait, lessivé. La douleur me brûle les entrailles. Je pense à lui sans cesse. Et je suis totalement révolté de constater que la vie puisse être aussi cruelle.

Je reste dans cet état-là de nombreux mois.

Un jour, un de mes intimes me prend à part et commence à me tenir un discours qui... qui me laisse baba. Il se met à me dire que je dois absolument me reprendre en main, cesser de me complaire dans la douleur, enfin tout le laïus classique de la bonne âme prétendant vouloir votre bien alors qu'en fait tout ce qu'elle est en train de vous dire, c'est que vous lui tapez royalement sur les nerfs avec votre sempiternelle face de carême.

R. Qu'est-ce que vous faites?

D. Que voulez-vous que je fasse? Je le laisse parler.

R. Et...?

D. Je me souviens que nous sommes dans un petit restaurant de l'avenue du Parc. Je le regarde, je l'écoute – attentivement, même. Et quand il a terminé, nous restons là, en silence, sans bouger. Un long moment. Et puis, il survient un phénomène assez étrange : je dis que je suis là, en face de lui, mais en fait, bien entendu c'est vous, qui y êtes, n'est-ce pas...

R. Continuez.

D. Vous faites ce que vous avez à faire : vous me représentez. Mais là, vous vous retrouvez... sans voix. En apparence, ce qui vient de vous être dit a tout l'air d'être motivé par la compassion, l'empathie et le bon sens, mais même à vos yeux à vous, qui êtes pourtant fort doué pour l'aveuglement quand ça fait votre affaire – ce n'est pas un reproche : c'est une nécessité, de disposer de cette faculté-là –, il est évident que le discours qui vient de vous être tenu ne tient absolument pas debout. Ce que cet ami vient de déballer là, quoi qu'il en dise, ne *peut pas* être motivé par la souffrance qu'il devine ou perçoit chez moi. Le trouble qu'il s'agit de faire disparaître, ce n'est absolument pas le mien, dont il se contrefiche, c'est le sien ! le sien quand il est mis en présence du mien !

Le long moment de silence et d'immobilité, à cette table, que nous passons tous les trois – lui en face de vous, vous en face de lui... et moi caché tout au fond de vous – est, je crois bien, un des premiers signes annonciateurs de la mue qui dans quelques mois va commencer à se produire. À vous regarder tous les deux vous dévisager en chiens de faïence, je comprends que vous, René-Daniel, venez de frapper un mur, que vous venez de vous retrouver aux limites de ce que votre rôle vous permet d'accomplir. Et je crois que c'est, sinon là, sur-le-champ, en tout cas peu de temps après que je commence à comprendre que vous avez fait votre temps : je vais devoir, tôt ou tard, me débarrasser de vous, en tout cas sous la forme qui a été la vôtre depuis votre apparition. Devant l'énormité de ce qui est en train de se produire, vous ne pouvez strictement rien faire. Le seul qui puisse réagir... c'est moi. Pour la première fois de ma vie, je crois, pour la première fois consciemment, en toute connaissance de cause, en tout cas, je prends donc, ce midi-là, votre place. Je vous éteins. J'éteins René-Daniel Dubois – le personnage-écran que je me suis inventé à partir de l'âge de douze ans – et c'est moi qui me mets à répondre à cet ami si bellement attentionné. J'y vais tout doucement, bien entendu, parce que je pense que si je prenais votre place à toute force, de but en blanc, le copain risquerait l'infarctus. Vous vous souvenez ?

R. Parfaitement. Moi, je me souviens surtout de mon vertige quand vous prenez le relais. Vous avez parfaitement raison : sur le coup, je ne sais absolument pas comment réagir – je ne *peux pas* réagir dans des situations comme celle-là, ça irait à l'encontre de tout ce que je suis.

D. Eh oui.

R. Alors c'est moi qui me replie au plus profond de vous. Et de là, je vous écoute répondre à l'ami. Je me souviens comme si nous y étions encore que je réalise moi aussi très clairement que ce moment-là va, à terme, avoir d'incommensurables conséquences pour vous, pour moi. Mais là, dans l'immédiat, je me demande surtout comment les choses vont se passer dans vingt minutes ou une demi-heure, quand vous allez avoir fini de répondre et que va venir le moment où je devrai reprendre mes fonctions : comment diable est-ce que je vais faire ça ?

D. Oui. Toujours est-il que j'explique au copain, calmement, posément – je ne sais vraiment pas comment je fais pour rester aussi calme – que ce qu'il vient de me dire là constitue à mes yeux un non-sens. Que la raison pour laquelle je suis tombé amoureux fou du Peintre n'a strictement rien à voir avec le fait qu'il allait ou non être possible pour lui et pour moi de finir par former un joli petit couple. Ce n'est pas d'un quelconque projet d'épousailles que j'ai à faire le deuil atroce, mais de quelque chose d'autrement plus essentiel – d'une chose qu'il est inconcevable pour moi de quitter en m'époussetant les mains : « Bon, ben, j'ai essayé mais ça a pas marché. O.K., *next*! »

À mes yeux, la vie de couple n'est pas, et n'a jamais été, un objectif à atteindre en soi. Je n'ai jamais souhaité être « en couple ». Ce que j'ai souhaité, et vécu, c'est de partager les jours et les nuits d'un être qui me ravisse. Mais c'est lui, l'autre, qui importe, pas le statut que me procurerait le fait d'être avec lui – le couple est un moyen, pas un but. *Vouloir* être en couple constitue une négation pure et simple de l'amour, parce que ce qui est souhaité c'est alors d'être avec quelqu'un, c'est donc la présence de « quelqu'un » qui importe – pas celle de « lui » ou d'« elle » précisément, non, celle de « quelqu'un », en général. Dès que ce qu'on recherche c'est d'être en couple, le conjoint est remplaçable à l'infini – à trois ou quatre qualités près qu'il doit posséder, qui sont considérées comme essentielles parce qu'elles permettront à la machine du couple de baigner dans l'huile… –, puisque l'essentiel n'est pas *qui* il est, mais *ce* qu'il est : l'autre signataire du contrat, et c'est tout. Comme je n'ai jamais été capable de me résoudre à devenir un fétichiste du statut, la hantise du couple n'a jamais eu prise sur moi.

Je suis tombé amoureux du Peintre parce que, aussitôt que je l'ai vu, j'ai surtout « vu », avant même que nous ne nous soyons adressé la parole, qu'il était porteur de quelque chose de fascinant pour moi. Oh, il est beau, ça oui. D'une concentration impressionnante. Séduisant. Fort. Les yeux rieurs. Et toutes ces qualités ont sans l'ombre d'un doute joué leur rôle dans le désir que j'ai immédiatement ressenti pour lui. Elles m'ont plu, certes, mais ce ne sont pas elles qui m'ont chaviré. Ni même, plus tard, ses qualités d'amant. Ni, en soi, son talent de peintre, extrêmement impressionnant. Ce qui m'a happé, c'est la certitude que j'ai immédiatement eue de nos différences. Il est différent de moi, profondément, totalement, mais je n'ai même pas pu, au premier coup d'œil, imaginer ni à quel point ni en quoi. Tout ce que j'ai su, ça a été que j'ai immédiatement voulu le savoir : ce jeune homme, j'ai voulu le connaître – j'en ai brûlé de désir, littéralement, de pied en cap.

Au moment où j'ai la discussion avec mon charitable copain, le Peintre est encore dans ma vie un mystère que je meurs d'envie d'explorer. Quand est advenue la rupture, les moments que nous avons passés ensemble m'ont permis de confirmer au-delà de mes espoirs les plus fous à quel point tout ce que j'ai vu en posant les yeux sur lui existe bel et bien. Tout, en lui, de sa manière de rire à sa manière de jouer au basketball ou d'être tendre, de sa manière d'être curieux de mon univers à moi à sa brusquerie un peu boudeuse, tout m'a dit et répété et confirmé qu'il y a, oui, bel et bien là quelqu'un que je veux connaître – que je *dois* connaître : un monde, un univers essentiellement différent de tout ce que j'ai connu dans ma vie. Ce n'est donc pas le fait qu'il ait accepté de passer quelques nuits chez moi, qui m'a rendu amoureux – bien d'autres l'ont fait sans déclencher un passion comparable. Non, les nuits de tendresse et d'intimité dans ses bras n'ont pas été les causes de mon amour, elles en ont été les circonstances. Elles m'ont permis, ces merveilleuses nuits-là, de constater l'ampleur des différences entre nous deux, certes, mais ce sont ces différences elles-mêmes, et la fascination qu'elles suscitent en moi, qui importent. Ce qui signifie qu'au moment où nous avons dû nous laisser, la douleur de la séparation, pour moi, n'a certainement pas été causée par le fait que nous n'allions pas pouvoir former un couple. Jamais de la vie. Ce qui me déchire, c'est ma conscience de ce que je ne vais pas pouvoir le connaître davantage – que je ne vais pas être plus profondément encore transformé par lui. C'est pour ça qu'après son départ, je suis si triste, si intensément, et que je le reste si longtemps : j'ai souhaité apprendre avec lui un monde entièrement différent du mien. J'ai souhaité être transformé par lui, d'un bout à l'autre. Mais ne m'a été accordé que le droit de vérifier que cet autre monde existe bel et bien, d'en avoir un aperçu, puis de le perdre de vue. Ce qui fait que cette douleur, que ce poids qui est le mien depuis son départ, n'est pas, en aucune façon, de la complaisance : je ne l'aime pas pour la réponse que j'aurais pu croire qu'il allait me donner, je l'aime pour la question qu'il est. Pour l'énigme qu'il est. Pour la vertigineuse complexité que je viens de frôler – pas pour la profonde satisfaction qu'il y aurait paraît-il à enfin parvenir à convaincre l'autre de ne pas laisser traîner ses chaussettes sales. Pas pour qu'il me confirme ce que je sais, mais parce que je ne sais rien – et que je brûle d'enfin savoir, d'enfin connaître. À plein cœur, à pleines mains, à pleine bouche, de toute mon âme. Je ne sais rien d'autre que mes questions. Et me meurs d'entendre, de ressentir, de partager les siennes.

Faire un deuil, c'est mourir.

Tout ce qu'il me reste à faire, après son départ, c'est ressasser, encore et encore, chacun des éclats de ce qui s'est passé entre nous. Et d'en tirer, d'en extraire, goutte à goutte, tout l'enseignement dont il m'a inspiré le désir. Durant ces mois-là, et malgré ma douleur ou grâce à elle, je ne sais trop, j'ai le devoir, le devoir absolu, sacré, d'aller, seul, aussi loin que je le peux sur la route que le surgissement du Peintre dans ma vie a fait apparaître et dont j'ai si ardemment souhaité que nous la parcourions ensemble.

Au resto de l'avenue du Parc, c'est cette fois-là que, pour la première fois, je crois, j'utilise à haute voix la formule « Deuil précoce ». Je dis à mon copain que ce qu'il me demande là, en m'intimant l'ordre d'avoir à me secouer, d'avoir à oublier le Peintre, est pour moi une horreur sans nom. Je *ne suis pas* en train de me complaire dans l'impossible. Je suis simplement en train d'aller jusqu'au bout. Qu'il a toute la liberté du monde, lui, de définir comme il l'entend le mot « amour », mais que moi, en tout cas, je n'entends pas par lui une faculté de tirer de l'autre ce qui fait mon affaire pour ensuite jeter le reste. Aimer un être, ce n'est pas simplement, en tout cas pas pour moi, souhaiter être à ses côtés – c'est souhaiter qu'il soit *en* moi. Non pas qu'il se fonde en moi ni moi en lui, mais que sa cohésion, que son désir de la vie, que l'appel qui le constitue deviennent en moi une nouvelle province. Je ne veux pas avoir ses yeux, non, je veux qu'il m'enseigne à regarder – avec mes yeux à moi. Aimer, c'est avoir besoin d'être transformé par un être différent de moi. Même notre rupture m'apprend quelque chose sur le Peintre. Tout comme, d'ailleurs, ma douleur m'apprend à foison des choses sur mon propre compte : pourquoi cette douleur-ci plutôt que celle-là ? Pourquoi pour ce garçon-là ? Qu'est-ce qui m'a donc tellement touché, chez lui ? Qu'est-ce donc que cette région de moi, qu'il a animée et dont je n'avais jamais eu conscience auparavant ? Qu'ai-je donc tant le sentiment de perdre, en le perdant, lui ? Je dois, je *dois* ! aller jusqu'au fond de toutes ces questions. Une fois arrivé là, et pas avant, le deuil sera accompli. Ce deuil-là, ce parcours entier de ma douleur, je le dois à notre amour : il est une dette que j'ai le devoir d'assumer. Je le dois au don que ce garçon a été dans ma vie. À la splendeur qu'il a fait jaillir.

Je ne sais plus si j'y fais ou non allusion dans les propos que j'adresse ce midi-là à mon copain, mais je me souviens que je suis habité, en lui parlant, par… eh oui… par un terrible dégoût, une intense répulsion à son endroit. Qu'il ait la prétention de savoir ce qui m'habite alors qu'il n'a même pas eu la décence de d'abord me demander de lui en parler est déjà révoltant. Mais ce que m'apprend son injonction sur sa manière de comprendre l'amour, la vie et la douleur me soulève le cœur. Au surplus, sa manière de vouloir me l'imposer sous prétexte de charité me paraît proprement infecte. Pour moi, les êtres sont des mondes, des planètes, pas des kleenex.

R. …

D. Vous savez, tous ces récits à propos de Christophe Colomb, de sa fièvre, de sa folie, après son premier voyage dans les Amériques, à propos de son irrépressible besoin d'y retourner ?

R. Oui…

D. Eh bien, je crois, jusqu'au plus profond de moi, que la vie place sur nos routes des êtres qui sont, chacun, autant d'Amériques pour chacun des Christophe Colomb que nous sommes tous.

R. Ce qui nous ramène, en quelque sorte, à votre amour d'aujourd'hui pour ce jeune homme…

D. Précisément. L'amour que je ressens pour lui est à la fois parent et profondément différent de celui que j'ai, il y a dix ans, ressenti pour le Peintre de Toronto. Je préférerais garder pour plus tard le développement sur le thème des ressemblances et des différences entre les deux hommes et les deux histoires, mais quoi qu'il en soit, oui : il y a une parenté certaine entre ma réaction d'il y a dix ans et celle d'aujourd'hui. Le seul élément distinct que je souhaite faire ressortir pour le moment, c'est que dans le cas d'aujourd'hui, il n'est absolument pas question de deuil – je n'ai aucunement le goût de cesser de fréquenter ce jeune homme formidable. Bien au contraire. Et lui, de son côté, me dit que cette intention n'est pas non plus la sienne. Ce dont il est question, c'est de permettre à mon amour de se transformer. En amitié. Un deuil et une telle transformation sont deux processus radicalement différents. Mais ils ont quand même certains points en communs. Celui, par exemple d'obliger tous deux à l'« assumation », au questionnement. C'est pour ça que, malgré la douleur des réveils, il ne saurait être question que je souhaite cesser de rêver à lui : parce que mes rêves m'enseignent des tonnes de choses sur le compte de celui que j'aime, sur la vie et sa prodigieuse richesse, sur mon propre compte et sur ce que j'aime, et sur comment j'aime. Je ne suis pas en vie pour cesser de sentir, je suis en vie pour apprendre.

Quoi que la vie me présente, je ressens un devoir, un devoir sacré non seulement de le vivre, mais encore de faire tout ce qui est en mon pouvoir pour le comprendre et surtout pour assumer ce qu'il me révèle de moi-même. Et du monde.

Rêver nuit et jour que je le caresse et le serre dans mes bras n'est pas une manière pour moi de lui dérober en cachette un consentement que, dans la vie éveillée, il me refuse. Pas du tout. Ça n'a strictement rien à voir.

Rêver à lui des nuits entières, nuit après nuit, et penser à lui, me laisser être totalement envahi par la pensée de lui, c'est un voyage. Un prodigieux voyage.

Parce qu'il a accepté de demeurer dans ma vie tout en me sachant obnubilé par une passion qu'il ne partage pas, il me permet de faire le tour de ce qu'il éveille en moi. Il me permet de prendre la mesure de mon désir, de mon amour, et de mon espoir en la vie.

R. Revenons à votre réaction au Deuil précoce.

D. Oui.

R. Pourquoi le fait de vous être senti, comme vous dites, « soupçonné de complaisance » vous a-t-il mis dans un tel état ?

D. J'ai déjà répondu à cette question-là : parce que le recours au Deuil précoce est devenu, dans notre société, une arme omniprésente. Et mortelle.

R. …

D. Non, non : ce n'est pas une exagération. Elle est mortelle pour l'âme. Pour l'âme de celles et de ceux à qui elle est imposée et qui n'ont pas appris à se défendre contre elle. Qui, souvent, ne savent même pas qu'elle existe. C'est un poison. Qui ronge le sentiment d'être un humain.
Vous savez quoi ?

R. Quoi ?

D. Je crois qu'elle constitue l'un des principaux canaux par lesquels s'exerce dans notre société l'interdiction de penser et d'avoir une véritable intimité, cette interdiction qui est à son tour la cause principale de la momification. Je crois qu'aucun des deux phénomènes – ni le Deuil précoce ni la Momification – n'est naturel ni accidentel, qu'ils constituent au contraire tous deux des leviers culturels primordiaux, car non seulement ils sont acceptés, mais leur promotion et leur renforcement se poursuivent sans relâche.

R. Ce qui signifie…

D. … que la mort de l'âme, sa stérilisation, est un enjeu central de la culture québécoise.

R. Rien de moins?

D. Rien de moins. C'est d'ailleurs l'une des raisons pour lesquelles vous avez été créé, mon cher.

R. J'écoute.

D. Vous vous souvenez qu'hier, avant même que nous n'abordions le sujet du Deuil précoce, nous avons parlé de ma... enfin de *votre*... ou de *notre*... réputation d'être une grand' gueule?

R. Tout à fait.

D. Eh bien, si vous y réfléchissez un instant, vous réaliserez que les deux avantages que je vous ai décrits comme étant attachés à une pareille réputation – d'une part la possibilité d'éloigner les autres à volonté et donc de préserver mon intimité et, d'autre part le privilège d'écouter sans en avoir l'air – sont en réalité des mesures de protection. Mieux encore : ce sont les deux seules mesures qui, conjointement, soient efficaces contre le Deuil précoce. Réussir à se construire une réputation de grand' gueule, ce n'est pas une armure – ne serait-ce que parce qu'une armure ne servirait à rien d'autre qu'à attirer des coups redoublés – c'est un système extrêmement complexe de fusibles : il ne vous évite pas d'être soumis aux attaques du Deuil précoce, mais il vous permet d'éviter d'être submergé par elles. Aussitôt qu'un Militant entreprend de vous démontrer que ce qui vous est le plus essentiel au monde est de la merde, dites « Oui, oui, oui » et mettez-vous à parler, à parler, à parler, de rien, de n'importe quoi, parlez!, noyez-le, lavez-le, jusqu'à ce qu'il fuie! Ensuite, rentrez chez vous en courant, accrochez à la patère votre personnage encore tout dégoulinant de l'acide qu'il vient de se faire cracher dans les yeux et les oreilles, et écrivez, écrivez votre amour, écrivez vos rêves, plongez dans l'amitié, réparez les dégâts qu'il vient de causer à votre âme.

R. Êtes-vous en train de tenter de me faire croire que c'est ce que vous faites?

D. Non, je ne suis pas en train de tenter de vous le faire croire : je suis en train de vous décrire en quelques mots ce qui a constitué le cœur de mon existence depuis l'âge de douze ou treize ans : préserver et laisser vivre mon âme et mes rêves, du mieux que je l'ai pu, tout en vivant au cœur d'une société où rien n'est davantage férocement haï et combattu que l'âme, l'amour et les rêves humains.

———

Deuxième partie

Quatrième entretien
Dettes sacrées, danse de l'ambulance, connaissance, connaissance de la connaissance et tableau vert

R. Mercredi, le 12 janvier 2005, neuf heures cinquante. Dans votre bureau.

D. Oui.

R. Il s'est écoulé cinq jours depuis notre dernière rencontre.

D. C'est incontestable.

R. Une raison en particulier, pour cette interruption ?

D. Plusieurs – en tout cas de ma part. Il y a d'abord et surtout que j'ai dû relire plusieurs fois nos premiers entretiens : j'avais besoin de saisir « le ton, la forme » qui s'en dégagent.

R. Pour tenter de sentir si nous sommes sur la bonne voie ?

D. Sans doute.

R. Et puis ?

D. Je ne sais pas si la voie que nous avons commencé à suivre est la bonne ou pas, mais ce qui est certain, c'est qu'elle m'étonne.

R. Qu'est-ce donc qui vous étonne ?

D. À la fois ce qu'on y trouve et ce qui y manque.

R. J'écoute.

D. C'est l'équilibre entre les deux qui, surtout, me surprend. Je réalise pour la première fois que lors de chacune de mes tentatives précédentes, au fil des années, pour me rendre au bout de la rédaction d'un ouvrage comme celui-ci, il y avait, dans l'image qui s'en formait spontanément dans mon esprit, plusieurs sujets qui me semblaient *devoir* être abordés dès les toutes premières pages, et qui ne l'ont

125

pas été ici, tandis qu'en revanche plusieurs autres sujets *devaient* n'apparaître que fort tard, alors que nous les avons d'ores et déjà mis sur la table.

R. Vous nous donnez des exemples dans chacune des deux catégories?

D. Ce qui me frappe le plus a rapport à mon enfance dans le premier cas, et à l'importance de l'amour dans ma vie, dans le second.

Sans l'avoir jamais vraiment décidé, il m'avait toujours semblé aller de soi que l'évocation de certaines conditions déterminantes de mon enfance devaient venir dès le début.

R. Par exemple?

D. L'atmosphère familiale, avant le décès de ma mère.

R. Micheline.

D. Oui. Et puis les circonstances de sa mort. Et puis, bien entendu, le camp de concentration de la rue Clark.

R. Le… camp de concentration?

D. La cohabitation forcée avec mes grands-parents paternels, après la mort de ma mère – l'enfer sur terre.

Ces trois blocs-là de ma vie première, il m'avait toujours semblé que leur évocation devrait en être donnée d'entrée de jeu. J'ai vraiment toujours cru, sans même m'être attardé à y réfléchir, qu'ils constituaient l'assise de ma vie. Cela me semblait aller de soi.

R. Et?

D. Eh bien, j'ai réalisé, à la lecture – et la réflexion qui en a découlé a occupé une bonne part des cinq journées écoulées depuis notre dernier entretien – qu'ils me paraissent effectivement essentiels si ma narration est un monologue, mais que dès qu'elle consiste plutôt en un dialogue, fût-ce avec… un double de moi-même, eh bien, non, ce n'est pas ça qui vient en premier.

R. Qu'est-ce qui vient en premier?

D. L'amour et le devoir. Un devoir qui est d'ailleurs souvent teinté du sentiment d'avoir une dette à acquitter : quand

je dis que « je dois » faire quelque chose, « je dois » peut
avoir un des deux sens, ou les deux à la fois – parents mais
nettement distincts : « je le dois » parce qu'il est de mon
devoir de le faire, ou « je le dois » parce que j'ai une dette
à rembourser.

R. Quelle sorte, de dette?

D. Oh! la question! Quelle sorte de dette? En général, ce
que j'appellerais une dette d'« assumation » : je dois faire
quelque chose, même s'il m'en coûte, parce que « je dois »
remettre en circulation, capital et intérêts, si je puis dire,
ce que j'ai moi-même reçu. Si, par exemple, j'ai eu la
chance de faire une rencontre qui m'a éclairé, si à la suite
de cette rencontre je découvre, ou je comprends, une chose
qui me paraît capitale, eh bien, j'ai le devoir d'à mon tour
communiquer à d'autres ce que j'ai compris, exactement
comme la personne dont j'ai fait la connaissance m'a elle-
même ouvert des portes.
Tiens, c'est drôle.

R. Quoi donc?

D. Je vous parle du sentiment d'avoir des dettes à acquitter,
mais maintenant que j'essaie de décrire ce que je veux dire
par là, je me rends compte que ce qui m'habite s'apparente
davantage à un besoin de « payer comptant ». Et même
que… non, c'est encore bien plus étrange que ça.

R. Quoi donc?

D. Ce n'est même pas non plus un désir de payer comptant,
au fur et à mesure, pour ce que je reçois, pas du tout.
Non, je pense que c'est encore plus simple : je n'aime
pas accumuler, c'est tout. Je n'ai rien, mais alors ce qui
s'appelle rien, d'un écureuil. Je dirais que « tout ce qui
entre doit ressortir ». C'est ce que je fais avec l'argent.
Et c'est ce que je fais avec ma vie. Avec les idées. Avec
la connaissance. Ce n'est pas l'accumulation de la
compréhension des choses qui m'importe, pas du tout,
une idée comme celle-là m'est totalement étrangère. On
ne peut pas « conserver » une idée ou la compréhension

que l'on a des choses. Cette compréhension, il faut qu'elle circule. D'ailleurs, en circulant, elle s'enrichit. J'ai une idée – si je la garde pour moi seul, elle va se figer, s'étioler, moisir ou bien, ce qui est pis que tout, se durcir, prendre en pain. Je *dois* la remettre en circulation, exactement comme d'autres idées, mises en circulation par d'autres que moi, m'ont permis de parvenir à formuler celle-là. Le simple fait de la formuler pour la remettre dans le circuit, pour l'adresser à quelqu'un, va d'ailleurs, littéralement, lui faire porter des fruits : en l'exprimant, j'ai de très bonnes chances de prendre conscience de nombre de ses aspects que la méditation ne pouvait pas à elle seule me permettre de saisir.

Ce qui me fait réaliser qu'il y a donc une troisième vertu au fait d'être une grand' gueule…

R. Ce sentiment d'avoir une dette à acquitter, ce serait donc celui d'une dette permanente ? Je veux dire : une dette qu'il faut sans cesse rembourser ?

D. Tout à fait : une dette qu'on ne peut jamais éponger, parce qu'on reçoit sans cesse. Et pourtant, elle est tout le contraire du rocher de Sisyphe : ce n'est pas une pente que l'on doit sans cesse gravir pour mieux la redébouler et recommencer, c'est une croissance. J'y ai fait allusion quand nous avons parlé des idées qui doivent être exprimées et assumées pour parvenir à prendre leur forme : l'échange des idées, des impressions, l'expression des émotions, des sentiments, constitue une partie essentielle de la prise de conscience. De la même manière qu'on ne peut pas parler tout seul – même un monologue oblige à supposer un éventuel auditeur – on ne peut pas non plus penser tout seul. Ce que je pense, *je dois* donc le dire : à la fois pour arriver à le formuler, à en faire le tour, et parce qu'en le formulant, je lui fais porter ses fruits, des fruits qui finiront d'ailleurs nécessairement, sous une forme ou sous une autre, par me revenir, que je devrai remettre en circulation, et ainsi de suite.

Et puis il y a encore une autre couleur à cette expression « payer mes dettes ».

R. Allez-y.

D. De toute manière, rien ne m'appartient. Ni le langage ni les idées. Rien. Ce n'est pas de « posséder » le langage ni d'« avoir » des idées qui importe, absolument pas. Ce qui compte à mes yeux, c'est la conscience, la prise en compte que ce langage, que ces idées permettent. Or cette conscience, elle, n'est pas quelque chose que je possède, elle *est* moi.

R. Vous ne possédez rien ?

D. Vous voulez dire intellectuellement ?

R. Oui.

D. Rien du tout. Ça n'aurait aucun sens.

R. Et, tant qu'à être sur le sujet des possessions : dans le monde des objets ?

D. L'essentiel – et même la quasi-totalité – de mes biens consiste en des livres ou des disques, et en des souvenirs de gens que j'aime ou que j'ai aimés. Si j'avais la foi, et si l'amour – y compris sa composante physique – ne jouait pas un tel rôle dans ma vie, je crois que je me serais fait moine – un contemplatif.

R. Vous êtes sérieux ?

D. Sérieux en diable…

R. Bien, revenons un peu en arrière.
Vous disiez que quand vous affirmez « je dois », ce que vous exprimez peut avoir le sens d'acquitter une dette, ou celui de remplir un devoir ?

D. Oui.

R. Vous avez un peu détaillé les sens de la dette ; parlons du devoir à présent. Qu'est-ce que c'est, « le devoir » ?

D. Une feuille de chou vaguement fasciste, fondée par un ultramontain délirant du nom de Henri Bourassa.

R. Vous êtes sûr de vouloir sauter à pieds joints dans cette mare-là ?

D. Non, ça ne me dit rien du tout.

R. Très bien, alors restons dans notre sujet : le sens du devoir, qu'est-ce que c'est ?

D. Je vais faire de mon mieux pour vous répondre, mais je risque de commencer par être un peu confus : je connais depuis longtemps ces deux sens-là que je prête à « je dois », mais comme j'ai toujours cru que mes réflexions sur le devoir viendraient très tard dans un livre où je réfléchirais sur le sens de ma vie, et comme je ne me suis jamais rendu suffisamment loin dans mes tentatives d'écriture d'un tel livre pour aborder ce sujet-là, eh bien, je ne l'ai jamais écrit... et n'ai donc *a fortiori* jamais pu le lire. Aujourd'hui, je relis les premiers entretiens que vous et moi avons eus et je prends conscience de ce que, oui, la phrase « je dois faire ceci » peut, dans ma bouche, prendre deux sens différents – l'un, l'autre, ou les deux à la fois. Chacun d'eux est extrêmement fort, si fort que je me demande même depuis quelques jours si certains des conflits intérieurs que j'ai vécus au long de mon existence ne trouvaient pas justement leur source dans une opposition, vécue par moi comme irréconciliable, entre ces deux sens, différents mais qui ne m'apparaissaient pas assez clairement pour que je les discerne l'un de l'autre et puisse en tirer les enseignements qui s'imposaient.

R. Vous voulez dire que vous saviez que le mot portait pour vous ces deux sens-là, mais que... en même temps, vous ne le saviez pas ?

D. C'est ça.

R. Et que le fait de le savoir sans le savoir a pu bloquer votre pensée, en quelque sorte ?

D. Oui. Je savais qu'il y avait ces deux sens-là, sensiblement différents l'un de l'autre, mais comme je ne m'étais jamais pleinement rendu compte que je le savais, j'agissais tout de même comme s'il n'y en avait eu qu'un seul. Je n'avais pas fait le lien. Il est donc tout à fait possible que ces deux sens-là se soient opposés en moi, au moment de prendre certaines décisions. Seulement, n'arrivant pas à les distinguer l'un de l'autre, plus je forçais pour arriver à une solution et plus je sentais quelque chose se coincer, sans parvenir à saisir ce que pouvait bien être cette chose qui coinçait. Je me disais qu'il devait y avoir un enjeu de mon débat intérieur qui m'échappait, un « quelque chose » que je n'arrivais pas à identifier, « quelque chose » que, bien entendu, je ne cherchais à identifier que du côté du problème, pas du côté de mon regard à moi, de ma manière à moi de regarder le problème. Je savais que je devais faire quelque chose, mais à défaut de pleinement avoir saisi ce que « devoir » signifie pour moi, je tournais en rond. Or, tourner en rond, quand il y a urgence, ça fait mal.

R. Donc... vous voulez dire... qu'il ne suffit pas de savoir quelque chose ?

D. Bien sûr que non, ça ne suffit pas.

Imaginez... quelqu'un qui effectue un premier voyage en Angleterre, par exemple. Cette personne-là sait très bien, comme à peu près tout le monde, que là-bas les voitures circulent en sens inverse de celui auquel elle a été habituée ici. Elle n'est donc pas surprise, en arrivant à Londres, de voir la circulation être inversée. Eh bien, ça ne l'empêchera pas pour autant d'en avoir pour un jour ou deux avant de regarder du « bon » côté de la rue avant de traverser. Il va falloir qu'elle entende quelques coups de klaxon retentissants, qui la feront sauter en l'air et lui glaceront le sang parce qu'ils viendront du « mauvais » côté de la rue, juste là, derrière son épaule, avant que l'information cesse de n'être qu'une information isolée et prenne son sens concret : en Angleterre, les voitures ne se contentent pas de *rouler* du mauvais côté de la rue, elles *arrivent* aussi, et aussi vite qu'ici, de ce mauvais côté-là. Même en ayant bien assimilé cette conséquence de l'information dont elle disposait pourtant déjà avant même de descendre d'avion, il n'est pas du tout exclu qu'elle passe un bon matin dix minutes à attendre l'autobus, uniquement pour se rendre compte, en voyant apparaître la grosse chose rouge, qu'elle l'a attendu… du mauvais côté de la rue.

Il ne suffit pas de savoir quelque chose, il faut aussi, il faut surtout inscrire cette connaissance-là, prendre conscience de ce qu'elle signifie. Sinon, bien entendu, ses implications risquent de ne jamais nous apparaître.

Si au cours de votre existence rien ne vous amène en Angleterre, savoir que dans les îles britanniques les conducteurs s'assoient derrière leur volant du mauvais côté de l'auto n'a pas vraiment d'intérêt – sinon plus ou moins folklorique. Le jour où vous vous retrouvez à devoir traverser à pied Trafalgar Square ou Piccadilly Circus, en revanche, l'information anecdotique dont vous disposez a tout intérêt à prendre son sens – si vous avez l'intention d'arriver vivant de l'autre côté, en tout cas. Et « prendre son sens », ça veut dire réaliser les implications concrètes de ce que vous savez.

C'est une évidence que si, dans un pays, les voitures circulent du côté opposé à celui qui vous est habituel dans le vôtre, les autobus aussi vont en sens inverse et que c'est de l'autre côté de la rue qu'il faut regarder avant de traverser. C'est évident… à condition que pour vous le sens de la circulation ne soit pas resté une simple information isolée.

Autrement dit, il ne suffit pas, non, de savoir une chose – il faut aussi, il faut surtout savoir qu'on la sait. Et c'est ce deuxième degré-là de connaissance, la conscience de notre propre connaissance, qui est la plus importante, de très loin, la plus déterminante. Chaque jour, je rencontre des gens qui savent des tas de choses, sont conscients de nombre de phénomènes… mais ne le savent pas. Ils ne savent pas qu'ils le savent. Ce qui a toutes sortes de répercussions dans leur vie – la plus importante, à mes yeux, étant que cette connaissance-là, *in*sue, non sue, vient en définitive nourrir l'enfouissement de la pensée, la momification.

R.   Oh, là. Doucement, voulez-vous.

D. Nous avons parlé, il y a quelques jours, de la momification et des pensées enfouies, ces pensées dont on n'est même pas conscient.

R. Oui.

D. Je vous ai dit que je crois – c'est en tout cas en ce sens que me portent mes observations et mes méditations – que la momification advient parce que finissent par s'accumuler trop de pensées et d'émotions avortées, qui n'ont donc jamais pu se développer ni porter leurs fruits.

R. Oui.

D. Bon. La momification représente donc en quelque sorte l'aboutissement du silence imposé très tôt dans la vie.

R. Oui.

D. Eh bien, cette hypothèse entraîne un certain nombre de conséquences logiques. Par exemple, l'obligation de se demander *comment* cette accumulation de... de résidus, de fragments de pensées et d'émotions finit par agir.

Imaginons un individu qui, en bon petit garçon qu'il a été *obligé* de devenir, a appris à tenir sa place. À tenir sa place comme il *faut* la tenir dans cette société-là où il est né et où il a grandi. Il a, si vous voulez, appris par cœur son petit catéchisme.

R. Comme le petit catéchisme gris d'autrefois...

D. Précisément, sauf que le petit catéchisme gris a disparu au début des années soixante... et qu'il a immédiatement été remplacé par un autre. Bleu. Avec des petites fleurs de lys blanches tout à fait ravissantes.

R. Glissons...

D. D'accord.

Il a appris qu'il y a des réponses qu'il faut pouvoir fournir immédiatement, en cas de demande, sans hésiter. Des réponses qui peuvent très bien être des comportements, bien entendu. À défaut d'être en mesure de fournir ces réponses-là, il s'exposerait, il l'a appris très tôt, à des traitements radicaux. Se faire crier des noms. Être rejeté. Se faire faire des procès d'intentions à n'en plus finir. Et, bien entendu, voir sa santé mentale être mise en question. Elle le serait d'ailleurs vraisemblablement dans des termes qu'il lui serait impossible de critiquer, contre lesquels il lui serait impossible de se défendre et auxquels il serait même absolument incapable de répondre, pour une raison assez simple...

R. ...

D. Cette raison, c'est qu'il a peut-être bien des problèmes avec *un* des points du catéchisme, mais qu'il n'a jamais pu prendre conscience du fait que c'est peut-être l'*ensemble* du catéchisme qui, en fait, lui pose problème et, même, le catéchisme *lui-même*, voire la culture entière dont ce catéchisme est un des produits. Il n'a jamais pu en prendre conscience, là encore, pour une raison toute simple : parce qu'il n'a jamais pu comparer les circonstances dans lesquelles il vit avec aucune autre circonstance possible. Il n'y a dans cette société-là qu'une seule manière de concevoir la vie et de concevoir la vie en société, et cette manière-là est omniprésente – il a été soumis à son règne depuis la naissance, où qu'il aille, quoi qu'il entende, sur quelque objet que se pose son regard. Après un certain temps, il lui est même devenu pratiquement impossible, s'il rencontre un phénomène issu d'une autre culture, de comprendre – sinon superficiellement – en quoi cette culture-là diffère de la sienne : il interprète tous les phénomènes étrangers qu'il rencontre dans ses termes à lui, parce qu'il ne peut même plus, passé un certain stade d'intégration ou d'endoctrinement, *s'imaginer* qu'il puisse exister une autre manière de voir la vie que celle dont il a, lui, été nourri. Si donc un jour il est pris en défaut de non-conformité ne serait-ce que sur *un seul point* du catéchisme, un seul, même mineur, rien n'est plus facile que de le ramener dans le droit chemin. Il suffit d'avoir recours à n'importe quel autre point du même catéchisme. Ne sachant pas, et pour cause, qu'il peut exister des manières de penser qui ne relèvent pas de ce catéchisme-là, croyant mordicus – parce qu'il n'a jamais connu autre chose – qu'il n'existe rien *en dehors* de la cosmogonie de ce catéchisme-là, il suffira qu'il soit fait appel à n'importe quelle combinaison des deux ou trois mille autres questions-réponses pour prouver à notre gars qu'il ne peut qu'avoir tort et, surtout, pour le lui prouver dans des termes *qu'il ne peut pas réfuter*. Il ne le peut pas, parce qu'il ne peut imaginer aucune autre logique que celle qui lui a été inculquée. Si, en dépit de ces démonstrations, il persiste à critiquer le point spécifique qui le heurte, le blesse, le gêne ou je ne sais quoi, il suffira de quelques allusions bien placées pour qu'il arrive de lui-même à la conclusion qui s'impose : sa santé mentale laisse grandement à désirer. Résultat : n'ayant absolument pas le goût de passer pour un fou, et surtout pas à ses propres yeux, il se mettra à se méfier comme de la peste de ses propres pensées, aussitôt qu'elles se démarquent, si peu que ce soit, de la ligne officielle de cette société-là.

Généralement, ce processus-là est déjà complété à la fin du primaire.

R. Il a appris à se méfier de ses propres pensées?

D. Et de ses propres émotions. Sauf celles qui sont accréditées, bien entendu : celles qui, d'une manière ou d'une autre, non seulement ne sont pas nuisibles au regard des valeurs du petit catéchisme qu'il a appris par cœur, mais sont même au diapason avec elles. Dans une société comme celle-là, il n'est absolument pas suffisant de ne pas nuire, il faut militer, il faut être corps et âme au service de la cause sacrée.

R. Et après cette étape-là?

D. Pas trop vite. Avant d'aller plus loin, nous devons maintenant nous demander pourquoi, dans une société donnée, il pourrait devenir impérieux d'obliger tous les individus, génération après génération, à épouser une et une seule vision du monde et de la vie.

R. Oui? Mais est-ce que n'est pas un sujet un peu vaste? Je veux dire que…

D. Je sais, je sais. Je fais ça le plus vite possible.

Justement, pour simplifier les choses, ne nous attardons pas pour le moment à ce que cette exclusive vision-là a de spécifique, laissons de côté les raisons qui ont pu amener les élites de cette société-là à la choisir elle plutôt qu'une autre, et concentrons-nous uniquement sur son caractère exclusif : sur le fait qu'on n'a pas seulement voulu que cette vision-là du monde domine, dans cette société-là, on a surtout voulu qu'il n'y ait qu'elle.

R. D'accord.

D. Pourquoi ? Pourquoi une société pourrait-elle choisir de ne tolérer en son sein qu'une seule vision du monde et de la vie ?

R. Il peut y en avoir des masses, de raisons…

D. La plus simple, celle qui coule immédiatement de source… ?

R. Je ne sais pas.

D. Essayez… Quel est le premier effet que ne peut manquer d'avoir le fait de ne tolérer qu'une seule vision du monde ? Au point qu'il devienne impossible de même concevoir qu'il puisse en exister d'autres ? D'autres, en tout cas, qui méritent d'être prises en compte ?

R. La première possible, c'est… le contrôle, le contrôle quasi absolu que cet état de choses permet.

D. Vous avez raison, mais vous êtes déjà en route pour vous demander ce que veulent les élites. Je ne me rends même pas jusque-là, pour l'instant : je ne vous demande pas de supputer les objectifs visés, mais seulement d'observer les résultats obtenus.

R. …

Je ne vois pas. Vraiment, je ne vois pas du tout.

D. Eh bien, le premier résultat obtenu par l'exclusion de toute autre vision du monde, c'est justement cette exclusion elle-même.

R. Nous voilà bien avancés : « Est bleu ce qui a la qualité d'être bleu »…

D. Attendez. Ce qui vous paraît tellement évident qu'à votre esprit il ne vaut même pas la peine de le mentionner est au contraire capital. Parce qu'en l'occurrence, si nous reprenons l'exemple de notre gars de tantôt, cette exclusivité du petit catéchisme va avoir des conséquences inestimables sur son avenir.

R. Je suis tout ouïe.

D. Reprenons l'exemple. Un gars est forcé dès la petite enfance d'apprendre un et un seul petit catéchisme, une seule interprétation du monde – soi-disant complète par elle-même. S'il ne se soumet pas à cette obligation, s'il ne s'y soumet pas *corps et âme*, il se sait passible des pires châtiments. Il fait donc tout son possible, en toute bonne foi. Mais…

R. Mais…?

D. Il est impossible que quelque catéchisme que ce soit, que quelque interprétation du monde que ce soit, que quelque grille que ce soit suffise à tout expliquer. Pas plus celle que ce gars-là a été obligé d'apprendre qu'aucune autre. C'est pour ça, soit dit en passant, qu'il est essentiel d'en avoir plusieurs, mais passons. Lui n'a appris qu'une seule interprétation du monde, et il a aussi appris que toutes les autres sont taboues – fausses. Mais comme il est impossible qu'elle réponde à toutes ses questions, il est inévitable qu'elle finisse, un jour ou l'autre, par lui poser un problème. C'est pour ça qu'un jour ou l'autre, un point ou l'autre du catéchisme va nécessairement le faire tiquer. Ce qui va entraîner la réaction que nous avons évoquée : on va lui faire valoir que puisqu'il est d'accord avec tous les autres points du catéchisme – et comment pourrait-il ne pas l'être, avec l'éducation qui lui a été imposée? – il *doit* convenir que l'erreur ne peut qu'être la sienne : « Comment les Pères de l'Église auraient-ils pu avoir raison sur trois mille deux cent quarante-sept questions distinctes, et ne s'être trompés que sur celle-là? Mais non, mais non, mon petit, crois-moi, l'erreur n'est pas dans le livre mais dans ton esprit. Viens, viens t'asseoir près de moi, et reprenons du début, tu vas voir ton erreur. » S'il refuse de se prêter au manège : « Quoi ?! Tu te crois vraiment, toi, à toi tout seul, plus brillant que tous les Pères de l'Église, que ton père, que ta mère, que tous tes petits camarades, que des générations et des générations de fidèles ? Tu dois te faire soigner, mon jeune ami, il y a décidément chez toi quelque chose qui ne tourne pas rond, pas rond du tout. » Rendu là, si le gars refuse de plier, on le réduit en bouillie et le tour est joué. Mais ! Mais s'il accepte de se plier à la règle, s'il accepte de « corriger son regard », qu'est-ce qui va se passer ?

R. Eh bien... ce que vous avez évoqué tout à l'heure, j'imagine ? Il va se mettre à se méfier de ses propres idées.

D. Oui. Mais après ?

R. Qu'est-ce que vous voulez dire ?

D. Ce garçon-là vient déjà de se faire corriger une fois. Bon. Il a déduit de sa mésaventure qu'à l'avenir il devra se méfier des idées qui lui viennent et qui ne cadrent pas avec ce que l'on attend de lui. Bien. Après ?

R. ...

D. Eh bien, après, il va *nécessairement* en avoir d'autres, de ces idées-là !

R. Pourquoi *nécessairement* ?

D. D'abord parce que sa première « erreur » est le signe de ce qu'il n'est pas dépourvu de curiosité. Ensuite parce que cette curiosité vient justement d'être attirée dans une direction très précise. Ne serait-ce que parce qu'il ne veut pas se faire prendre en défaut à nouveau, il va se mettre, même sans l'avoir décidé, même sans s'en rendre compte, à prêter une attention encore plus soutenue qu'auparavant à ce qui lui passe par la tête. Or, comme l'enseignement qu'il a reçu ne pouvait pas n'avoir été incomplet que sur le seul point qui a la première fois retenu son attention, il va y en avoir d'autres. Peut-être même à foison. Ce qui fait que les… euh… les « tentations », pour rester dans le registre du catéchisme… vont vraisemblablement se mettre à se multiplier à une vitesse folle. Et qu'il va donc falloir qu'il enfouisse ses pensées de plus en plus profondément. Et qu'ainsi le malaise ne pourra aller que croissant. De plus en plus vite. Bientôt, ce ne seront plus seulement différents points du catéchisme qui lui poseront problème, mais son esprit à lui ! Il va se rendre compte que, dans les termes mêmes de l'enseignement qu'il a reçu, il est un vicieux, un incorrigible pervers : il est incapable de s'empêcher de *mal* penser. Encore pis : qu'il est incapable de s'empêcher de *penser de plus en plus mal*. Il va réaliser qu'il est en train de se développer en lui un phénomène qui échappe totalement à son contrôle, et qui semble le pousser, toujours plus fort, et d'autant plus fort, d'ailleurs, qu'il y résiste davantage, à s'en prendre à tout ce qui est sacré. Il est un démon ! Eh bien, c'est là qu'intervient cette raison primordiale de n'avoir qu'une seule explication du monde à sa disposition, parce que le fait que ce gars-là ne puisse pas sortir du cercle vicieux dont il est prisonnier – il n'a nulle part ailleurs où aller – va l'obliger à investir son malaise, son vertige… *dans* le catéchisme.

R. C'est-à-dire ?

D. C'est-à-dire que comme il est incapable de critiquer la pensée qui s'exprime dans le catéchisme et le règne absolu du catéchisme, en d'autres mots, puisqu'il est incapable de sortir de la logique qu'impose le catéchisme, il va nécessairement finir par arriver à la seule conclusion qui puisse s'imposer : puisque l'arbre est bon, les fruits ne peuvent que l'être, si lui n'aime pas les fruits, c'est donc qu'il est corrompu jusqu'à la moelle. Le mal est en lui et en lui seulement. Conclusion : il doit disparaître, il doit être remplacé par le catéchisme, il doit devenir le catéchisme. La catéchisme à l'état pur, dans toute sa clarté, dans toute sa rigueur.

Ce sera ça… ou le suicide. Il va falloir, un jour ou l'autre, que l'énergie déchaînée qui tourbillonne en lui finisse par sortir. Or, il ne dispose d'aucune autre vision du monde dans laquelle traduire cette énergie que…

R. … le catéchisme…

D. Et voilà. Ainsi, croyant se libérer, il ne va en réalité rien faire d'autre que renforcer la cause de son malaise. Et plus son malaise aura été important, plus le renforcement du catéchisme sera considérable. Par exemple : rapidement, il ne lui sera plus suffisant de ne plus écouter ses propres pensées – qui semblent, quoi qu'il tente, l'entraîner toujours plus bas vers l'enfer –, il ne pourra même plus être témoin de la plus légère incartade chez qui que ce soit. Toutes les règles, tous les enseignements du catéchisme devront, pour lui, être respectés non plus seulement dans leur esprit, mais au pied de la lettre, littéralement. Et comme, sans même qu'il s'en rende compte, les désaccords non seulement continueront de s'accumuler mais seront même de plus en plus profonds, son militantisme a toutes les chances de devenir un véritable fanatisme. Il sera devenu un zélote.

R. Un intégriste.

D. Précisément.

Au cours du processus, il se sera produit une transformation capitale. Sa curiosité, qui au début avait sans doute tendance à s'exercer sur le monde, sur la vie, sur le foisonnement, se sera muée en une surveillance constante pour empêcher quoi que ce soit d'advenir qui risquerait de ne pas cadrer avec *ce qui doit être*. Autour de lui. Et en lui. Non seulement, donc, il y aura accélération du processus par lequel s'accumulent les résidus de pensées et d'émotions, mais en plus, lui-même sera de plus en plus dur et raide. Ce qui augmentera d'autant la force de l'explosion quand, au milieu de la vie, la situation dans son ensemble sera devenue intenable.

R. Et pour en revenir aux connaissances *in*sues, dont l'évocation nous a menés à cette longue digression ?

D. Eh bien, le processus que je viens de décrire à grands traits engendrera toutes sortes de conséquences. De conséquences quasi *obligatoires*. Par exemple, la connaissance deviendra pour cet individu-là, elle *devra* être devenue, une simple accumulation d'informations. Il faudra que, pour lui, le sens des choses devienne une question taboue.

R. Encore une fois, pourquoi « nécessairement »?

D. Parce que pour celui qu'est devenu ce gars-là, le seul sens digne de ce nom est celui que l'on tire du catéchisme. Or ce catéchisme ne sera pas plus complet, ne répondra pas davantage adéquatement à lui seul à la complexité du monde et de la vie quand le gars aura trente-cinq ans qu'il ne le faisait quand il en avait six ou sept. Toutes les questions qui ne sont pas ouvertement abordées par le catéchisme et tous les phénomènes liés à ces questions, devront donc, au fur et à mesure, être désamorcés, rendus inertes. Donc, à partir d'un certain moment de sa vie, il devra nécessairement y avoir pour le gars deux catégories de connaissances : les vraies, les essentielles, les fondamentales – liées au catéchisme et rien qu'à lui – et… « tout le reste », qui sera considéré comme relevant de la technique. Toutes les questions, tous les aspects de la vie, et en particulier toutes les questions du sens, qui n'ont pas été balisées d'avance par le catéchisme, seront considérés comme des questions purement instrumentales qui ne peuvent pas, qui ne *doivent* pas porter à conséquences. Or, encore une fois, l'esprit humain est curieux – il ne peut pas s'empêcher de chercher des liens. Chaque fois que notre individu sera parvenu à s'empêcher de penser au sens du monde qui l'entoure, il aura donc, de cette manière-là aussi, accéléré et renforcé son durcissement et augmenté d'autant la pression intérieure qui un jour lui fera souffrir le martyre. Jusqu'à ce qu'enfin il renonce à être quoi que ce soit d'autre qu'un outil sans âme sur le grand chantier du Seigneur. Sans âme. Et ayant peut-être même sacrifié jusqu'au souvenir d'en avoir déjà possédé une.

R. …

Bon.

Vous voulez revenir au sens du devoir ?

D. Oui, oui, bien sûr.

R. Je nous resitue un peu. Durant les cinq derniers jours, vous avez relu nos premiers entretiens et vous avez été frappé par un… déséquilibre ?

D. Oui.

R. Un déséquilibre entre ce que – sans même vous en être rendu compte – vous aviez toujours cru que devrait être la chronologie du récit de votre vie, d'une part, et ce que vous et moi avons commencé de faire, d'autre part.

D. Tout à fait.

R. Vous vous étiez toujours confusément attendu à ce qu'un tel récit s'ouvre sur des remémorations de votre enfance – en particulier celles tournant autour de la mort de votre mère…

D. Non, non : celles des événements qui ont été *interrompus* par sa mort. J'avais toujours cru qu'il était capital de bien marquer le « avant » sa mort et le « après ».

R. Mais ce n'est pas du tout de ça que nous sommes en train de discuter…

D. Voilà.

R. En lieu et place, ce qui ressort de nos premiers entretiens, en tout cas à vos propres yeux, c'est l'importance capitale dont sont revêtus pour vous l'amour et le devoir.

D. C'est ça.

R. « Le devoir » pouvant être l'une, l'autre ou une combinaison de deux choses – que vous avez, croyez-vous, longtemps confondues : le remboursement, la perpétuelle remise en circulation, et le respect d'un sens du devoir à proprement parler.

D. Très juste.

En un mot, ce dont j'ai pris conscience au cours des cinq jours de notre interruption vient grandement renforcer mon désir que nous nous rendions au bout de notre projet commun. En moins d'une semaine, je suis déjà tout remué : je viens déjà d'apprendre et de comprendre des choses complètement inattendues sur mon propre compte.

R. Encore autre chose qui vous ait frappé, à la relecture de ces premiers entretiens?

D. Le mot « sacré » revient à quelques reprises – il y a déjà là de quoi s'étonner, non? Mais en plus, l'idée même de sacré, elle, avec ou sans le mot, me semble présente pratiquement de bout en bout de nos premières rencontres.

R. Vous ne vous attendiez pas à ça?

D. C'est bizarre : non, je ne m'y attendais pas du tout, mais aussitôt que je l'ai eu constaté, ça m'a fait… « Mais bien sûr! ». Ça aussi, c'est très troublant. Je réalise que parmi les devoirs que j'ai à accomplir, certains ont une qualité sacrée. Je suis encore plus surpris par la prise de conscience de ceci que par celle des deux sens de « je dois », parce que si « devoir » est un mot que je ne vous fais pas utiliser souvent dans les conversations extérieures, il apparaît quand même à l'occasion, tandis que « sacré », lui, est pratiquement absent. Ça, je le savais déjà – mais, dans ce cas-ci non plus, je n'avais pas pris conscience à quel point j'évitais moi-même d'avoir recours à eux. Au cours de mes relectures, j'ai été plusieurs fois étonné par leur utilisation répétée… et je dois dire que j'ai été très tenté de les remplacer.

R. Mais vous ne l'avez pas fait.

D. Non.

R. Pourquoi?

D. En partie parce que je me suis bien rendu compte que si je le faisais, je nous condamnais à reprendre nos entretiens à zéro. C'est justement ça qui m'a surpris : de réaliser à quel point ils sont à leur place, ces mots-là, « devoir » et « sacré ». Si je les retire, ils manquent. Mais sans que ça change grand-chose à ce qui me gêne, de toute façon : les mots n'y seraient peut-être plus, mais l'idée qu'ils portent, elle, y serait toujours autant. Il vaut mieux, je pense, laisser les choses en l'état et voir où elles vont nous mener.

Mais…

Oui, autant le dire : leur présence me rend un peu craintif.

R. À quel égard?

D. Je préférerais ne pas l'énoncer tout de suite – pour ne pas trop infléchir la discussion.

R. Très bien.

Donc, en ce qui a trait à ce qui, lors de nos premières rencontres, a pris plus d'importance que ce à quoi vous vous étiez attendu, il y a la découverte de ce que vous êtes habité par un sens du devoir, et de ce que ce sens du devoir peut même avoir un caractère sacré à vos yeux? Et de ce que la notion de devoir, pour vous, est double : « se sentir obligé à »; « avoir à rembourser » ou « à remettre en circulation » ce que vous avez reçu?

D. Oui. Je suis profondément étonné de prendre conscience de l'importance effective de ces notions-là dans ma vie. Et je suis encore plus profondément étonné que je n'aie jamais avant ces jours-ci pris conscience de cette importance. Je savais depuis très longtemps – aussi loin que ma mémoire remonte, je crois – qu'il y a en moi un sens du devoir extrêmement développé, mais j'ai toujours évité d'en faire mention – en tout cas dans ces termes-là – parce que le faire entraîne presque nécessairement des malentendus en cascades.

R. Oui?

D. Tout de suite?

R. Pourquoi pas.

D. Eh bien, voici : je crois que le sens du devoir, ou plutôt qu'*un* sens du devoir, a effectivement guidé ma vie, depuis aussi loin que je me souvienne. Et même, parfois, un sens du devoir sacré, oui.

Entendons-nous bien : ce que j'évoque par ces mots-là n'est pas du tout le sentiment de la nécessité, imposée de l'extérieur, d'avoir à poser ce geste-ci, ou au contraire l'interdiction de poser ce geste-là. Je ne parle pas d'un code de conduite imposé, mais de quelque chose d'à la fois beaucoup plus profond, plus complexe, plus intime et plus vital qu'une nécessité de cet ordre-là. De beaucoup plus vivant. D'ailleurs, ce sens-là du devoir n'est pas un « sens » entendu comme une « direction » ou une « orientation », mais au contraire un « sens » comme la vue, l'odorat et le toucher en sont aussi.

R. Une sensation, donc?

D. Tout à fait. Dans cette perspective-là, quand je dis que « j'ai le sens du devoir », je ne veux pas du tout dire que je saurais, parce qu'on me l'aurait enseigné, ce que j'ai à faire pour respecter un hypothétique code moral ou de conduite, pas du tout, c'est même le contraire, en fait, que je dis : que j'ai l'impression de disposer d'un sixième sens, que j'appelle le sens du devoir, et qui est directement lié au... cœur de ma vie, au cœur de ma conscience d'exister. Ce sens-là, contrairement aux cinq autres – olfactif, tactile, etc. – n'est pas tourné vers l'extérieur, vers le monde qu'on appelle « objectif », mais vers l'intérieur. Grâce aux cinq autres, j'ai accès au monde ambiant; grâce à celui-là, j'ai accès à moi-même... à la *sensation* de moi-même. Mais ce n'est pas une conscience, ni une pensée, c'est une sensation et c'est tout. Cette sensation, j'ai dû apprendre à la décoder, exactement comme j'ai appris à décoder ce que je perçois par l'intermédiaire de mes oreilles et de mes yeux.

Je ne crois pas pouvoir évoquer tout ça mieux que par une image : il y a un fil, un long fil vertical, tendu à l'intérieur de moi. Si ce fil-là se détend, voire s'il se détend tellement que je ne ressens plus du tout sa présence, eh bien, c'est que j'ai perdu contact avec le sens de mon devoir – j'ai perdu le contact avec moi-même. Si en revanche le fil est tendu, c'est que je suis là où je dois être. S'il devient tellement tendu que j'ai l'impression que c'est lui qui retient ensemble tous les morceaux de moi, que c'est lui qui me permet de me tenir debout et que c'est même de lui que surgit l'énergie qui me fait agir, alors c'est que je suis au cœur de mon devoir – je suis au cœur de moi-même, au cœur de ma vie. Dans tous les cas, la connaissance d'être à l'endroit qu'il faut ou au contraire d'être en train de m'égarer ne vient que de l'intérieur : ce ne sont pas les réponses que le monde ambiant peut adresser à mes actes ou à mes paroles qui m'importent au premier chef. Jamais. Ces réactions-là du monde extérieur peuvent bien donner plus d'acuité encore à ma conscience du fil et de l'état de tension dans lequel il se trouve, mais cet état-là préexiste à la réaction du monde.

R. Essayez d'être plus concret, vous voulez?

D. Oui, bien sûr, excusez-moi.

Imaginez par exemple qu'on me fasse une offre, une offre de contrat, ou de quelque autre opportunité exceptionnelle. Que l'on m'offre soudain quelque chose à quoi j'aurais toujours rêvé. Évidemment, en rentrant chez moi au retour du rendez-vous, ou en raccrochant le téléphone, je saute au plafond de joie, je fais une imitation de danse zouloue d'action de grâce, je m'imagine en Frank Sinatra descendant le grand escalier lumineux, enfin quoi, j'extase. Mais. Même au sommet de la joie, de la surprise, si je sens, même de manière très fugace, que le fil se détend... je sais déjà que je risque de devoir refuser cette offre. Chose certaine, je vais devoir réfléchir très sérieusement, mais je pressens déjà que quelles que soient mes réflexions, je vais sans doute devoir renoncer. Quel que puisse se révéler être le prix – de quelque ordre qu'il soit – de ce refus.

R. Vous êtes sérieux?

D. Aussi sérieux qu'on peut l'être. J'ai appris à l'être. Durant mon adolescence et ma jeunesse, je ne faisais souvent que peu ou pas de cas de ces soudaines détentes apparemment inexplicables du fil. Et je l'ai plusieurs fois payé très cher. Je m'inventais toutes sortes d'explications, et je...

R. Excusez-moi...

D. Oui?

R. Vous venez de parler de moments où, quand vous étiez jeune, et même adolescent, vous sentiez le fil se détendre?

D. Oui...

R. Donc, il était déjà là? Je veux dire : vous le sentiez déjà?

D. Oh.

Si j'y réfléchis – attendez – je crois bien que... oui. Oui, je sais qu'il était là à l'adolescence. Mais avant ça?

Est-ce qu'il serait apparu à la mort de Micheline? Non, je ne...

Ah.

R. Quoi?

D. Une image... qui vient de surgir.

Attendez. Je crois que nous habitions Brossard, auquel cas ce serait autour de mes sept ans... Mais non... à bien y penser, non, je crois que c'est peut-être même avant ça. Oui, je crois... je crois que c'est au tout début de ma première année d'études primaires. Dans cette école du quartier Rosemont où je n'ai passé que quelques jours, quelques semaines au plus – d'ailleurs je ne sais même pas comment elle s'appelait.

Un après-midi, à la récréation, un des enfants se fait mal en jouant. L'incident s'est produit tout près de là où je jouais moi-même avec des camarades. Et j'ai alors une réaction apparemment absurde. Je me mets à tourner en rond, je ne veux pas dire à faire le derviche, je veux dire que je me mets à courir en décrivant des cercles... de peut-être un mètre ou deux de diamètre, et en imitant une sirène d'ambulance. À tue-tête. Et en riant. C'est complètement fou, soit dit en passant, que cette anecdote-là me revienne aujourd'hui, je n'ai jamais repensé à elle.

R. Continuez.

D. Je cours en rond, les mains en porte-voix autour de la bouche et en faisant l'ambulance – mais avec un grand sourire aux lèvres. Je crois même que je ris – peut-être même à gorge déployée. La maîtresse d'école chargée de la surveillance de la cour de récréation s'est approchée du garçon qui vient de se faire mal. S'occupe de lui. Et quand elle en a terminé – je ne crois pas que ce qu'il s'est fait soit très grave, après tout –, elle s'approche de moi, l'air furieux, scandalisée.

R. Et?

D. Et elle se met à m'engueuler : je devrais avoir honte, on ne doit pas se moquer de la douleur et du malheur des autres, et ainsi de suite.

R. Réaction bien compréhensible de sa part.

D. Eh bien pas du tout, justement. Le reste de la scène est là, dans ma mémoire, mais le moment où elle m'apostrophe, lui, est d'une clarté terrible. Aussitôt qu'elle a commencé à s'adresser à moi, je me suis arrêté net. Je suis figé. Glacé. Je la regarde. Je l'écoute. Et en un éclair je deviens... comment exprimer ça? À la fois enragé et profondément blessé. Le choc est même tellement fort que j'en reste abasourdi.

R. Le choc? Quel choc?

D. Elle n'a strictement rien compris à ce que je viens de faire.

R. Expliquez-vous.

D. C'est assez difficile, parce que le fait d'évoquer cet incident est en train de faire remonter des souvenirs par chapelets entiers. J'essaie.

Là, dans la cour d'école, je ne viens pas, pas du tout, de faire une seule chose. Je viens d'en faire plusieurs, toutes en même temps. En faisant la sirène, même après que le professeur se soit approché du petit blessé, j'appelais au secours et j'exprimais l'urgence – mais il y avait aussi une autre chose, essentielle, que j'exprimais : le chaos. Je sais déjà à cet âge-là que quand le destin frappe – je veux dire quand, tout à coup, venant apparemment de nulle part, un événement fond sur vous comme sur une proie – il vous reste ensuite, quand vous repensez au moment où cela s'est produit, une impression de confusion : quelques éléments de l'image seront très clairement dessinés, mais tout ce qui n'est pas essentiel, ou tout ce qui ne vous apparaît pas, à vous, essentiel, sera plus flou et laissera une intense impression de mouvement désordonné. Tous les événements graves de ma vie m'ont laissé au moins en partie une impression comme celle-là : celle d'avoir vécu le moment où a frappé l'éclair, dans laquelle l'éclair est parfaitement dessiné, éclatant, mais au milieu d'un brouillard, d'une indifférence et d'une confusion totale. Eh bien, c'était ça que ma « danse de l'ambulance » exprimait : « Alerte ! Le chaos vient de frapper ! » Le garçon allongé sur le sol et l'expression de sa douleur, encore aujourd'hui dans mon souvenir, ont la clarté de l'éclair que j'évoquais il y a un instant. Et moi, qui tourne en rond et qui fais la sirène – et c'est ce qui est si étrange dans ce souvenir – moi, je ne suis pas du tout le centre de mon propre souvenir, je ne suis même pas « au foyer », comme on dit en photo : je suis brouillé, je fais partie du brouillard qui entoure l'éclair, je fais partie du chaos – ce chaos, je tente à la fois de le synthétiser et de l'exorciser.

R. Mais le rire ? Il n'est quand même pas banal.

D. Oh non, pas banal du tout. Le rire, voyez-vous, je crois qu'à lui tout seul il exprime déjà plusieurs choses. La terreur, pour commencer. L'impuissance. J'ai bien vu ce qui vient de se produire, mais je ne sais pas quoi faire – sinon appeler. Et ça, c'est ce que je fais en imitant la sirène d'ambulance. Et puis exprimer mon désarroi, mon vertige devant le surgissement du chaos – je tourne en rond en criant. Mais en plus d'exprimer mon vertige et de lancer un appel, il y a en moi un trop-plein, un choc, j'imagine – et il y a une chose que j'ai déjà à cette époque-là apprise de mes parents. Quand la vie en fait « trop », il n'y a qu'une seule manière de réagir : juste avant de se briser en deux, on se redresse, on se tient bien droit, on respire un bon coup... et on éclate de rire.

R. Attendez, attendez. Êtes-vous en train de me dire que là, cet après-midi-là, à cinq ou six ans, dans cette cour de récréation, vous vous mettez à courir en rond en imitant une sirène d'ambulance et en riant – mais qu'en fait, pour vous, vous êtes en train d'appeler au secours et d'exprimer votre panique et votre vertige?

D. Oui, c'est exactement ça que je suis en train de vous dire. Mais attention, je ne prétends absolument pas que je fais tout ça au terme ni au cours d'un processus réfléchi. Jamais de la vie. Aujourd'hui, je me transporte plus de quarante années en arrière, je retrouve la sensation de mouvement physique, les images tournoient autour de moi et en moi Je vois précisément où est l'autre petit garçon, effondré, qui pleure et qui hurle à pleins poumons, j'entends les pépiements de la foule des écoliers qui se sont aussitôt précipités et qui parlent tous en même temps. Et je sais que moi, je crie en faisant la sirène à la fois pour couvrir tout ce babillage insensé, partout autour de moi, pour marquer qu'il vient d'arriver quelque chose de soudain, de douloureux, qu'il y a urgence – mais qu'il faut quand même se garder la tête hors de l'eau. Ce n'est pas ça que j'ai *décidé* de faire – c'est ça que je *fais*. C'est parti tout seul.

R. Et…?

D. Et quand, quelques instants plus tard, la professeure se met à m'enguirlander, j'en suis scié. Pris complètement par surprise.

R. Expliquez-vous.

D. Elle n'a rien compris! Vous vous rendez compte? Elle n'a rien compris du tout à ce que je viens de faire! Mais son incompréhension n'explique pas à elle seule ma réaction à ses remontrances, non, elle n'explique que ma surprise. Ma colère, elle, est suscitée par… par sa prétention à justement l'avoir compris alors qu'en réalité elle a tout faux!

R. Oh.

D. Oui : « oh! » en effet. Je la revois encore, penchée au-dessus de moi, et j'entends le grondement de sa voix, et moi je suis tout essoufflé par ma course et mes cris, et je suis estomaqué : elle me présente une image de ce que je viens de faire qui est une injure. Je pense que j'aurais préféré qu'elle me gifle – le choc aurait été moins douloureux. Mais revenons. Vous me demandiez à quel moment j'ai eu conscience du fil tendu à l'intérieur de moi. Eh bien, je peux vous dire que cet après-midi-là, dans cette cour d'école de Rosemont, il y était, le fil. Et que je savais que j'avais fait ce qu'il fallait – ou plutôt non : que je savais que j'avais fait la seule chose que je pouvais faire. Je suis bien prêt à reconnaître que je l'avais fait maladroitement, peut-être même illisiblement, mais je l'avais tenté quand même. Et c'est là que réside l'essentiel. Je ne reproche bien sûr absolument pas à la surveillante de ne pas l'avoir vu, mais je crois que tout un large pan de mon avenir, de mon devenir était déjà présent dans cet incident-là.

R. Lequel ?

D. L'artiste. Quand tous les autres écoliers se sont précipités sur le petit blessé, en s'émoustillant, en sautillant, en jacassant et en pépiant, moi j'ai fait le contraire.

R. C'est-à-dire ?

D. J'ai plongé dans le cœur du moment, j'ai été saisi par un besoin irrépressible de le synthétiser et de l'exprimer. D'en exprimer le sens qui s'imposait à moi. J'ai improvisé une danse. Voilà, c'est ça le sentiment que ce souvenir suscite : j'ai improvisé une danse… sacrée. « La danse du chaos qui surgit, et de la douleur qui frappe sans prévenir. »

R. Bon. Vous vous êtes lancé dans une danse sacrée. Je crois comprendre ce que vous voulez dire par là. Mais en quoi le fait de danser une danse sacrée avait-il, lui, quoi que ce soit à voir avec le sentiment du devoir et du sacré ?

D. C'est précisément ça qu'il est si difficile d'évoquer. Voyez-vous, le devoir s'exprime, se fait sentir, mais il ne parle pas. Je veux dire que poser un geste que je sais devoir poser ne m'apprend pas, en soi, quelque chose. C'est après coup que le sens se dégage. C'est le trajet qui va d'un événement à l'autre qui finit par dessiner un motif, par révéler la direction du mouvement. Le problème, c'est qu'une fois que le trajet est apparu, il est extrêmement difficile de discerner avec précision ce que nous en savions au moment de l'événement, *avant* de savoir où il allait vous mener. Après qu'on a appris une chose, il est toujours extrêmement difficile de se souvenir de ce que c'était que de l'ignorer. Tout ce que je peux vous dire c'est que cet après-midi-là, dans la cour d'école, ma colère devant l'interprétation totalement erronée que faisait la prof de mon comportement était étroitement liée à la tension du fil que je ressentais. Cette tension-là me disait, en quelque sorte : « Ne l'écoute pas, elle a tort. Tu as fait ce que tu pouvais, ce que tu devais. »

R. Donc, le fil était là au tout début de vos études primaires ?

D. Je crois bien, oui. D'ailleurs, tandis que je vous racontais l'incident de la cour d'école, il m'est revenu un autre souvenir de la même époque de ma vie, qui va lui aussi dans le même sens. Enfin, je crois.

R. Allez-y.

D. Cet événement-là, je peux le dater avec plus de certitude que le premier : il s'est déroulé en classe, à l'école Lajoie, à Outremont. Donc, je suis en deuxième année. Un matin, peu de temps avant la pause du midi, je fais une bêtise – je ne sais plus laquelle – et la maîtresse m'envoie en pénitence : à genoux au fond de la classe. Je dois être agenouillé sur une chaise, parce que mon menton arrive juste au-dessus de la... palette à rainures qui sert à recueillir les craies, au bas du grand tableau vert. Je suis donc là, à genoux, les mains dans le dos, le visage à quelques pouces à peine du tableau. Et tout à coup, je réalise qu'à chaque fois que j'expire, il y a un nuage sombre qui apparaît sur l'ardoise. Je suis assez étonné : à cet âge-là je n'ai bien sûr jamais entendu parler de la condensation. Alors, je me mets à expérimenter. De toute manière, qu'est-ce que j'ai d'autre à faire ? Je me mets à expirer et à souffler, de toutes sortes de manières, en concentrant mon souffle, en le dirigeant, plus fort, plus léger, et je m'aperçois que la forme et la densité des nuages vert sombre que je fais apparaître se transforme complètement, d'une fois à l'autre. Ils apparaissent et puis, tout doucement, ils disparaissent. C'est de la véritable magie. Je suis tellement fasciné par mes expériences que j'en ai complètement oublié le reste de la classe et que je n'ai pas entendu la maîtresse s'approcher derrière moi. Tout à coup, je sens une main qui me saisit par le collet, me tire vers le haut et vers l'arrière et me fait littéralement décoller de terre, tandis que j'entends la maîtresse se mettre à crier. Elle est complètement déchaînée, et moi je suis tellement pris par surprise que je ne comprends pas un traître mot à ce qu'elle glapit. Tout ce que je sais, c'est que j'entends « cochon » et « malpropre », et que sa main qui n'est pas en train de me secouer comme un cocotier pointe vers le tableau, où mes expériences répétées ont laissé une grande tache d'une teinte très légèrement différente de celle du reste de la surface. Je finis par être sauvé par la cloche : la maîtresse me pousse vers la porte de la classe avec une moue dégoûtée et toute la classe sort pour aller manger.

R. Et… ?

D. Et je me souviens qu'en arrivant dehors – tiens, c'est le printemps, il fait un soleil éblouissant – cette fois-là aussi, je suis furieux : je ne comprends rien du tout à ce qui a bien pu se passer dans la cervelle de la pauvre femme, mais je suis complètement révolté par le sort injuste qu'elle vient de me faire subir : je *sais* que je n'ai strictement rien fait de mal.

R. Avez-vous fini par l'apprendre, ce qui lui est passé par la cervelle ?

D. Par l'apprendre, non. Mais par le déduire. Et ça m'a pris des années. Un jour, bien plus tard donc, je ne sais plus pourquoi je repense à cet incident-là, et j'ai soudain une illumination : « Nom d'un chien ! Elle a dû s'imaginer, la sotte, que je m'amusais à lécher le tableau! » Vous vous rendez compte? Et il m'avait fallu, je ne sais plus, dix ou quinze ans pour arriver à le déduire.

R. Un malentendu, c'est tout.

D. Pas du tout. Je suis en complet désaccord avec vous.

R. Ah bon? Comment ça?

D. Oh là, là!
Je pense que je viens de comprendre.

R. Quoi?

D. …
Merde…

R. Ça vous embêterait beaucoup, de ne pas réfléchir tout seul dans votre coin? Vous préférez que nous nous arrêtions?

D. Non! Non, je veux juste laisser les images se former.

R. Parlez.

D. C'est encore fugace, mais je crois que ça vient de commencer à se passer.

R. Quoi?

D. Ce pourquoi je voulais écrire ma vie.

R. Expliquez-vous, nom d'un chien!

D. Un lien… Un lien, qui vient de m'apparaître.
Excusez-moi, les images tournoient tellement vite que j'ai de la difficulté à continuer de parler.

R. Eh bien alors, ralentissez. Prenez-les une à la fois.

D. D'accord.
Quand nous avons commencé l'entretien d'aujourd'hui, vous m'avez demandé à quoi j'ai occupé les cinq jours durant lesquels nous ne nous sommes pas rencontrés. Je vous ai répondu que j'ai relu, encore et encore, les textes tirés de nos premières discussions et que j'ai été surpris par l'absence de certains points dont j'avais toujours, jusque-là, pensé qu'ils devraient être mentionnés en premier, et simultanément par l'apparition d'entrée de jeu d'autres points que j'avais toujours cru, eux, devoir être développés plus tard au cours de l'écriture.

R. Oui.

D. Je vous ai bien précisé que ce n'était pas l'absence des uns, d'un côté, et la présence hâtive des autres, de l'autre, qui me surprenait, mais la simultanéité des deux.

R. Oui, vous avez dit que vous étiez surpris que l'amour et le sens du devoir arrivent si tôt, alors même que les souvenirs terribles de votre vie familiale, que vous avez toujours considérés comme fondateurs, n'y étaient pas – ou très peu.

D. C'est ça. C'est l'absence des uns et la présence des autres *en même temps*, qui m'a frappé. Autrement dit : le remplacement des uns par les autres. C'est pour ça qu'il m'a fallu cinq jours avant de me décider pas à reprendre nos entretiens : je n'arrivais pas à comprendre pourquoi, cette fois-ci, ceci semble vouloir prendre la place de cela. Ce n'est quand même pas un détail : j'ai toujours cru que si je racontais ma vie, comme j'en ressens fortement le besoin depuis si longtemps, je devrais *aboutir* à mes considérations sur l'amour – que je devrais en quelque sorte raconter tout le reste des enjeux de ma vie, dessiner la toile de fond, afin de pouvoir, tout au bout du chemin, dire : « Eh bien voilà : c'est ce chemin-là, que nous venons d'évoquer, qui aboutit à ce qui constitue le cœur de ma vie, à mes propres yeux : l'amour. » Même chose pour le devoir. Je croyais, j'ai toujours cru, mais je n'avais jamais encore identifié à quel point c'était cette croyance qui m'animait, que je devais d'abord raconter ce que j'ai fait, les événements que j'ai traversés, et comment je les ai traversés, pour, encore une fois, *aboutir* au lieu où nous pourrions nous retourner, regarder le trajet parcouru, et là, là et pas avant, exprimer la cohérence par laquelle moi, allant de l'un à l'autre de ces événements-là, je me suis senti porté tout au long de ma vie. Autrement dit, je croyais devoir raconter d'abord l'anecdote de ma vie – si j'ose dire – et ensuite, ensuite seulement, revenir sur elle et, là, dire : « Maintenant, mesdames et messieurs, chers et attentionnés lecteurs, voici ce qui se passait sous les apparences que je viens de vous décrire. »

R. D'accord.

D. Mais voici que ce matin, je vous annonce que je suis tout étonné, depuis cinq jours, parce que les choses, cette fois-ci, ne se passent absolument pas comme je les avais toujours envisagées... elles se passent même en sens diamétralement inverse.

R. Oui... Mais n'est-ce pas justement ce que vous vouliez : que, cette fois-ci, elles se passent autrement ? Après tout, vos tentatives précédentes, celles dans le cadre desquelles vous tentiez de mettre en application l'approche que vous venez d'évoquer, on ne peut vraiment pas dire qu'elles aient porté les fruits que vous en attendiez...

D. Je le sais bien. Mais je suis quand même bouleversé. Parce que les fruits, ils sont déjà totalement différents de tout ce à quoi je m'attendais.

R. Vous l'avez déjà dit.

D. Écoutez, René-Daniel : je veux depuis des années raconter ma vie pour pouvoir la lire.

R. Oui.

D. Mais bien entendu, tout du long de mes trente, quarante ou cinquante tentatives, j'avais un... pressentiment, de ce que j'allais raconter.

R. Sans doute.

D. Eh bien, ce que je vous dis, c'est que ce matin, je me rends compte que ce pressentiment était sans doute erroné. Et qu'il n'a sans doute, en fait, été important que parce qu'il était le prétexte dont j'avais besoin pour me mettre au boulot.

R. Encore une fois : tâchez d'être explicite, voulez-vous ?

D. Je ne fais que ça, tenter de l'être !
J'y vais carrément.

R. Bonne idée.

D. *Grosso modo*, toutes les fois d'avant, j'avais beau me dire que j'allais y aller au fil de la plume, ce que je voulais écrire, c'était ceci : j'ai vécu une enfance tragique – une enfance qui m'a obligé, bien plus tôt que je ne l'aurais voulu, à faire des choix, et à les assumer. Par la suite, l'essentiel de mon existence a consisté à tâcher de continuer sur cette route-là : à m'inventer un personnage protecteur – vous – et, réfugié derrière lui, à poursuivre mes réflexions, mes rêves. Tout ça dans une société qui a horreur des rêves – s'ils ne sont pas des rêves de pouvoir, en tout cas. J'aurais raconté mon trajet : l'école primaire, les incessants déménagements, le tout jeune voyou que j'ai été, la pauvreté absolue mais la culture quand même, la mort de ma mère, l'enfer de la rue Clark, le secondaire – le rêve d'être un premier de classe et le Bien-être social – et puis la découverte du théâtre, et puis l'École nationale, et puis les premières années du jeune acteur, les études à Paris, les premières pièces, et puis la prise en compte – mais consciente, cette fois-ci – des abominables conditions qu'impose la culture québécoise, et puis il y aurait eu la révolte, les recherches historiques. Et là, tout au bout, j'aurais dit : « Et, cher lecteur, tout au long de ce chemin, pour moi, deux choses importaient entre toutes… »

R. « … l'amour et le devoir. »

D. Oui !

Je serais alors repassé sur chacun des segments du voyage de ma vie que j'aurais déjà racontés et j'aurais dit, par exemple : « Lorsque je vous ai raconté le jeune voyou que j'ai été à neuf ou dix ans, eh bien, pour le comprendre, ce jeune voyou, il faut savoir ce qui l'animait – et c'était l'amour. » Et là, j'aurais raconté pourquoi et comment c'était le cas. Ailleurs : « Lorsque j'ai fait telle ou telle autre sortie politique, sur ce sujet-ci ou bien encore sur celui-là, c'était le devoir qui me portait, parce que ci, parce que ça. »

R. Et…?

D. Et tout ça aurait été juste, sans l'ombre d'un doute. Mais…

R. Mais…?

D. Mais je viens de réaliser que l'essentiel n'est pas là.

R. Non?

D. Non.

Après vous avoir raconté les deux anecdotes de mon enfance, tout à l'heure, j'ai eu l'impression physique que quelque chose tombait enfin en place, dans mon esprit, quelque chose de totalement inattendu : je ne voulais vous parler que du fait que déjà, à six ou sept ans, la conscience du fil de mon devoir était éveillée – ce fil, qui est mon *daïmon*.

R. Votre… *daïmon*?

D. La voix de ma conscience, ou de mon destin. C'est Socrate qui utilise le terme : il raconte que c'est son *daïmon* qui a toujours guidé ses actes. Sauf que le sien était très différent du mien : il n'intervenait que pour dire « non » – c'est en tout cas comme ça que je le comprends. Le mien dit aussi « oui ».

Vos questions, au début de l'entretien d'aujourd'hui, étaient tout à fait inattendues pour moi. Je n'avais aucune idée que vous alliez me les poser, je ne savais absolument pas sur quoi vous alliez choisir de faire porter notre discussion. Mais sans même que je m'en rende compte immédiatement, votre question en apparence anodine sur le moment où j'ai commencé à sentir le fil a tout déclenché. Je vous ai raconté l'anecdote de la cour d'école, puis celle du tableau vert de l'école Lajoie…

R. Oui.

D. … et je me disais « Ah bon, c'est intéressant, je n'avais jamais songé à me demander ça : à quel moment le fil est apparu. » Sauf qu'aussitôt que j'ai eu fini de raconter l'histoire du tableau vert, je me suis rendu compte qu'il y avait un lien, un lien impossible à manquer, entre les deux histoires.

R. Lequel?

D. La révolte.

R. Mais encore.

D. À la fin de chacun des deux récits, sans l'avoir prémédité, j'ai insisté sur l'impression que m'ont laissée les événements : j'étais révolté.

R. En effet.

D. Mais il y a bien davantage.

R. Allez-y.

D. Dans les deux cas, dans ces deux anecdotes qui me sont venues spontanément à l'esprit, la révolte avait une cause similaire : j'avais fait des gestes auxquels on avait répondu de manière rude... et inappropriée... *sans même s'être donné la peine de se poser de questions sur ce que j'avais voulu faire.* Dans les deux cas, on avait présumé qu'on le savait d'emblée, *alors qu'on se trompait du tout au tout.*

R. Oh.

D. Et je suis en état de choc. Parce que. Parce qu'une image vient de surgir, toute formée, d'un seul tenant. Je viens de me rendre compte d'une chose que pourtant, encore une fois, j'ai toujours sue, mais dont je n'avais vraiment pas saisi le caractère capital – fondamental – pas à un tel point, en tout cas : vivre, c'est vouloir comprendre.

R. ...

D. Je sais, je sais bien que je le savais déjà, je vous en ai moi-même parlé, lors du premier entretien, je crois, quand je vous ai expliqué pourquoi je ressens le devoir d'enfin percer le mur de la momification, afin que les étudiants de l'École nationale avec lesquels je viens de travailler puissent à leur tour le traverser, quand viendra l'heure. Je vous ai dit, à ce moment-là...

R. ... que ce n'est pas la jeunesse qui est le cœur de la vie, mais la prise de conscience – et, donc, la maturité.

D. Je ne voulais absolument pas dire par là, bien sûr, que la jeunesse serait sans importance – jamais de la vie ! – ni qu'elle ne serait que la préparation pour la maturité – ce serait une absurdité – non, ce que je voulais dire c'est qu'il y a des pans de notre vie que nous parcourons au galop, abandonnés à notre vitalité, et portés par elle – c'est la jeunesse. Même durant notre jeunesse, nous devons tenter à chaque instant de comprendre, d'assumer, mais la prise en compte globale des trésors sur lesquels nous avons ouvert toutes les portes de notre âme durant notre jeunesse, c'est à l'âge de la maturité que nous devons nous abandonner à elle.

Voilà : l'âge de la jeunesse est celui du parcours du monde – on s'abandonne au monde. L'âge de la maturité, lui, est celui où l'on s'abandonne à la conscience. La vitalité est aussi grande, aussi forte, aussi bouleversante que durant la jeunesse – mais elle est autre. Nous passons notre jeunesse à courir dans la grande maison de notre vie, d'une pièce à l'autre – couchant une nuit dans la cuisine et le lendemain dans la salle de lavage – n'arrivant pas à cesser de courir, pour tout tenter, tout essayer. Nous explorons, à pleines mains, à pleine bouche, à plein ventre. Et quand vient le moment de choisir à quoi nous affecterons les pièces, c'est tout ce que nous avons vécu dans chacune d'elles, qui doit guider notre choix.

R. Où est-ce que vous voulez en venir ?

D. À ceci : je viens de comprendre – en tout cas je le crois, c'est comme ça que je le ressens sur le coup – que mon entreprise est peut-être bien essentiellement différente de tout ce que j'imaginais depuis si longtemps. Elle est aussi urgente que je vous l'ai dit, mais. Mais.

R. Quoi ?

D. …

Excusez-moi, je suis totalement bouleversé.

R. Je le vois bien.

Vous voulez arrêter ?

D. Non ! surtout pas !

R. Qu'est-ce qui vous arrive ?

D. Une émotion incroyablement forte – une lumière qui vient de jaillir à l'intérieur de moi. Comme un. Un flot. Je pleure de ravissement.

R. Parlez-moi !

D. L'impression. La certitude.

R. De… ?

D. Que je vais vivre !

R. …

D. …

R. Ça va?

D. Ça va.

R. Nous continuons?

D. Si vous le voulez bien, oui.

R. Je pense que nous devrions au moins parler un peu de ce qui vient de se produire. Et ensuite ajourner.

D. Je suis d'accord.

R. Pouvez-vous me parler de l'image qui vient de surgir?

D. Je vais essayer. Mais là, au moment même de le tenter, je suis forcé d'admettre que je ne sais absolument pas comment m'y prendre.

R. Voulez-vous que je vous aide?

D. S'il vous plaît.

R. C'était une image?

D. Non, en fait, non. Une sensation.

R. Laquelle?

D. Je tentais de vous dire que tout à l'heure, aussitôt que j'ai eu fini de vous raconter les deux moments de mon enfance, il y a eu une… une série d'images successives qui me sont apparues, très fortes. Quand je dis « successives », je ne veux pas dire qu'elles se suivaient, c'est évident, qu'elles se suivaient, autrement elles n'en auraient été qu'une seule. Ce que je veux dire par là, c'est que c'était… voilà! qu'elles composaient une séquence. Chacune se présentait comme la suite logique de la précédente. Comme si une phrase, ou tout un raisonnement, m'était passée par la tête, mais à toute allure. La première image a surgi, et le temps de la regarder, de la saisir au vol, pif, elle a été remplacée par une deuxième, qui a elle aussi été remplacée à son tour aussitôt que je l'ai eue… reçue, en quelque sorte. Ça s'est déroulé à une vitesse folle. Et j'ai été tellement pris de court que je n'ai même pas songé à essayer d'en ralentir le défilement pour pouvoir les décrire au fur et à mesure.

R. Vous vous souvenez d'elles?

D. Un peu. Mais je me souviens surtout du mouvement qui, en passant de l'une à l'autre, m'a emporté.

R. Commençons par les images.

D. D'accord. J'ai revu avec une clarté invraisemblable le petit garçon que j'étais – confronté à sa professeure, dans la cour d'école de Rosemont. Elle qui l'engueule – et lui, complètement désarçonné, atterré, qui la dévisage et reçoit ses invectives sans rien pouvoir faire, sans rien pouvoir dire.

R. Oui.

D. L'image était aussi claire que si j'étais remonté dans le temps et que, invisible, j'avais pris une photo de moi-même ce jour-là. Une photo d'une renversante précision : les couleurs, les contours, on croirait la vie elle-même, saisie en plein vol.

R. Oui?

D. Et, avec l'image, il y avait la sensation : la glace qui se resserre sur le cœur de cet enfant-là que j'ai été.

R. Et…

D. Et ce que je vous ai dit plus tôt n'était pas juste.

R. Il n'était pas révolté?

D. Non. J'ai aussi réalisé ça, au cours du défilement. La révolte que j'ai éprouvée tout à l'heure à propos de ces deux moments, elle n'était pas présente à ces moments-là. La révolte, c'est ce à quoi ces deux moments-là – et bien d'autres – m'ont mené.

Le petit garçon que je suis dans la cour d'école de Rosemont, il n'est pas révolté, pas révolté du tout. Il est simplement anéanti.

R. Et…

D. Et, soudain, l'image suivante, c'est celle de moi descendant le large escalier de granit de l'école Lajoie, dans le soleil éblouissant de ce magnifique midi-là de printemps. Je m'en vais manger chez mes grands-parents maternels, où mes sœurs et moi habitons à cette époque.

R. Et…

D. La photographie est aussi claire que la précédente, aussi invraisemblablement précise et éblouissante. Mais elle est prise de plus loin – du bord du trottoir, peut-être, ou peut-être même du bord de la chaussée : j'ai déjà descendu deux ou trois marches, il y a un ami, à ma droite, qui me parle. Et, autour de nous, en désordre, tous les autres enfants qui dévalent l'escalier en riant, en parlant à tue-tête.

R. Et...

D. Et avec cette image-là aussi, vient ce que je ressens au moment où elle est prise : un épouvantable désarroi. Mais là aussi, au moment même, la révolte est absente. Ce qui n'empêche pas cet événement d'être un moment marquant de mon cheminement vers... la révolte, justement. Non seulement je ne comprends pas pourquoi ma prof a fait ce qu'elle a fait, je ne comprends même pas *ce* qu'elle a fait. Tout ce que j'en garde, c'est la terreur de m'être soudain retrouvé, sans raison, exposé à cette violence littéralement insensée.

R. Ensuite?

D. Ensuite, il y a eu une image de moi, à l'époque de la mort de ma mère.

R. Une époque postérieure à ces deux incidents-là, donc?

D. Oui. Trois ans après l'école Lajoie, ou à peu près.
Cette image-là est très différente des deux précédentes : elle n'est pas unique, elle est éclatée... non, elle est composite – oui, c'est ça : composite.

R. Qu'est-ce que vous voulez dire par là?

D. Ce n'est pas la représentation d'une scène, d'un moment précis, mais celle d'une foule de moments ayant en commun d'être advenus à une époque donnée. Voilà : les deux premières évoquent chacune un instant de ma vie, mais celle-ci en évoque toute une époque.

R. Celle de la mort de votre mère...

D. C'est ça. Et elle aussi, est porteuse... non, ce n'est pas ça, elle n'est pas *porteuse* d'une émotion, non, mais une émotion y est attachée, comme une vignette. Ce n'est pas l'image qui porte l'émotion ou qui la suscite, non, c'est l'émotion qui lui est… accolée – comme la bande sonore d'un film, si vous voulez.

R. Et quelle est-elle, l'émotion, pour la troisième image?

D. Glaciale. La terreur. Mais en fait…

R. Oui?

D. … c'est essentiellement la même que pour les deux premières, à ceci près qu'elle, elle est démesurée. L'émotion associée aux deux premières images était au premier plan, mais je sentais, en la recevant, que derrière elle, toutes sortes d'autres avaient animé ma vie, juste avant ou juste après l'événement qui venait tout juste de se produire.

R. Le sentiment qui vous habitait au moment de la photo était dominant à ce moment-là, mais dans votre vie, il y en avait d'autres…

D. C'est ça. Alors que dans le cas de l'image composite évoquant l'époque de la mort de ma mère…

R. … il n'y a qu'elle.

D. C'est ça.

R. Aucune autre?

D. Non. Aucune. Ni à côté, ni derrière, rien. Il n'y a rien d'autre, dans ma vie, que la terreur.
Et c'est là que le mouvement s'est emballé – que j'ai compris quelque chose. De totalement inattendu.

R. Quoi?

D. Que ce n'est pas – comme je l'ai toujours cru – la mort de ma mère, la perte d'elle, qui m'a fait ce que je suis. Parce que ce que je suis, je l'étais déjà avant même qu'elle ne meure. Ce que sa mort a provoqué, ça a plutôt été de m'empêcher de devenir autre que celui que je suis.

R. C'est-à-dire?

D. Je crois qu'une composante essentielle de l'homme que je suis, et que j'ai toujours été, est un invraisemblable désir de comprendre, mais pas seulement intellectuellement, non, un désir de comprendre… de toutes les manières imaginables, avec le ventre, avec les mains, les yeux : je suis d'une curiosité folle. La vie me rend fou de joie, fou de bonheur, fou de folie, avec sa richesse et sa complexité.

Pourtant, cette composante-là, essentielle chez moi, a un corollaire : je ne comprends pas qu'on puisse ne pas être aussi curieux que je me sens l'être. Je ne le comprends pas, mais je ne le condamne pas. En revanche, il y a une chose qui me rend fou furieux, qui m'enflamme instantanément.

R. C'est…?

D. La négation de la curiosité. Et tout particulièrement la forme la plus perverse, la plus puante de cette négation : le mensonge. C'est-à-dire : tenter d'imposer une compréhension qui n'est pas le fruit de la curiosité mais celui de l'intérêt, quel qu'il soit. La pire forme du mensonge, c'est celle qui consiste à imposer aux autres la perception que l'on a d'eux, mais qu'on a d'eux par intérêt, justement, et non par l'observation, la compassion, l'empathie.

Là, évidemment, je prends trop de temps pour vous expliquer ça, dans mon esprit, tout vient de se passer à la vitesse de l'éclair. Mais ce que j'ai vu, c'est essentiellement ceci : la mort de ma mère ne m'a pas rendu tel que je suis, non – mais l'effet qu'elle a provoqué a fait en sorte que par la suite, même si j'avais souhaité me dérober, devenir autre, je ne l'aurais pas pu.

R. Pourquoi?

D. Parce que ou bien je mourais de douleur, ou bien je m'accrochais à la seule chose, la seule, qui puisse me tenir en vie : ma curiosité. Mon désir de comprendre. Mon amour de la vie dans ce qu'elle a de plus resplendissant.

Cette réalisation-là a été d'une force impossible à décrire. Et aussitôt qu'elle est advenue, a déferlé en moi un véritable torrent d'images – si rapide et si puissant qu'elles n'avaient même pas le temps d'être saisies –, tout ce que j'ai reçu, ça a été la ligne qu'elles dessinaient.

R. Quelle ligne?

R. La profondeur de mon amour pour la vie.

R. En quoi est-ce qu'elle vous bouleverse autant?

D. Eh bien, pour dire les choses le plus simplement du monde…
parce que je crois que c'est la première fois de ma vie que
je me perçois autrement que… que comme une maladie.

R. Je vous demande pardon?

D. …

R. …

D. Excusez-moi – ce n'est vraiment pas simple à exprimer
– et l'émotion est encore extrêmement puissante.
Voyez-vous, j'ai toujours cru, jusqu'à aujourd'hui, que la
mort de ma mère m'avait fait ce que je suis. Réalisez-vous
ce que cela signifie, de penser ça de soi-même?

R. Je ne sais pas.

D. Eh bien je vais vous le dire. Cela signifie que vous croyez
être devenu ce que vous êtes uniquement par « réaction ».
Que vous croyez avoir été entièrement formé hors de
votre propre contrôle. Le mot clé, ici, est « entièrement ».
En d'autres termes, cela signifie que vous ressentez votre
propre vie comme une réaction qui se serait développée
face à ce qui vous est advenu – mais une réaction
automatique. Une vie comme celle-là, c'est une vie de
ressentiment : son cœur, sa dynamique essentielle, se
trouve *complètement* à l'extérieur de celui qui la vit.
Seulement, voyez-vous, le ressentiment a toujours été à
mes yeux une des plus terribles maladies de l'âme qui se
puissent. J'ai énormément réfléchi à son sujet. Réfléchi à
ses causes. À son fonctionnement. À ses conséquences.
Mais d'un autre côté, et sans avoir jamais tracé le moindre
lien avec ce que je viens de dire du ressentiment, je me
suis aussi toujours cru moi-même formé exclusivement
de l'extérieur, par un événement extrêmement violent sur
lequel je n'avais eu aucun contrôle.

R. C'est insensé…

D. En effet… Et c'est ça qui m'est apparu, tandis que je
vous décrivais les deux incidents de mon enfance : j'ai pris

conscience que non, la mort de ma mère ne m'a pas fait celui que je suis, qu'elle a eu une profonde influence, certes, immense, mais pas celle de me « faire », puisque j'étais déjà ce que je suis avant même qu'elle n'advienne.

Le temps qu'il a fallu pour comprendre ça, j'ai aussi réalisé qu'en croyant que j'avais été créé uniquement par des circonstances extérieures, je ne pouvais que me déchirer moi-même, puisqu'il est chez moi une certitude inébranlable : que le ressentiment est une forme de suicide.

Le verrou a sauté. En une fraction de seconde.

Et une énergie folle s'est déversée. Il me semble que toute une partie de ma douleur vient de disparaître en fumée.

Aparté
Quelques jours plus tard

R. Extrêmement étrange. Je ne sais pas du tout ce qui est en train de se passer – je n'y comprends strictement rien. Daniel ne parle plus – silence complet... vide total... abîme.

Tard au cours du dernier entretien, quand les fulgurances et les images se sont mises à surgir de partout... j'ai très clairement senti quelque chose changer en lui. Mais je n'ai pas la moindre idée de ce dont il a pu s'agir.

Il est là, bien entendu, je le sens présent, je le sais qui vibre... je perçois l'écho de ses pensées, des tornades qui soufflent en lui... mais je n'entends rien – rien de précis, rien d'identifiable. Il ne me dit rien. « Là » où nous nous rencontrons habituellement... un mur. Et je n'ai pas accès à ce qui se passe derrière lui.

Notre projet est sur la lame du couteau – je le sais. Le saisissement provoqué par les images a été tel... que je crois qu'il se prépare à... à faire marche arrière.

Je ne sais pas quoi faire. Il ne m'interdit pas de parler, il ne m'encourage pas à me taire, il n'y a tout simplement… rien.

J'ai atrocement peur.

Je ne sais pas où cette aventure extravagante dans laquelle nous nous sommes embarqués devrait mener, mais je sais que, où que ce soit, nous *devons* y parvenir.

…

Il doit y parvenir.

…

Sans lui, je ne peux rien – sauf…

Il y a ce court passage, que lui aurait souhaité que nous ne conservions pas dans la transcription de nos échanges, je ne sais pas pourquoi, mais que je ne me résous pas à laisser filer.

C'était au moment où il parlait de la jeunesse et de la maturité, en utilisant la métaphore de la maison à explorer puis à habiter. À mesure qu'il parlait, Daniel tentait de clarifier au fur et à mesure certains aspects de ce qu'il me disait, mais le flot des images était tellement fort qu'il sautait sans cesse en avant pour ensuite revenir en arrière – ça partait de tous les côtés à la fois, un véritable raz-de-marée. Ainsi des blocs de ce qu'il m'a dit se sont-ils retrouvés transcrits, mais balayés en avant. La plupart ou bien étaient sans intérêt, ou bien ont été remplacés, en mieux, par d'autres passages… mais il reste celui que je ne me résous pas à effacer. Daniel, de son côté, refuse de le retravailler pour le réinsérer. Je le donne ici, dans la forme spontanée qui a été la sienne au moment de son surgissement – je ne peux rien faire d'autre :

D. « Quand on a bien fait le tour du plus grand nombre possible de pièces de la maison qu'est notre vie, il nous faut un guide pour enfin les affecter à une tâche ou à une fonction – il faut que nous nous souvenions de ce que nous avons fait dans chacune d'elles. C'est à la lumière de ces souvenirs-là, que nous devons faire nos choix. Mais pour y parvenir, il nous faut d'abord *nous rendre compte* de ce que nous avons fait dans notre jeunesse – le comprendre de notre mieux, en tout cas – et ensuite être capables de *nous en souvenir* quand survient l'heure du choix. Autrement, la jeunesse n'aura été qu'une course folle. Or, parcourir les pièces, ce n'est pas seulement se connaître soi – non, ça ce serait la folie, l'enfermement. Apprendre à connaître les pièces de notre maison, c'est tout autant apprendre comment les autres habitent les leurs, de maisons. Ce qui signifie que l'une des conditions fondamentales pour apprendre à se comprendre soi-même, c'est notre capacité à entendre les autres.

Or, je viens de vous raconter deux événements de ma vie qui ont été caractérisés non seulement par un refus de m'entendre moi, mais encore par une croyance – infondée – de le savoir *a priori*. Et en comprenant ça, je crois que je viens de prendre conscience d'une des composantes centrales de mon sens du devoir. »

R. « Qui est… »

D. « … l'interdiction absolue de me permettre de croire que j'ai compris quelqu'un d'autre – et la nécessité absolue de tout tenter pour y parvenir quand même. »

R. C'est tout. Je ne vois vraiment pas ce que je pourrais faire ou dire d'autre.
Il ne me reste qu'à attendre.

―――――――――――

Cinquième entretien
Questions et silence, amours et durée

R. Lundi, le 17 janvier. Treize heures. Votre bureau.

D. …

R. Cinq jours depuis notre dernière rencontre.

D. …

R. Et, cette fois-ci, contrairement aux autres, c'est moi qui vous ai… invité. Qui vous ai instamment prié de venir.

D. …

R. J'ai dû insister.

D. …

R. Fortement.

D. …

R. La motivation n'y est plus?

D. …

R. Déjà?

D. …

R. Je sais que durant les cinq journées écoulées depuis le dernier de nos entretiens, vous les avez relus à nouveau, encore et encore. Vous avez apporté des corrections de détails, développé certains points, clarifié votre pensée. Mais qu'il y a un mur. Auquel vous vous butez.

D. …

R. Un mur qui vous paraît infranchissable.

D. …

R. Il s'agit du dernier des entretiens, non?

D. …

R. Le quatrième. Vous avez tenté de le relire. Vous en avez même imprimé le texte, et vous l'avez transporté dans votre sac partout où vous alliez. Mais vous n'arriviez pas à vous décider. Le vertige vous saisit chaque fois, au moment d'en entreprendre la lecture. Alors vous vous êtes dit : « Je ne dois pas seulement le relire, lui, non, non, je dois tout relire, du début, étudier la perspective dans laquelle il s'inscrit : mieux comprendre ce que je suis en train de faire. » Vous avez commencé… et vous vous êtes arrêté net, juste avant d'arriver à lui. Chaque fois. Chaque fois que vous avez repris du tout début, vous vous êtes dit : « Cette fois-ci, je prends mon élan, et je vais jusqu'au bout. » Mais, chaque fois, vous avez été incapable de relire le texte de notre quatrième rencontre.

D. ...

R. Pourquoi?

D. ...

R. Je vous ai vu faire, j'ai attendu, et hier soir j'ai décidé qu'aujourd'hui je prendrais les devants. Que j'insisterais.

D. ...

R. Je ne *veux* pas prendre le contrôle – ni de nos entretiens ni de votre vie. Je continue à remplir mes fonctions et c'est tout : je suis le lien entre vous et le monde.

Vous voulez dire ce que votre vie est et a été? Eh bien, je vais tout faire pour que votre volonté s'accomplisse. Je vous sens, d'heure en heure, de minute en minute, vous enfermer dans votre douleur et je crois, je suis convaincu, qu'il ne faut pas que je vous laisse faire.

D. ...

R. J'ai plusieurs raisons pour ça. D'abord je désire vous apprendre – moi aussi, je veux connaître le fil. Si le connaître doit me coûter l'existence, eh bien qu'il en soit ainsi : je suis votre serviteur, je n'existe que pour vous permettre d'accomplir votre tâche. Ensuite, j'ai le sentiment – je ne sais même pas s'il est confus ou non mais en tout cas il est incroyablement fort – que vous avez raison : que, cette fois-ci, *il faut* aller jusqu'au bout, coûte que coûte. Et puis il y a cette douleur dans laquelle vous êtes enfermé depuis hier, mais qui s'est préparée depuis plusieurs jours, qui risque de vous emporter – et je crois, tout comme vous d'ailleurs, que ce serait catastrophique : vous n'avez pas le droit d'accepter de laisser derrière vous – derrière nous – le récit d'une défaite. Il faut lutter.

D. Taisez-vous.

R. Il n'en est pas question. Pas aujourd'hui, en tout cas. Cet entretien aura lieu – avec ou sans vous. Vous ne voulez pas parler? Qu'à cela ne tienne, je prends le relais. Je vous rends les commandes dès que vous le voudrez.

Je suis d'accord avec vous, Daniel : si j'arrivais à continuer à vivre, mais sans vous, cela ne ferait jamais qu'une momie de plus au pays des momies. Mais ce n'est pas ce que je recherche, je ne l'ai jamais recherché. Je le refuse, même. Je suis conscient autant que vous de ce que j'ai précisément été créé *pour* le refuser, *pour* l'empêcher même : vous m'avez créé et laissé croître de telle manière que *je ne peux pas* vous absorber. *Je ne peux pas* exister par moi-même. Mon existence n'a de sens que si, derrière moi, tout au fond de moi, il y a vous, votre rêve, votre âme. Il n'y a devant nous que deux possibilités, Daniel : tenir bon... ou mourir. Et si nous nous éteignons tous les deux, vous savez aussi bien que moi que cela ne fera jamais qu'une preuve de plus, une pierre de plus, ajoutée au mur que vous avez étudié toute votre vie : « Vous voyez bien », se feraient dire après notre suicide tous ceux qui voudraient un jour ou l'autre à leur tour s'en prendre à lui, « la pensée hors des cadres recommandés est dangereuse, la pensée est une marque de folie, la pensée est stérile, la pensée tue. Le rêve tue. » Et notre cadavre, pendu par les pieds aux créneaux, en serait la preuve tangible.

D. ...

R. Vous le savez.

D. ...

R. Comme vous savez tout aussi parfaitement qu'aucune des fausses portes de sortie que vous avez étudiées au long de votre vie n'est ouverte pour vous, pas plus celle du suicide qu'aucune des autres.

D. ...

R. Le silence ? Votre silence, aujourd'hui, à vos propres oreilles, serait le pire des crimes.

D. ...

R. La folie ? Vous savez bien que vous en seriez incapable : le fil, en vous, est trop solide pour que vous puissiez vous jouer de lui, il réapparaîtrait malgré vous. Le jeu de Hamlet n'est pas dans vos cartes.

D. …

R. La fuite à l'étranger ? Vous avez suffisamment vu le monde pour savoir qu'il n'y a pas de fuite possible – où que vous alliez, votre âme serait dans vos bagages.

D. …

R. L'alcool ? Vous l'avez tenté si souvent que vous ne pouvez vous faire à son sujet aucune illusion. Bacchus ne vous endort pas l'âme, il vous réveille, il vous fouette, il vous douche. Tentez seulement de vous geler l'âme, et aussitôt vous savez qu'elle se met à hurler, si fort qu'il vous faut des heures et des heures de marche, Verdi, Beethoven, Vissotski à plein volume, dans l'air poisseux de juillet, dans les rafales de janvier. Endymion non plus, n'est pas pour vous.

Et pas la paralysie non plus : votre corps est trop fort.

D. …

R. Rallonger la sauce, pas davantage. Vos mains refuseraient de vous servir.

D. …

R. Regardez la route, là devant nous, Daniel. Regardez-la !

D. Taisez-vous.

Allez-vous vous taire !

R. Non !

Regardez la route ! C'est la vôtre, c'est celle que *vous* vous êtes ouverte ! Que *vous* vous êtes construite ! En toute connaissance de cause. Jour après jour, heure après heure ! Toute votre vie !

Vous avez passé plus de trente-cinq années de votre vie à vous préparer, à étudier les pièges et les chemins, les murs et les peurs, à vous construire en conséquence d'un rêve. D'un seul !

Vous avez passé près de quarante ans à condamner, à bloquer en vous toutes les sorties de secours, toutes les voies d'évitement, pour vous obliger à faire face quand viendrait l'heure d'affronter. Vous disiez qu'il faut être fou pour se raconter que l'on aura du courage au jour de faire face à nos pires démons. Vous disiez qu'il n'y a, peut-être, qu'une seule assurance que nous puissions prendre en prévision de notre propre lâcheté : au moment d'abandonner… n'avoir nulle part où fuir.

Eh bien, c'est là que vous êtes !

Tous vos choix, toutes vos décisions, prennent leur sens aujourd'hui.

D. …

R. Lorsque nous avons dressé la liste de vos raisons pour entreprendre *maintenant* nos entretiens, il y en a *une* que vous n'avez pas donnée, en tout cas pas complètement.

D. …

R. Non ?

D. …

R. La principale.

D. …

R. Non ?

D. …

R. Et cette raison, qui est au cœur de ce que vous et moi faisons aujourd'hui…

D. Taisez-vous !

R. … c'est que la momification, qui vous guette vous comme elle en guette tant, et qui en a tant frappé sous vos yeux, c'est *maintenant* qu'elle cherche à vous frapper !

D. …

R. Oh, toutes les raisons que vous avez données sont justes : exprimer ces souvenirs, ces idées, ces douleurs et ces joies qui vous sont chers ; aider de plus jeunes que vous, à l'égard de qui vous ressentez une immense tendresse et que vous savez être dès aujourd'hui menacés dans leur âme même, les aider, de toutes vos forces, et les prévenir, aussi, de la présence de l'iceberg, là-bas au loin, bien plus dangereux encore, qui les attendra dans vingt-cinq ou trente ans ; remettre votre vie entre les mains de celui que vous aimez et lui dire « Tiens, c'est pour toi. J'espère avoir pu t'aider. Sois heureux, mon bel amour. » Sans rien lui demander en retour. Dire merci, du fond du cœur, à toutes celles et tous ceux que vous aimez, que vous avez aimés, qui vous ont aimé, qui vous aiment – leur dire merci pour leurs enseignements, leur confiance, leurs sourires. Comprendre, enfin voir, et saisir à pleines mains le fil de votre vie. Hurler merci à la vie. À pleins poumons, de toutes vos forces, à en mourir!... s'il le faut.

Toutes ces raisons-là sont vraies, la seule chose que vous ayez fort à propos oublié de mentionner, c'est qu'elles ne sont pas, non, des raisons pour écrire un livre, elles sont les raisons de mener le combat dans lequel vous êtes engagé : la défense de votre âme.

La seule raison vraiment capitale pour tenir *maintenant* nos entretiens c'est que c'est *maintenant* que la momification frappe. C'est maintenant, aujourd'hui, là, tout de suite, qu'advient le moment en prévision duquel vous vous êtes préparé toute votre vie. C'est maintenant que vous devez choisir : tenir bon, inventer le chemin qui traverse l'ouragan de douleur... ou renoncer à votre âme.

Toute votre vie, ce devoir dont vous parlez vous a tenu, vous a permis de traverser les pires tempêtes. Toute votre vie, vous avez espéré que vous seriez prêt, le jour du grand combat, et vous avez espéré...

D. ...

R. Vous avez espéré que ce jour-là, au moins, il y aurait près de vous...

D. ...

R. ... l'être aimé.

Vous avez sacrifié tout ce qu'il a fallu à la tâche que vous considérez vôtre : carrière, renommée, argent, confort. Mais ils ne vous coûtaient rien – aucun de ces soi-disant sacrifices-là ne vous privait de quoi que ce soit. Mille fois, vous avez eu l'occasion de renoncer à vous préparer, et d'accepter de rentrer dans le rang. Mille fois, la possibilité de devenir enfin aveugle est passée à votre portée. Et vous avez refusé. Il fallait tenir bon. Il fallait étudier. Réfléchir.

Ressentir. Écouter en vous-même. Écouter les autres. Tout faire pour parvenir à comprendre, malgré les obstacles à perte de vue, les obstacles écrasants. Vous avez fouillé dans votre âme et dans les livres, dans la pensée et dans l'histoire. Vous avez accepté de vous faire injurier publiquement, de vous faire attaquer des manières les plus vicieuses. Vous avez refusé l'affrontement, refusé de vous défendre, refusé les escarmouches auxquelles on vous conviait. Parce que vous saviez qu'un jour le véritable combat adviendrait. Vous avez renoncé à des amitiés chères, vous avez accepté de passer pour un sans-cœur aux yeux des autres, parce que vous saviez qu'une seule tâche devait vous occuper. L'étude du mur.

Et vous êtes seul.

D. …

R. Toutes ces années, toutes ces interminables années, qui ont filé comme l'éclair, vous vous êtes concentré sur la seule chose qui à vos yeux, à votre cœur, à votre âme, ait donné sens à votre vie.

D. …

R. Comprendre.

D. …

R. Comprendre pour pouvoir aider. Un jour.

D. …

R. Pour pouvoir aider…

D. …

R. … un seul être au monde.

D. …

R. Et comprendre pourquoi vous. Toutes ces années, vous avez cherché en vain un autre être qui aurait dans les yeux, dans le cœur, dans l'âme, cette lumière.

D. …

R. Ce livre, vous n'avez jamais voulu l'écrire. Vous avez voulu le chanter. Tout doucement, la nuit, des nuits entières, à l'oreille de celui qui aurait été à vos côtés, et vous aux siens. Oh, c'est vrai, vous l'avez commencé et recommencé vingt, trente, cinquante fois – et même bien plus souvent que ça encore : il n'y a pas un texte, pas une pièce de théâtre, pas un article, pas une conférence, pas une entrevue, pas un conte, rien! qui soit sorti de votre plume ou de votre bouche, qui ait été quoi que ce soit d'autre que la préparation des nuits et des jours où enfin vous auriez le droit de chanter. Votre carrière, votre nom – *mon* nom! – vous faisaient vomir de dégoût. Ils étaient, de tous, sans doute le fardeau le plus ignoble de tous ceux que vous ayez accepté de porter. Il fut un temps où chaque jour de ma vie, j'ai rencontré des envieux et des haineux, qui se sont imposés à moi et m'ont critiqué, convaincus de savoir qui *vous* étiez. « Tu devrais faire ceci, tu devrais faire cela. » « Tu n'as pas honte de… » « Tu n'as pas honte de ne pas… » Jusque dans votre intimité. Les amis bien-pensants, qui jour après jour vous disaient quoi penser et quoi ne pas penser, quoi faire et à quoi ne pas toucher, sans jamais, *jamais* avoir seulement songé à vous demander « Quel est ton rêve? » tellement ils étaient, tous, convaincus de vous connaître encore mieux que vous ne vous connaissez vous-même. Après tout, que sommes-nous de plus, les uns pour les autres, que les locataires de nos propres vies? Mais vous avez tenu bon, sans fausse humilité, sans gloriole, sans vanité, vous avez continué d'essayer de donner des indices, de faire comprendre, goutte à goutte, ce qui vous animait. En vain. Toujours en vain.

D. …

R. Et vous vous êtes, à mains nues, développé toute la panoplie des outils nécessaires pour enfin, malgré eux, malgré elles, entendre les rêves de certains et de certaines dont vous avez croisé la route. Pour pouvoir, par mon entremise, tenter de les aider, l'air de rien, l'air de ne pas y toucher. Ne jamais intervenir!

D. …

R. …

D. Jamais.

R. Parce que vous refusez de piétiner les rêves des autres, de les manipuler ! Parce que vous savez combien il est facile de se tromper. Et que vous savez quelle douleur, quel mal on peut faire à l'autre si l'on s'est trompé. Et que le risque de se tromper est omniprésent. Et que vous détestez le sentiment de puissance, de tout votre être !
Pour vous, il n'y a que…

D. …

R. Dites-le !

D. …

R. Il n'y a que… !

D. …

R. La tendresse !

*

R. Vingt et une heures pile. Le Barbare. Nous sommes installés à la même table que lors de nos tout premiers entretiens : tout contre la vitrine. Nous y sommes à votre demande.

D. …

R. Cet après-midi, après notre séance de travail, vous vous sentiez mieux ?

D. Oui.
Nettement.

R. Pourquoi ?

D. Je ne sais pas. Peut-être parce que le fait de vous entendre résumer la situation en termes aussi clairs m'a permis de reprendre pied ?

R. …

D. Quoi qu'il en soit, merci à vous.

R. Je vous en prie.
Je n'avais pas le choix.

D. …

R. Et j'ai eu très peur.
Cette douleur…

D. …

R. Vous voulez en parler?

D. Posez-moi des questions.

R. Qu'est-ce qui vous fait aussi mal?

D. J'aimerais…

Je préférerais ne pas répondre tout de suite. Nous pourrions revenir à cette question-là à la fin de l'entretien? Conclure avec elle?

R. Pourquoi? Vous voudriez d'abord dresser la toile de fond, établir le climat propice?

D. Oui.

R. Vous savez pourtant bien que c'est ce que vous avez toujours tenté, un nombre incalculable de fois. Et que ça n'a jamais marché. Que vous avez toujours fini par trouver le moyen de vous égarer en route.

D. Oui. Mais peut-être qu'aujourd'hui, avec votre aide, votre vigilance, les choses seraient différentes?

R. Vous savez, ce conseil que vous donnez toujours aux jeunes auteurs?

D. Oui.

R. Dites-le.

D. …

R. Allez.

D. « Ne fais pas de démonstration. Ce que tu sais être au cœur de ce que tu as à écrire, écris-le dès le début, mets-le en tête. N'aboutis pas à lui, pars de lui. »

R. Alors?

D. …

R. …

D. D'accord.

*

R. Barbare. Vingt et une heures cinquante-cinq. Dehors, il gèle à pierre fendre.

D. Oui.

R. Depuis notre dernier entretien, la semaine dernière, vous avez été incapable de le relire. Et cet après-midi, dans votre bureau, j'ai dû vous tirer à bras-le-corps d'une douleur terrifiante qui vous paralysait.

D. Oui.

R. Parlez-moi d'elle.

D. Il fait un froid polaire, ce soir.

R. Oui.

D. Eh bien il faisait encore plus froid que ça dans mon cœur.

R. Pourquoi?

D. Je suis terrifié.

R. Par quoi?

D. À l'idée de ne pas pouvoir le tenir dans mes bras. Le caresser. Le voir sourire.

R. Pourquoi?

D. Parce qu'il y a si longtemps que je l'attends.

R. Lui?

D. Je crois.

R. Pourquoi lui?

D. Posez votre question au complet.

R. Pourquoi lui… plus qu'aucun des autres que vous avez aimés? Ces autres fois-là aussi, vous avez cru mourir.

D. Oui.

R. Alors?

D. Aucun d'eux n'était lui.

R. Expliquez-vous.

D. Posez-moi des questions.

R. Prenons le Peintre de Toronto.

D. Ça aurait pu être lui, c'est vrai. Il avait la lumière, la solidité. Mais il avait peur de moi. Et moi, il y avait aussi quelque chose, en lui, qui me rendait craintif.

R. Allez-y doucement.

D. Il me disait que j'étais *brainy* – je ne suis pas certain du mot qui convient le mieux pour traduire ça – « cérébral »? « savant »? « intello »? Ce n'était pas un reproche qu'il m'adressait, mais une différence entre nous deux qu'il nommait, tout simplement, et dont, dès sa toute première évocation, j'ai bien vu qu'il la croyait infranchissable.

R. Et?

D. Et je n'y ai pas cru. Pas un seul instant. Il est au moins aussi intelligent, aussi curieux que moi. Il élevait un mur, en disant ça. Il se protégeait. De mon regard. Je ne lui en fais aucunement reproche, en rien, je crois même que je comprends les raisons qu'il avait de le faire.

R. Lesquelles?

D. Il avait besoin de *ne pas* nommer son univers, mais de le peindre. Il avait son chemin à suivre. Sans mots. Mes mots le menaçaient. En tout cas, je le crois.

R. Et votre peur à vous, face à lui?

D. Il tentait de se sortir, au moment où nous nous sommes connus, d'une relation dans laquelle il avait été soumis à un terrible contrôle. J'ai senti passer un petit courant d'air de peur, je crois… non pas d'à mon tour l'enfermer dans un rôle, non, mais… d'avoir peur de le faire. Vous comprenez?

R. Continuez.

D. J'ai eu peur de me mettre à me tenir sur mes gardes, de me mettre à me surveiller, à me soupçonner sans cesse. Oh, cette crainte-là n'a pas joué – j'en ai senti passer le souffle et c'est tout. Si les siennes ont joué dans son cas à lui, je ne sais pas. Lui seul pourrait le dire.

Quoi qu'il en soit, parler ici de « crainte » de ma part est une exagération, il faut que j'insiste là-dessus. C'était à peine une teinte, estompée, et dans une seule région de la toile, pour ainsi dire. Il n'a pas du tout plané une ombre terrible sur le temps que nous avons passé ensemble, non, ce que je cherche à exprimer, c'est qu'il y avait « quelque chose » qui attirait mon regard dans cette direction-là, et c'est tout.

R. Tout ça en quatre jours?

D. Non. Pas en quatre jours. Notre rencontre initiale a duré ce temps-là. Puis il a dû partir, rentrer à Toronto. Il m'avait demandé de ne pas chercher à le revoir – de ne pas nous rendre les choses plus difficiles qu'elles ne l'étaient déjà. Mais… il m'avait laissé son numéro de téléphone.

R. Ah bon?

D. Oui. J'ai tenu ferme quelques semaines. Et puis, un bon jour, j'ai sauté à bord du premier train et je suis débarqué là-bas.

R. Donc, vous vous êtes revus?

D. Oui, plusieurs fois. Je savais que je risquais effectivement de compliquer horriblement les choses et pour lui et pour moi, en faisant ça, mais…

R. Mais?

D. Je ne pouvais pas ne pas tout tenter. Tout ce qui était en mon pouvoir. Ça vient avec ce sens du devoir dont nous avons parlé : pour une chose qui me paraît importante, et *a fortiori* pour une chose qui me paraît capitale, ne jamais lâcher avant d'avoir tout tenté. Tout. Et pourtant…

R. Et pourtant?

D. Trouver la manière de le faire en laissant à l'autre toute sa liberté. Lui dire : « Écoute. Je ne peux pas répondre à ta place. Mais je ne peux pas ne pas poser la question. Chacun notre boulot : réponds ce que tu as à répondre. »

R. Et il n'a pas dit « Ça suffit! »? Il ne vous a pas envoyé sur les roses?

D. Non. Jamais.

R. Ce n'est pas étrange?

D. Pas du tout. Mais c'est quand même un des éléments qui a été si profondément douloureux. En mots, il me disait « Nous devons cesser de nous voir. » Mais tout ce qu'il me disait *autrement* qu'en mots signifiait le contraire. J'ai vraiment cru devenir fou. Si je lui disais « Écoute, voici ce que moi je comprends de ce qui se passe : tu crois que tu n'as pas le droit de me dire que tu m'aimes, mais c'est quand même ce que tu ressens. Je le sais. Je le vois. Admets-le – mets au moins les bons mots sur ce qui t'habite. Après, nous aviserons », il me répondait « Non, je suis bien avec toi, mais je ne peux pas te dire que je t'aime. » Mais il me le disait avec dans les yeux une telle tristesse qu'on aurait juré qu'on avait collé la mauvaise bande-son sur les images.

R. « Non, non, mon cher amour, je ne vous aimais pas[6] ! »

D. Tout à fait, oui. Comme dans *Cyrano*.

Et durant les heures qui suivaient, il était d'une tendresse proprement hallucinante. La lumière, en lui, devenait tellement intense que j'en restais parfois pétrifié. Ébloui.

R. Pour se faire pardonner ?

D. Je ne crois pas. Je ne sais pas. Mais ce que je savais, en tout cas, et sans l'ombre d'un doute, c'était que ses mots ne correspondaient pas à ce que je voyais se dérouler en lui. On peut vraiment rendre quelqu'un dingue, à faire ça. J'ai insisté, de toutes mes forces : « Dis-le-moi, au moins, dis-moi ce que tu ressens. Que tu ne puisses pas m'aimer, je peux le comprendre. Peut-être. Mais ne me rends pas fou : dis-moi que tu m'aimes mais que tu ne peux pas, si c'est de ça qu'il s'agit, mais ne me dis pas que tu ne m'aimes pas alors que je le vois, que je le sais, que tu m'aimes. » Il ne pouvait pas. Il ne pouvait pas, le dire. Alors je me suis mis à avoir horriblement peur.

R. De quoi ?

D. D'être réellement fou. Fou à lier. Après un certain temps, s'il persistait toujours aussi fermement, je ne pouvais pas mettre sa parole en doute… ce devait donc être moi qui me trompais : j'interprétais sûrement mal ce que je percevais de son attitude. Et si c'était le cas, alors il n'y avait plus rien, en moi, à quoi je puisse me fier : ni mes yeux, ni ma tête, ni mon cœur, rien. J'étais fou à attacher, et c'est tout.

R. Et après ?

D. Un an ou un an et demi après que nous ayons cessé de nous voir. Une nuit, très tard, je travaillais dans mon bureau. Et

---

6. Edmond Rostand, *Cyrano de Bergerac*, acte V, scène 5, 1897.

le téléphone a sonné. Avant même de décrocher, je savais que c'était lui qui appelait. Il avait appelé, quelques fois, au plus fort de la crise, toujours très tard la nuit, saoul, pour me dire…

R. Qu'il vous aimait?

D. Non. Pas ouvertement, en tout cas. Pour me parler de lui, de comment il se sentait. De ce qu'il vivait. C'était chaque fois extrêmement intense. Intensément intime. Comme si nous avions été dans les bras l'un de l'autre, alors que des centaines de kilomètres nous séparaient. Il ne pouvait le faire que s'il avait le prétexte de l'alcool pour se protéger.

R. Et ce soir-là?

D. Il m'appelait pour me dire…
   Qu'il était enfin libre.

R. …

D. Et qu'il cherchait. Daniel.

R. …
   « Daniel »? Comme dans… « Daniel Dubois »?

D. Oui.

R. Et alors?

D. Chez moi, il y avait quelqu'un qui dormait, dans la pièce d'à côté. Je ne pouvais pas le réveiller au beau milieu de la nuit et le mettre à la porte en criant « Allez, ouste, fais de l'air, je pars pour Toronto! » J'ai expliqué ça au Peintre. Et j'ai senti sa tristesse. Et il a ressenti la mienne, je pense. Et puis nous avons raccroché. Quelques jours plus tard. Je me suis éveillé, un matin, dans un état de bouleversement complet. Je ne savais pas ce qui m'arrivait. Il a fallu que je m'installe et que j'écrive, pour arriver à laisser surgir l'image à travers la lumière aveuglante qui fusait en moi. Pour laisser surgir l'image dont la lumière elle-même surgissait.

R. Quelle image?

D. Je me sentais d'une telle légèreté. Je ressentais une telle invraisemblable liberté que j'avais l'impression que j'allais littéralement lever de terre. J'ai commencé à écrire. Et j'ai su immédiatement que l'image était directement liée à… à lui, au Peintre. À son appel de cette nuit-là. J'ai commencé à me sentir très mal. Parce que j'ai d'abord cru que je me sentais libéré de mon amour pour lui. Et que je ne crois pas qu'un amour qui finit soit une libération. Jamais. C'est un deuil. Toujours. Je n'ai jamais cessé d'aimer qui que ce soit que j'ai aimé un seul jour. Donc, je me sentais mal, coupable, en écrivant. Je me disais « C'est odieux. Tu te sens libéré, et peut-être même que tu te sens vengé, parce que cette fois-ci c'est lui qui t'appelle et toi qui dis non! Mais quelle espèce d'enfant de salaud est-ce que tu es! »

R. Et?

D. J'écrivais ça, et j'étais épouvantablement en colère contre moi-même. Jusqu'à ce que je me rende compte. Que la lumière, en moi, n'avait pas varié, pas d'un *iota*.

R. Ce qui signifiait…?

D. Que mon explication n'était pas la bonne. Que ce que j'exprimais là à mon propre usage, cette peur d'être un salaud, n'était justement que ça : une peur. Je me suis remis au travail sur la lumière. Jusqu'à ce qu'enfin l'image surgisse.

J'avais eu raison! Je n'étais pas fou! C'était ça, que disait l'image. J'avais eu raison de lire ce que j'avais lu dans l'attitude de ce garçon-là, dans ses comportements. Et j'avais aussi eu raison d'insister. Pendant plus d'un an, je m'étais cru fou à lier, et voilà que soudain la réponse venait de surgir, en pleine nuit : « Tu avais raison. Je t'aime. »

Je pense que j'en ai pleuré toute une semaine. À la fois de soulagement et de tristesse. Soulagement de ne pas être fou. Tristesse sans fond que lui et moi nous soyons à nouveau manqués. Je ne regrette pas d'avoir eu à vivre une seule des minutes d'effroyable douleur que j'ai vécues durant cette période-là de ma vie : cet homme-là était, et est sans doute toujours, une prodigieuse Amérique.

R. …

D. …

R. Le Musicien?

D. Ah!

R. Quoi?

D. Quelle beauté!

La nuit, je m'éveillais pour le regarder dormir. Je le caressais – son front, sa poitrine, ses sourcils, son ventre, ses bras – et, tandis que je le caressais, par le bout de mes doigts j'entendais la musique qui est en lui.

R. Et?

D. Je ne sais pas. Je n'ai jamais compris. Pas vraiment. Je crois… je crois que lui aussi avait peur de moi. La peur!

R. Quoi, la peur?

D. Toute ma vie, j'ai fait peur aux gens. Et je n'ai jamais compris pourquoi. Quoi que je fasse ou ne fasse pas, quoi que je dise ou quoi que je taise, de quelque manière que je tente de faire ou de dire les choses, partout, toujours, on m'a dit : « Fais attention! Tu es épeurant! »

R. …

D. Excusez-moi. Je reviens au Musicien.

Je me souviens…

R. Oui?

D. Nous avons été ensemble deux fois. Je veux dire : durant deux périodes différentes. Après nos retrouvailles, une nuit, au beau milieu de l'amour, il s'est penché sur moi. Il a dit, tout doucement, d'une voix qui est restée gravée en moi – il m'arrive encore de marcher sur le trottoir et d'être rattrapé par elle, tout à coup, sans prévenir – il a dit : « J'avais oublié. » « Quoi? » « À quel point c'est doux, avec toi. »

R. À quoi pensez-vous?

D. À ce qui m'a traversé l'esprit, quand il m'a dit ça.

R. Quoi donc?

D. J'ai pensé qu'il avait compris, qu'il avait enfin accepté que non, je ne voulais pas le posséder. Qu'il n'en était pas, et n'en serait jamais, question. Que j'avais besoin de lui comme de l'air dans mes poumons, et c'est tout.

R. Il avait compris?

D. Non.

D'ailleurs…

R. Oui?

D. C'est avec lui, le Musicien, que pour la première fois je me suis permis de me montrer à visage découvert.

R. Vous voulez dire : sans le masque que je constitue?

D. Oui.

R. Qu'est-il arrivé?

D. Il m'a reproché de ne pas être vous.

R. Quel effet est-ce que ça vous a fait?

D. Vous voulez dire : est-ce que j'ai été… jaloux de vous?

R. Je ne sais pas. Peut-être, oui.

D. Non. Ç'aurait été complètement absurde. Ça m'a arraché le cœur, c'est tout.

Et puis, un bon jour…

R. Oui?

D. J'ai eu… un « éclair ».

R. Un flash?

D. Non, pas du tout. « Flash », c'est trop général. Ce que j'appelle mes « éclairs » est quelque chose de beaucoup plus précis. Ce sont des phénomènes que j'ai expérimentés, à propos desquels je n'ai jamais rien entendu dire, sur lesquels je n'ai jamais rien lu. Et dont je n'ai pour ainsi dire jamais rien dit non plus à qui que ce soit. Un « éclair », c'est une image extrêmement puissante, qui surgit soudain, toujours au moment où je m'y attends le moins, qui peut être annoncée par une sensation de malaise, de douleur ou de blocage. Et qui concerne la plupart du temps quelqu'un que j'aime profondément. C'est une image extrêmement forte et… encadrée.

R. Encadrée?

D. Oui. Une image qui se présente elle-même en tant qu'image. Une image qui « dit » : « Regarde-moi, je suis une Image. Je suis l'Image d'Untel, la totalité de l'Image d'Untel, en toi. » Et elle est effectivement une synthèse – la synthèse spontanée de tout ce que je sais, consciemment ou pas, de tout ce que je pense, suppute, rêve, crains, au sujet de cet être-là. C'est toujours extraordinairement bouleversant. Je dis « toujours », mais ça ne m'est pas arrivé si souvent. Sans doute pas dix fois dans toute ma vie. Sept ? Huit, peut-être ? Parfois, je me dis qu'il doit m'en arriver plus souvent que ça, mais que je les interprète mal, que je les confonds avec autre chose. Je ne sais pas.

R. Et vous avez eu, donc, un « éclair » à propos du Musicien ?

D. Oui. Mais il m'a fallu bien longtemps pour comprendre que c'était ça qui m'était arrivé. C'était la première fois. Ou, en tout cas, la première fois que je m'en rendais compte.

R. Qu'est-ce que vous avez vu ?

D. Son attente. Je ne me souviens plus des détails de l'image elle-même, j'ai été trop saisi. Un peu comme quand on arrive dans une ville pour la première fois : à moins de tomber sur un monument archi-connu, on aura plus tard énormément de difficulté à se souvenir des premiers endroits qu'on a visités. J'ai retenu le « message » en quelque sorte, mais pas l'image. Ce dont je me souviens à coup sûr, en tout cas, c'est de sa force.

Cette fois-là aussi, j'ai cru que je venais de perdre la boule. Imaginez : je me promène, je chantonne en pensant à je ne sais quoi, et tout à coup, zip ! toutes mes pensées s'arrêtent, s'évanouissent instantanément et sont remplacées par une certitude, solide comme un roc, inatteignable, inquestionnable – qui occupe… comment dire… tout le champ de la conscience. Juste le fait que justement il n'y ait que cette image-là, en soi, est déjà complètement saisissant. Nous pensons toujours à mille choses en même temps. Nous parlons couramment du « fil » de notre pensée, mais la pensée n'est pas un fil, c'est un tissu. La plupart du temps, nous ne nous en rendons pas compte, parce que nous y sommes trop habitués. Mais quand soudain il n'y a plus qu'une seule chose, c'est…

l'effet est indescriptible. Comme si, en vous, les morceaux de mille casse-tête différents tombaient tous en place à la même seconde et que vous vous rendiez compte alors qu'en fait, les mille casse-tête eux-mêmes ne sont en réalité que les pièces d'un autre casse-tête, encore plus immense qu'aucun d'entre eux et qui les contient tous. Bref.

Encore autre chose, à propos des « éclairs ». Je me suis toujours refusé à agir uniquement sous le coup de leur inspiration. J'ai même fait le contraire. Je veux dire que ce qu'ils m'ont appris sur les gens qu'ils évoquaient, je me suis toujours refusé à l'utiliser. Malgré leur force. Trop dangereux. Je les contemple, je les caresse, et c'est tout.

R. C'est très intéressant, tout ça, mais... est-ce que vous n'êtes pas en train de fuir?

D. C'est vrai. Excusez-moi.

J'ai « vu » à propos du Musicien. Que je pouvais très bien le... le forcer.

À rester avec moi.

R. Vraiment?

D. Oui, vraiment. J'en ai eu la certitude absolue. Non. Non, excusez-moi, je me suis mal exprimé. Ce n'est pas ça que j'ai vu. J'ai vu qu'il me *demandait* de le forcer à rester. Même, encore plus précisément : que c'était ce qu'il *attendait* de moi.

R. Et?

D. Et, pour moi, il n'en était pas question. Je ne *peux pas* forcer les gens. C'est une incapacité chronique, une infirmité – j'en suis incapable.

R. Alors?

D. Alors, quand il a eu compris que ça n'arriverait pas, il s'est mis à inventer des histoires. Je le voyais parfaitement faire. Et je n'y pouvais rien. « Nous ne faisons jamais rien. Je m'ennuie. » Des fables. Ou bien, encore pis, il m'accusait tout à coup de vouloir le régenter – et chaque fois, il le faisait précisément au moment où je tentais justement de comprendre ce qu'il désirait, parce que je ne voulais pas décider à sa place et que lui refusait de s'exprimer.

R. Il renversait les rôles?

D. Non : il me mettait de force dans celui que je ne pouvais justement pas occuper.

R. Quel effet est-ce que ça vous faisait?

D. Sur le coup – plus de vingt ans plus tard, il me reste encore plusieurs souvenirs extrêmement vifs de certains de ces moments-là – je restais abasourdi. Aussi sonné que s'il m'avait tout à coup envoyé un coup de massue en plein front. Je restais planté là, immobile, incapable de bouger. Incapable de comprendre.

Et puis, à la longue, j'ai fini par me sentir coupable.

R. De quoi?

D. De ne pas lui donner ce qu'il me demandait. Ce dont il avait besoin. Je me souviens d'une terrible crise que j'ai vécue, après une dispute où il m'avait à nouveau sorti ça. Il est parti, et je me suis assis. La tête me tournait. J'avais envie de me la taper contre le mur. Je me disais que si je l'aimais vraiment, je devais, *je devais* trouver le moyen de répondre à ce qu'il me demandait. Mais au moment même où je me le disais, où je me hurlais ça, je savais que rien n'y ferait : je ne pouvais pas, et c'était tout. Donc…

R. Donc?

D. Donc, je ne devais pas l'aimer. Ou, en tout cas, pas comme il faut. C'est de ce sentiment de culpabilité là que l'éclair m'a permis de sortir. Au moins un peu.

R. Le Musicien, c'était avant le Peintre?

D. Oui, bien avant. À notre rencontre, j'avais vingt-cinq ans, je crois, et lui vingt.

R. Et pour le Peintre?

D. Lui vingt-neuf, et moi quarante.

R. …

Parlez-moi de « Matane ».

D. « Matane ». Un autre être d'exception.
Oh!

R. Quoi?

D. Un souvenir très fort, qui vient de surgir, à propos du Musicien.

R. …

D. Je pense que j'ai répondu beaucoup trop vite, tout à l'heure, quand vous m'avez demandé si j'ai été jaloux de vous quand j'ai réalisé que si le Musicien avait de l'attachement, c'était pour vous plutôt que pour moi.

R. Je vous écoute.

D. Ça a dû arriver après, tout de suite après, la rupture définitive. Un soir, tard. Je suis très saoul. Enfermé chez moi. La douleur est absolument effroyable. Et tout à coup…
C'est insensé, je n'avais jamais compris avant aujourd'hui pourquoi j'ai fait ça. Ça m'aura pris la bagatelle de vingt ans. Et dire qu'il y a des gens pour s'imaginer que je suis vite.

R. Qu'est-ce que c'est?

D. La douleur est absolument monstrueuse. Dans tout le corps. Et soudain, le temps de faire ouf, elle se transforme. En colère. Une colère flamboyante. Je me rends droit au placard de ma chambre et prends sur la tablette la boîte dans laquelle se trouve… un masque, un masque de jeu, blanc, superbe, qu'un ami scénographe m'a fabriqué et que j'aime énormément. Je vais à la cuisine. Prends une paire de ciseaux et me mets à le découper en petits morceaux, avec une énergie, une hargne, terribles. Même au moment où je le fais, il y a une partie de moi qui en est tout étonnée. Pas de la colère, mais d'avoir choisi de la faire porter sur cet objet-là entre tous. Au fil des ans, il m'est arrivé à quelques reprises de penser à ce moment-là, mais sans jamais comprendre davantage ce qui avait bien pu me pousser à agir ainsi. J'avais résolu la question en la rangeant sous la rubrique « moments de folie provoqués par la douleur ». Mais je crois bien que je vais devoir la changer de dossier.

R. Le masque… c'était moi?

D. Oui.

Je crois.

Et à présent, évidemment, il me remonte des souvenirs par wagons entiers.

R. À propos du Musicien?

D. …

Oui.

R. Vous voulez les suivre?

D. Pas maintenant, non, je ne crois pas.

R. Comme vous voulez.

D. Vous savez, je parle ici rapidement, beaucoup trop rapidement, de ces êtres-là. Je ne devrais pas. Chacun d'eux a été, est, dans ma vie, un continent, un monde entier. Ils m'ont fait. Des mondes. Fabuleux. Complets. Envoûtants.

R. Christophe Colomb, encore une fois?

D. Oui.

R. Vous êtres prêt à revenir à Matane?

D. Oui.

Matane. C'est pour lui qu'à la fin de 1988 – donc je devais avoir trente-trois ans – j'ai commencé à écrire *La prière du Renard*. Il voulait écrire, lui aussi. Du théâtre. C'est même pour cette raison-là qu'il m'avait abordé, un soir, au bar California – qui s'appelle aujourd'hui Le Sainte-Élizabeth, sur le petit bout de rue du même nom. Il m'avait demandé si j'accepterais de lire la pièce qu'il était en train d'écrire et de la critiquer, de lui donner des conseils.

R. Et?

D. Et j'ai compris deux choses capitales, grâce à lui.

R. La première?

D. Dès que j'ai eu lu ce qu'il était en train d'écrire, j'ai réalisé que je venais surtout, comment dire, de « lire… sa volonté ». J'ai su tout de suite que dans son esprit, « écrire » signifiait « contrôler le propos ». Et j'ai réalisé – je n'en avais jamais vraiment pris conscience avant ce jour-là – qu'à mes yeux, une telle volonté de contrôle est une des plus terribles erreurs que l'on puisse commettre en art, un des plus terribles pièges.

R. Et?

D. J'ai essayé de me prouver que rien n'est décidé d'avance une fois pour toutes. Ou plutôt non : c'est à lui que j'ai voulu le prouver – moi, je le savais déjà, il me semble même parfois que ma vie se résume à cette seule phrase-là. J'ai voulu… lui donner le goût de renoncer au contrôle. Pas en lui disant quoi faire, simplement en l'incitant à essayer autre chose. En lui donnant… oui, vraiment, en essayant de lui en donner l'envie. J'ai échoué. Pourtant, je sais qu'il y avait – qu'il y a sans doute encore – en lui des pays prodigieux à explorer. Il lui aurait suffi de… respirer.
Quelques années plus tard, je crois bien avoir compris mon erreur. Ce que j'avais tenté de lui indiquer comme direction possible, il la connaissait déjà.

R. Donc?

D. Donc si, quand il écrivait du théâtre, il ne l'empruntait pas, c'était sans doute parce qu'il n'en *voulait* pas.

R. Vous voulez dire que « respirer », comme vous dites, il savait déjà ce que c'était?

D. Oui – sans l'ombre d'un doute. Quand il en avait envie, quand surtout il n'écrivait pas pour tenter de prouver quelque chose – au monde ou à lui-même – la volonté de contrôle disparaissait.

R. Vous avez pu constater ça?

D. Oui.

R. Comment?

D. Il m'a lu des bouts de son journal. Et je me souviens que certains passages étaient d'une telle puissance d'évocation, me révélaient en quelques mots des pans de sa vie intérieure de manière si frappante que c'est sans doute pourquoi il m'a fallu si longtemps pour additionner deux et deux.

R. Que voulez-vous dire?

D. Ces passages-là étaient tellement évocateurs que toute mon attention a été captée par ce qu'ils évoquaient, par ce qu'ils m'apprenaient de lui et de sa vie, et de la vie vue par ses yeux. Ce n'est que plus tard, après que nous nous soyons éloignés l'un de l'autre, que j'ai commencé à comprendre ce qui aurait dû immédiatement me sauter aux yeux : que l'abandon dans l'écriture, il le connaissait à merveille.

R. Vous ne pensez pas que le problème ait pu n'être que technique ?

D. Comment ça ?

R. Je ne sais pas trop – ce n'est qu'une hypothèse. Est-ce qu'il n'aurait pas très bien pu connaître l'abandon dans son journal, mais ne pas encore avoir fait le lien avec ses tentatives en écriture dramatique ? Ce sont des choses qui arrivent : on comprend quelque chose dans un champ de notre vie, mais on ne songe pas – ou pas tout de suite, en tout cas – à appliquer cette connaissance dans un autre champ, parfois même dans un champ immédiatement voisin.

D. Je vois. Eh bien ma réponse est non : je ne crois pas que le problème n'ait été que technique. Ni même qu'il l'ait été du tout. Il n'y avait pas là un problème de talent ni un problème de connaissance, mais une question de sens. La force de ce qu'il écrivait dans son journal – en tout cas dans les passages qu'il m'en a lus – était trop profonde, venait de trop loin en lui pour qu'il ait pu l'ignorer quand il se mettait à écrire du théâtre. Je crois plutôt qu'il ne voulait justement pas aller à ces profondeurs-là, quand il écrivait du théâtre. Dans son esprit, je crois qu'écrire pour le théâtre était « autre chose », je veux dire : totalement autre chose que ce qu'il faisait dans son journal.

Il savait parfaitement ce qui l'animait, mais il ne voulait pas le mettre en circulation. Il voulait le garder pour lui – dans son journal. Ce qui était destiné à l'extérieur devait, de son côté, être une construction volontaire. C'était là, qu'était le problème : avec ce qu'il *voulait* que ses pièces racontent de lui. Tant qu'il n'était pas prêt à y faire face, son écriture dramatique était condamnée à être raide, lourde. Et ça, ça ne pouvait pas se corriger techniquement, en ayant recours à je ne sais quels trucs, au premier assaisonnement venu. La seule solution aurait été qu'il assume. Et pour lui, il n'en était pas question.

R. Quel effet est-ce que ça vous a fait, quand vous avez compris ça ?

D. Une tristesse dévastatrice.
J'ai eu l'impression... de...

R. ... de... ?

D. ... de pratiquement avoir assisté, sans même m'en être rendu compte, à un suicide artistique.

R. Vous lui en avez parlé ?

D. ...
Non.
D'ailleurs, nombre de réflexions que je vous confie ici n'ont jamais avant ce jour franchi mes lèvres.

R. Pourquoi ?

D. Pour la même raison que celle que je vous ai donnée, lors de notre tout premier entretien, quand vous m'avez demandé pourquoi je ne racontais pas tout ceci à Jean-Claude Coulbois, par exemple : parce que je ne saurais pas comment. Eh bien, dans la plupart des cas que j'évoque ici, au moment où ces réflexions, ou ces prises de conscience, me sont venues, j'aurais été incapable de les formuler de manière à ce qu'elles soient intelligibles. De plus, j'aurais eu l'impression d'entrer sur un terrain où je n'aurais pas été le bienvenu.
Et puis, par-dessus tout, je ne suis pas du tout convaincu d'avoir vu juste. Ce que je vous raconte, c'est ce que moi j'ai compris. Ça ne veut absolument pas dire que j'aie nécessairement raison. Ni qu'il n'y aurait pas d'autres éléments, mais qui m'échappent et qui, pour les personnes concernées, seraient essentiels.

Mon but n'a jamais été de changer qui que ce soit. Je me suis contenté de proposer, à la lumière de ce que je comprenais ou croyais avoir compris. C'est tout. Le choix appartenait à l'autre.

Pour en revenir, très rapidement, à la question de la technique que vous avez soulevée il y a un instant, j'ai énormément de difficulté à accepter la manie de toujours tout tenter d'expliquer par une approche soi-disant technique. En art, un problème est rarement uniquement technique. Il est même rarement *surtout* technique. Dans l'immense majorité des cas, lui donner cette interprétation-là relève du camouflage pur et simple : on ne veut pas parler des enjeux véritables soulevés par une situation, alors on les écarte en se racontant que ce n'est qu'une pure question de boulons, d'écrous et de soudure.

R. Revenons à Matane.

D. Oui.

R. Vous disiez qu'il vous a lu des passages de son journal. Vous étiez donc très proches l'un de l'autre ?

D. Oh oui. Très. C'était un être bouleversant. Qui m'a immensément apporté.

R. Vous avez été l'amant du Musicien ?

D. Oui. Je vous ai même parlé d'un moment d'une de nos nuits d'amour.

R. Vous avez été celui du Peintre ?

D. Sans l'ombre d'un doute.

R. Avez-vous été celui de Matane ?

D. Pourquoi est-ce que vous me demandez ça ?

R. Parce que quand vous avez parlé, lors d'une de nos rencontres précédentes, du garçon que vous aimez aujourd'hui, vous avez pris soin de souligner – ce qui m'a un peu étonné – que s'il était votre amour, il n'en restait pas moins que vous n'êtes pas amants, vous et lui, et qu'il n'est d'ailleurs même pas question que « ça » advienne entre vous.

D. C'est vrai.

R. J'en ai donc déduit que quand vous dites que vous aimez ou que vous avez aimé quelqu'un, cela n'implique pas nécessairement que vous ayez été amants.

D. Juste.

R. Alors?

D. Quoi?

R. Matane et vous? Vous avez été amants?

D. ...

R. Allô?

D. Je suis incapable de répondre à votre question. Reposez-la autrement.

R. C'est insensé : vous devez quand même bien savoir si oui ou non lui et vous avez été amants?

D. C'est nettement plus compliqué que ça.

R. Expliquez-vous.

D. C'est une longue histoire.

R. Pour ce sujet-là, nous avons tout notre temps.

D. Eh bien.
Eh bien voici : cette « histoire »-là aussi a été terriblement douloureuse pour moi.

R. Oui. Nous parlons ici des amours qui vous ont donné envie de mourir.

D. Non, pas « qui m'ont donné envie de mourir ». Je n'ai *pas* envie de mourir. Presque toutes les fois que j'ai voulu mourir, ce n'était pas parce que je voulais cesser de vivre, mais parce que je n'en pouvais plus de brûler vif. Et qu'aucune autre manière de cesser de brûler vif ne se présentait à moi que celle-là. De toute évidence, dans chacun de ces cas-là, j'ai quand même choisi de continuer de brûler.

R. Pourquoi est-ce qu'à vos yeux il n'y avait pas d'autre chemin que celui de la mort?

D. Nommez-m'en un autre, chemin.

R. Vous auriez pu... « consulter », comme on dit.

D. Non.

R. Pourquoi pas?

D. Parce que la vie humaine n'est pas une maladie.

R. Excusez-moi?

D. Vous m'avez parfaitement entendu.

Une des caractéristiques proprement insupportables de notre société est qu'il n'y existe personne, *personne*! à qui s'adresser pour parler de la vie, de son sens, de la douleur, de l'espoir, en dehors des psychiatres ou des psychanalystes d'un côté, ou des curés de l'autre. Autrement dit, tenter de parler de la vie, de son sens, de l'amour, implique ou bien de vous exposer aux sermons d'un vendeur de tapis, d'un fonctionnaire de la plus grosse et de la plus durable machine étatique jamais créée dans l'histoire de l'humanité – un curé –, qui considère *nécessairement*, c'est le choix qu'il a fait dans sa vie, que si vous n'êtes pas déjà une de ses ouailles, vous devez le devenir, et que ça saute –, ou bien à un médecin : s'il s'intéresse à vous, c'est que vous êtes un malade. Et que vous devez donc être guéri. Nous pourrons y revenir plus tard si ça vous chante, mais non, je n'avais – n'ai toujours – aucune espèce d'envie ni qu'on me « guérisse », ni qu'on me recrute. Ce que je souhaitais, c'était comprendre. Comprendre ce qui m'arrivait. Et comment. Et pourquoi. Ma vie n'est pas un problème à résoudre. Elle est un objet de fascination. Je ne crois pas être au monde pour me « corriger » sans cesse, surtout pas dans une culture qui ne se donne même pas la peine de définir ce que serait une soi-disant « ligne juste »... sinon en termes politiques qui me rendent littéralement malade de dégoût.

En conséquence, je me suis arrangé – tout seul. J'ai écouté – autour de moi et en moi. J'ai lu. J'ai observé ce que je ressentais, et quand, et de quelle manière, et j'en ai aussi observé les variations et les conditions dans lesquelles ces variations-là survenaient. Et j'ai tenté de comprendre. J'ai peut-être, qui sait, le droit de me servir de mon cerveau avant de le laisser aux vers pour autre chose que pour demander aux soi-disant spécialistes la permission d'y mettre « ce qu'il faut »?

La douleur fait partie de la vie. Au même titre que la joie. Que l'ennui. Que la faim. Il ne viendrait, j'imagine, à l'esprit de personne de normalement constitué de se faire soigner parce que chaque jour il a faim. Ou parce qu'il connaît des moments de joie. Le même raisonnement devrait s'appliquer à la douleur. Et de la même manière que si vous connaissez une grande joie, vous l'étudierez pour bien la saisir et apprendre, par son étude, qui vous êtes, j'ai toujours cru et je continue de croire que ce traitement est aussi nécessaire pour la douleur.

R. ...

D. Pour en revenir à votre question au sujet de Matane...

R. Oui...

D. Nous n'avons pas été amants.

Je l'aimais à la folie. Il le savait parfaitement. Mais ce n'était pas possible, pour lui, de m'aimer.

Je me souviens d'un soir, dans un café du boulevard Saint-Laurent, où je lui ai demandé, l'âme en feu : « Jamais ? » Il m'a regardé droit dans les yeux et il m'a répondu : « Jamais. » Il n'empêche qu'avec lui aussi, j'avais la certitude que ce qu'il me disait ne correspondait pas du tout à ce que je « recevais » de sa part. Seulement cela se passait sept ans avant le Peintre et je n'avais absolument pas, à cette époque-là de ma vie, l'assurance qui m'aurait permis de lui poser la question aussi clairement que je l'ai posée plus tard au garçon de Toronto – et à laquelle il lui a fallu plus d'un an pour arriver à répondre.

Avec Matane, n'importe qui, à nous voir aller, aurait juré que nous l'étions bel et bien, amants. Et nous l'étions effectivement en tout. Sauf en une chose. Nous ne faisions pas l'amour. Il a dormi chez moi, et moi chez lui. Nous avons voyagé ensemble. Et passé nombre de moments inoubliables. Mais je ne comprenais pas. Ce n'était pas le fait que nous ne fassions pas l'amour que je ne comprenais pas, mais le fait qu'il me dise que lui ne m'aimait pas. S'il ne m'aimait pas, qu'est-ce que nous faisions donc là tous les deux, ensemble ? Je me souviens que les deux ou trois fois où il m'a lu des passages de son journal, nous étions chez lui, au lit, juste avant de nous endormir. Imaginez-vous l'effet que ça fait, être étendu auprès d'un garçon que vous aimez, que vous ne pouvez pas toucher, qui vous a invité à partager son lit, qui vous lit ses pensées les plus secrètes… et qui vous dit qu'il ne vous aime pas ? Il y a amplement de quoi devenir complètement fou. Ce n'était pas le fait de ne pas pouvoir le toucher qui me faisait aussi mal, c'était son affirmation. S'il avait admis qu'il m'aimait, mais m'avait parlé de ses raisons de ne pas vouloir être touché – ou en tout cas pas par moi – peut-être que j'aurais pu comprendre, mais ce n'était justement pas de ça qu'il s'agissait.

R. Qu'est-ce qui a fini par arriver ?

D. Rien du tout. Nous nous sommes lentement éloignés l'un de l'autre. Un jour, j'ai rencontré un autre garçon, et quand je lui ai annoncé la nouvelle, Matane m'a dit qu'il était… content.

R. Et ?

D. Et… rien. Jusqu'à il y a… je ne sais plus trop… trois ou quatre ans.

R. Qu'est-ce qui s'est passé ?

D. Un soir, durant le temps des Fêtes, me semble-t-il, il m'a appelé. Oui, c'était bien durant le temps des Fêtes, parce que je me souviens que le prétexte de son appel était qu'il voulait m'offrir ses vœux pour la nouvelle année.

R. Et ?

D. Après avoir échangé nos vœux, nous avons continué quelques minutes à parler de tout et de rien. J'étais très étonné de son appel : il y avait des années et des années que nous ne nous étions même pas croisés. Je pressentais qu'il voulait me dire quelque chose. Et c'était bien le cas. Il a fini par m'annoncer qu'il vivait en couple. Nous avons parlé de cette nouvelle situation pour lui, durant un moment, puis. Puis il y a eu un temps. Et j'ai senti que si la vraie raison de son appel allait être énoncée, ce serait maintenant ou jamais. Et il l'a dit. J'ai été tellement soufflé que je ne sais absolument pas comment, par la suite, j'ai fait pour conclure l'appel. J'étais sidéré.

R. Qu'est-ce qu'il a dit ?

D. Il a dit, à voix très douce – il parlait de son amant : « C'est le premier depuis très longtemps, tu sais. » Un temps. « C'est le premier depuis… toi. »

Je ne sais pas comment j'ai fait pour ne pas tomber évanoui sous le choc.

J'ai passé les semaines sinon les mois qui ont suivi à pratiquement me tenir aux murs pour pouvoir marcher. Presque quinze ans ! Il lui avait fallu près de quinze ans pour l'admettre. Et j'ai senti, de partout à l'intérieur de moi, les pensées, les émotions, les craintes se mettre à virevolter dans tous les sens. Un véritable typhon. J'ai réalisé, là, ce soir-là, au bout du fil, aussitôt que je l'ai entendu, qu'un énorme bouchon venait de sauter, à l'intérieur de moi. J'ai réalisé toutes les constructions, toutes les manœuvres qui avaient été les miennes au cours des années – parce que de l'époque passée près de lui, m'était restée la certitude qu'en présence de personnes qui me bouleversent, je pouvais me tromper du tout au tout. Et soudain, je prenais conscience, encore une fois, des années après l'appel du Peintre, que non, cette fois-là non plus, avec Matane, je ne m'étais pas trompé.

J'ai pris une décision, une décision irrévocable, dans les jours qui ont suivi cet appel-là.

R. Laquelle ?

D. De ne plus jamais, *jamais* ! croire aux dénégations concernant une chose dont je suis certain.

Et j'ai entrepris de réfléchir à toutes les conséquences qu'a eues dans ma vie la certitude de toujours être sur le point de me tromper.

C'est une des raisons essentielles, je crois, pour laquelle je ne parviens pas encore à relire notre quatrième entretien.

Vous m'avez permis de comprendre, la semaine dernière, que la question de la connaissance et de la conscience a été au cœur de moi, toute ma vie. Toute ma vie, et pas uniquement depuis la mort de ma mère.

R. Pourquoi est-ce que cette distinction est si importante à vos yeux?

D. Encore une fois : parce qu'elle implique que contrairement à ce que j'ai pensé pendant trente ans, je ne suis pas devenu curieux et assoiffé de vie en réponse à un traumatisme – pas en réponse à celui-là, en tout cas. Curieux, je l'ai toujours été. Et non, ce n'est pas une maladie…

… sauf dans une société où la vertu primordiale est de croire sans poser de questions ce qu'affirment les élites et de s'imaginer que de répéter par cœur des slogans qu'on vous hurle dans les oreilles depuis le berceau s'appellerait « penser ».

R. Ne partons pas sur le thème de la politique, voulez-vous?

D. Pourquoi pas?

R. Parce qu'il risquerait de prendre toute la place…

D. Vous avez parfaitement raison.

R. … et que ce n'est pas ce que nous souhaitons, ni vous ni moi.

Je me trompe?

D. Du tout.

R. Bien. Revenons encore à Matane.

D. Oui.

R. Vous avez dit, plus tôt…

D. Excusez-moi.

R. Oui?

D. Une précision capitale. Le fait que nous abordions mes amours dans l'éclairage où nous sommes risque fort de prêter à confusion. Il n'est absolument pas dans mon intention de vous donner à croire que j'en voudrais au Musicien, au Peintre ou à Matane. Jamais de la vie. Je ne garde aucune, j'insiste, aucune rancœur à leur endroit. Je ne leur en veux pas, et ne leur en ai jamais voulu, d'être ce qu'ils sont. L'idée de leur en vouloir ne m'a même jamais traversé l'esprit. Chacun d'eux a été un cadeau, un véritable miracle dans ma vie. Je les ai aimés, je les aime toujours, pour ce qu'ils sont, et non pour ce que j'aurais voulu qu'ils soient. Je crois qu'ils ont tous fait de leur mieux, de toute leur âme, de toutes leurs forces.

Ce dont je parle ici, je n'en parle absolument pas pour montrer qu'ils auraient eu tort de faire ceci, ou de ne pas dire cela, non, ce n'est pas d'eux que je parle, mais de ce qu'ils m'ont permis de comprendre. De ce à quoi m'a obligé à réfléchir ce qu'ils étaient, ce qu'ils faisaient. Je crois que je pourrais remplir une encyclopédie en vingt-cinq volumes rien qu'avec les souvenirs prodigieux, inestimables, des moments que j'ai vécus avec eux, dans leurs bras, dans leurs yeux ou à leurs côtés. Et c'est là que se trouve l'essentiel. D'un autre côté, les difficultés que nous avons rencontrées m'ont elles aussi appris beaucoup, et elles m'ont obligé à réfléchir – ma compréhension de la vie, de l'amour et de moi-même en a été marquée de manière indélébile. Encore une fois : il n'y a pas eu que la joie pour me transformer, mais aussi la douleur.

En d'autres mots, je ne suis pas en train de vous raconter ce que ces histoires d'amour là ont été, non, je suis en train d'extraire de ce qu'elles ont été les pierres qui ont formé le chemin qui mène jusqu'au garçon que j'aime aujourd'hui. Et j'espère fortement que nous aurons l'occasion, plus loin, de revenir sur leur sujet. Et que je pourrai alors compléter l'image de ce qu'ils m'ont donné. Et qui est au cœur de ma vie.

R. Je vois.

Revenons donc à Matane. Vous avez dit, il y a déjà un moment, presque au début de votre récit à son sujet, qu'il vous a enseigné deux choses.

D. Je n'ai pas dit qu'il m'a *enseigné* deux choses, j'ai dit que, grâce à lui, j'ai pu *comprendre* deux choses – c'est très

différent. Oh, il m'a aussi enseigné des choses, à foison.
Mais ce dont je parle ici n'en fait pas partie.

R. D'accord. Il vous a, donc, permis de comprendre deux
choses. La première, si j'ai bien compris, avait rapport à
l'art, au lien que l'artiste doit entretenir avec son œuvre.

D. Effectivement. Les discussions que lui et moi avons eues
à propos de l'écriture m'ont permis de prendre conscience
de ce que je pensais à ce sujet. J'ai compris que, pour moi,
la tâche de l'artiste ne consiste pas d'abord et avant tout à
faire quelque chose, quelque chose qu'il contrôle et planifie
– qu'elle ne consiste pas à *produire*, mais au contraire à
s'abandonner à une force qui est en lui. Ce qui est l'opposé
du contrôle et de la planification. C'est de cet abandon
que surgit l'œuvre, et non de la volonté de prouver ceci
ou de démontrer cela.

R. Bien.
Et la deuxième chose qu'il vous a permis de comprendre,
c'était…

D. Cela a directement à voir avec les « éclairs » dont j'ai parlé
plus tôt.

R. Oui…?

D. Cela s'est produit, si je me souviens bien, au plus fort de ma
douleur pour lui. Un matin, je sais que c'était un dimanche,
j'ai été réveillé par un terrible sentiment d'urgence. Une
urgence que je savais être liée à lui – et rien qu'à lui. Au
moment où j'ai ouvert les yeux, je pensais déjà à lui. Et
il y avait… « ma voix » – elle fait partie de ce que j'ai,
plus tôt, appelé l'« encadrement » de l'image. Elle disait :
« Ferme les yeux. Ferme les yeux et regarde en toi. Tu vas
voir : ça y est, tu sais. » C'est une voix extraordinairement
impérieuse. J'ai refermé les yeux. Et immédiatement,
l'image a surgi. Avec une force insensée. Une image, de
couleur vieux rose, presque mauve – comme une très vieille
photo. La photo ancienne d'un animal.

R. Lequel?

D. Un crabe.

J'ai été tellement surpris par la clarté, par la force que l'image recelait que je me suis aussitôt retrouvé assis carré dans mon lit, les yeux grands ouverts, le souffle court. La force de… l'irruption avait été inconcevable. J'ai fini par me calmer. Par parvenir à m'étendre à nouveau. Et par refermer les yeux.

L'image, la photo, était encore là. Je l'ai contemplée, sidéré. Et petit à petit, je me suis rendu compte que je pouvais… bouger à l'intérieur d'elle. Déplacer l'objectif, si vous voulez. C'était réellement saisissant. Je n'avais jamais rien vécu de tel.

R. C'était le premier « éclair » depuis le Musicien ?

D. Oui. Il a donc dû s'écouler quatre ou cinq années entre les deux. Mais comme je vous l'ai dit, dans le cas du Musicien, l'éclair avait frappé sur le trottoir, en marchant, au milieu de l'agitation du grand jour, de la foule, et j'avais été tellement surpris que je ne pourrais même pas jurer qu'il y a bel et bien eu une image. Il me semble que oui. Mais ce qui m'en est resté, c'est plutôt son sens que sa forme. Ce dimanche matin là, en revanche, l'image était impossible à manquer. Et elle était inoubliable.

Dès que j'ai eu refermé les yeux, j'ai réalisé que je savais exactement ce que j'étais en train de regarder : la somme de tout ce qu'effectivement, comme le prétendait « la voix », je savais à propos de Matane. Il était là, sous mes yeux, tel qu'il vivait en moi. Et tel qu'il vit toujours, d'ailleurs, en moi. Je ne vous en ferai pas l'analyse, cela nous obligerait à aborder trop de sujets à la fois. Qu'il me suffise de dire que cela n'avait à peu près rien à voir avec l'évidence : la carapace, la marche de côté, et ainsi de suite. Ça, se sont des clichés – ça ne parle pas, c'est figé. Alors que l'image qui m'apparaissait regorgeait littéralement de vie. Elle parlait. Et elle parlait de la vie. De la vie de Matane, en moi, et de tout ce qu'elle impliquait. Ça a été un moment prodigieux.

R. Entre vous et lui, qu'est-ce qui s'est passé, après cet éclair-là ?

D. J'ai tout fait pour ne pas laisser l'éclair interférer entre nous. Parce que je ne savais pas dans quelle mesure l'éclair parlait aussi de Matane dans sa vie à lui, en plus de parler de l'effet, de la totalité de l'effet, qu'il me faisait à moi. Après cet événement-là, j'ai, tout simplement, cessé d'agir. De vouloir. Je l'ai laissé faire. Je ne voulais pas, plus tard, pouvoir me soupçonner d'avoir influencé ce qui allait advenir.

R. Et?

D. Et il a prouvé l'éclair. Point pour point.

R. C'est-à-dire?

D. C'est-à-dire que ce que j'avais vu dans l'éclair était juste, et si cela le concernait aussi lui, et pas seulement l'effet qu'il me faisait, cela ne pouvait évidemment pas manquer d'avoir des conséquences concrètes. Et que toutes celles qui m'étaient apparues possibles ce matin-là sont effectivement advenues. À un point qui dépasse l'entendement. Ou, en tout cas, qui dépassait le mien à cette époque-là de ma vie. Je ne sais pas avec certitude d'où viennent ces images, mais je sais en tout cas qu'elles jaillissent d'une profondeur… irréfutable.

R. Ensuite?

D. Attendez…

R. Oui?

D. Puisque nous sommes sur le sujet des « éclairs », remettons les choses dans leur ordre chronologique.

R. Je vous écoute.

D. D'abord le Musicien : le surgissement d'une image peut-être sans forme – je prends tout à coup conscience, sans l'avoir vu venir, que je sais ce que ce garçon-là attend de moi. Et que je sais aussi que je ne peux pas, que je ne pourrai pas répondre à cette attente-là de sa part. Ensuite Matane : je vois, en une seule image, tout ce que je sais de lui. Et je sais que, cette fois-ci, c'est lui qui ne peut pas répondre. Et pourquoi. Et comment. Ensuite, le Peintre.

R. Vous n'avez pas parlé d'« éclair », dans son cas.

D. Non, parce que, dans son cas, l'« éclair » a été totalement différent.

Le soir où je l'ai rencontré, aussitôt que nos regards se sont croisés, je me suis sauvé. En courant. Littéralement.

R. Pourquoi ?

D. L'image m'est toujours restée. Je le vois sortir de la piste de danse. Il avance entre les danseurs. Dans ma direction. Tout à coup, nos regards se croisent. Et. Et je n'ai jamais décidé de partir. C'est mon corps qui l'a fait, de son propre chef. J'ai su en le voyant que ma vie venait de changer. Je me suis enfui. Je suis monté à un étage supérieur du bar où nous nous trouvions. Je tremblais. Je grelottais. Et au bout d'un moment – je pense que j'ai dû m'envoyer une demi-douzaine de bières derrière la cravate en moins de quinze minutes – j'ai réalisé que de toute manière, il était trop tard. Je l'avais vu. Si je ne descendais pas le retrouver, j'en serais quitte pour passer le reste de ma vie à me demander ce que j'avais raté. Alors je suis redescendu. Et j'ai passé avec lui quatre journées. Peut-être les plus fabuleuses de ma vie. Puis, peut-être, l'année ou l'année et demie la plus riche en enseignements.

Mais il y avait encore autre chose, dans le cas du Peintre, à propos de l'éclair. Les images, c'était lui-même qui les peignait.

R. Vous voulez dire que…

D. Oui, je veux dire que dès que j'ai vu ses toiles, quelques mois plus tard, à mon premier voyage à Toronto pour aller le rejoindre, j'ai compris ce qui s'était passé, ce soir-là, dans le bar. J'ai compris que l'image que j'avais reçue en l'apercevant, lui, elle était en lui. Elle était lui. Elle était son œuvre.

Ensuite, il y a eu…

R. …

D. Il y a eu le Jeune Acteur. Là, nous sommes rendus en 1998.

J'ai accepté de diriger un exercice public, toujours à l'École nationale de théâtre. J'ai d'abord refusé, mais le texte est celui de la finissante en écriture dramatique, qui est vraiment exceptionnelle. Et elle insiste.

R. Un « grand plateau » ?

D. Non, dans cette éventualité-là, mon refus aurait été sans recours. Un studio – un « petit plateau ». De plus, j'ai surtout envie de travailler avec elle – je veux dire que la première tâche que j'ai à remplir, c'est de lui parler, à elle, de ce que c'est, pour un auteur, que de voir son texte créé.

R. Qu'est-ce qui arrive ?

D. Les répétitions sont coupées en deux par les vacances de Noël. Mais l'étudiant qui tient le principal rôle masculin ne part pas en vacances – et il adore travailler. Il me demande si j'accepterais, même après le début officiel des vacances, que nous nous voyions quand même encore quelques fois de plus : il a envie de s'avancer le plus possible. Je suis d'accord – en fait, je suis ravi par sa demande : la plupart du temps, les acteurs professionnels sont tellement occupés par tout ce que vous voudrez sauf leur art que sa proposition me bouleverse. Je me souviens que le jour où il me pose la question, je me dis quelque chose comme : « Dis oui, c'est peut-être la première fois qu'un artiste te pose une pareille question, tu n'as pas le droit de ne pas accepter. » Mon assistant aussi est d'accord. Et c'est ce que nous faisons.

Pour notre toute dernière séance de travail supplémentaire, nous sommes dans une classe, à l'École – c'est le soir. Un vendredi, je crois bien – je ne sais plus. Nous travaillons la démarche de son personnage. Je lui demande, tout simplement, de faire le tour de la grande pièce, en recherchant une manière de marcher qui exprimerait ceci, ou bien cela, non, tiens, essaye donc encore autre chose. Le travail est passionnant. Il répond à mes demandes, à mes recommandations, à une vitesse folle, et avec une agilité aussi bien physique que mentale qui me ravit complètement. Je suis d'autant plus ravi qu'il est… comment dire… qu'il s'est construit, dans la vie, un personnage qui n'a vraiment rien pour s'attirer ma sympathie. Pour dire les choses abruptement, il m'a jusque-là royalement tapé sur les nerfs. Mais c'est la première fois que nous nous retrouvons en si petit comité, à trois seulement, il n'a donc pas, je suppose, à maintenir le personnage officiel sous les traits duquel ses camarades de classe le connaissent, et toute son énergie est concentrée uniquement sur le travail à accomplir. C'est là que l'événement se produit. Je le regarde marcher. Je continue de lui lancer des indications. Nous nous amusons comme des vrais fous, tous les trois. Et soudain. Là, sous mes yeux, il se transforme. En un instant. Je veux dire : littéralement. *Twinkle!* En une seconde, je réalise que, depuis le début des répétitions, j'ai agi en véritable imbécile : j'ai accepté sans broncher de jouer son jeu. J'ai accepté son image de grand dadais pas très brillant, un peu vulgaire et à gros bras. En un éclair, je prends conscience de ce qu'il n'est strictement rien de tout ça. Qu'il est même aux antipodes de tout ça. Que tout ça, c'est une pure création de sa part. Exactement comme vous êtes la mienne. J'en ai le souffle coupé. D'un seul coup, je réalise la finesse et l'intelligence de toutes ses manœuvres habituelles, je réalise la grâce qu'il parvient par elles à camoufler, à protéger, et je prends conscience de ce qui se trouve derrière : un garçon d'une intelligence absolument remarquable, d'une agilité splendide, d'une sensibilité comme j'en ai rarement rencontré. Là où se tenait un instant plus tôt une espèce de gars à gros bras, un peu bête mais drôle comme un singe, se trouve à présent un être fin, habile, brillant – sans l'ombre d'un doute un des meilleurs acteurs de sa génération, et peut-être même de plus que ça encore. Je suis sidéré.

R. Et c'est un « éclair » ?

D. Oh que oui. Qui m'assomme au moins aussi fort que les précédents. Je suis bouleversé, ébloui. Et je vais le rester durant plus de deux ans.

R. Vous voulez en parler ?

D. Je crois que si nous voulons que l'évocation de… du garçon que j'aime aujourd'hui soit compréhensible, il le faut. Posez-moi des questions.

R. Lui, il a été votre amant ?

D. [*Rire tonitruant.*]
Jamais de la vie ! Avec lui non plus, il n'en a jamais été question.

R. Qu'est-ce qui s'est passé ?

D. Eh bien, ce vendredi soir là, dans la classe, j'ai réalisé deux choses au même moment.

R. Lesquelles ?

D. Dans l'ordre : que ce garçon-là avait un talent exceptionnel. Puis que ce même corps-là, mais avec le talent qui y « apparaissait » soudain, me rendait fou.

R. Ce qui… n'était pas le cas si le talent n'y était pas ?

D. Pas du tout.
Oh, c'est compliqué…

R. Allez-y doucement.

D. Nous aurons sans doute l'occasion d'y revenir davantage en profondeur plus tard, parce que c'est une question absolument fondamentale, pour moi, mais ce sont rarement les choses elles-mêmes qui me parlent, qui me touchent, qui retiennent mon attention. Ce sont plutôt les… les tensions. Les tensions *entre* les objets. Il m'apparaît deux pôles, et la tension entre eux. Ce sont les trois choses qui me fascinent. Conjointement.
C'est exactement ce qui est arrivé avec le Jeune Acteur.

R. Allez-y.

D. C'est un garçon très grand, et très costaud.

R. Un « monsieur muscle » ?

D. Je ne pense pas qu'on exagérerait beaucoup en le disant, en tout cas… Or ce type de corps-là, en soi, ne me dit absolument rien. Je n'ai rien contre, mais spontanément, ça ne me dit rien. Disons que, dans mon imaginaire, érotiquement, c'est une image inerte. Sauf que, dans son cas à lui, lorsque m'apparaît ce que je viens d'évoquer, il me saute immédiatement aux yeux une tension extrêmement forte. Saisissante.

R. Oui…?

D. Qu'un gars qui a des gros bras se conduise en gars qui a des gros bras, il n'y a vraiment rien là qui justifie d'écrire à sa mère. Ni à qui que ce soit d'autre, d'ailleurs. Mais quand, dans un corps « construit » comme celui-là, je réalise tout à coup que vit un esprit et une sensibilité aussi différents de ce à quoi je m'attendais, il y a très largement de quoi ouvrir de très très grands yeux. Parce que si le talent, l'intelligence et la finesse ont tout pour me plaire, et qu'à l'autre bout du spectre le corps qu'il s'est construit ne me dit rien du tout… le gouffre entre les deux est proprement vertigineux. À mes yeux, en tout cas.

R. Quel gouffre?

D. Pourquoi un garçon aussi brillant a-t-il fait ce choix-là? Je ne veux pas dire : un choix aussi débile, non, non, pas du tout. Je veux dire : un choix qui m'apparaît à moi comme étant aux antipodes de ce qu'il porte en lui. Aux antipodes de ce qu'il porte en lui, mais… qui est parfaitement au diapason du personnage qu'il s'est créé.

R. Vous voulez dire que, selon vous, la construction de son corps a fait partie de l'élaboration de son personnage?

D. Oui. C'est en tout cas ce qui m'apparaît avec une clarté difficile à écarter du revers de la main. Et à cette époque-là, où je fais sa connaissance, ce que je vous ai raconté il y a quelques jours sur les pensées enfouies, la momification et tout ce qui s'y associe est déjà très clair à mon esprit.

R. Oh, je crois que je commence à voir où vous vous en allez…

D. Ce que je vois apparaître devant moi, ce soir-là, ce n'est pas seulement un talent remarquable – ce qui serait déjà immense – c'est tout autant, et peut-être même davantage encore, une intelligence émotive de tous les tonnerres de Zeus.

R. Qu'est-ce qui vous fait penser ça ?

D. Le fait qu'on ne construit pas Fort Knox rien que pour protéger un rouleau de trente sous.

R. Oh.

D. Je n'entends pas par là que tous les gros bras de la planète seraient nécessairement, au fond d'eux-mêmes, des voûtes gorgées de lingots d'or – je n'en sais rien – je veux dire que dans ce cas-ci, celui du Jeune Acteur, il est vraiment extrêmement improbable que son corps se soit construit par accident, par coquetterie ou par simple réflexe. Ce gars-là, que je viens de voir apparaître soudain dans la classe, sait parfaitement ce qu'il fait. Et je suis frappé, durant les semaines qui suivent, par une prise de conscience qui me jette à terre.

En 1991, j'ai commencé à écrire un scénario de long métrage qui, au moment dont nous parlons, est encore inachevé et que, de toute manière, j'ai décidé de transformer en pièce de théâtre.

R. *Bob*…

D. Eh oui. Or, *Bob* porte justement sur le conflit entre les rêves et l'intimité, d'une part, et le personnage construit à l'usage du monde extérieur, d'autre part. Bob est un jeune acteur qui s'est construit un corps qui rend tout le monde fou de désir, mais il ne se l'est pas construit pour être un appât, il se l'est construit comme forteresse.

R. Dieu du ciel…

D. Oui, c'est exactement ce que je comprends avoir eu sous les yeux, quelques heures à peine après ce soir-là de la fin de 1998 : un talent fou, une sensibilité et une intelligence d'une rare qualité, cachés derrière un personnage presque impossible à percer.

Dire que je suis jeté à terre, c'est n'avoir encore rien dit du tout. Cette fois-là aussi, je suis immédiatement convaincu que j'hallucine, que je fantasme tout ça, que des choses comme celle-là *ne peuvent pas* arriver dans le monde concret.

R. Sauf qu'elle est bel et bien arrivée…

D. Eh oui.

Et que je ne sais absolument pas quoi faire.

Qu'est-ce qu'on fait, quand on se retrouve d'un instant à l'autre jeté en plein conte fantastique!? Quand on se retrouve tout à coup face à face avec un personnage auquel on rêve depuis des années? Moi, en tout cas, je n'en ai pas la moindre idée. Ce que je sais clairement, en revanche, ce que je sais avec une redoutable clarté, c'est que je ne peux certainement pas faire comme si de rien n'était, et continuer mon chemin en sifflotant et en faisant semblant de regarder le plafond.

R. Le pourriez-vous, même si vous le vouliez?

D. Je suis convaincu que non.

R. Qu'est-ce qui arrive?

D. Nous travaillons ensemble à quelques reprises, après sa sortie de l'École. Et je peux alors constater à quel point son talent et ses autres qualités sont encore plus considérables que ce qui m'est d'abord apparu. Je crois que « phénoménal » est le mot qui convient.

Sauf que…

R. Sauf que…

D. Ce n'est pas pour rien qu'il s'est construit la cuirasse qu'il a. Et il a, mille fois hélas, eu parfaitement raison de se la construire : il vit dans une société où ce qui l'anime n'a pas sa place. Pis : où ce qui l'habite est honni.

R. Ce qui fait que…?

D. Qu'à peu près personne, dans ce qu'il convient d'appeler « le merveilleux monde de l'industrie théâtrale montréalaise », ne voit rien, ne comprend rien – à ce qu'il est. Il ne *fitte* pas. Il n'est pas conforme. Il le sait. Je le sais.

Et pour le moment, les choses en sont là.

R. Et l'histoire d'amour?

D. Durant près de deux ans, malgré la joie époustouflante de travailler avec lui, je souffre le martyre.

R. Parce que…

D. Je suis convaincu, aussi fort qu'avec Matane, ou qu'avec le Peintre de Toronto, que l'intimité est possible entre nous.

R. Ce qui n'est pas le cas?

D. Ce qui est hors de question.
Je ne comprends pas à ce moment-là, et je ne comprends toujours pas aujourd'hui, ce qui s'est passé. La seule chose que je sache, c'est que je n'ai pas rêvé. Et qu'il y a... quelque chose. Ce qu'elle est... je n'en ai toujours pas la moindre idée. La principale différence entre lui et les deux autres, c'est que lui, son orientation sexuelle ne le porte pas beaucoup – c'est le moins qu'on puisse dire – à aimer les hommes. J'ai tâté de toutes les explications, au fil des ans : image du père, de sa part à lui? Confusion avec les enjeux exprimés dans *Bob*, de ma part à moi? Je ne sais pas. Aucune de ces explications-là ne m'a satisfait. Et même ce soir, en vous racontant ceci, alors que ma passion pour lui s'est calmée et s'est transformée en amitié profonde, et en respect pour l'homme qu'il est en train de devenir, la certitude demeure en moi.

D. La certitude...?

R. Que je ne me suis pas trompé. Ni en ce qui avait trait à son talent. Ni en ce qui avait trait à un attachement entre nous. Je ne sais pas s'il pourra un jour me répondre – quelle que puisse être sa réponse. Mais je sais que je ne me suis pas trompé.

R. Bien.
Autre chose?

D. Pas pour le moment.

R. Alors revenons à la chronologie de vos « éclairs », si vous le voulez bien.

D. D'accord.
Avec le Musicien, l'éclair m'a révélé son attente à lui, avec Matane, l'impossibilité et ses causes, avec le Peintre, sa quête. Avec le Jeune Acteur, l'éclair, c'est... lui-même! Je suis absolument incapable de décrire l'ampleur de

l'éblouissement qui m'a frappé ce soir-là. Il était – il est – porteur de son propre éclair, juste là, à fleur de peau. À peine camouflé : il suffit de regarder ce qu'il est, plutôt que de se contenter de regarder ce que l'on croit avoir sous les yeux.

R. Donc, si je vous suis bien, vous me dites qu'il y a… progression d'un éclair à l'autre ? Le première fois qu'il vous en apparaît un, l'image est d'abord informe – elle est peut-être même pure connaissance – la fois suivante elle est synthétique, puis elle devient l'œuvre, et finalement…

D. Oui. Finalement, elle devient… l'homme lui-même. Et chacune inclut les précédentes.

R. Qu'est-ce que vous voulez dire ?

D. Qu'il y a d'abord la connaissance seule, puis que l'image synthétique comprend aussi la connaissance, puis que l'œuvre comprend, elle, à son tour, et la synthèse et la connaissance. Finalement, que la vision de l'homme comprend les trois autres.

Et savez-vous quoi ? Ce n'est que ces jours-ci, au cours de nos entretiens, que ce trajet-là, que cette progression-là, m'apparaît. Encore une fois, comme dans le cas de mes images d'enfance, j'avais tous les morceaux à portée de main… mais je ne voyais pas le dessin qu'elles composent.

R. Quel effet est-ce que ça vous fait de le voir soudain apparaître, ce dessin ?

D. Aucun. Je veux dire que je suis soufflé. Que l'image est atrocement claire. Et qu'il n'y a rien à faire avec elle. En tout cas pour l'heure. Rien d'autre que de la contempler. Et puis…

R. Oui ?

D. Il y a aussi autre chose, qui vient tout juste de m'apparaître, tandis que je vous parlais du Jeune Acteur. Sur le coup, je l'ai écartée de mon esprit pour ne pas perdre le fil. Et même à présent, je ne voudrais pas trop en parler, je ne sais pas ce qu'elle signifie. Je vois des liens. Mais ils sont encore ténus.

R. Qu'est-ce que qui vient de vous apparaître ?

D. Je vous ai dit, plus tôt, qu'avec le Peintre j'ai réalisé que l'éclair que j'avais reçu était, selon moi, intimement lié à l'œuvre qu'il portait, lui.

R. Oui.

D. Je vous ai aussi dit, au passage, quand nous avons parlé du Musicien, que parfois, la nuit, quand je le caressais dans son sommeil, j'entendais sa musique, je la percevais du bout des doigts.

R. Oui.

D. Eh bien, en vous racontant ce que je viens de vous dire à propos du Jeune Acteur, ce qui m'a frappé, c'est que...

R. Que... ?

D. Que, dans son cas à lui, c'est mon œuvre à moi, qui a commencé à m'apparaître. Il y avait la sienne, bien entendu, son œuvre, celle qu'il porte, et il y avait aussi la mienne. Je ne sais pas ce que cela implique. Mais je pressens que c'est un élément capital. Je veux dire : un élément capital de ce que, vous et moi, sommes en train de chercher ensemble.

R. Pouvez-vous...

D. Non ! S'il vous plaît !

R. ...

D. Je préfère ne pas aller plus loin. Pas tout de suite. Je suis convaincu que le moment va venir mais pas tout de suite.

R. Comme vous voulez.

D. Nous parlions de la progression, de la mutation des éclairs, d'une fois à l'autre.

R. Oui.

D. Je vous disais que c'est uniquement grâce à nos discussions que je prends conscience d'elle, de cette progression-là. Et pourtant. Il n'y a pas trois semaines, oh, je la sentais, pourtant, la progression, elle me déchirait le cœur et le corps. Elle me faisait même paniquer totalement. Mais je ne savais pas encore que c'était elle, qui me déchirait.

R. Pourquoi est-ce qu'elle vous déchirait ?

D. Parce que je pense parfois que, dans la vie de chacun de ces garçons, j'ai été... une malédiction.

R. ...

D. D'ailleurs, je ne peux toujours pas exclure que tel ait effectivement été le cas. J'ai peur, horriblement peur, de les avoir blessés, de les avoir électrocutés. Par ma seule présence.

Avez-vous idée de quelle hantise cela représente, la pensée que vous stérilisez peut-être la vie de ceux que vous aimez ?

R. ...

D. J'ai horriblement peur d'avoir, par ma seule présence, par mon seul regard, attiré leur regard sur quelque chose dans leur vie qu'ils auraient préféré ne pas voir, ne pas savoir. Et que peut-être, effectivement, il aurait été préférable qu'ils ne sachent pas.

J'ai, humblement, peur de les avoir saccagés. Rien qu'en étant ce que je suis – rien qu'en voyant ce que je vois. Et ne pouvant m'empêcher ni d'être ce que je suis, ni de voir ce que je vois. J'ai peur d'être un monstre. Si vous pouviez lire mon journal, vous verriez que sur les centaines de pages qui le composent, une seule entrée est écrite en lettres plus grandes que les autres. Elle est immense, comme un hurlement : « Hostie que je chus écoeuré d'être un paquet de troubles. » J'ai noté ça une nuit de crise épouvantable, au plus fort de ma passion pour le Jeune Acteur. Un paquet de troubles. Pour les êtres qui ont le malheur d'être aimés de moi.

R. ...

D. Mais je sais aussi qu'il y a d'autres manières de voir le même parcours, exactement le même.

Et puis...

R. Et puis ?

D. Si vraiment je possédais une telle force, il faudrait immédiatement m'assassiner. Personne ne devrait avoir une telle influence sur la vie des autres.

R. Vous êtes sérieux?

D. Autant qu'on peut l'être.

R. …

D. …

R. Ce qui nous amène…

D. …

R. À « lui ».

D. Oui.

R. …

D. Qu'est-ce que vous voulez savoir?

R. Admettons la progression que vous venez d'évoquer…

D. Oui.

R. … où nous retrouvons-nous, avec « lui »?

D. Face à lui, c'est tout.

R. Dites-moi.

D. Je ne peux pas. J'en suis totalement incapable. Posez-moi des questions.

R. Y a-t-il eu… un « éclair »?

D. *Un* éclair, vous dites?! C'est le ciel au grand complet, qui se déchaîne à chaque instant!

Un soir. Un soir, peu de temps après avoir commencé à réaliser ce qui se passe quand je me retrouve en sa présence, je suis rentré chez moi. Et un film, un véritable film, au grand complet, un éclair de deux, trois, quatre heures, je n'en ai pas la moindre idée, sans arrêt, sans aucune respiration, m'a cloué dans mon fauteuil. J'ai cru que j'allais mourir sur place, étouffé, déchiré. À bout de souffle. Tout un film.

R. Qu'est-ce que c'était?

D. Le temps qu'il me reste à vivre. Le film en accéléré de toute ma vie, y compris la suite : ce qui m'attend. Avec lui. Je veux dire : *grâce* à lui. Je pleurais, j'étouffais, je gémissais, je mourais.

R. Et après la fin du film?

D. Tout de suite après, j'ai ressenti une fabuleuse légèreté, une libération, une sérénité extraordinaire. Trois jours plus tard... le temps de réaliser certaines implications de ce que je venais de voir... j'étais congelé de terreur.

Ce qui nous ramène, je crois bien, à votre question de départ pour cet entretien-ci.

R. ...

D. Vous m'avez cité ma propre logique : « Ne cherche pas à développer, ne fais pas de démonstration, n'aboutis pas à ta conclusion : pars d'elle. »

R. Et alors?

D. J'attends ce garçon depuis l'époque où j'étais encore plus jeune que lui ne l'est aujourd'hui.

R. Redites-moi ça?

D. Je le lui ai dit, un soir, il y a quelques semaines. Juste au moment de nous quitter, après avoir pris un verre. Je lui ai dit : « Tu sais... j'étais plus jeune que tu ne l'es là... et je t'attendais déjà. » Il a souri. Il a dit : « Mais... je n'étais même pas né... »

Il avait raison.

Et moi aussi.

Sixième entretien
Billy et Paul, un dimanche après-midi,
Terra incognita, « avant même que tu ne sois né » et le Maquis

R. Vendredi, le 21 janvier 2005. Vingt-trois heures trente. Le Barbare – nous ne sommes pas attablés à notre place habituelle, mais tout au fond de la salle principale, dans un coin. Il y a foule. Discussions à voix fortes. Musique. Beaucoup d'excitation dans l'air.

Comment allez-vous?

D. Bien. Je crois, en tout cas. J'ai traversé, ces derniers jours, aussi bien de monstrueuses flammes que de très profonds bonheurs.

Je ne m'étais jamais imaginé que ce récit, qui a peut-être enfin trouvé sa forme, susciterait des effets aussi marqués... aussi profonds. Je sais bien que je l'espérais, mais jamais je n'aurais pu imaginer que ce serait... ça.

R. Lesquels?

D. Comment?

R. Lesquels, effets?

D. Comment l'expliquer? L'impression... de m'approprier ma propre vie? Oui, c'est ça : d'enfin ne plus être en « instance », mais au centre de ma vie. Je me sens être moi-même comme rarement je me suis senti l'être. Je veux dire : pour une fois, je ne le suis pas en passant, pour une ou trois heures, le temps de travailler – à la presse – à une pièce, à mon journal, ou de me tordre de douleur. Je le suis et c'est tout. La seule ombre au tableau, c'est l'échéance : le mois et demi à peine qu'il me reste de liberté financière. Et puis le téléphone s'est remis à sonner : au cours des deux, trois derniers jours, il s'est accumulé plus de messages sur mon répondeur qu'au cours de tout le mois et demi précédent. Je sais qu'il va incessamment falloir que je réapparaisse dans le monde. Je redoute ce moment-là. Je suis en chantier. Instable. J'ai peur, à ce moment-là, de m'effondrer. Je voudrais être riche – quelle originalité! – rien que pour être bien certain que j'aurais tout l'air qu'il me faut pour me rendre au bout de la tâche que nous avons entreprise ensemble.
Vous?

R. Je crois comprendre votre sentiment. Et le partager. Je suis, moi aussi, en pleine transformation. Et je ne sais pas, moi non plus, comment je pourrai passer à travers les premiers rendez-vous depuis des semaines qui se profilent à l'horizon. Mais j'ai confiance. Je ne vous lâcherai pas. Je ne vous ferai pas faux bond.

D. …

R. …

D. Merci.

R. Je ferai tout ce que je pourrai pour faire mon devoir jusqu'au bout.

D. Ce que vous dites là m'émeut au plus haut point. Nous ne nous sommes jamais parlé dans ces termes-là, vous et moi.

R. Je sais.

D. Il est étrangement réconfortant d'entendre, au fin fond de soi, une voix dire : « Je vais te protéger. » Il émane de là une douceur, une tendresse rassurantes.
Je veux dire… éblouissantes.

R. Je suis au moins aussi étonné que vous. Après des décennies de combat, me tenir devant vous, rempli d'un calme et d'une confiance que j'ai rarement – peut-être jamais – ressentis, et dire « Prenez ma vie dès qu'il vous semblera nécessaire de le faire… », c'est une chose que je ne m'étais jamais imaginée.

D. Vous avez des questions pour moi, je crois ?

R. Plutôt des réflexions. De deux ordres.

D. J'écoute.

R. Entre chacun de nos entretiens, nous relisons tout du début, vous et moi. Encore et encore.

D. Oui.

R. J'aimerais – mais pas tout de suite – que nous expliquions aux – éventuels – lecteurs notre manière de travailler.

D. Quand vous voudrez.

R. Merci.

D. Ensuite ?

R. Au fil de ces relectures – auxquelles nous nous livrons conjointement ou séparément – il m'apparaît que nous avons déjà accumulé un très grand nombre de… de radicaux libres.

D. Expliquez.

R. Des sujets, des thèmes, des questions restés en suspens : « Je ne veux pas trop profondément aborder cette question tout de suite. » « Nous y reviendrons. » « Qu'il suffise de dire, pour l'instant… »

D. Oui, vous avez raison – je l'ai remarqué, moi aussi.

R. J'aimerais que bientôt nous nous livrions à un blitz : que je vous les ressorte en cascade et que nous fermions à toute allure le plus grand nombre possible de parenthèses et de points de suspension.

D. Quand vous voudrez.

R. Merci.

Prêt ?

D. Prêt.

*

R. Le Barbare, samedi le 22 janvier 2005, minuit sept. Dehors, une nuit sibérienne. Ici, bien au chaud, un vacarme de voix, de musique, de rires, d'assiettes.

D. Et moi, attablé au pied du mur. Qui ai peur des questions que vous allez poser.

R. Peur ?

D. Peur d'éclater en sanglots au beau milieu de la foule.

R. Vous savez de quoi nous allons parler ?

D. Corrigez-moi si je me trompe : de… lui ?

R. Oui. Absolument. Résolument. Je meurs d'envie, de désir, de vous entendre enfin me dire tout doucement… qui il est.

Et ce qu'il suscite en vous.

Je vous écoute.

D. Vous m'en offrez l'occasion en me demandant de vous révéler qui il est, et j'en profite pour vous préciser : je ne vous dirai pas son nom. Pas plus que ceux du Peintre, du Musicien, de Matane, du Jeune Acteur. Ni même, dans son cas à lui, ce qu'il fait dans la vie.

R. Pourquoi ?

D. D'abord parce que cela n'ajouterait strictement rien à la compréhension. Ensuite parce que mon but n'est pas de le coincer – ni de l'offrir en pâture. Tout, sauf cela. D'autant plus qu'encore une fois, dans son cas comme dans celui de mes quatre amours du passé, ce n'est pas tant de lui que je vais parler que de l'effet – colossal – qu'il me fait. Je veux *lui* parler, en *vous* parlant, bien entendu – mais mon but essentiel demeure toujours de comprendre. De le tenter, en tout cas. Bien entendu, je pourrais jouer à semer des fausses pistes – mais je n'y vois aucun intérêt. Je me contente de dire : « S'il vous plaît, ne cherchez pas à savoir de qui il s'agit. »

R. D'accord. Je comprends et je n'essaierai pas de contourner votre volonté.

D. Merci.

R. Et... à présent ?

D. Je ne veux pas non plus continuer à parler de lui en l'appelant bêtement « lui ». C'est trop injuste.

R. Comment cela ?

D. Ce n'est pas un nom, ça, « lui ». Même pas un squelette.

R. Hmmm...

D. J'ai pensé à un pseudonyme.

R. Lequel ?

D. « Billy ».

R. « Billy », vraiment ?

D. Oui. Comme dans *Billy Elliot*, le film de Stephen Daldry. Ce film-là, avec le *Ridicule* de Patrice Leconte, est un des plus extraordinairement rassurants sur les humains que j'aie eu la chance de voir au cours des dix dernières années.

R. Comment ça ?

D. Je crois que, en fait, je suis absolument incapable de l'exprimer. Ce sont deux films profondément différents. Issus de regards, de cultures, pratiquement aux antipodes l'un de l'autre, et pourtant...

R. ...

D. Attendez, j'essaie...
   Mon affection pour eux a à voir avec... avec la tendresse, je crois. Oui. Voilà : ce sont deux films qui ne démontrent

pas, mais exposent, ouvertement, lumineusement, que, contrairement aux clichés en vigueur, l'intelligence, la tendresse, l'« assumation », la révolte, la passion et la noblesse de cœur ne sont pas des termes qui s'opposent mais qui se répondent. Mieux, même : ces deux films-là montrent que vouloir opposer ces termes, c'est faire la démonstration qu'on n'a décidément rien saisi à ce qu'ils signifient et à ce qu'ils impliquent.

R. Parlez-moi de *Ridicule*.

D. C'est un film magnifique qui expose de manière bouleversante qu'une révolution – celle de 1789, en l'occurrence – bien avant d'être un phénomène historico-économico-politico-philosophique, est une nécessité *humaine* : les Français de la fin du XVIIIe siècle ne pouvaient tout simplement pas continuer à vivre comme ça.

R. Comme quoi?

D. Comme des damnés.

À mon sens, la scène qui constitue le cœur du film le contient à elle seule au grand complet. Assez tard dans le récit, l'abbé de L'Épée, l'inventeur du langage des sourds-muets, vient à Versailles présenter à la cour quatre de ses élèves. L'abbé et eux discutent en langage des signes, et l'abbé fait l'interprète. Les courtisans les regardent faire, un sourire supérieur accroché aux lèvres. Eux, les nobles, nous les voyons, depuis le début du film, faire des mots d'esprit, se délecter jusqu'à l'extase de leur propre raffinement – le langage, c'est à la fois leur sceptre et leur sabre. Ils observent donc les jeunes sourds-muets qui, tous les quatre, il y a peu, du seul fait de leur handicap, étaient considérés comme des idiots, et ils les regardent comme s'ils n'étaient en somme que des singes savants. Soudain, un des nobles, totalement imbu du sentiment de sa propre supériorité « par nature », pose d'un air suffisant une question à laquelle il est convaincu qu'il leur sera impossible de répondre. « Ha, ha, ha », fait l'auditoire. Or, surprise! non seulement un jeune muet répond, mais en traduisant sa réponse, l'abbé souligne même que l'auguste auditoire *ne peut pas* saisir tout ce qu'il y a en elle de spirituel – il y a des subtilités, dans le langage des quatre jeunes, qu'il est impossible de traduire. Cette idée-là de Leconte et des scénaristes est tout à fait brillante : en une fraction de seconde, nous, spectateurs, comprenons que l'acquisition du langage, *c'est* la révolution. Que ces quatre jeunes gens – comme Billy, comme ces étudiants de l'École de théâtre avec qui je viens de travailler – prennent seulement conscience de ce que non, ils ne sont pas fous, non, ils ne sont pas idiots, et du simple fait de le savoir, la révolution a déjà commencé. Pas parce qu'eux, les sourds-muets, les paysans, les pauvres, la souhaitent, non, au contraire, même : parce que, tout simplement, les nobles, les élites, ne *peuvent pas* supporter l'idée que qui que ce soit d'autre qu'eux soit apte au langage. Ni que le langage puisse être quoi que ce soit d'autre qu'un des signes incontestables de leur supériorité. Il y a dans cette scène-là toute la lumière, tout l'espoir et toute l'indignation du Voltaire de *L'affaire Calas* et du *Traité sur la tolérance* – c'est prodigieux.

R. Et *Billy Elliot* ?

D. Quelle splendeur ! Un tout jeune gars, fils de mineur, coincé dans les bas-fonds des années Thatcher, découvre la danse. Par pur accident. Et devient fou d'elle. Soutenu par sa professeure, il se rend jusqu'à Londres, à l'Académie royale de ballet. Il a appris. Comme les sourds-muets du film de Leconte deux siècles avant lui, il a découvert le langage. Il y a deux scènes splendides, qui se répondent : le jeune adolescent bouleversé, qui fonce comme un boulet de canon, en dansant ! dans les ruelles de sa petite ville – il n'a aucune autre manière d'exprimer ce qui le trouble, le brûle. Ses mouvements sont brusques, hachurés, par moments presque épileptiques. Plus tard, il accepte de faire face à son père, qui est bien décidé à ce que son rejeton ne devienne pas une tapette de danseur, et le garçon lui répond… en dansant. À couper le souffle. Et il n'y a pas que ça, il y a aussi l'effet que sa découverte va avoir sur les siens : la transformation du père, quand il comprend enfin ce que veut son fils, est sidérante. Je ne peux pas regarder ce film-là sans, au moins trois ou quatre fois, pleurer à m'en étouffer. Le garçon s'appelle Billy. Billy Elliot.

R. Oui?

D. Une idée vient de me venir. Celui des quatre jeunes sourds-muets du film de Leconte que nous connaissons le mieux s'appelle Paul. Et puis, d'autre part, il y a Billy.

R. Oui?

D. J'aimerais. « Lui », j'aimerais ne pas l'appeler simplement « Billy ». Je voudrais lui trouver… un autre nom, qui serait un amalgame des deux : de « Paul » et de « Billy ».

R. Ce serait plus simple si le sourd-muet s'appelait Robert : il y aurait « Bobby ».

D. Oui, mais à ce compte-là, les choses seraient aussi beaucoup plus simples si l'Amazone coulait en Suisse.

R. …

*

D. Je n'ai rien trouvé. Allons-y donc avec « Billy » tout seul. En tout cas pour le moment.

R. Revenons à votre paralysie de l'autre jour.

D. Oui.

R. Lorsque je vous ai demandé, lundi soir dernier, pourquoi vous aviez eu si mal, vous m'avez répondu en substance : « Parce que je ne pourrai jamais le prendre dans mes bras, alors qu'il y a si longtemps que je l'attends. » Vous avez même conclu l'entretien en racontant que vous le lui avez dit : « Je t'attends depuis si longtemps que j'étais encore plus jeune que tu ne l'es aujourd'hui. »

D. Oui.

R. Expliquez-moi ça, voulez-vous?

D. « Combien y a-t-il de Chinois en Chine et nommez-les — vous avez quinze secondes. »

226

R. …

D. Je ne sais pas comment. Je n'ai jamais parlé de ça. À personne.

R. Allez-y doucement. Une chose à la fois.

D. La toute première chose qui me vient à l'esprit, c'est le besoin de souligner à quel point notre langage est pauvre pour parler de l'amour. Atrocement pauvre. C'est tout juste si nous distinguons entre l'amour pour la patrie, l'amour pour ses parents, l'amour pour ses amis, l'amour pour le chocolat et l'amour amoureux. À peu de choses près, ça s'arrête là. Comme si tout avait été dit. Il doit bien exister assez de films, de photos et de récits pornographiques pour faire déborder dix bibliothèques vaticanes. Mais l'amour ? De ce qu'il est, de l'endroit où il s'enracine et duquel il jaillit en nous, non, de ça on ne parle pas – il paraît que ce serait tellement évident que ça s'apprendrait tout seul, d'instinct. Et si ça ne vous suffit pas, allez voir le docteur ou le curé. C'est répugnant.

R. Il y a les guides pratiques : *Comment entretenir votre couple, Comment éviter de vous disputer avec votre conjoint, Tout ce qu'il faut savoir sur les tentations extraconjugales.*

D. Oui. Une véritable civilisation de poseurs de boulons.

R. Quelque chose contre les poseurs de boulons ?

D. Jamais de la vie. Je suis issu de trois générations successives de constructeurs – les boulons, les plans d'ingénieurs, les deux-par-quatre par wagons entiers, les bidons d'huile et les estimations de coûts, j'ai poussé les deux pieds dedans. Seulement, c'est une chose de reconnaître la valeur propre des poseurs de boulons, et c'en est une tout autre de s'imaginer qu'ils seraient, du seul fait de leur spécialité, les défenseurs en première ligne du cœur de la civilisation. Il ne faut pas tout retourner à l'envers : ce ne sont pas les poseurs de boulons qui sont continuellement tournés en ridicule, dans cette société, mais les poètes. Ce ne sont pas les poseurs de boulons qui sont honnis, mais les philosophes, les artistes qui ont un Q.I. apparent supérieur à dix-sept virgule trois, et les intellectuels.

C'est insensé, atterrant, que nous ayons si peu de moyens à notre disposition pour exprimer les innombrables faces d'une réalité aussi vitale et aussi complexe que l'amour. Si je tente de vous parler de… de Billy, par exemple, de l'effet que sa rencontre a provoqué dans ma vie, comme nous avons parlé récemment du Musicien, du Peintre, du Jeune Acteur, de Matane, il y a de très fortes chances pour que, dans votre esprit, Billy devienne… juste un autre. Je veux dire : pour que vous l'imaginiez essentiellement comme le dernier en date, au bout d'une série. Et pourtant, ce n'est pas du tout ce que je cherche à exprimer. Il n'est pas… un autre. Pas plus qu'aucun des… autres, n'a non plus été « un autre ». Ce que le Peintre a éveillé en moi n'a rien à voir avec ce qu'évoque encore pour moi le nom du Musicien, celui de Matane ou celui de l'extraordinaire Jeune Acteur. Ce n'est pas pour rien que je dis « Ce sont des mondes », tous différents. Avec leurs lois propres. Leurs climats. Ce ne sont pas des individus qui se sont succédé au même poste. Ils ont tous été entièrement différents. Rien que sur ce sujet-là, je pourrais, je crois, écrire dix livres. Avec Billy, c'est encore tout autre chose. Mais cette fois-ci, je dirais que la situation dans laquelle je me retrouve face à lui diffère davantage d'avec tout ce que j'ai connu à ce jour que toutes les autres entre elles. Cela n'enlève pas un seul atome à la force, à la qualité de ce que j'ai ressenti et ressens toujours pour chacun des autres. Mais lui. Il est. Je dirais. Qu'il n'est pas un chapitre de ma vie… il est un livre à lui tout seul.

R. Un livre ?
Celui-ci ?

D. Ouais.
Peut-être.
Je ne sais pas.

R. …

D. Nous avons parlé, jusqu'à maintenant, de mes histoires d'amour passionnelles, celles qui m'ont nourri et déchiré.

Mais il y en a eu d'autres. À foison. Toute ma vie, j'ai été extraordinairement, presque honteusement, chanceux. Je ne pourrais pas vous dire le nombre d'êtres d'exception – chacun, chacune à sa manière – dont j'ai croisé la route. C'est indécent. Il y a eu des passions, oui, mais il y a aussi eu des amours plus sereines, d'autres qui étaient des amitiés fulgurantes les fesses en plus, d'autres ce qu'il faut bien appeler « des trips de cul » divins. Je sais bien que ça a l'air bête de parler d'histoires d'amour « à foison », mais ça n'a l'air bête que parce que dans notre culture, « histoire d'amour » a un sens très étroit. On parle de l'amour comme s'il s'agissait d'une chose, d'une seule, alors que ce sont des pans entiers de l'existence qui sont désignés par ce tout petit mot de quelques lettres. L'amour, c'est le fondement même de notre rapport à la vie.

J'ai connu… quelques centaines de garçons.

R. Quelques… centaines ?

D. Plusieurs centaines, en fait. Eh oui. En 1987, je crois, je me souviens, un soir, saoul raide, avoir commencé à dresser une liste, juste de mémoire. Et m'être arrêté un peu après deux cents… pas parce que j'avais épuisé mes souvenirs, juste parce que je tombais de sommeil.

R. Vantardise, peut-être ?

D. Je ne vois vraiment pas en quoi je pourrais m'enorgueillir de quelque chose qui, pour moi, a tout simplement été… essentiel. Vital. Lumineux.

Et dont, mise à part la joie immédiate, j'ai tiré des enseignements auxquels je n'aurais sans doute jamais eu accès autrement.

R. Lesquels ?

D. J'ai amassé, au cours de ma vie, une connaissance de l'extraordinaire variété des garçons et des hommes qui est proprement vertigineuse. Je porte en moi un véritable kaléidoscope d'images de désir, d'abandon, de désarroi. La prodigieuse variété des êtres exprimée à travers ce qu'ils ont de plus intime, de plus secret et peut-être bien aussi

de plus « parlant ». Un véritable trésor. Peut-être bien le seul que je possède.
Parfois…

R. Oui ?

D. Parfois, j'essaie d'imaginer ce que connaît des hommes une femme qui en a connu trois, quatre ou dix. Et la tête me tourne. Elle parle « des hommes » comme si elle savait de quoi elle parle, comme quelqu'un affirme connaître Montréal ou Paris sous prétexte qu'il a vu une carte postale du quartier chinois ou entendu une chanson de Charles Trenet. Je sais, je sais, j'exagère. Mais à peine.

Ou alors, j'écoute parler des *straights* de ce que c'est, selon eux, qu'être « un vrai gars » et je n'en reviens tout simplement pas : la représentation qu'ils se font de ce que c'est qu'un homme, et de ce qu'est la sensibilité d'un homme, a, dans une sidérante proportion des cas, à peu de choses près la maturité de Daffy Duck.

Je ne leur en fait, ni à l'une ni aux autres, aucunement reproche, il y a à peu près autant d'images de gars dignes de ce nom, dans notre société, que de bélugas en liberté dans le désert de Gobi.

R. Qu'est-ce qui vous bouleverse tellement, chez les hommes ?

D. Leur désarroi.

J'ai connu, d'à peu près toutes les manières bibliques imaginables, ou peu s'en faut, des centaines de gars. Des cartes du tendre, je pourrais vous en dessiner un plein atlas. À la longue, cependant, j'ai pris conscience de quelque chose de… de bizarre. Je veux dire : qui m'a surpris.

R. La lassitude ?

D. [*Rire.*]

Jamais de la vie. Plutôt l'opposé. Non, ce qui s'est mis à se passer, c'est que dans ce maelström de souvenirs, d'images, de sensations, une… une zone s'est mise à nettement se démarquer de l'ensemble. Une zone radicalement différente de tout le reste de la carte. J'ai réalisé qu'il y a une double image, en moi, qui est au cœur de mon désir. Non, pas double… triple! Quadruple!

R. Qu'est-ce que…

D. Attendez. Laissez-moi aller.

Quatre images – toutes les quatre directement liées à ce qui rend cette zone-là si différente du reste. Deux d'entre elles à sept ans, à peu près. Une à dix. Une à dix-neuf ou vingt.

R. Oui?

D. Un. J'ai sept ans. Brossard. Rue Malo. Je suis à bicyclette, mais à l'arrêt. Au beau milieu de la rue, dans la courbe – juste devant chez Edgar Fruitier. Et je parle à un « grand » – quinze, seize ans? Le frère d'un de mes amis, peut-être. Il rit. Je suis bien. Je veux dire : son rire m'éblouit. J'ai envie qu'il me serre très fort dans ses bras. Et de rester là, dans ses bras, sans bouger, à chanter tout bas. Alors, le soleil qu'il fait ce jour-là serait aussi *en* moi.

Deux. Même époque. Tard durant l'automne : il y a des traces de neige, dans les hautes herbes des champs. J'ai un copain dont le père, jusqu'à il y a peu, était fermier. Ils ont été expropriés pour permettre la construction de l'autoroute des Cantons de l'Est. Juste avant le début des travaux, un soir après l'école – ou plutôt non, ce doit être un samedi ou bien un jour de congé, parce que sinon il ferait noir – il m'amène visiter la ferme abandonnée – elle va être rasée incessamment. Je l'accompagne dans sa dernière visite sur les lieux de son enfance. Il est ému. Il me montre d'anciens bidons à lait, qui ont commencé à rouiller. Il est révolté. Il a mal. Il me montre des recoins de la ferme, liés à des souvenirs précieux pour lui, me raconte tout, tous les souvenirs qui s'emparent de lui, à la vue de chaque pouce carré qui va définitivement commencer à disparaître sous le gravier et l'asphalte dans moins d'une semaine. Il est abandonné au flot de ses souvenirs, parfaitement lui-même. Et moi, je suis bouleversé par l'honneur qu'il me fait en m'ouvrant ainsi son cœur.

Trois. Saint-Léonard. Quelques mois avant la mort de maman. Même moins que ça, peut-être. Ce garçon-là est mon voisin. Nos fenêtres de chambres donnent presque l'une vis-à-vis de l'autre, de part et d'autre de l'étroit couloir qui passe entre les deux duplex, elles sont à peine décalées. Par nos fenêtres, en jeu, pour rire, et nous rions comme des fous, nous nous montrons, tout nus, l'un à l'autre. Un soir, nous sommes dans sa chambre. Nous faisons nos devoirs. Et il y a beaucoup de douleur, dans nos vies. De mon côté, sûrement. Du sien aussi, je crois. Nous n'en parlons pas beaucoup, mais nous le pressentons. Et puis tout à coup, l'un des deux caresse en silence les cheveux de l'autre. Il y a un moment de flottement. Puis l'autre répond. Dans le même langage. C'est tout. Et il n'y a rien là que de la tendresse. Et de la paix. Tout un océan de paix.

Quatre. Dix-neuf ans. En deuxième année à l'École de théâtre. Mon premier appartement, depuis quelques mois à peine. Je rentre de l'École. Je marche boulevard Saint-Joseph. Et je me dis : « Il va appeler. » Il ? Qui, il ? Je n'en sais rien. Il n'y a personne. Tout ce que je sais, c'est que j'attends un appel. Un appel capital. Il en va du sens même de ma vie.

Dans ma troisième pièce, écrite cinq ou six ans plus tard, *Adieu, docteur Münch*[7], la phrase est là, littéralement :

> *Je ne le regarde pas, mais je voudrais tant que le téléphone sonne. Qu'il m'apprenne une nouvelle planète ou un jour nouveau. Nouveau. Je voudrais tant… mais il ne sonnera pas.*

Ces quatre images-là composent l'assise sur laquelle repose tout l'espoir de ma vie. À sept, dix, vingt ans, ces moments-là adviennent par et pour eux-mêmes et à la fois, tous ensemble, énoncent une promesse. Une promesse que

---

7. René-Daniel Dubois, *Adieu, docteur Münch*, Montréal, Leméac éditeur, coll. « Théâtre », 1982.

la vie me fait. Les bras du grand garçon de la rue Malo, la confiance de mon copain de Brossard, l'intimité partagée de la rue Montpetit, la tendresse se résument dans la quatrième image : un monde nouveau.

J'ai eu des amants, des amis amoureux. Fait des rencontres fulgurantes. À foison. Mais tous les extraordinaires moments d'intimité que je vis d'année en année font ressortir… une tache restée en blanc, au milieu de la carte. Cette région-là, c'est… autre chose. C'est le cœur de ma vie. Et il est encore vierge.

J'en ai parcouru le pourtour : les quatre villages qui le bordent s'appellent Musicien, Matane, Peintre, Jeune Acteur. Chacun d'eux est à la fois l'extrême limite du territoire cartographié à ce jour, et déjà « ça ». Je sais que là, je ne peux pas entrer seul. Quelqu'un doit me tenir la main.

Là, c'est la vie. Je le savais à sept ans.

À trente-quatre, j'écris un conte. *Le Prince-voyageur*[8].

R. Qui fait partie de votre pièce inachevée, *La prière du Renard*.

D. Oui.

Le monde est morcelé. Mais dans la bibliothèque du château de son père, un jeune prince dévore les récits des voyageurs d'autrefois, à l'époque où les gens voyageaient encore, où les rivières n'avaient pas encore toutes été transformées en autant de frontières quasi infranchissables. Le jeune prince se met à rêver de voyages. En rencontre d'autres qui, comme lui, rêvent à la même chose. Ils se mettent en route. Leur nombre grandit sans cesse. À mesure qu'ils passent les frontières, elles se dissolvent. Jusqu'à ce qu'un jour, tous les territoires aient été réunifiés. Il ne reste plus alors que le grand désert à traverser, pour aller voir ce qui vit peut-être au-delà. L'entreprise est

---

8. René-Daniel Dubois, « Le Prince-voyageur », dans *La prière du Renard*, inédit.

extrêmement périlleuse, à un point tel que tout le groupe finit par croire qu'ils vont mourir là, de soif, de faim, brûlés par le soleil, en plein désert. Et puis au beau milieu, tout à coup... une oasis, un palais. Le Prince y entre seul. En ressort trois jours plus tard pour dire à ses compagnons qu'il vient enfin de découvrir, là où il l'attendait le moins, ce qu'il a cherché au cours de tous ses voyages :

> J'ai trouvé ici ce que le papier, l'encre, le cuir, le talent et la promesse évoquaient sans le nommer. J'ai trouvé ici le repos qui n'est pas l'ennui. L'amour qui n'est pas la solitude partagée. La fusion avec l'autre qui n'est pas l'oubli de soi. La beauté qui n'est pas la fuite. La soif qui n'est plus la plainte.

R. Et le conte finit comment?

D. *Aux contrées que l'on parcourt des mains, les légendes se content en silence.*

R. ...

D. C'est le rêve de ma vie.

Ça.

Et rien que ça.

Depuis plus de quarante ans.

Mais ces quarante et quelques années-là n'ont pas été passives. J'ai voyagé, aimé, ri, écouté, pleuré, lu, discuté, vu, raconté. Et à travers tout ça, la vie m'a parlé. Elle a dit : « Tu ne rêves pas. Ce que tu brûles de connaître existe bel et bien. Regarde : il y a eu le Musicien, Matane, le Peintre, le Jeune Acteur. Celui que tu cherches n'était aucun d'eux et à la fois était chacun... mais tu vas trouver. »

Et ma faim de chanter n'a pas cessé de croître. Le rêve apparu à sept ans a fait des branches et des racines. Il n'y a plus que lui, dans ma vie.

Après le Peintre, je suis découragé. Je n'y crois plus. Je veux, de toutes mes forces, renoncer à espérer. Et au moment où je m'y attends le moins, paf! un garçon prodigieux apparaît littéralement devant moi, venu de nulle part. De toute évidence, ce n'est pas encore de lui qu'il s'agit. Son arrivée, l'arrivée du Jeune Acteur, c'est le réveil qui sonne. Le réveil obligé : « Non ! ne t'endors pas ! »

Mais après lui, c'est fini. Je n'en peux plus. Il n'est plus question, pour moi, de regarder là, de penser à là, de rêver.

R. ...

D. ...

R. Et alors ?

D. Je crois bien y être parvenu. Pendant quelques années, en tout cas, je n'y pense plus, sauf de temps à autre, comme aux souvenirs d'un voyage, qui s'estompent.

R. Et quel effet est-ce que ça vous fait ?

D. Je n'en sais strictement rien. Tout ce que je sais, c'est que je ne sais pas. Que je ne sais rien. Je suis très précisément... nulle part.

Je suis tellement nulle part que, à la fin de 2003, je m'invente un projet pour tenter de prendre la mesure du désert où je me trouve. Je vais sur le Net, et j'étudie des reproductions de dizaines et de dizaines de cartes géographiques anciennes. J'en cherche une, précise, que je sais que je reconnaîtrai aussitôt, si je la rencontre. Je la rencontre en effet. C'est une carte à très grande échelle, le relief d'une côte océanique. Je la retravaille jusqu'à ce qu'elle soit exactement à mon goût. Puis je commence à construire une animation... que j'intitule *Terra incognita* – un point clignote à un bout de la côte, tout en haut, à droite : mes grands-parents, la rencontre de mes parents, leur mariage. Le point se met à descendre un tout petit peu vers la gauche, toujours le long de la côte : ma naissance. Le point avance encore, étape par étape : mon enfance. Puis la mort de ma mère. Puis le camp de la rue Clark. L'obligation de devenir enfant de chœur.

R. C'est important ?

D. C'est crucial. L'obligation de devenir servant de messe a été je crois une des plus épouvantables violences que j'aie eu à subir dans ma vie. Pire qu'un viol.

R. Figure de style...

D. Pas du tout. Comparaison, en toute connaissance de cause.

R. Je...

D. Non!

R. ...

D. La vacuité de cette institution-là qu'est l'Église est phénoménale. Le seul dieu qui ait sa place dans cette machine-là, c'est la puissance aveugle, l'autorité. D'ailleurs, dans *Terra incognita*, sitôt passées les images d'enfants de chœur et de l'église Saint-Thomas-Apôtre, où je fais mes débuts de soi-disant catholique soi-disant pratiquant, apparaît sur la carte une tout autre sorte d'image : une gravure d'une des prisons de Piranèse, qui tournoie lentement.

R. Je...

D. Non! Restez sur le sujet!

R. ...
Vous...
Vous venez de parler de « vos débuts de soi-disant catholique soi-disant pratiquant » – vous n'allez pas à l'église, avec vos parents? Je veux dire : avant la mort de votre mère?

D. Pratiquement jamais. Mon père et ma mère sont athées jusqu'au bout des doigts, et anticléricaux féroces.
Un jour, en arrivant à l'hôpital pour visiter mon père, pendant son agonie, dès que je sors de l'ascenseur, je remarque que les infirmières, qui sont habituellement tout à fait avenantes, évitent ostensiblement de me regarder. J'arrive à sa chambre. Il est couché sur le dos, cramoisi, à bout de souffle. Enragé. Je lui demande ce qui s'est passé. Il me raconte que l'aumônier est venu le voir pour lui administrer les derniers sacrements... et qu'il l'a foutu à la porte en hurlant : « Sors de ma chambre, corneille de malheur! Chauve-souris! Vampire! qui vient sucer la souffrance de ses semblables jusque sur leur lit de mort! Disparais! » Apparemment, on l'a entendu d'un bout à

l'autre de l'étage. Et la corneille en question, euh… ne se serait pas beaucoup attardée… Il me raconte ça, puis il éclate de rire.

Voir passer un abbé en soutane, pour moi, a toujours été, et reste, du même ordre que de voir passer un grand prêtre d'Isis, au crâne rasé et à la longue robe de lin, ou une vestale se rendant au temple en jetant des pétales au vent : un voyage dans le temps. Au temps de la barbarie.

R. Pourtant, vous avez bien dit que pour vous l'espérance humaine en « autre chose » demeure l'une des rares sources de beauté à nous être restées accessibles?

D. Oui. Mais il en va de la beauté comme de tout le reste : il n'existe rien qui ne puisse être détourné de son sens. Pas une seule beauté qui ne puisse se muer en horreur, entre des mains habiles et suffisamment avides de pouvoir.

R. Donc, avant l'âge de dix ans, pas de messe pour le petit Daniel?

D. Pratiquement pas. Aussi, quand mes sœurs et moi nous retrouvons sur la rue Clark, l'occasion est trop belle, aux yeux des grands-parents : ils ont perdu le contrôle sur leur fils, mais ils vont tout tenter pour se rattraper avec la génération suivante.

R. Ils vous obligent donc à devenir enfant de chœur.

D. Oui, monsieur. La joie de se lever à quatre heures du matin, en plein hiver, pour aller en courant servir la messe de cinq heures… ça marque…

Et le curé, et les vicaires, qui font semblant de ne pas savoir par quels ignobles chantages leurs enfants de chœur se retrouvent là. Quelle immonde hypocrisie.

R. Et dans votre projet d'animation, après l'évocation de ces événements-là, apparaît Piranèse…

D. Oui.

R. Pourquoi?

D. *Les prisons* : escaliers en trompe-l'œil, qui montent et qui descendent dans tous les sens, pierres humides, dégoulinantes, moisissures, énormes grilles métalliques, l'ombre partout, câbles couverts de mousse, poutres, madriers qui traversent le cadre sans rime ni raison apparente. Un véritable dédale. C'est ce à quoi je suis confronté. C'est là que je me retrouve.

Et c'est là…

R. Oui…?

D. … que va apparaître l'idée de vous créer. Mais je préférerais que nous y revenions plus tard.

R. D'accord.

D. Aux détails du reste du trajet animé aussi, nous reviendrons plus tard, si vous le voulez bien. Pour le moment, je voulais simplement le décrire à grands traits.

R. Non.

D. Quoi, non?

R. Vous le savez parfaitement.

D. …

R. Vous ne croyez tout de même pas que je vais laisser passer ça sans rien tenter?

D. …

R. Parlez.

D. …

R. …

D. Il n'y a rien, à dire.

R. Parlez!

D. …

R. Bon. Dans ce cas…

D. Ta gueule!

R. C'est un dimanche.

D. Tais-toi!

R. Un dimanche de début d'automne.

Ou de fin d'hiver.

Ou de redoux.

Non, non, c'est la fin de l'automne.

D. …

R. Quelques mois à peine avant la mort de Micheline.

Vous revenez…

D. …

R. … de la piscine des pompiers, juste à côté du centre Paul-Sauvé.

Vous y allez souvent, avec votre copain, le voisin.

Vous vous en souvenez parfaitement : il y a dans votre esprit cette image, une fois précédente, où lui et vous avez regardé un jeune homme se changer. Quand il a retiré son costume de bain, il était en érection, et votre copain et vous, deux ti-culs de dix ans, vous êtes restés là, sidérés, à contempler l'énorme… chose. Pointée vers le plafond. À vous demander de quelle sorte d'épouvantable maladie le pauvre gars pouvait bien souffrir.

Ce dimanche-là, vous avez marché de la rue Montpetit jusque-là, en passant par le boulevard Pie-IX.

Il y a le garçon de la rue Montpetit, et sa sœur.

Vous êtes allés vous baigner, tous les trois.

D. …

R. Et en revenant.

D. …

R. En revenant.

Vous avez décidé de. De piquer par le boisé qui remonte par étages vers la rue Sherbrooke. Là où se trouve aujourd'hui le Stade olympique.

Vous n'avez jamais pu repasser là, depuis, sans serrer les mâchoires.

Ce dimanche-là, votre copain, sa sœur et vous, vous riez comme des fous. La baignade a été épatante. Vous jouez et vous vous amusez en grimpant, d'une terrasse sauvage à l'autre, mais vous vous pressez, aussi. Votre bonheur est insensé, éclatant, mais vous savez que vous ne devez pas trop vous attarder si vous ne voulez pas vous faire chicaner pour être revenus trop tard à la maison, et il y a encore un immense trajet à parcourir, de Sherbrooke à Jean-Talon. Et puis tout à coup…

D. …

R. Parlez !

D. ...

R. Tout à coup, il y a des plus vieux.

Ils sont quatre ou cinq.

Des adolescents.

D'une épouvantable vulgarité.

Ils vous encerclent.

Ils vous menacent.

Ils ricanent.

Ils puent. Ils puent la violence.

Ils vous crient des noms.

Tout en resserrant le cercle autour de vous trois.

D. ...

R. Parlez!

D. ...

R. Tous les trois, vous essayez de vous sauver, vous essayez de crier. Mais ils vous menacent. Vous ne vous souvenez de rien de précis, mais il y a du métal. Peut-être bien un ou des couteaux. Vous revoyez, en esprit, un éclat : la morne lumière d'une fin de dimanche après-midi de fin d'automne ou d'hiver, qui fait luire du métal d'un éclat mat. Et vous vous retrouvez attachés à des troncs d'arbres, tous les trois. Ficelés. La corde est blanche. Flambant neuve.

D. ...

R. L'image est restée gravée dans votre mémoire.

Vous revoyez votre copain, ficelé à un arbre. Et sa sœur. Et les dos des autres, qui vont de l'un à l'autre. Vous ne vous souvenez d'aucun des visages des agresseurs. Rien que de celles de leurs victimes. Cela ne vous surprend pas, ne vous surprend plus : des dizaines d'années plus tard, vous passerez à un cheveu d'être abattu par la police et vous comprendrez, ensuite, qu'aux moments de grand danger la perception des traits humains s'estompe.

Vous voyez les dos, vous voyez le visage de votre copain, et celui de sa sœur, et vous savez pourquoi vous vous souvenez de cette image-là, de cette image-là surtout, avec une telle précision.

D. ...

R. Parlez, nom d'un chien !

D. Mon...

Mon souvenir est trop flou.

R. ...

D. Je ne me souviens que de ce que j'ai cru, voir. Et entendre.

R. Parlez !

D. Mon copain.

Il.

Il argumente.

Tous les *bums* sont tournés vers eux.

Vers lui et sa sœur.

Moi, je suis dans leur dos.

Je veux dire : dans le dos des *bums*.

Et le souvenir, c'est...

R. ...

D. Que le copain.

Leur dit.

De.

De me faire.

Ce qu'ils voudront.

À moi.

Mais de les laisser partir. Lui et sa sœur.

R. ...

D. Mon souvenir est sûrement incomplet.

Mais c'est le seul qui me reste.

Je vois l'image, le film : je le vois, lui, mon copain. Ficelé à l'arbre. Et sa sœur. À sa droite. Ficelée, elle aussi. À sa droite, pour moi. Elle, elle ne parle pas, elle est livide. Terrifiée. Et je vois leur dos, à eux, les autres. Tous, ils écoutent mon copain. Il n'y a pas de bande-son, dans le film de ma mémoire, mais je vois ses lèvres bouger, les lèvres de mon copain, et je sais ce qu'il dit.

Il les implore de me faire ce qu'ils voudront, à moi, mais de les laisser, lui et sa sœur, partir en paix.

R. …

D. …

R. Ensuite?

D. Ensuite…

L'image d'après, mon copain et sa sœur sont libres. Ils s'éloignent, tous les deux. Ils patinent dans la boue, en s'accrochant aux arbustes et aux troncs des arbres, pour escalader au plus vite les derniers contreforts de la côte, avant d'arriver à la rue Sherbrooke.

R. Et…?

D. …

Et les *bums* me regardent.

Ils sont tous tournés dans ma direction, à présent.

Ils me fixent.

Et j'ai peur.

J'ai peur comme je n'ai jamais eu peur de ma vie.

Je réalise pour la première fois, je crois, qu'il y a des situations où on ne peut rien. Rien. Rien.

Ce ne sont pas des êtres humains comme mes parents m'ont appris à aimer les êtres humains, ce sont des machines, des bulldozers qui vont suivre leur propre volonté, quoi que je dise, quoi que je fasse. Exactement comme les policiers, des années plus tard.

R. …

D. …

R. Et alors?

D. Alors, quoi?

R. Qu'est-ce qui arrive?

D. Je ne sais pas!

R. Je…

D. Non!

R. …

D. Je sais.

Je sais qu'ils me déshabillent.

Qu'ils ouvrent mes vêtements, en tout cas.
Sans défaire mes liens.
Je sais qu'il y a la confusion de. De mes vêtements ouverts, mais retenus par mes liens. Il y a des régions de mon corps qui sont glacées. À cause de l'air froid. Et d'autres qui sont encore au chaud. Je. Je crois que je sens. Le chlore. Il me semble qu'il y a, à un moment ou à un autre, une très légère odeur de chlore. Qui monte de mon corps. Une odeur de piscine. Je crois. Que mon copain et moi nous avons trop ri, dans le vestiaire, après la baignade, trop fait les fous, nous nous sommes trop amusés à nous arroser, à courir partout. Tellement que finalement, nous n'avons pas pris de douche. Nous n'avions plus le temps. Il fallait aller rejoindre sa sœur. Et que là, attaché à l'arbre, ça me revient : je sens la piscine.
À part ça, rien.

R. …
D. Rien!
R. Je…
D. Tais-toi!
R. …
D. Oui.
Il y a.
Des mains.
Sur moi.
Et des gars qui me paraissent… laids. Rien que ça : laids.
La laideur en personne.
Répugnants.
Ils disent des horreurs.
Je ne sais pas quoi.
Mais c'est laid.
Ils ricanent.
Il y a un… un ton.
Une certitude, dans leur manière de parler.
De baver ce qu'ils disent.

De me regarder.

De… « s'emparer » de moi, en me regardant.

Que je n'oublierai jamais.

Que je retrouverai souvent.

R. …

D. Et qui me donne envie de tuer.

R. …

D. Ceux que j'appelle les salauds.

Je ne dis pas que c'est ce qu'ils sont.

Je dis que c'est ce qu'ils évoquent, pour moi.

Tous ceux, toutes celles qui cherchent à s'emparer de nous.

À nous réclamer comme leur dû.

Les pseudo-révolutionnaires.

Le cardinal Ho Ho Ho.

Et ses semblables et ses amis.

Et toutes les trâlées de bedeaux et de servants de messe qui trottinent sur leurs pas.

Les maîtres chanteurs.

Le ton.

Le ton est le même.

Tous les Militants du Néant.

De la laideur.

Du cynisme.

Du « Je sais tout ».

Et du « De toute manière, ce que je ne sais pas ne m'intéresse pas ».

Du « Toi? je m'en chrisse, de toi. C'est jus' ce à quoi tu peux me servir, qui m'intéresse. »

Du « Je tiens ton destin dans mes mains. »

Je.

R. …

D. …

R. Et… ensuite?

D. …

R. Ensuite?!

D. …

Je ne…

Je ne sais pas.

R. …

D. Sauf que…

R. Sauf que…?

D. Il y a un…

Une image. Extrêmement rapide. Fugace. Un éclair.

Je me rhabille. J'arrange mes vêtements. Tant bien que mal.

On m'a détaché.

Et j'entends les rires des *bums*, en arrière de moi. Ils s'éloignent.

Ils ont fini. Ils s'en vont.

R. …

D. Et je.

J'ai.

R. Quoi?

D. Je me rhabille, et je cherche. En dedans de moi. Je cherche. De toutes mes forces.

R. …

D. …

R. Quoi?

D. Une image.

R. Laquelle?

D. Pour riiiiiire!

Pour éclater de rire!

Pour relever la tête!

Pour effacer le souvenir d'eux! Pour reprendre pied!

R. …

D. Pour…

Pour…

R. …

D. … pour retrouver mon souffle.

R. …

D. Mais je n'en trouve pas.

R. …

D. Je. Je finis de me rhabiller. Je m'appuie à l'arbre.
Je ne sais pas. Je veux dire aujourd'hui, là, tout de suite : je
ne sais pas ce qu'ils m'ont fait. Rien, peut-être. Peut-être
qu'ils m'ont simplement tripoté. Je ne sais pas.

R. …

D. Je sais. Que durant des jours et des jours, après ce dimanche-
là, je resterai debout, des grands bouts de temps, debout au
milieu de ma chambre, tout nu, à regarder mon corps d'en
haut, comme si je ne le reconnaissais plus, à le regarder et à le
tâter, et à le caresser, comme si je cherchais à le reconnaître,
comme si on me l'avait volé. Et que. Que je ne serai plus
capable de me montrer, tout nu, dans la fenêtre.

R. …

D. …

R. Parlez…

D. Ce dimanche-là.

R. Oui…?

D. Quand ils ont… quand ils ont fini… quand ils me
détachent de l'arbre et puis qu'ils partent…

R. Oui…?

D. Je m'appuie, le dos contre l'arbre, avant de me rhabiller.

R. Oui…?

D. Et j'aperçois. De… pas du coin de l'œil, mais… du haut
de l'œil, qu'il y a…

R. Quoi…?

D. Mon copain et sa sœur.

R. Oui…?

D. Il ont escaladé le dernier petit bout de falaise. Et puis ils
sont restés là.
Ils sont là.
Ils me regardent.
Tandis que les *bums* s'éloignent.

R. …

D. Il y a le ciel, derrière eux, un ciel sans lumière. Un ciel qui
ne vit pas. Qui éclaire, mais sans vie. Un ciel de *slush*. Et

leurs silhouettes, à tous les deux, qui se découpent sur lui. Entre les cadavres des arbres.

R. ...

D. J'ai le. Le vague souvenir, un soir de brosse, il y a plus de vingt ans, d'avoir tenté de raconter ça à... à quelqu'un.

Et d'avoir été tellement révolté par sa réaction que j'ai. Que j'ai bien failli sauter sur lui et l'égorger.

R. ...

D. Pour la première fois de ma vie, je raconte ça... et lui se met aussitôt à pérorer, à faire le coq, à m'expliquer ce que cet événement-là, dans ma vie, implique et signifie.

Pour ce gars-là, apprendre ça sur mon compte n'est rien d'autre qu'une exceptionnelle occasion de me démontrer à quel point il est intelligent. Il veut immédiatement m'expliquer tout ce que ça signifie.

Exactement comme...

Comme s'il croyait que je n'y avais jamais pensé.

R. ...

D. Et tout ce qu'il me débite est d'une telle niaiserie, d'une telle platitude.

R. ...

D. Ce n'est pas.

Ce n'est pas à cause de ce dimanche-là, que j'aime les gars.

Ce que je.

Ce que je cherche.

Des milliers, des dizaines de milliers de fois, au cours de ma vie, j'y ai pensé.

Et je.

R. ...

D. Un gars. Un seul.

En qui je...

Je pourrais avoir... confiance.

R. ...

D. Confiance.

R. ...

D. …

R. Vous voulez dire… que la tendresse ne suffit pas?

D. …

R. Comment?

D. J'ai dit : non.
   Mais je ne suis pas sûr.
   Non, la tendresse ne suffit pas.
   Peut-être, qu'elle ne suffit pas.
   Il faut.
   Je cherche.
   La confiance.
   Si elle est possible.
   Peut-être pas.
   La confiance de.
   De ne plus.
   Jamais.
   Être abandonné.
   Au moment du danger.

R. …

D. À défaut de ça, je préfère rester seul.
   Me battre seul.

R. …

D. Je sais que je le peux.

R. …

D. Et que je le pourrai jusqu'au bout.

R. …

D. Mais j'aimerais tellement.
   Tellement.
   La retrouver.

*

R. Ça va?

D. …

R. Vous avez envie de vous rouler en boule.
   De fuir.

D. …

R. Ça va?

D. …

R. Vous venez de secouer la tête : « non »?

D. Non.

R. Pourquoi?

D. Il y a.
Billy.

R. Quoi, Billy?

D. …

R. …

D. Je ne voulais pas, raconter ça.

R. Pourquoi?

D. À cause de.
De lui.

R. Pourquoi?

D. Après.
Après que je lui ai avoué. Ce que je ressens pour lui.
Un soir.
Nous sommes allés prendre un verre.
Pour la première fois, lui et moi. Tout seuls.
Je voulais simplement. Qu'il n'ait pas peur.
Et puis. Le connaître. Mieux. Savoir. L'apprendre. Un peu.
Je pense même que. Que j'espérais qu'en le connaissant mieux, je me dirais « Pffff… quel imbécile », ou quelque chose dans ce goût-là.

R. Et…?

D. Nous avons parlé de… de nos familles, de qui nous sommes. À gros traits.
Ensuite, nous avons… nous avons parlé, très vite, de nos rêves. De nos espoirs.
Je le buvais des yeux.
J'avais.
J'avais envie d'être Dieu. D'arrêter le monde de tourner.
D'arrêter le temps. D'arrêter l'air.
De.

De me mettre à chanter.
Un chant qui referait le monde.

R. Il n'en est pas un, imbécile?

D. Je crois… je crois que sur la planète où il vit, ce… ce mot-là n'existe même pas – il serait… sans objet.

R. …

D. Ensuite.
Nous.
Nous avons parlé… d'amour.

R. Et…?

D. Et il m'a raconté.
Un… un grand amour… dans sa vie.

R. Et…?

D. Une douleur.
Un véritable volcan de tendresse, en lui, qui a jailli.
Tandis qu'il parlait… d'elle.

R. …

D. Une.
Une toute jeune femme.
Qui a été abusée.
Et qu'il a voulu. Aider. Consoler. Serrer fort, fort, fort!
Retenir. De qui il a voulu. Prendre la douleur. À son compte à lui.
Et je.

R. …

D. J'avais le souffle coupé.
Jamais, jamais je n'aurais. Je n'aurais osé… penser.

*

D. C'est pour ça, que je ne voulais pas en parler. De. De ce dimanche-là. Je me suis juré, cette fois-là, avec lui, que je ne lui en parlerais jamais.

*

R. En avoir parlé. C'est une. Une raison suffisante pour vouloir que ce que nous écrivons là, vous et moi, ne paraisse jamais?

D. …
R. …
D. Je ne sais pas.
   Mais ça se pourrait.

*

R. Je peux?
D. …
R. Parlez-moi de la confiance.
D. …
R. Ce dimanche-là, vous vous êtes senti trahi?
D. Oui et non.
   Oui, je me suis senti abandonné. Mais non, je n'ai pas
   cru, même pas sur le coup, que l'abandon était total. Il
   avait raison de faire ce qu'il faisait. Mon copain. Il devait
   aider sa jeune sœur. Je n'ai pas ressenti une trahison à
   mon égard. Juste. Juste un abandon. Je ne sais pas. Je ne
   sais rien.
R. …
D. …
R. Vous voulez que nous arrêtions?
D. Un peu.
R. Dites-moi seulement une chose, avant.
D. …
R. L'image, dans votre esprit? Là, tout de suite?
D. …
R. …
D. Il me semble. Impossible. Je suis. Incapable. Incapable
   d'accepter. Que je ne pourrai jamais, jamais, jamais, me
   rouler en boule, la tête sur son ventre.

*

R. Nous parlions de *Terra incognita*…
D. Oui.

R. Une animation qui illustre le trajet de votre vie. Un point rouge…

D. … un *losange* rouge…

R. … qui descend le long d'un littoral, d'une côte océanique…

D. Oui. La carte ancienne d'une région côtière. Un trajet qui longe la côte, partant du nord-est et descendant vers le sud-ouest. Chacun de ses arrêts représente un moment important de ma vie, à mes propres yeux.

Vers 1992, au moment où j'ai décidé de « tirer la *plug* de ma belle carrière », le point est arrivé à bout de course, à l'extrémité sud-ouest de la côte. Le point hésite, fait quelques pas vers le nord, revient vers le sud, hésite encore. Et tout à coup, zip! il reparaît au centre, au fond d'une baie. Et de là, il… il part droit vers le nord.

R. Et…?

D. Et… au nord, il n'y a rien. Rien du tout. Il n'y a que le relief côtier à avoir été porté sur la carte, ce qui fait qu'après deux ou trois stations tout au plus, le losange clignotant s'avance… dans le blanc. C'est là que je suis.

R. Comme un explorateur d'autrefois?

D. Oui. *Terra incognita.*

J'explore ma propre vie. Il y en a eu une longue partie qui a été facile à baliser : je devais étudier ceci, je voulais avoir connu cela. Cette partie-là du trajet est représentée par la région cartographiée. Mais dorénavant, les préparatifs étant achevés, j'avance dans l'inconnu. Et c'est pour ça que j'étais paralysé, lundi dernier. Paralysé de terreur.

R. « Pour ça », pour quoi?

D. Deux images, encore une fois, entre lesquelles, aussitôt qu'on a vu le lien, il est impossible de comprendre comment on a pu mettre si longtemps à le percevoir. Un lien qui m'a sauté aux yeux, la semaine dernière. C'est lui, qui fait si horriblement mal.

Je vous ai dit que mon rêve, que le cœur de mon désir, que le cœur de ma vie m'apparaît comme une tache vierge, en moi.

R. Oui.

D. Je vous ai aussi dit que cette région-là de moi, je ne peux pas y aller seul.

R. Oui.

D. Mais il y a quelques jours, je vous ai aussi dit que je ne crois pas au couple. Je veux dire que je n'y crois pas pour moi. Que cela ne me dit rien. Qu'aimer, pour moi, ce n'est pas d'abord *construire* quelque chose, mais découvrir, explorer un monde différent du mien. Ce n'est pas faire, c'est admirer, contempler. Et remercier la vie.

R. Oui.

D. Ce que je suis en train de vous dire, quand je vous raconte que ce n'est que par la rencontre d'un autre que je pourrai avoir accès à cette région-là, au cœur de moi, ce n'est donc certainement pas que je recherche quelqu'un *pour qu'il remplisse cette fonction-là*, celle de guide, ou de clé – dire ça, ce serait encore parler du projet de fonder un couple, mais en remplaçant simplement le mot par un synonyme. Ce que je vous dis, c'est que ce que j'attends, ce que je recherche sans chercher, depuis plus de quarante ans, ce n'est pas *nous*, c'est *lui*. Cette région-là, en moi, *c'est* quelqu'un d'autre que moi. Un être. Un monde.

R. …

D. …

R. Une confiance.

D. Oui.

Je vous dis ensuite que cette attente, il y a si longtemps que je la connais, en moi, qu'il y a presque vingt ans déjà, j'ai écrit un conte à son sujet. La traversée d'un désert. Et qu'au centre du désert, il y a…

R. … l'autre.

D. Oui.

Et qu'il y a à peine plus d'un an, essayant de comprendre où j'en suis, je me suis dessiné un film, un film dans lequel, à la fin, là où j'en étais…

R. … vous avanciez dans le désert…

D. Oui.

R. …

D. …

R. Et c'est… c'est à ce moment-là que vous faites la rencontre de… de Billy?

D. Précisément.

Presque deux décennies plus tard, je réalise que le gars qui a écrit *Le Prince-voyageur*, dans lequel le prince rencontre son amour au cœur du désert, et le gars qui, il y a quelques mois à peine, se racontait sa propre vie et en terminait le récit en disant « Voilà, c'est là que j'en suis… j'avance dans le désert »…, c'est le même, gars.

R. Vous ne l'aviez jamais réalisé?

D. En tout cas, si je l'avais réalisé, je n'avais certainement pas pris la mesure de ce que cela impliquait.

R. Et après l'avoir réalisé?

D. Attendez.

Quand je travaillais à *Terra incognita*, il y avait une urgence qui m'habitait. Je ne faisais pas ce travail uniquement pour le plaisir de me raconter l'histoire de ma vie. Cette urgence était directement liée à un deuil, que je savais devoir faire tôt ou tard.

R. Celui de…

D. Celui de l'écriture.

Lundi, dans vos efforts pour me tirer de l'état abominable duquel j'étais prisonnier, vous m'avez balancé une phrase au visage. Vous avez dit qu'il n'y a rien, pas un mot que j'aie jamais dit ou écrit qui n'ait fait partie intégrante de mon combat.

R. Oui.

D. Au moment où vous l'avez dit, ça m'a donné un choc. J'ai réalisé que vous aviez raison. Évidemment, raison.

Mais que, là encore, je ne l'avais jamais réalisé. Ce que j'avais déjà réalisé, en revanche, dès après le Jeune Acteur, quand j'ai décidé de tout fermer, de me barricader et de m'empêcher désormais de même seulement espérer, c'était que. Que tôt ou tard, cette décision-là allait avoir pour conséquence que je ne pourrais plus écrire.

R. Quel est le lien?

D. À ce moment-là, au moment où je travaillais à *Terra incognita*, il y a un an, je n'en savais rien. Tout ce que je savais, c'était que la source allait tôt ou tard nécessairement se tarir. Qu'il fallait que je me dépêche de finir ce que je sais avoir à écrire, avant qu'il ne soit trop tard, avant que je ne sois complètement desséché. Le lien, c'est vous qui me l'avez lancé au visage : cet espoir-là, en moi, l'espoir de cette terre vierge, en moi, cette quête-là, et l'écriture, ne sont qu'une seule et même chose. Si je renonce à l'une, je renonce du même coup à l'autre.

R. Mais...

D. Oui. Je sais ce que vous allez dire. Ce que je viens de vous décrire là, c'est très précisément ce que j'appelle la momification.

R. Vous voulez continuer? Ou vous arrêter un peu?

D. Je n'ai pas le choix : il faut que je continue.

R. Allez-y.

D. Posez-moi une question.

R. Je fais un court résumé.

D. D'accord.

R. Nous sommes dans les années 1960, au Québec francophone. Un tout jeune garçon réalise deux choses : qu'il y a en lui un désir d'intimité, une résonance à l'intimité qui est cruciale.

D. Oui. Une « résonance à l'intimité », très juste. Il y a, chez certains êtres, une vibration au diapason de laquelle je me mets immédiatement, spontanément. Et ces moments-là sont les seuls où je parviens à être moi-même sans être solitaire. Il y a des êtres qui me donnent envie de vivre.

Qui me rendent vivant. Qui me donnent accès au monde. Par leur seule présence.

R. La seconde chose qu'il réalise, c'est qu'il existe dans le monde une terrible violence…

D. … et des êtres qui me donnent envie de mourir, de disparaître. De n'y avoir jamais été.

R. Une violence abominable : celle qu'exercent les gens qui, sans même s'être donné la peine de chercher à comprendre qui sont les autres, tentent de leur imposer ce qu'ils pensent d'eux. C'est une violence qui peut en apparence avoir l'air toute simple. Mais qui est ravageuse.

D. Oui.

R. Au moment où ces deux réalités arrivent – à peine – à s'imposer à l'enfant, où la conscience d'elles commence à faire son chemin dans son esprit, survient un cataclysme. Sa mère meurt. En plus de l'effroyable choc, de la perte, du deuil, il est envoyé de force vivre dans un monde qui est la négation de tout ce qu'il a connu et aimé jusque-là. Ce monde-là, celui de ses grands-parents, il l'appelle encore, quarante ans plus tard, « le camp de concentration de la rue Clark ».

D. …

R. Dans ce monde-là, ne règne qu'une seule des deux réalités qu'il avait commencé à explorer, dont il avait commencé à prendre conscience avant le cataclysme. La violence. Sournoise, mais omniprésente.

D. …

R. Au camp, l'autre réalité, la tendresse, est inexistante. Là, « tendresse » est un mot qui ne fait même pas partie du vocabulaire. La seule chose qui existe, là, c'est l'autorité. Le « il faut ». Le garçon n'a pas le choix : il doit enfouir au plus profond de lui tout ce qui a trait à la tendresse – sinon, elle serait piétinée. Il lui faut l'enfouir, et tenir bon. Tant et si bien que ce n'est qu'après être enfin parvenu à fuir, huit ou neuf ans après avoir été envoyé au camp, que le lien avec elle peut refaire surface : « Je voudrais tant que le téléphone sonne, et qu'il m'apprenne l'existence d'un monde nouveau. »

D. ...

R. À compter de ce jour-là, le jeune comédien qu'il est en train de devenir, puis le jeune auteur, ne vont se consacrer qu'à une seule tâche : explorer ce monde-là, cette face-là de la vie – la tendresse, l'espoir. Mais il sait qu'il ne peut pas le faire trop ouvertement. Ici encore, il se ferait écraser. Il a compris que des deux mondes qu'il a connus jusque-là, celui de ses parents d'une part et celui de ses grands-parents d'autre part, ce n'est certainement pas celui de ses parents qui est le plus représentatif du monde en général.

D. ...

R. Non, ce à quoi ressemble la société dans laquelle il vit, c'est l'atmosphère du camp de concentration qu'il a connu qui l'évoque le mieux. Les manières de se cacher qu'il a développées au camp vont donc continuer de lui servir. Il y a des choses qu'il sait devoir faire, qu'il sait devoir apprendre, et pour cela, il a besoin de temps. Il gagne du temps. De son mieux. Comme il est parvenu à survivre au camp. De son mieux.

D. ...

R. Au fil des ans, il se concentre donc sur les études qui lui paraissent essentielles. Parmi elles, l'exploration de la tendresse, du désir, du désarroi.

D. ...

R. Il rencontre, il caresse, il embrasse, il serre dans ses bras des centaines d'hommes, de garçons, et de filles, aussi...

D. Je...

R. Nous y reviendrons. Laissez-moi aller jusqu'au bout.

Et, à la fois, chacun de ces êtres-là lui importe jusqu'au fond du cœur, même ceux qu'il appelle ses « rencontres hygiéniques », tous sont un trésor en eux-mêmes – il les appelle ses « face-à-face avec les anges ». Chacun a sa lumière, sa vibration propre. Et, tous ensemble, ils dessinent une immense planisphère du désir et de la tendresse. Une planisphère géante· de l'appel des autres dans nos vies.

D. ...

R. Très tôt, il réalise que *toutes* ces rencontres-là sont essentielles à sa quête. Elles ne sont pas toutes de la même intensité, de la même richesse ni de la même profondeur, mais toutes sont capitales. Chacun des êtres qu'il croise, qu'il rencontre, est essentiel à sa connaissance. Parce que, dans d'autres champs de sa réflexion, le jeune homme a commencé à réaliser que ce ne sont pas seulement les objets eux-mêmes qui importent, mais tout autant, et peut-être même davantage encore, les liens, les tensions, qui apparaissent entre eux. Ainsi, tous les êtres qu'il rencontre et qu'il caresse n'éveillent-ils pas en lui la même chaleur ou la même lumière, mais ce que chacune de ces rencontres lui apprend transforme, chaque fois, si peu que ce soit, l'éclairage sur l'ensemble de la carte, et même sur l'ensemble de la vie.

Deux grands courants se mettent petit à petit à traverser son existence. D'abord celui de l'émerveillement devant le foisonnement des formes du désir, du désarroi, de la tendresse. Devant cette force prodigieuse, dont il n'est jamais fait mention nulle part dans son monde, et qui circule pourtant, souterraine, sous ses fondations. Une force colossale, avec laquelle chacun se croit aux prises solitaire, alors que tous l'ont en partage. Le foisonnement des formes du désir et de la tendresse est le calque exact, précis, point pour point, du foisonnement de la vie.

L'autre grand courant ne· concerne pas directement le monde qui l'entoure, mais celui qui l'habite, lui. L'exploration de sa tendresse à lui. De son désarroi à lui. De sa quête à lui. À mesure que s'élabore la grande carte de la tendresse et du désir des hommes, il la compare à celle de son propre désir. Et il réalise que, depuis l'âge de sept ans au moins, depuis les tout premiers croquis de la carte, depuis les toutes premières esquisses maladroites, ce courant-là émane d'une région de la carte, une région… à part. Une région protégée. Plus avance le tracé de la carte, et plus le garçon prend conscience de ce que cette zone, elle, alors que toute la grande feuille se remplit petit à petit de points, de taches de couleur, de traits, de courbes et de symboles de toutes sortes, que cette zone, elle, reste intacte. Et qu'elle est le cœur. Le cœur de la carte. Le cœur du désir. Le cœur de sa propre vie. Le cœur intouché.

Il n'y a rien, ou presque rien, à dire de cette région-là. Elle est vierge. C'est une *Terra incognita*, comme sur les mappemondes d'autrefois. Tout ce qu'il en sait, c'est qu'elle constitue l'essentiel.

Au cours de sa vie, parmi ses innombrables rencontres, il en fait quatre qui l'amènent juste en bordure d'elle. Chaque fois, il tremble, il brûle, il croit que ça y est. Qu'il a enfin rencontré le…, le prince qui habite ces terres-là, loin de tout. Celui avec qui, de qui, apprendre à écouter les arbres, les grondements du sol, le lent défilé des nuages, l'égrènement du temps, le miroitement des glaciers, le murmure des ruisseaux, le silence des rapaces.

Mais non. Chacun de ces êtres-là pourrait l'être. Mais aucun ne l'est.

Et la région reste interdite.

Après la quatrième de ces rencontres bouleversantes, il est désespéré. Il décide de renoncer. D'abandonner sa quête. Il n'a plus la force. Plus le courage. Plus. Plus rien.

Il sait que les conséquences de cet abandon ont toutes les chances d'être catastrophiques. À tous égards. Il sait qu'en décidant, qu'en acceptant de renoncer, il décide, il accepte, de commencer sa descente vers la mort. Mais il n'a pas le choix. Il n'a plus rien.

D. …

R. C'est ressemblant ?

D. Assez, oui.

R. Qu'est-ce qui arrive à ce moment-là ?

D. Je vous l'ai dit, je dessine la carte de ma vie. L'animation *Terra incognita*. Ensuite, je commence à écrire un récit de ma vie. Encore une fois.

R. *Артйст*…

D. C'est ça. Je choisis quelques moments. Neuf, au total. Et j'entreprends de les raconter à la troisième personne : « il ». Chacun des moments prend appui sur un événement survenu durant le voyage en Russie de la Gouverneure générale, auquel j'ai participé à l'automne 2003. Un voyage prodigieux. À tous égards. Et qui a été traité, dans les médias, avec une bassesse répugnante.

R. Les chasseurs de lions à Plattsburgh…

D. …

R. Ensuite ? *Артйст ?*

D. J'en écris presque le quart, en quelques semaines. Mais tout à coup, je me rends compte que ce récit-là pourrait bien être en fait une lettre de suicide. Et que je ne peux pas. Je n'ai pas le droit. Pas tout de suite, en tout cas. Alors je le mets de côté, et je me plonge dans mon roman. Il faut que je le finisse. Je ne veux pas mourir sans l'avoir fini.

Mais je ne sais pas comment je vais pouvoir y arriver : c'est un projet énorme, je ne pourrai jamais avoir les moyens de m'y consacrer. Pas avec les cachets ridicules qui sont payés ici aux metteurs en scène, aux auteurs, aux comédiens. Je n'ai pas un traître sou devant moi. Et en quelques années, j'ai reçu coup sur coup cinq refus à des demandes de bourses.

Mais il y a le film de Robert, qui finit par être accepté par les institutions de financement.

R. Robert, c'est Robert Morin…

D. Oui.

Puis le projet à l'École de théâtre, tout à fait inattendu.

R. Et alors ?

D. Le tournage se passe à merveille. C'est un bonheur de tous les instants. Rien que de travailler avec Robert, qui est un des hommes les plus étonnants, les plus paradoxaux et les plus drôles que je connaisse, avec lui et avec Jean-Pierre Saint-Louis, son directeur photo, et les autres interprètes, et l'équipe, rien que leur présence, déjà, est un pur plaisir. À un point tel que je sens l'étau se desserrer. Un peu.

Puis, à l'École, il y a les étudiants. Leur fougue, leur quête, leur présence. Un trésor.

J'en suis presque à me dire que peut-être qu'après tout je ne mourrai pas tout de suite. Que, peut-être, je vais trouver le moyen de financer l'écriture de mon roman...

R. Au printemps, vous avez bien avancé, dans son écriture?

D. Oui.

Et tout à coup.

R. ...

D. ...

R. Tout à coup...?

D. Il y a ce garçon, qu'il m'arrive de rencontrer.

Discret. Presque absent, parfois, dans sa manière d'y être et pourtant de ne pas y être. Parfois, on dirait un enfant. Il me fait rire. Il me donne envie de sourire – c'est plus fort que moi.

Un jour, mon regard accroche le sien. Et quelque chose remue, en moi. En une fraction de seconde, je réalise ce qui est en train de se passer. Ce mouvement-là, en moi, je l'ai déjà ressenti.

R. Qu'est-ce que c'est?

D. L'annonce de l'éclair. Ou plutôt non : *c'est* l'éclair. Je veux dire que le mouvement que je ressens, qui me traverse à toute vitesse, c'est celui que j'ai ressenti quand j'ai vu le Peintre pour la première fois et que je me suis sauvé à toutes jambes; c'est celui que j'ai ressenti un dimanche matin juste après avoir fermé les yeux et qu'un grand crabe sépia m'est apparu; c'est la conscience qui me frappe, dans la lumière du soleil, de l'attente du Musicien à mon égard; c'est, un vendredi soir d'hiver, un tout Jeune Acteur qui tout à coup se transforme de pied en cap, là sous mes yeux.

L'éclair a cette force-là. Mais contrairement à toutes les fois précédentes, il passe à toute allure : une fraction de seconde, et c'est terminé.

R. Qu'est-ce que vous faites ?

D. Rien. Ma première tentation est de m'enfuir. De trouver le premier prétexte venu, de me sauver en courant, et de ne jamais le revoir. Mais je ne peux pas. Les circonstances sont telles que je ne peux pas. Je parviens à rester calme. J'essaie de ne pas y penser.

R. Ensuite.

D. Rien pendant quelque temps. Quand je le rencontre, je suis affreusement mal à l'aise. J'ai l'impression de traverser un champ de mines en raquettes. Je garde mes distances, mais je ne veux pas, surtout pas, qu'il s'en rende compte. Je ne veux pas le punir, je veux le protéger. Et me protéger, moi – ce qui reste de moi, en tout cas.

Un soir. En rentrant chez moi. Juste le temps de refermer la porte de mon appartement, de retirer mon gros chandail. L'éclair frappe. Tellement soudain, tellement puissant... que je pense que je vais tomber par terre. Inimaginable.

Je parviens de peine et de misère à me traîner jusqu'au fauteuil de mon bureau, et au moment où je me laisse tomber dedans, un torrent d'images, de sons, de mots, de sensations se déchaîne. Je ne peux même pas tenter de le décrire vraiment. J'ai connu des tornades intérieures, des raz-de-marée, des saisissements insensés, dans ma vie, oh oui. Mais jamais, jamais rien de tel. Rien, même, d'approchant. Ça n'a strictement rien à voir avec rien que j'aurais jamais connu. Pendant des heures, ma vie entière semble voler en éclats, et les fragments, de toutes sortes, voltigent dans tous les sens, s'agglutinent un instant puis repartent. Un nombre inestimable de combinaisons se font, se défont, se répondent. Cinq, sept, vingt-cinq à la fois. J'ai les yeux grands ouverts, et pourtant les images intérieures sont plus fortes que ce que je perçois du monde qui m'entoure. Chaque parcelle est d'une parfaite précision, mais il y en a tellement, tellement. Et l'énergie qui les propulse, les anime, est tellement démesurée. Que. Je vous l'ai dit. Que j'ai l'impression que mon corps ne résistera pas. Ne résistera pas à la pression. Que je vais faire explosion. Me déchirer. Littéralement. Et puis, après un certain temps, je me rends compte... que je suis en train de m'épuiser. Mon corps commence effectivement à défaillir. La tension est trop forte, depuis trop longtemps. Je ne peux plus résister. Et là. Le mouvement, le surgissement, le tourbillon des images se met à ralentir aussi. Je le comprends. Je tente de respirer plus doucement, de me détendre malgré ma panique. Aussitôt les images réagissent : elles ralentissent encore davantage. Je comprends qu'elles s'adaptent à mon rythme à moi, qu'elles épousent ma résistance. Elles ralentissent même tellement qu'elles finissent par disparaître, par... complètement sortir du cadre : écran noir. Je sais que ce n'est pas fini, je sens que la pression est toujours là, active, en moi. Mais il y a un moment d'accalmie. Je suis pantelant. Et soudain, une... pas une voix... mais une conscience, une partie de moi, et je sais laquelle – c'est celle qui m'a dit, un dimanche matin, de fermer les yeux et de regarder en moi-même, celle qui m'a aussi annoncé un jour toute une période de ma vie – mais de ça, je ne vous ai pas encore parlé – je l'ai dit, c'est une voix impérieuse, profonde, basse, un grondement. La voix d'un géant. Assis dans mon fauteuil, quand je réalise qu'en me calmant, en prenant le dessus sur la panique qui m'a envahi, je peux ralentir le flot des images, il y a d'abord une accalmie. Un passage au noir. Et puis, très forte, très claire, la voix approuve. Elle fait « Oui » : elle me confirme que me calmer, que ne pas me laisser être balayé par le flot, était bel et bien ce qui était attendu de moi. Et là. Les images reviennent. Mais tout doucement. Je revois ce que j'ai vu plus tôt, mais cette fois il n'y a plus aucune pression. Rien que le ballet des images, des sensations, des souvenirs de tous ordres. Cela dure des heures. À un moment donné, je prends conscience de toute la complexité de ce qui est en train de se passer, et je me dis que c'est effrayant, que je ne pourrai jamais me souvenir de tout ça… mais je comprends aussi, immédiatement, que c'est sans importance, pas la moindre : que je dois laisser les images et les sensations défiler et simplement ressentir leur mouvement général, la direction que, toutes ensemble, elles m'indiquent.

R. Laquelle ?

D. Qu'il existe un chemin. Et que je vais le découvrir.

La splendeur du moment, une fois passée la terreur, c'est l'harmonie absolument prodigieuse qui se dégage de ce qui se déroule là. La complexité vertigineuse, et pourtant l'harmonie parfaite. Je me demande si c'est de moments comme celui-là que parlent les mystiques.

Durant des heures, je contemple des parcelles de ma vie qui se répondent les unes aux autres, par-delà les décennies – je comprends soudain ce que cela signifie, quand on dit que le temps est sans importance, qu'il n'existe pas, qu'il n'est qu'un cadre de référence : ce court instant-ci, vécu à quatre ans, fait immédiatement écho à celui-là, vécu à quarante, pour être tous les deux aussitôt éclairés par un troisième, à vingt-cinq ans, que j'avais totalement oublié. Et ainsi de suite, à toute allure, sans discontinuer.

Et puis, à la fin, après le ballet-tornade des souvenirs, changement radical : un paysage, vu du haut des airs. Comme. Comme une prise de vue, depuis un hélicoptère fonçant droit devant lui. Et là, au bout, la sortie. J'arrive… ailleurs.

Depuis, je ne sais pas, trois mois, quatre, j'ai repensé plusieurs fois à cette séquence aérienne. Mais elle était tellement belle, qu'il ne m'a même pas traversé l'esprit de me demander ce qu'elle pouvait bien signifier d'autre que : il y a un chemin. Ce n'est qu'aujourd'hui, grâce à nos conversations, qu'un autre sens de ce… de ce film m'apparaît. L'hélicoptère qui fonçait, c'était au-dessus de ma carte, qu'il filait. Ma carte. La carte de ma vie. Et là, tout au bout, quand je vois le bout du chemin, je comprends enfin où je suis. Et pourquoi un tel sentiment de plénitude vient de m'envahir.

R. Où? Où est-ce qu'il aboutit, le chemin?

D. *Terra incognita*. Il y a un chemin. Je vais le parcourir. Et il a un terme.

R. ...

D. Pourtant, il y a quelque chose de vraiment très étrange, dans ce paysage que je survole durant mon... mon tour en hélicoptère.

R. Qu'est-ce que c'est?

D. Le survol, à toute allure, se poursuit sur des centaines et des centaines de kilomètres. Mais ce n'est pas celui... Je ne survole pas un désert. Pas un désert du tout. Mais une forêt vierge. Un immense tapis émeraude, riche, fertile, la fertilité même, à perte de vue. Quelque chose comme l'Amazonie, mais où il n'y aurait pas un seul centimètre carré de déboisé. Rien que la nature. Dense, foisonnante. Déchaînée. D'un vert profond. Un vert qui signifie « la vie ». En survolant la forêt, à toute vitesse, je sais que la couverture de végétation est très très haute, que ces arbres-là, en bas, sont immenses. Parfois, entre les branches, je saisis, en un éclair, le scintillement argenté d'un cours d'eau.

Puis, petit à petit, le sol s'élève. Et la forêt est doucement remplacée par un sol de pierre et de terre dénudée : une chaîne de montagnes. Qui grimpe, qui grimpe. L'hélicoptère reste à la même distance du sol, s'élève avec lui. Et soudain, je passe le sommet et...

L'effet est saisissant. Une grande bouffée d'air. Comme si... quelque chose, en moi... lâchait, tout à coup. J'ai failli tomber à plat ventre, en bas de mon fauteuil. Le sentiment d'une libération... totale, immédiate. Je suis tout au sommet de la montagne, et de là, j'embrasse un tout autre horizon. Où la lumière est fantastiquement belle.

R. …

C'est… j'ose à peine demander… « c'est tout ? »

(Les deux rient.)

D. Presque.

R. Quoi d'autre ?

D. À la toute fin, la « voix » revient. Elle dit, avec une douceur extraordinaire : « Voilà. Tu viens de survoler le territoire. À présent, il te reste à le parcourir. À pied. Pas à pas. »

R. …

D. C'était pour ça qu'il avait fallu que je ne cherche pas à retenir les images, durant la tornade. Je ne devais pas les apprendre, non, je devais seulement accepter enfin ce qu'elles sont. Et, ensuite, refaire le trajet par moi-même, en toute conscience, en toute connaissance de cause. Pas à pas. Non plus seulement en esprit, mais dans le monde. C'est ce qu'il me reste à faire de la vie qu'il me reste.

R. Ensuite ?

D. Je me couche. Ou plutôt : je me laisse tomber dans mon lit comme une tonne de roche.

Je crois… je n'en suis pas certain, mais… je crois que c'est en m'éveillant le lendemain matin que je réalise que… que pour la première fois… j'ai passé chaque instant de la nuit à… à rêver que nous faisons l'amour, Billy et moi.

R. …

D. …

R. Et à présent ?

D. À présent ? Je ne sais rien – rien du tout. Rien d'autre que l'effet qu'il me fait. Rien d'autre que ce qui vit au cœur de moi, depuis aussi loin dans le temps que je me souvienne. Et je sais que pour lui il n'est pas question que nous soyons intimes. Et que je n'ai rien à redire à ça. Rien. J'ai trop de respect pour lui. Je ne l'aime pas pour la réponse que j'espère mais pour ce qu'il est. Si ce qu'il est fait qu'il ne peut pas m'aimer… eh bien tant pis, ce qui importe c'est quand même ce qu'il est. Ce qu'il éveille en moi. Fût-ce malgré lui.

Je sais…

R. …

D. … que sa présence dans ma vie vient de m'éveiller comme
je ne l'ai jamais été.

Bien entendu, j'ai peur de m'être trompé.

D'être fou.

Que tout cela ne soit qu'une chimère.

Seulement, si je me suis trompé, alors c'est toute ma vie,
toute, jusque dans ses moindres détails, qui est une erreur.

Si je suis fou, c'est mon existence entière, qui est une folie.

Si tout cela est une chimère, eh bien… c'est que c'est moi,
tout moi… qui en suis une.

*

D. Il arrive que ses yeux surgissent dans mon esprit, parfois.
Et que je sois tellement étonné, que le choc soit tellement
fort que j'ai envie de hurler « Nooon!! ».

R. Pourquoi?

D. C'est le sentiment qui accompagne ces surgissements…

R. Lequel?

D. Que le téléphone *va* sonner.
Même : qu'il sonne déjà.

*

R. À quoi songez-vous?

D. Que je suis face à un inconnu plus vertigineux qu'aucun
de ceux que j'ai jamais rencontrés.

Depuis quelques mois, sur la carte, en moi, le territoire
inconnu est incandescent.

R. Vous voulez dire… sur la carte du désert?

D. Oui.

R. Mais… et qu'est-ce que vous faites de la vision de la forêt
vierge?

D. Ce que j'en fais ? Rien. Rien du tout.

Je ne crois pas que cette image-là, celle de la forêt, soit la négation de celle du désert.

R. Comment ça ?

D. Oh, comment exprimer ça ? Pour faire court : cette… cette vision-là ne dit pas du tout « Corrige ton regard : ce n'est pas dans un désert que tu es, mais dans une forêt. » L'image du désert n'évoque pas la désolation, ni la stérilité, mais l'inconnu, l'absence de repères, l'immensité de la surface, dans toutes les directions. C'est… à la fois, un désert et une forêt vierge. Encore une fois, ce n'est pas une image ou l'autre qui importe, c'est la tension entre les deux qui est parlante.

Et à d'autres moments, il m'apparaît que la vie foisonnante de cette forêt-là, c'est… le désert, mais après l'avoir rencontré, lui.

Je ne sais pas.

R. Et le territoire inconnu est incandescent ?

D. Oui. Des masses et des masses de souvenirs, en moi, de désirs, de pensées, reculent, s'estompent de jour en jour.

Il y a ses yeux. Et c'est tout.

Il y a ses yeux. Et cinquante années de vie mènent là : à ses yeux.

Nulle part ailleurs.

Il n'y a pas d'ailleurs. C'est ça, que nos entretiens me font comprendre. Il n'y a pas, pour moi, d'autre ailleurs que ses yeux à lui.

R. …

D. …

R. Vous êtes certain ?

D. Si on peut l'être davantage, à quelque sujet que ce soit, je ne sais pas comment. Je ne peux même pas me l'imaginer.

Il a, mais sur un tout autre mode, la grâce, l'imagination et l'intelligence du Jeune Acteur, la solidité du Peintre, le bon sens de Matane, la belle et douce folie du Musicien. Et pourtant, il n'a rien à voir avec aucun d'entre eux.

Un soir…

R. Un soir…?

D. Le même soir où je lui ai dit, au moment où nous nous quittions, que je l'attends depuis avant même sa naissance…

R. Oui.

D. J'ai fait une chose insensée. Nous étions en public, assis à une toute petite table. Je ne fais jamais des choses comme celle-là. Nous prenions un verre. Et je. Je lui ai demandé… la permission de caresser son visage. Il a fait signe que oui. Sans hésiter.
Et j'ai…
J'ai simplement placé ma paume sur sa joue.
Et…

R. Et…?

D. Et pour la première fois de ma vie, je crois, en présence d'un autre, j'ai… j'ai su qui je suis.

R. …

D. Il y a eu, au plus profond de moi, un soupir de soulagement que vous ne pouvez pas imaginer. J'aurais cru… que tous les morceaux de moi prenaient une grande respiration… pour la première fois depuis des siècles.
Et c'est un homme de quarante-neuf ans, qui a couché avec des centaines de gars, qui vous dit ça.

R. Et…?

D. Et ça ne se peut pas.
Pourtant…

R. Pourtant…?

D. Je ne peux pas m'éloigner de lui.
La semaine dernière!
Samedi dernier, dans l'après-midi. Je relisais encore une fois nos premiers entretiens. La nuit précédente, je lui avais envoyé un *e-mail*, parce qu'il venait de m'arriver un incident troublant, extrêmement désagréable – qui n'avait aucun rapport avec lui, mais dont j'avais envie de parler, de *lui* parler. Je suis rentré chez moi et je me suis jeté sur

l'ordinateur, sans réfléchir. Depuis des mois, dès que je brûle, il me suffit de lui écrire pour que le vent de feu s'apaise. Il suffit que je lui parle. La plupart du temps, je ne lui envoie même pas ce que je lui ai écrit. Je ne veux pas le submerger. Donc, je lui écris, sans réfléchir, en pleine nuit. Et je lui envoie le message. Ensuite, je dors. Me lève. Me remets aussitôt au travail sur nos entretiens.

J'arrive au passage, dans la première partie de notre rencontre, où je parle du danger qu'on fait courir à l'autre en lui dévoilant sans préparation qu'on sait qu'il y a en lui des pensées enfouies. Je ne suis pas content du résultat : c'est beaucoup trop court, trop rapide pour être compréhensible. Pendant quelques heures, je remanie complètement le passage. Et au moment où je termine, au moment précis où je mets le point final, un message arrive dans la boîte de réception de mon ordinateur. Je vais voir. Il est de lui. De Billy.

Je suis content. J'ouvre. Je lis.

Et.

L'effet est indescriptible.

R. Qu'est-ce qu'il vous écrit ?

D. Il me parle de lui… de ce qu'il vit. De ce qui le trouble. Des énigmes de sa vie. Et…

R. Quoi ?

D. Chaque mot, chacune des phrases qu'il m'adresse compose une question. La question même à laquelle je viens tout juste de répondre durant des heures.

*

D. Je voudrais revenir sur un aspect du résumé que vous avez fait un peu plus tôt.

R. Oui ?

D. Encore une fois, je le crois très clair. Seulement, ce résumé-là, c'est celui de ce que je comprends aujourd'hui, grâce à nos entretiens. Il y a deux jours, rien que deux jours, il aurait été sensiblement différent.

R. En quoi?

D. J'y viens. Je veux juste, avant, préciser pourquoi je veux revenir sur lui : pour nous permettre de mesurer la distance que nous sommes en train de franchir, et la vitesse fulgurante à laquelle nous la franchissons.

Au cours de votre résumé, vous avez parlé du fait qu'à la mort de ma mère, le choc de sa mort, bien entendu, mais aussi et peut-être surtout celui d'avoir ensuite immédiatement été expédié au camp de la rue Clark, a eu un effet radical sur moi. À partir de ce moment-là, il ne pouvait plus être question de tendresse, dans ma vie, seule l'autorité régnait. L'autorité bête, sans raison. La haine féroce de la vie. Plus tard, vous avez aussi parlé de la rencontre, à nouveau, des deux enjeux…

R. … la tendresse et la violence…

D. … de la réponse que chacune des deux grandes questions de ma vie a suscitée en moi. Votre description correspond tout à fait à ce que je ressens en ce moment. Mais, encore une fois, il y a deux jours seulement, mon interprétation en aurait été complètement différente.

R. J'écoute.

D. Il y a deux ou trois jours encore, je vous aurais parlé de ma troisième vie.

R. Excusez-moi?

D. Je vous aurais dit que je suis présentement dans ce que j'appelais ma troisième vie.

R. …

D. Vous vous souvenez que durant le quatrième entretien, tout à coup, je me suis écrié « Je vais vivre »?

R. Oui, bien sûr.

D. Eh bien, cela avait directement à voir avec ce que je vais vous raconter maintenant.

J'ai toujours cru que j'étais mort à dix ans…

R. À la mort de votre mère.

D. Oui. Eh bien pour la toute première fois de ma vie, aujourd'hui, grâce à votre synthèse, je réalise que non, je ne suis pas mort à dix ans. Mais qu'à cet âge-là, j'ai été forcé de me transformer, presque instantanément. De me transformer tellement profondément et si vite qu'il n'y a pas eu d'autre mot, pour moi, pour décrire ce qui m'arrivait, que ce mot-là : « mort ». D'autant plus que du même coup j'ai dû renoncer, pour des années et des années à venir, à même seulement mentionner, devant qui que ce soit, un des deux pans les plus essentiels de ma vie.

R. La tendresse.

D. Oui. Et puis le choc avait été monstrueux. La mort elle-même. L'exil de mon père à Québec – pendant des années je n'aurai même pas le droit de lui parler. Perdre tout, tout ce que nous possédions – il ne me reste pas dix objets au total de mes dix premières années de vie. Perte de tous mes amis, du jour au lendemain – et en particulier du « voisin ».

R. Celui de la fenêtre… et de… de ce dimanche-là…

D. Oui, mais surtout de la première tête que je caresse. Changement d'école, de régime pédagogique. Et, enfin, découverte de ce qu'est la vie hors de l'orbite de mes parents : glacée, morne, dure, vide. La monstruosité, au camp de la rue Clark.

R. Oui.

D. Durant presque quarante années de ma vie, je vais être convaincu que je suis mort à dix ans. Que c'est un fait indéniable. Que je suis le fantôme de celui que j'aurais pu devenir.

Et pourtant, autour de vingt ans, une image commence à émerger, en moi. Une image paradoxale. Je veux dire double, et dont chaque partie semble contredire l'autre, sans pourtant que ni l'une ni l'autre se laisse effacer.

D'abord, à cette époque-là, je réalise que si je pense à la vie qui m'attend, il n'y a rien au-delà de… quarante ou quarante-cinq ans. Cet âge-là constitue un mur, dans mon esprit. Un mur infranchissable. Je finis par penser avoir compris : c'est à cet âge-là que je vais mourir. Là, à seize, vingt et un, trente ans, je suis en… période supplémentaire – c'est comme ça que je me sens. Mais je sais que le temps alloué à cette période a un terme. Et ce terme, je le connais longtemps d'avance : à quarante-cinq ans au plus tard, je serai mort. C'est pour ça qu'il n'y a jamais un seul instant à perdre. C'est pour ça, mon cher René-Daniel, que votre débit verbal est si précipité. L'horloge court !

R. Et l'autre image ?

D. J'ai quatre-vingts ans.
Je marche sur une plage de galets. Avec deux énormes chiens. J'habite là. En Angleterre.

R. À quatre-vingts ans ?

D. Oui. Cela saute aux yeux que les deux images sont irréconciliables : je ne peux pas à la fois m'imaginer que je vais mourir à quarante-cinq ans et être habité par une image de moi, qui me revient régulièrement, dans laquelle, à quatre-vingts, je promène mes chiens. Pourtant, des décennies durant, je ne me rends même pas compte du paradoxe. Elles sont aussi fortes l'une que l'autre, mais elles ne… en moi, elles ne se rencontrent jamais. Elles ne sont pas sur le même plan.

R. Comment ça ?

D. Pas maintenant.
Le soir de mes quarante-cinq ans, je réalise que ça y est : je commence à sortir de la région dessinée, sur la carte. Ces jours-là, je réalise que non, quarante-cinq ans n'est pas le moment de ma mort, mais celui d'une transformation. Peut-être aussi radicale que celle que j'ai vécue à dix ans – la violence en moins. Je réalise que je suis en train de sortir de la région cartographiée de ma vie, pour entrer dans… dans la région du monde qui mène, là-bas, au cœur du désert, au cœur de ma vie.
Je réalise que je ne meurs pas. J'ai simplement terminé le travail que je m'étais confié à l'âge de douze ans. Et que je l'ai terminé dans les délais prescrits.

R. Quel, travail ?

D. Malgré la dureté du monde, préserver mon âme. À quarante-cinq ans, le contrat arrive à échéance : je ne meurs pas, je reprends les choses là où j'ai été contraint de les abandonner à dix ans.

R. Donc, depuis presque cinq ans, vous êtes entré dans votre troisième vie…

D. C'est en tout cas ce que je croyais. Mais voyez-vous, à mesure que notre travail avance, que je décris enfin les images, que je peux les lire, ce que je comprends de ma vie prend un air fort différent : à dix ans, je ne suis pas mort, non… j'ai pris le Maquis.

R. Et à quarante-cinq ?

D. J'ai commencé d'en sortir.

Septième entretien
Individualisme, fantômes,
massacres ratés et reproductions

R. Mercredi 26 janvier 2005. Neuf heures quarante-cinq. Dans votre bureau.
Bonjour.

D. Bonjour à vous.

R. Avant d'entrer dans le vif du sujet, c'est vous qui cette fois-ci souhaitez apporter une précision.

D. Deux, en fait.

R. Allez-y.

D. Premièrement. À mesure que nous avançons, je me rends compte de ce que chacun de nos entretiens demande de plus en plus de travail, et donc de plus en plus de temps. La rédaction du premier jet est généralement très chargée en émotions, mais assez simple à mener à terme. Sauf que dès que je le relis, des implications et des recoupements me sautent aux yeux. Les trois derniers, en particulier, ont été chacun de véritables tremblements de terre. La perception que j'ai de ma propre vie est en train de se transformer de fond en comble, à un point qui dépasse largement mes attentes les plus folles. À elles seules, les évocations auxquelles je me livre, qui sont généralement celles de moments précieux, font jaillir de véritables volcans de souvenirs – qui viennent encore nourrir les images, les complexifier, et donc nous ralentir. Je ne dis pas ça pour me plaindre, en aucune façon. Mais je sais qu'il faut absolument que cet ouvrage soit terminé pour la fin de février. Et plus nous avançons, moins je vois comment cela pourrait être possible.

R. Je comprends. Mais…

D. … mais nous n'avons pas le choix, je sais. Je voulais quand même souligner le fait. Il pourrait bien finir par porter à conséquence.

R. Sans doute.

D. Notre dernier entretien, par exemple, le sixième, a bien été commencé vendredi soir au Barbare, et samedi en fin de journée il était terminé. À ce moment-là, d'un commun accord, nous avons vous et moi décidé de ne pas le découper, de respecter l'unité du propos. Les journées entières de dimanche et de lundi se sont ensuite passées à le corriger, à le compléter. Et celle d'hier, mardi, à relire l'ensemble du travail depuis le début. Tout ce travail-là est inévitable, nécessaire : nous ne sommes pas ici simplement pour étaler sur la table le plus grand nombre possible de morceaux du casse-tête, mais surtout pour discerner et exprimer les liens qui les unissent. C'est justement cette seconde tâche qui prend le plus de temps, qui a des effets surprenants, qui suscite des tremblements de terre.

R. Bien entendu, puisque c'est elle qui est au cœur de notre travail.

D. C'est ça.

R. Donnez-moi quand même un exemple.

D. Comment voulez-vous que j'exprime en quelques pages que oui, oui, oui, je ne le savais pas mais oui, on peut très bien, une grande partie de sa vie, avoir été habité par une quête, avoir le sentiment que l'on vient d'entrer depuis quelques années en territoire inconnu, jamais cartographié, pour lequel on ne possède aucune représentation ni aucun point de repère, et ne même pas s'être rendu compte que l'on est aussi celui qui a, quinze ou vingt ans plus tôt, écrit un conte parlant précisément de ça? Comment voulez-vous que j'exprime en une demi-page l'effet que provoque immédiatement une telle prise de conscience? Et la cascade qui s'ensuit? En soi, je crois bien que cela mériterait un livre entier. Mais il ne saurait en être question. Le temps manque déjà.

R. Oui.

D. Comment exprimer en plus ce que l'on ressent quand toute sa vie on a eu l'impression d'avoir été radicalement transformé par un événement aussi violent que l'a été la mort de ma mère, mais qu'on se rend compte soudain que non, l'événement a bien eu une importance capitale, mais pas celle-là : ce n'est pas sa mort qui a provoqué la transformation, mais les conséquences qu'elle a eues. Et tout particulièrement l'envoi au camp de la rue Clark.

R. Oui.

D. Comme si ce n'était pas assez, comment exprimer ce qu'on ressent quand on réalise qu'une période aussi sombre, aussi étouffante que celle de ce séjour au camp m'a sans doute sauvé la vie?

R. Sauvé la vie?

D. Oui. En me tirant de force de la vie de voyou que je me préparais, d'abord. Ensuite en me plongeant d'un seul coup dans une réalité que je ne connaissais pas, ou à peine : celle du camp, justement.

R. Expliquez-vous.

D. Le choc qui m'a obligé à me reconstruire d'un bout à l'autre, en quelques mois à peine, m'a du même coup préparé à ce qui allait suivre : à la vie dans cette société. Si je n'avais pas eu… la chance, de subir l'entraînement intensif auquel, à partir de dix ans, m'ont soumis mes grands-parents, je n'aurais sans doute jamais été en mesure de survivre à ce que la vie dans cette société me réservait.

R. Vous voulez développer là-dessus?

D. C'est pourtant simple : si ma mère n'était pas morte quand j'avais dix ans, il est très probable qu'au sein de la cellule familiale, j'aurais continué à baigner dans ma vie comme je l'avais fait jusque-là. Or, ce sont souvent les contrastes, les crises, les chocs, qui nous font prendre conscience des choses – et là, justement, je n'en aurais sans doute pas rencontré. À dix-huit ans, un peu plus tôt ou un peu plus tard, j'aurais donc eu toutes les chances de me retrouver dans des situations où je me serais heurté à des murs invisibles pour moi. Je n'aurais pas pu comprendre à quoi je venais de me heurter, parce que je n'en aurais pas eu de représentation.

R. Quelles sortes, de murs?

D. Des murs cachés dans le langage. Des murs culturels, si vous voulez. Des valeurs, par exemple, dont nombre de gens, dans cette société, savent parfaitement qu'elles sont au cœur des enjeux politiques et sociaux, mais dont personne ne parle jamais ouvertement.

R. Des enjeux tels que...?

D. Tels que ceux du nationalisme, par exemple. Je ne veux pas entrer dans le vif de ce sujet-là, juste vous donner un exemple de ce à quoi je fais référence.

Prenons la critique de l'individualisme. Elle s'exprime depuis fort longtemps – plus d'un siècle – dans cette société, et elle est forcenée. Au fil des époques, elle a revêtu à tour de rôle des formes très diverses, elle s'est adaptée aux circonstances changeantes, mais depuis... quinze ans, à peu près, elle est ouverte : on entend de toutes parts, et de plus en plus, l'individualisme être voué aux gémonies, être identifié comme le grand responsable de tous les maux politiques et sociaux. L'individualisme, à entendre le discours ambiant, c'est le diable en personne, tapi dans tous les recoins de la société, prêt à bondir et à dévorer vos enfants. Ce qui est assez surprenant.

R. Pourquoi?

D. Parce que des individus dignes de ce nom, des individus autonomes, dans cette société, j'ai peut-être trop de doigts pour compter ceux que j'y ai rencontrés. Au contraire de ce qui est prétendu par le discours anti-individualiste, je ne vois pas trop d'individus, je n'en rencontre pour ainsi dire jamais. Ce que je rencontre, en revanche, et à foison, ce sont des égotiques.

R. Oups. On définit les termes?

D. Bien sûr. Un égotique, c'est quelqu'un qui croit que le reste de l'univers est là pour le servir. Que le monde est le décor du film dont il est le héros exclusif et que de tout le reste, de tout ce qui n'est pas lui, il est dès lors amplement justifié de se foutre éperdument – à moins que ça ne puisse lui être utile. L'égotisme, c'est une inflation démesurée du sentiment de sa propre importance. Et de ça, j'en rencontre des masses. Un individualiste, c'est tout le contraire : c'est quelqu'un qui croit que chacun de nous est à la fois unique et membre de multiples collectivités. Qui croit que la responsabilité de chacun est de faire tout son possible pour se développer, pour faire fructifier ce qu'il porte, ce qu'il est, à la fois pour lui-même vivre la vie la plus fertile possible et pour permettre aux autres d'en faire autant. L'égotique croit que le reste de l'univers est à son service. L'individualiste, qu'il fait partie de l'univers au même titre que les autres, et que nous avons tous le devoir de devenir nous-mêmes et de nous aider les uns les autres à en faire autant. Ce qui implique que celui qui croit aux vertus de l'individualisme est nécessairement conscient de ce que les autres existent autant, à leurs propres yeux, que lui-même aux siens. Ce que, de son côté, nie l'égotique – ou en tout cas, s'il ne le nie pas ouvertement, il s'en fout comme de l'an quarante.

Eh bien, cette distinction n'est pas du tout d'un raffinement tellement subtil qu'il échapperait à l'entendement de qui que ce soit qui ne disposerait pas d'au moins un doctorat en philosophie, jamais de la vie. Il est même de l'ordre du tout simple b-a-ba : des milliers, peut-être même des dizaines de milliers de personnes, dans cette société, le savent très bien. Or, ces personnes-là ne disent rien. Chaque jour ou presque, dans les journaux, à la radio, à la télé, les pontifes et les vampires se succèdent sur toutes les tribunes disponibles pour dénoncer l'ignoble individualisme qui menacerait l'âme du Québec et du monde occidental, et pas un chat ne lève le petit doigt pour dire : « Euh... excusez-moi... mais je pense que vous vous trompez de mot... et que ça ouvre la porte à des conséquences très néfastes... »

R. Lesquelles ?

D. Eh bien, pour n'en prendre qu'une entre vingt : celle, bien évidemment, de rendre l'individualisme tabou. Et, donc, d'évacuer de la place publique toute discussion sur le développement individuel – à moins qu'il ne se fasse au profit de la nation, bien entendu, où ce n'est pas « soi » qui importe, mais « nous » et seulement « nous ».

R. Est-ce que ce n'est pas une simple question de vocabulaire ? Les gens sont tout à fait capables de faire la distinction.

D. Ah, vous croyez ? Eh bien pas moi, pas du tout. Ce n'est *pas* une simple question de glissement du vocabulaire, c'est une question politique. Parce que le mot « individualiste » que l'on détourne ainsi de son sens, aucun autre ne vient le remplacer pour nous permettre d'exprimer ce que lui exprimait. Et qu'en conséquence, il n'y a plus de mot, dans la société où j'habite, pour exprimer ce que je viens de définir comme l'individualisme. Ce n'est pas un détail, parce que ce qu'il permettait d'exprimer est lié à l'une des questions les plus essentielles depuis rien de moins que Socrate. Comme, en plus, tout le discours social et politique repose sur le nationalisme, qui soumet déjà la notion de « je » à celle de « nous », un enfant qui grandit dans cette société-là, qui entend chaque jour parler de l'importance capitale des droits collectifs, et qui entend pourfendre l'individualisme, n'acquerra aucune espèce de notion de ce que peut bien signifier « développement personnel ». Ni, *a fortiori*, « conscience », sauf évidemment dans, encore une fois, son sens collectif : « conscience sociale ». Ce qui revient à dire que ce jeune-là développera une conscience de ce qu'est le groupe, sans se rendre compte qu'on est en train de lui voler le sens de sa propre vie : dans ce groupe, les individus, eux, ne comptent pas. Lui-même ne compte pas. Ce sera l'ensemble, et rien que l'ensemble, qui importera à ses yeux. On l'aura rendu complice de la destruction du sens de sa propre vie.

Dans son *Journal de guerre*, écrit en grande partie pendant l'occupation allemande en France, durant la Deuxième Guerre mondiale, Ernst Jünger donne un exemple extrêmement éloquent de ce même soi-disant glissement de vocabulaire. Lui est à Paris, au quartier général allemand, mais c'est un anti-nazi – il sera plus tard associé aux officiers généraux qui vont tenter de se débarrasser de Hitler. Un jour, il note dans son journal, donc, que sa mère qui, elle, est toujours en Allemagne, vient de lui écrire, furieuse, pour lui raconter que les murs, là-bas, ont commencé à se couvrir d'affiches proclamant : « Le peuple est tout ! Tu n'es rien ! » Et Jünger de commenter – je paraphrase : « Ben oui, c'est ça : des dizaines de millions de fois zéro – tout un peuple en effet… »

Eh bien « Le peuple est tout ! Tu n'es rien ! », c'est essentiellement ce que j'entends, moi aussi, proclamer chaque jour dans la société où je vis : il me suffit d'allumer la radio ou la télé, ou d'aller m'asseoir dans un café et d'écouter les conversations autour de moi. C'est même une phrase qui – sous des dehors un peu plus fleuris mais qui ne changeaient strictement rien quant au fond – m'a été adressée personnellement plus de cent fois.

Fin de l'exemple.

R. Bien. Et si nous en revenons à l'homme que vous auriez pu devenir, vers dix-huit ans, si vous n'aviez pas reçu l'entraînement que vous ont imposé vos grands-parents?

D. Dix-huit ans, c'est l'âge où j'entre à l'École de théâtre...

R. Oui.

D. ... eh bien, imaginez ce que c'est qu'un artiste dans une société où « Le peuple est tout! Tu n'es rien! »...

R. Un... propagandiste?

D. Bien entendu. Oh, ça ne veut pas dire qu'il ne réalise que des œuvres faisant ouvertement la promotion de la Cause, non, mais s'il ne veut pas se faire arracher la tête de sur les épaules, il faut en tout cas que son travail n'aille en rien contre elle. D'autant plus, d'ailleurs, que, comme les artistes ont la réputation – très surfaite – d'avoir « par nature » un fort penchant pour l'individualisme, il leur faut montrer patte encore plus blanche que la plupart des autres citoyens avant d'être déclarés acceptables. Et tout ça, confusément ou pas, l'artiste le sait parfaitement – longtemps avant d'en être devenu un, d'ailleurs.
Laissez-moi vous raconter deux moments de mon passage à l'École de théâtre.

R. Allez-y.

D. Lors de mon audition d'entrée – le dimanche 1er avril 1973 – après que j'aie eu récité les deux monologues que j'avais appris et que je me sois livré à une petite improvisation, je viens m'asseoir à la table des deux directeurs, André Pagé et son adjointe, Michelle Rossignol, pour la seconde phase : l'entrevue.

R. Oui.

D. Ils se mettent à me poser des questions, sur moi, sur mes intérêts, ma vie. Ça part dans tous les sens. Et tout à coup... Michelle me demande : « Crois-tu que le théâtre ait un rôle social à jouer? » J'en reste comme deux ronds de flan : je n'en ai pas la moindre idée, je ne me suis jamais au grand jamais posé la question. Même que je la trouve sans le moindre intérêt. À mes yeux, la société n'est pas intéressante en soi, ce sont les individus qui la constituent, leurs rêves, leur vie, qui le sont. Ce ne sont pas les individus qui existent pour nourrir la société, mais la société qui est la construction commune aux citoyens qui la composent. Ce qui me fascine, ce sont les individus, pas la machine dans laquelle ils sont forcés de s'inscrire – et puis merde, c'est dans une École de théâtre que je souhaite entrer, pas à Sciences Po. Néanmoins, j'ai appris un certain nombre de choses, depuis sept ans que j'habite au camp de la rue Clark, et l'une d'elle a été de saisir, et vite! le sous-texte de ce qu'on me dit ou de ce qu'on me demande. Je n'ai pas eu le choix, avec mes grands-parents, c'était une nécessité quotidienne : si je ne voulais pas devenir ce en quoi ils essayaient de toutes leurs forces de me transformer, il fallait bien que j'apprenne à faire semblant. Et pour pouvoir faire semblant de manière adéquate, il fallait que je comprenne ce qui était attendu du personnage que j'avais à jouer.

R. Alors qu'est-ce que vous répondez?

D. Sur le coup, ma première réaction est de me dire « Oh, *shit!* » de me lever et de m'en aller. Mais je ne peux pas : je n'ai nulle part ailleurs où aller. Me sauver, ce serait un suicide. Si je veux pouvoir bientôt fuir le camp de la rue Clark, il faut *absolument* que je sois accepté à l'École. En entendant cette question, je comprends immédiatement que l'École est une annexe du camp, mais peu importe : là, il y a au moins les fantômes de Tchaïkovski, de Shakespeare, de François Villon, dont mon père m'a parlé autrefois, et qui m'avaient paru tellement beaux qu'une annexe du camp avec leurs fantômes, c'est déjà infiniment mieux que le camp lui-même, mais sans eux. Qu'est-ce que je dis là : « C'est déjà mieux »? *C'est la seule possibilité sur Terre.*

Cette nécessité-là n'est pas nommée, dans mon esprit, mais ça ne veut pas dire pour autant qu'elle n'est pas claire. Je ne sais pas exactement pourquoi, mais je sais qu'il faut que je sois accepté. Et là, en entendant la question, je réalise que je risque de tout perdre sur une seule mauvaise réponse. La porte qui mène au premier espoir dans ma vie après toutes ces années est gardée par un Sphinx… qui me pose la pire question possible. Qui m'annonce même, avant que je sache seulement si j'aurai ou pas le droit de mettre les pieds en Terre sainte, que même si c'était le cas, là non plus je ne serais pas à l'abri de ce que je cherche à fuir de toutes mes forces.

Alors je fais ce que je fais toujours dans ces circonstances-là : je me dis que de toute manière je suis cuit, alors autant m'amuser un peu. Je relaxe, et immédiatement il m'apparaît que la question qui vient de m'être posée ne peut avoir, pour qui la pose, qu'une seule réponse valide. Alors je la lance immédiatement en l'air, avec la certitude qu'elle va me péter à la face.

R. Laquelle ?!

D. Un « oui ! » tonitruant.

R. Ah bon ?

D. Eh oui, parce que quelqu'un qui ne croirait pas que le théâtre a bel et bien un rôle politique militant à jouer ne se donnerait certainement pas la peine de poser la question – pas au moment de faire passer une audition à un adolescent de dix-sept ans, en tout cas.

R. Alors, vous dites oui ?!

D. Non seulement je dis oui, mais je me lance même dans un véritable discours. Que je tricote au fur et à mesure. Je n'ai pas la moindre idée de ce que j'ai bien pu inventer comme balivernes – mais je suppose que j'en avais déjà tellement entendu que je n'ai eu qu'à puiser à pleines mains, presque au hasard, dans mes souvenirs.

R. Eh bien…

D. Ça, c'était le premier événement dont je voulais vous parler. Le second, à présent.

R. Allez-y.

D. Je passe, donc, mon audition à dix-sept ans. Contre toute attente, je suis accepté. J'ai dix-huit au cours de l'été. Vient la rentrée.

R. Oui.

D. Peut-être… dix jours à peine après le début des classes, un soir après les cours, tout le groupe se rend Chez Winnie, un *cocktail-lounge* de la rue Saint-Denis, à deux pas de l'École, qui remplit à l'époque la fonction qu'occupe aujourd'hui La Brasserie de la rue Laurier.

R. C'est là que les choses se discutent…

D. C'est le club social, le *mess* – l'âme, en fait.

R. Donc, vous allez Chez Winnie.

D. Oui. Toute la classe y est. Et rien que la classe : il n'y a pas un seul prof en vue. C'est, pour nous, une première occasion de commencer à lier connaissance autrement que sur les seuls enjeux directement liés à l'École.

R. Je vois.

D. Les amitiés, les affinités commencent à affleurer. Le groupe commence à se créer une identité propre, et chacun d'entre nous, du même coup, doit commencer à se définir par rapport à elle et par rapport aux autres.

R. Une espèce d'initiation.

D. Oui. De nos jours, il y en a une officielle, qui fait partie du folklore de l'École, mais pas à cette époque-là.

R. Et qu'est-ce qui arrive ?

D. Comme toujours dans ce genre d'événements, au fil des heures, le groupe, de seize qu'il était au départ, rétrécit lentement. Les uns rentrent chez eux, d'autres ont des rendez-vous… tant et si bien que nous nous retrouvons finalement à cinq… cinq gars.

R. Fréquent.

D. Attendez. En arrivant Chez Winnie, nous avons évidemment rapproché des tables pour pouvoir nous installer tous les seize ensemble. Ensuite, au fur à mesure que des gens s'en vont, il se crée des trous. Ce qui fait qu'après la vague de départs qui nous voit rester à cinq gars, je suis tout seul à un bout de la longue table, vers le milieu un autre des gars de la classe se retrouve dans la même situation que moi, seul, tandis que tout là-bas, à l'autre extrémité complètement, il reste un groupe – de trois. L'autre solitaire et moi nous approchons du groupe, le serveur vient défaire la grande table, et nous nous retrouvons tous les cinq autour d'une seule – ce qui renforce encore considérablement notre sentiment de constituer le dernier carré de la garde. De plus, c'est un soir de semaine, alors il n'y a pas grand monde dans la place en dehors de nous cinq : intimité.

Immédiatement, l'autre gars et moi nous rendons compte que les trois auxquels nous venons de nous joindre sont déjà très avancés dans leur discussion. D'ailleurs, ils ne nous prêtent pour ainsi dire aucune attention – lui et moi écoutons, silencieux, et c'est tout. Ce que nous entendons ne laisse place à aucun doute : ces trois-là sont effectivement en train de se parler de choses très intimes. Ils se racontent des aventures sexuelles, sentimentales. Et tout à coup, l'un des trois fait le saut le premier – il s'exclame : « Écoutez, les gars, tout ce que je vous raconte là est vrai, sauf pour une chose : c'est pas d'une fille qu'il s'agit, c'est d'un gars. Je suis homosexuel. » Presque aussitôt, un autre du trio fait : « Moi aussi ! » Et le troisième leur emboîte immédiatement le pas. Les trois éclatent de rire, sont émus aux larmes, se mettent à parler tous les trois en même temps. C'est un moment extrêmement chargé. Très beau. Ils se mettent à se raconter comment ils ont découvert ce qu'ils sont, ce que ça leur a fait, où ils en sont. Au bout d'un certain temps, il leur revient qu'ils ne sont quand même pas tout seuls autour de la petite table et se tournent vers nous deux, les deux extras. Silence gêné. L'un des trois finit par murmurer en nous regardant, l'autre et moi, à tour de rôle : « Ça vous choque ? » L'autre rajouté fait « Non » et se met à raconter que lui les gars ne l'intéressent pas, mais qu'il a des amis qui... etc, et, quand il est arrivé au bout de sa réplique, celui qui a posé la question se tourne dans ma direction, hausse un peu les sourcils, et je comprends que mon tour est venu de répondre. À mon étonnement le plus complet, je m'entends alors déclarer ceci : « Moi ? Non, moi non plus, ça ne me dérange pas. Au contraire, même. En vous écoutant raconter vos histoires, je viens de me rendre compte que moi aussi, je le suis. D'ailleurs, je suis en amour avec X » – X c'est un autre des gars de la classe. Bref, je vous passe les détails, l'essentiel consiste en ceci : j'ai dix-huit ans tout frais, je viens à peine de commencer l'École, il m'en reste peut-être pour trois années entières... et je m'aperçois que je suis en amour avec un gars en compagnie de qui je vais devoir passer cinquante ou soixante heures par semaine.

R. Qu'est-ce qui se passe ensuite ?

D. Ensuite ? C'est le feu. X n'est pas intéressé – il m'explique que lui il n'y a que les femmes qui lui disent quelque chose, et il prend même la peine de me raconter qu'un de ses amis, excédé de se faire talonner par une tapette, a fini par régler l'affaire à coups de brique –, ce qui ne l'empêchera pas de coucher avec deux des trois gars dont je viens de parler. Et moi, eh bien, je brûle.

R. Trois ans de temps ?

D. Non. Il est mis à la porte au milieu de la deuxième année. Entre-temps, pour moi, la situation est devenue tellement douloureuse que je vais deux fois – à quelques mois d'intervalle – voir André Pagé pour lui annoncer que je quitte l'École.

R. Vous lui expliquez pourquoi ?

D. Oui.

R. Et... ?

D. Il me convainc de rester, de tenir le coup.

R. Vous passez à travers ? Je veux dire : vous complétez les trois années ?

D. Oui. Et deux ans après avoir fini, je suis à Paris. J'étudie avec Alain Knapp. Aussi souvent que je le peux, je prends de longues marches. Et je réfléchis à toutes sortes de sujets. Cette année-là est une des périodes les plus lumineuses, les plus vivantes de ma vie. Un jour, une idée me frappe : je réalise que cette histoire d'amour désespérée, que j'ai vécue à l'École, a eu un effet indéniable.

R. Lequel ?

D. C'est elle qui m'a permis de passer à travers mes trois années d'École.

R. Pardon ?!

D. Je réalise, en traversant encore et encore Paris dans un sens puis dans l'autre, que cet amour-là, affreusement douloureux, m'a été à la fois un point d'appui, un point de repère et une armure. Oh, je ne veux absolument pas dire que je ne ressentais pas pour X un véritable attachement, extrêmement fort, une tendresse profonde, je n'ai pas fait semblant de ressentir quelque chose à son égard pour pouvoir m'en servir, non : cet amour était bien réel. Mais il m'a protégé.

R. De quoi ?

D. De « Le peuple est tout ! Tu n'es rien ! ». Du vide. Du néant militant.

R. …

D. Voyez-vous, déjà à l'École, malgré la douleur cuisante, j'ai réalisé que même alors que lui ne pouvait pas m'aimer, je ne pouvais pas, moi, cesser de l'aimer, lui.

R. Vous avez examiné la question ?

D. Et comment ! Pensez-vous vraiment que je prenais le moindre plaisir à le côtoyer sans cesse, à brûler du désir de le prendre dans mes bras et d'apprendre à le connaître dans l'intimité, sachant avec certitude que ça n'adviendrait jamais ? Non seulement j'ai tenté de cesser de l'aimer, j'ai même essayé de le mépriser, moi aussi.

R. De le mépriser ?

D. Pourquoi pas ? Les deux autres qui avaient couché avec lui faisaient référence à l'événement comme à la consommation d'une tranche de steak particulièrement ragoûtante qu'ils s'étaient « tapée ». Ce qui m'a fait penser que ce qui gênait sans doute X, ce n'était pas le fait de coucher avec les gars mais la crainte qu'un sentiment s'en mêle. Alors je me suis dit : « Fais pareil ! » Mais c'était impossible – je ne pouvais pas m'y résoudre. C'est comme ça que, déjà à dix-huit ou dix-neuf ans, j'ai compris qu'il y avait dans les flammes de ce que j'appelais « aimer » bien autre chose que *faire* l'amour. S'il n'y avait eu que ça, ou même si cela avait été dominant, il m'aurait suffi de jouer à le mépriser pour pouvoir me le taper à mon tour. Or il ne pouvait pas en être question.

En marchant dans les rues de Paris, je comprends que deux forces différentes sont venues s'appuyer l'une sur l'autre, durant ces interminables mois où j'ai brûlé pour X. D'une part, il y a eu le désir de le connaître, lui. Et, d'autre part, le pressentiment que si je cessais d'être obnubilé par lui – et, donc, par ce qui se passait en moi –, si je cessais de désirer à chaque seconde du jour et de la nuit avoir accès à son monde à lui, ce serait le monde extérieur qui reprendrait le dessus au cœur de ma vie, qu'alors il ne resterait plus que « Le peuple est tout ! Tu n'es rien ! », et que ça, c'est pire que l'enfer.

Ce garçon, X, me fascinait totalement, m'obnubilait d'une manière qu'avant cette époque-là je n'aurais même pas crue possible. Il s'est donc créé en moi une polarisation.

R. Toujours les tensions…

D. Oui. Mes trois années d'École de théâtre, mais surtout la première et demie, m'ont laissé l'impression d'une lutte à mort, continuelle, harassante. Chaque matin, en me levant, je sais que je vais, ce jour-là, avoir à accomplir deux tâches aussi énormes l'une que l'autre. Je vais devoir me consacrer de toutes mes forces à mes études, et simultanément je vais devoir m'empêcher de m'effondrer de douleur et de désir. Je n'ai donc aucune énergie disponible pour quoi que ce soit d'autre. Ce qui fait que tous les discours politiques qu'on nous sert, je les entends – comment pourrais-je faire autrement ? –, je les amasse, mais je n'en fais rien du tout.

Pas de place pour ça, pas de force. En revanche, branché de toutes mes forces sur ce garçon si différent de moi, je me laisse imbiber par lui, j'essaie d'imaginer son monde, vécu de l'intérieur. Je commence ainsi, de ce fait même, à laisser émerger en moi, pour la première fois depuis l'âge de dix ans, mon attente de tendresse.

R. Autrement dit...

D. Autrement dit, l'entraînement que j'ai reçu – malgré eux – de mes grands-parents, cet entraînement extrêmement intensif à faire semblant de donner la bonne réponse sans pour autant changer d'idée ne serait-ce que d'un seul poil, non seulement me permet d'entrer à l'École de théâtre, mais me permet aussi d'y rester. Du même coup, je m'abreuve à la différence, à la vie qui fuse de ce garçon, et je laisse tout mon espace intérieur être habité par mon désir pour lui.

R. Donc, plutôt que d'être uniquement tourné vers l'extérieur, vers l'attente dans le regard des autorités, vous êtes forcé d'écouter votre voix à vous ?

D. C'est ça. Et ma voix à moi, comme vous dites, ne me laisse aucun choix : elle me force à écouter tellement fort ce qui se passe à l'intérieur de moi qu'elle ne me laisse aucune attention à accorder à « Le peuple est tout ! Tu n'es rien ! ». J'aime mieux être moi, être en amour même si cet amour n'est pas viable à deux, que de n'être rien du tout.

Pendant au moins la moitié de mes études à l'École, je me livre, si vous voulez, à une très longue danse de l'ambulance. J'écoute ce qui se passe en moi, et je me laisse tomber dedans, et à la fois je le laisse surgir et prendre toute la place. En parallèle, mon cerveau écoute et enregistre – « par oreille » – tous les discours qu'il est vital de pouvoir réciter par cœur sur un claquement de doigts pour survivre dans cette société.

R. C'est pour ça que vous dites que l'entraînement reçu au camp vous a sans doute sauvé la vie ?

D. Oui. Si je ne l'avais pas suivi d'abord, si je n'avais pas, sept ans durant, appris à jouer avec lui, je crois que je n'aurais

sans doute pas survécu à deux semaines d'études à l'École
nationale.

Si l'on exclut les enseignements d'ordre technique – pose
de voix, prosodie, souplesse et endurance physiques,
respiration, articulation, chant – l'essentiel de mes trois
années d'École se résume à deux rencontres. Celle de
X, durant la première année et demie, qui me force à
écouter en moi. Celle d'Alain Knapp, durant l'année et
demie restante, qui commence à m'apprendre que oui,
on peut apprendre à exprimer et même éventuellement à
comprendre les tornades de feu qui nous habitent.

Évidemment, rien ne permet d'affirmer que si ma mère
n'était pas morte quand j'avais dix ans, j'aurais tout de
même voulu devenir acteur, je me sers simplement ici de
l'hypothèse que oui, pour vous donner un exemple.

R. Et est-ce que…

D. Excusez-moi.

R. Oui ?

D. Une précision. Je viens de faire allusion au fait que j'aurais
voulu devenir acteur. Ce n'est pas exact : je n'ai jamais
voulu devenir acteur. Je le suis devenu par accident.
Parce que je n'avais nulle part ailleurs où aller. Parce que
l'art avait été avant la mort de ma mère le seul lieu à
propos duquel avait été évoquée l'âme. Brel, Piaf, Roche
et Aznavour, Léveillé, le théâtre, le cinéma, Beethoven
et Tchaïkovski. Et parce que je n'en pouvais plus de
fréquenter des institutions d'enseignement de deux ou
trois mille étudiants. Je n'en pouvais plus, des foules, tout
le temps. Je n'en pouvais plus, des discours mécaniques,
tout le temps. Je n'en pouvais plus, du culte de la Grande
Machine. J'avais envie d'entendre parler d'humanité.

Pourtant, je ne suis pas certain du tout que si la section
d'écriture dramatique avait existé à l'École, au moment où
j'ai posé ma candidature pour y entrer, ce serait elle que
j'aurais choisie. Je ne crois pas.

R. Pourquoi pas ?

D. Parce que ce que je recherchais d'abord et avant tout, en entrant à l'École, ce n'était pas un lieu où m'exposer, mais un endroit où être le plus possible à l'abri.

R. À l'abri de quoi?

D. De l'horreur.

R. Quelle horreur?

D. Les regards glacés. Partout.

L'École, pour moi, c'était en attendant. Le temps de me refaire des forces. De me refaire un espoir. Ou de m'en découvrir un. Je ne serais pas allé en écriture, je crois, parce que je n'aurais pas choisi de risquer de m'exposer à ce point. Faire l'acteur représentait le compromis idéal, et c'est tout. En jouant, je pouvais investir tout ce que je voulais dans les personnages que j'avais à travailler, mais sans avoir à le verbaliser et sans, donc, risquer de me faire tomber sur la tomate pour crime de non-conformité.

R. Vous faire tomber sur la tomate pour crime de non-conformité... ça aurait pu arriver?

D. Et comment!

(Rire.)

Ça m'est arrivé, d'ailleurs. Mais sûrement pas avec autant de force que si j'étais allé en écriture.

De manière générale, j'oserais dire que le milieu théâtral montréalais représente un des milieux les plus académiques, les plus snobs, les plus conventionnels, les moins curieux et les plus dépourvus d'imagination de toute la société québécoise. Je connais nombre de comptables, de serveuses de restaurants et de chauffeurs de taxi qui m'en apprennent plus en quinze minutes ou une demi-heure sur le monde, sa beauté et sa complexité que deux semaines à aller au théâtre tous les soirs.

R. Et pif!?

D. Pas du tout. Je viens de passer trente ans de ma vie à me battre comme un chien pour tenter de changer l'état de fait que je vous décris là, croyez bien que je ne tire aucun plaisir à admettre l'ampleur de mon échec. J'aime le théâtre à la folie : je ne ressens aucune satisfaction à le voir croupir dans l'état où il se trouve… et qui se dégrade de saison en saison.

R. …

D. Nous devrions revenir en arrière. Nous nous sommes laissé entraîner très loin par des considérations de tous ordres.

R. Vous vouliez parler de deux choses, avant que ne commence l'entretien d'aujourd'hui. La première : votre crainte que nous manquions de temps.

D. Oui. Je voulais vous dire : je fais de mon mieux pour être le plus clair et le plus concis possible. Mais c'est une tâche épouvantablement ardue, ne serait-ce que du fait de la profondeur et de la complexité des enjeux que j'évoque. Des enjeux qui s'entrecroisent, se tissent les uns aux autres.

R. Des enjeux comme ceux liés au fait de prendre conscience de ce que le désert où vous vous retrouvez, vous en aviez déjà eu la vision il y a presque vingt ans ?

D. Oui.

R. Que ce n'est pas la mort de votre mère qui vous a transformé le plus profondément, mais les conséquences que sa mort a eues, et d'abord celle d'être envoyé au camp ?

D. Oui. Et qu'en dépit de tout, cet envoi au camp m'a sans doute sauvé la vie. À court ou à moyen terme d'abord…

R. … en vous empêchant de sombrer totalement dans la délinquance.

D. Oui. Dans la violence. Et à long terme…

R. … en vous permettant d'acquérir les outils pour survivre dans cette société sans pour autant renoncer à ce qui vous était – et vous est resté – essentiel.

D. Tout à fait.
Prendre conscience de tout ça, et ainsi me réapproprier d'un seul coup dix années de ma vie, les plus fondamentales : les premières.

R. Excusez-moi ?

D. Quoi ?

R. Je…
Il vient de passer dans la conversation un petit mot… à toute vitesse…
Et je crois qu'il est capital.

D. Ah?

R. Oui : « Violence »…

D. …

R. J'ai l'impression que vous venez de tenter de « m'en passer une petite vite ».

D. …

R. Nous parlons de vous qui sortez de la délinquance. Vous précisez au passage, l'air de ne pas y toucher, « … de la violence »… et hop, on continue…

D. …

R. La… violence?

D. …

R. …

D. Oui.

R. …

D. Vous attendez que je parle?

R. Oui.

D. Bon.
Le désir de tendresse que je porte, qui a été si fort tout au long de ma vie, n'a rien d'une abstraction. C'est une réalité incontournable. Et elle suscite des conséquences tout à fait concrètes. La plus importante a été de me faire me rendre compte que la tendresse ne peut pas être mécanique. Quand j'ai besoin de tendresse, ce n'est pas d'une réponse, dont j'ai besoin, c'est de quelqu'un – pas de quelqu'un qui soit n'importe qui, mais de quelqu'un qui ait une existence propre. Si j'entretenais le moindre fantasme à l'égard des poupées gonflables, je réglerais ça directement avec elles, je ne demanderais pas à un humain de faire semblant d'en être une pour me faire plaisir.
Comprendre ça m'a obligé très tôt à regarder les autres non pas comme les pourvoyeurs des réponses dont je

pouvais avoir besoin, mais comme des humains, des êtres conscients, aussi conscients d'eux-mêmes que je le suis de moi. Et, parfois, davantage. Pour moi, « humain », ça veut dire « survivant ». Quand je regarde un de mes semblables, je *vois* nécessairement une conscience. Un reflet de la mienne. Ça remonte si loin dans ma vie que je ne sais même pas où est la source. Et cette conscience-là fait qu'il y a des comportements qui me jettent, littéralement, hors de moi.

R. Lesquels?

D. Tous ceux qui relèvent du chantage, par exemple. Tous ceux qui « instrumentalisent » l'autre : qui font de lui un objet inanimé, un simple outil.

R. Vous avez l'air de parler en général, mais je sens que vous avez des images extrêmement précises à l'esprit.

D. Oui. J'ai quelques images monstrueusement précises de moments dont je ne suis jamais parvenu à comprendre comment j'ai pu les traverser vivant. Des moments où j'ai vu se déverser sous mes yeux de tels torrents de haine, parfois sous des sourires mielleux, que je ne comprends pas comment j'ai pu résister à l'envie de tuer. Quitte à y rester moi aussi.

R. Cette haine-là était déchaînée contre vous?

D. Pas nécessairement : contre la vie en général, souvent. La pire, c'est celle que j'appelle la haine bien-pensante… une espèce de haine glacée… de haine de la vie – camouflée sous le premier prétexte venu. La haine au nom de la justice. La haine au nom de la nation. La haine au nom de la fraternité.

R. Vous fuyez.

D. Oui.

R. Il y a *une* image…

D. Oui.

R. …

D. Au camp de la rue Clark. Un magnifique matin de printemps. Je dois avoir… seize ou dix-sept ans. Par cette lumière-là, à cet âge-là – ou à n'importe quel autre, d'ailleurs –, il n'existe qu'une seule chose à faire au monde : se fondre dans la vie. Pour moi, ça veut dire aller marcher. Sous le soleil. Dans l'air frais qui scintille. Me fondre dans le vert jeune.

Ma grand-mère le sait parfaitement. C'est pour ça qu'elle décide que c'est précisément ce matin-là qu'il faut dégivrer le congélateur. À l'époque, les frigos n'évacuent pas la condensation, ce qui fait que le compartiment du congélateur, petit à petit, se remplit d'une glace qui finit par devenir dure comme de la pierre. De temps à autre, il faut donc laisser la température monter juste un peu pour qu'il se forme entre la glace et le métal une mince couche d'eau – alors, il suffit de découper la banquise et de la faire sauter, morceau par morceau, en faisant bien attention de ne surtout pas arracher du même coup les petites conduites de gaz réfrigérant.

Au camp de la rue Clark, la cérémonie à laquelle donne lieu la mise en œuvre de cette technique-là est assez hallucinante. La grand-mère exige toujours que quelqu'un d'autre qu'elle s'y livre, mais sous sa vigilante supervision, jusqu'à ce que, craignant pour la vie de son frigo, elle finisse – chaque fois… – par maugréer : « Ôte-toi de là, tu vas tout casser ! » et par le faire elle-même. Le frigo est dans un coin de la cuisine, tout contre le mur, et les charnières de sa grosse porte se trouvent du côté éloigné de ce mur, ce qui fait que, quand le frigo est ouvert, on se retrouve dans un tout petit couloir, porte à droite, mur à gauche, intérieur du frigo devant. L'évier dans lequel il faut lancer les morceaux de glace arrachés à l'igloo, lui, est juste de l'autre côté de la porte. Comme la grand-mère est basse sur pattes, l'« assistant » se retrouve, pendant quarante-cinq minutes ou une heure, à contempler une paire de pantoufles qui piétine, dressée sur les orteils, sous une porte de frigo, et des icebergs balistiques qui sautent par-dessus la dite porte et vont s'écraser dans l'évier en faisant un boucan de tous les diables. De temps à autre, un ordre impérieux fuse, à moitié étouffé parce que la grand-mère a la tête enfoncée jusqu'aux épaules dans le congélateur : « Passe-moi le petit couteau », pour le travail de détail, ou « passe-moi le gros couteau », pour le gros ouvrage.

Ce magnifique matin-là de printemps, au moment précis où je vais sortir me perdre dans la beauté, la dame m'apostrophe : « Où est-ce que tu t'en vas, comme ça ? » Je lui réponds. « Ah non ! Il faut dégeler le frigidaire. » Évidemment. Elle n'haït rien tant que de voir quelqu'un jouir de la vie.

Je commence le boulot. Et bien entendu, et comme je m'y attendais, au bout de dix minutes elle trouve que le résultat est tout sauf satisfaisant et me sort de là pour le faire à ma place. Je regarde voler les glaçons par-dessus la porte. Et je sais que toute la scène n'a qu'un seul but : me priver de cette superbe journée-là. Et me le faire sentir, d'ailleurs. Cette femme-là a un talent de niveau olympique pour te regarder en pleine face et te lancer un mensonge avec, dans les yeux : « Essaie, essaie de me contredire, juste pour voir… »

À un moment, je vois sa petite main gigotante, avide, sortir de derrière la porte et j'entends : « Le gros couteau ! » Je le prends sur la table, m'approche pour le lui remettre. Elle est juste là, devant moi. Son dos est là. À deux pieds à peine. Elle a la tête enfoncée dans le congélateur. Et… oh, ça n'a pas dû durer plus de deux secondes. Peut-être même moins. Mes yeux vont et reviennent du couteau que j'ai à la main à son dos, de son dos au couteau.

Je la hais tellement ! Sa haine de la vie, son mépris de la vie, son désir omniprésent de priver tous ceux qui l'entourent du moindre plaisir est si fort… que je ne sens rien d'autre que le couteau qui pèse dans ma paume.

Je passe… à un cheveu… à un millième de cheveu… de le lui enfoncer entre les côtes. Pour libérer le monde de son existence. Je vous jure que pendant ces deux secondes-là, je suis convaincu que le soleil brillerait deux fois plus fort sur Terre si elle n'y était plus pour lui faire de l'ombre.

R. …

D. …

R. Qu'est-ce qui s'est passé?

D. Dans le monde extérieur, rien du tout. Quelqu'un qui aurait observé la scène n'aurait sans doute assisté qu'à une très légère hésitation de ma part.

Mais à l'intérieur de moi! Il y a tout un kaléidoscope d'images et d'amorces de pensées qui tournoie.

Pendant des années, je vais me raconter que la principale chose qui me retient, ce matin-là, c'est que – ah, tiens, c'est donc dix-sept ans, que j'ai – si je la tue, je ne pourrai pas profiter de la première chance de liberté passable que vient de m'offrir la vie : je suis accepté à l'École de théâtre.

Mais je crois que cette raison-là finit par être déclarée déterminante seulement parce qu'elle est la seule à être concrète.

R. Redites-moi ça?

D. Durant les deux secondes à peine où je reste figé là, le couteau à la main, il me défile dans le crâne des images à la douzaine. Elles sont fortes, mais elles sont fuyantes. Et puis, bien entendu, je n'ai absolument pas le temps de m'attarder à elles. Et je ne suis pas non plus dans l'état qu'il faudrait pour ça. Il n'empêche que ce sont ces images fuyantes là qui m'empêchent de la tuer, et que l'argument de mon entrée à l'École, qui dans mon esprit s'oppose à une image de moi en prison, me sert de point d'appui surtout parce qu'elle est tangible, concrète : « Si je le fais, il va arriver ceci à la place de cela. »

Entrer à l'École, ce n'est pas, pour moi, la rédemption – en aucune manière : de toute façon, je vais quand même devoir rentrer sur la rue Clark tous les soirs et je sais, depuis mon audition, que le « il faut », pierre d'assise de toute la vie au camp de la rue Clark, règne tout autant sur la rue Saint-Denis. Je vous l'ai dit : l'École elle-même, je m'en fous. Elle ne représente qu'une seule chose, à mes yeux, et c'est cette chose-là qui seule m'importe : côtoyer les fantômes de Beethoven, de Villon, de Shakespeare, de Molière – aller voir « derrière le rideau », comme je commence déjà à appeler ça à l'époque : étudier l'embouchure des tunnels secrets qu'empruntent certains humains pour parvenir à créer des œuvres comme le *Cent ans de solitude* de García Márquez, que je viens alors tout juste de découvrir et qui m'a ébloui, aller voir de quoi est faite la lumière de la vie et de la joie que décrit Boris Vian – mon héros, à l'époque – dans *L'écume des jours*. Cette lumière-là, qui s'étiole et qui rétrécit, dans le roman, de quoi est-elle faite ? Qu'est-ce qu'elle est ? Je suis fasciné, obsédé par ces questions-là. À la lecture, le roman de Vian en a suscité une, lumière, en moi. Avant, il faisait gris. Alors le roman m'a parlé très fort : si j'étudie pourquoi d'après Vian la lumière s'éteint, je pourrai peut-être trouver aussi comment l'allumer ?… puis la préserver ?

Donc, à cet instant-là, le gros couteau à la main, le dos de ma petite grand-mère sous les yeux, je sais que si je la tue, je me prive de côtoyer les fantômes. Et ce sera la raison que je me donnerai plus tard, pendant un bon bout de temps, pour m'expliquer pourquoi je ne suis pas passé à l'acte. Mais je sais que ce n'est pas elle qui a vraiment joué le plus en profondeur.

R. Comment pouvez-vous le savoir ? Ce sont peut-être des constructions que vous vous êtes édifiées après coup ?

D. Non. Parce que je revois très clairement les images qui défilent dans mon esprit à ce moment-là. Elles sont gravées. C'est vrai qu'en un éclair je comprends que si je la tue, je tourne sans doute le dos aux fantômes que je voudrais tant côtoyer, mais l'image la plus forte, ce n'est pas celle-là.

R. Laquelle, alors ?

D. La prison.

R. Vous voulez dire : la peur de vous retrouver derrière les barreaux ?

D. Non, je veux dire le contraire : le goût, de m'y retrouver.

R. …

D. Ce que j'essaie de vous dire, c'est que ce n'est pas la crainte de m'éloigner des fantômes des poètes et des musiciens que je pourrais rencontrer à l'École de théâtre, qui retient ma main ce matin-là… parce que dans mon esprit, cette image se double immédiatement d'une autre : celle de moi en prison – et que c'est celle de la prison, pas celle de l'École, qui est la plus forte, la plus attirante. La prison, pour moi, serait une libération infiniment plus grande que l'École de théâtre.

R. Vous êtes certain de ça?

D. Autant qu'on peut l'être. Et arrêtez de me demander ça à tout bout de champ, vous voulez? Si je le dis c'est parce que oui, je le pense vraiment. Je me trompe peut-être, mais je le pense quand même.

Au moment où je suis sur le point de tuer ma grand-mère parce que je ne suis plus capable de supporter la jouissance qu'elle tire du rôle de geôlier qu'elle s'est attribué, si les seules conséquences possibles à mon acte, selon que je le pose ou non, étaient soit d'entrer à l'École de théâtre, soit d'entrer en prison, je choisirais la prison. Sans hésiter.

R. Pourquoi?

D. Un monde nouveau. Et clair. Pas de faux-semblants, pas de simagrées. Là, au moins, les barreaux sont solides, froids, et on ne te demande pas de les aimer. Le béton s'affirme pour ce qu'il est. Et les gardiens n'essaient pas de te raconter qu'ils sont là pour ton bien. Les choses sont appelées par leur nom. On ne se paye pas des *trips* de pouvoir sur le dos des élèves et des étudiants en leur jouant dans la cervelle à grands coups de spatule pour arriver à leur faire gober que c'est pour leur bien ou par amour de l'art ou de la patrie. Si la vie doit nécessairement être une prison, autant qu'elle soit concrète.

R. …

D. …

R. Je ne comprends pas : si les deux images qui représentent les conséquences de « le faire » ou de « ne pas le faire » sont la prison d'un côté et l'École de l'autre, et si c'est l'image de la prison qui vous attire le plus… pourquoi est-ce que vous ne la tuez pas ?

D. Parce qu'il y a autre chose.

R. Oui, de toute évidence, mais quoi ?

D. À ce moment-là, c'est minuscule, c'est infime… ce n'est même pas assez gros pour pouvoir être qualifié de point lumineux… et c'est lié au… au sens du devoir.

R. Qu'est-ce que c'est ?

D. Ce n'est pas une image non plus – c'est bien trop flou pour mériter ce nom-là.

C'est… l'écho d'une conscience.

Je ne vais arriver à mettre des mots sur elle que dix ou douze ans plus tard.

Je suis à bord d'un autobus Voyageur. Je m'en vais à Québec.

R. Voir votre père ?

D. Non, il est déjà mort, à ce moment-là – depuis quelques années. Je ne sais plus, pourquoi j'y vais. Mais je me souviens, très bien même, de la sensation physique de me trouver dans le bus. Je lis *L'homme révolté* de Camus. Un des livres les plus importants de ma vie. Dans ses pages, Camus s'interroge : Est-ce que la révolte, la révolte légitime, donne le droit de tuer ? C'est captivant. À un moment donné, je me rends compte que je commence à cogner des clous : le ronron de l'autobus. Je pose le livre ouvert sur mon genou, appuie la tête sur le dossier de mon fauteuil, ferme les yeux, et me mets à rêvasser. Les idées, les images tirées de ce que je viens de lire dansent dans mon esprit. Et tout à coup : la rue Clark ! Je suis debout dans la cuisine, le couteau à la main, le dos de ma grand-mère est juste là devant moi, entre le mur et la porte du frigo grande ouverte.

Je rouvre immédiatement les yeux. Et je ne somnole plus du tout. Je viens de comprendre ce qu'était cette… cette force floue, mais extrêmement puissante, qui m'a empêché, un matin, de tuer une vieille femme haïssable.

R. Qu'est-ce que c'est?

D. Trois choses. D'abord : je lui donnais raison. Ensuite : je me libérais, moi, mais j'en enfermais d'autres. Finalement : je me trahissais moi-même. Ou plutôt, non : je trahissais ce qui, à mes propres yeux, est le plus essentiel en moi.

R. Dans l'ordre.
D'abord : vous lui donniez raison?

D. Oui, j'entérinais ce qu'elle croyait et mettait en pratique tous les jours : « Seule la force importe. » L'autorité. « Si j'ai le pouvoir de le faire, alors le bonheur c'est de le faire et c'est tout. »

R. Ensuite : vous vous libériez vous-même, mais du même coup vous en enfermiez d'autres?

D. Oui. Moi, en prison, je recommençais. Un monde nouveau. Repartir à zéro. Sur une planète où les choses ont des noms qui ne sont pas des mensonges. Je savais que j'aurais su tirer mon épingle du jeu, dans ce monde-là – à mes yeux, la question ne se posait même pas. J'ai des bras, j'ai des poings, et je sais m'en servir quand c'est nécessaire.
Seulement, du même coup, je déclenchais une cascade d'événements dans la vie des autres, autour de moi, extrêmement douloureux pour eux. Je pensais surtout à mes deux sœurs. J'allais les plonger dans l'horreur, les entraîner dans une région du monde où elles n'avaient rien à faire. Et je ne l'aurais fait que pour me libérer, moi. Je pensais surtout à l'aînée, qui a sacrifié des années de sa vie pour que mon autre sœur et moi puissions passer à travers le camp dans les meilleures conditions possibles. Je n'avais pas le droit de poser ce geste-là, et de réduire ses efforts à néant. Quoi qu'il m'en coûte.

R. Finalement : vous trahissiez ce qui était le plus essentiel en vous à vos propres yeux?

D. Oui. C'était sans doute, de très loin, la plus importante des trois raisons, puisque c'est celle qui donne leur sens aux deux autres.

Si ce que je trouvais le plus abominable, dans la vie que j'étais forcé de vivre au camp, c'était l'absence de tendresse, de compassion, et si je tuais ma grand-mère parce que, justement, j'étais devenu absolument incapable de continuer à supporter sa jouissance à elle quand elle sautait à pieds joints sur le cœur des autres, la tendresse cessait immédiatement d'être un recours envisageable dans ma vie à moi. Je tuais la tendresse en moi en même temps que je tuais mon bourreau. Je devenais un bourreau à mon tour.

Et de cela, il ne pouvait pas être question.

R. Et vous me dites que ce sont ces trois raisons-là qui ont retenu votre main ?

D. Oui. Mais que je ne l'ai compris que bien des années plus tard.

R. Comment est-ce possible ? Enfin, je veux dire : pour qu'une idée puisse agir, il faut bien que nous ayons conscience d'elle ?

D. Pas du tout.

R. Pardon ?

D. Excusez-moi, je corrige : pas toujours.

Il y a des idées qui vivent en nous et qui peuvent déterminer le cours de nos vies même bien avant que nous les ayons identifiées. Elles peuvent prendre des années, des décennies ou même une vie entière avant de pouvoir être énoncées. Et pourtant, elles étaient déjà depuis longtemps… effectives. C'est pour ça que je crois si important de développer la faculté d'écouter en soi, et pas seulement celle d'écouter autour. On peut très bien être empêché de faire un geste auquel pourtant tout semble nous pousser, ou au contraire être imparablement poussé à accomplir une action que nous sommes incapables de justifier aux yeux de ceux qui nous voient faire, voire aux nôtres. Ce n'est qu'en écoutant cette pulsion, puis en laissant les images en surgir, que l'on parviendra à comprendre de quoi était constituée la force qui, ce jour-là, est entrée en action. C'est ça, apprendre qui on est.

Au moment où cette force s'exerce, que ce soit dans le sens de faire ou dans celui de ne pas faire, une image est là… extrêmement floue… brouillée. L'image d'un mouvement, en nous, que nous ne connaissons pas mais qui ne se laisse pas écarter. Il faut l'écouter, la conserver, continuer de vivre… et rester à l'écoute. Tôt ou tard, l'image deviendra nette.

R. Mais. Je n'y comprends rien. Est-ce que s'écouter, comme vous dites, et s'écouter à ce point-là, surtout, ce n'est pas exactement ce que vous avez décrit, il n'y a pas si longtemps, comme étant de l'égotisme : n'écouter que soi et se foutre du reste du monde ?

D. Pas du tout. C'est le contraire. Dans des circonstances comme celles que je viens d'évoquer, la… je ne sais pas… la voix ? ne nous pousse pas à faire quelque chose que nous désirons faire, elle nous pousse à faire une chose qui nous coûte, que nous préférerions ne pas faire. Parfois : de toutes nos forces. Ou, inversement, elle nous empêche de faire quelque chose dont nous ne comprenons pas pourquoi nous devrions nous en empêcher. Tout nous porte à agir mais la voix nous en empêche. Ce n'est pas de l'égotisme, parce que l'égotisme est la voie de la satisfaction du désir par le plus court chemin, tandis que ce que je vous décris là est un chemin qui, en tout cas sur le coup, semble nous faire instantanément lui tourner le dos, à notre désir.

Je viens de vous décrire par le menu ce qui m'est passé par la tête, ce matin-là du printemps de 1973, sur la rue Clark : s'il n'y avait eu que mon désir à satisfaire, un instant plus tard ma grand-mère aurait été morte. Elle ne pouvait pas m'échapper, elle était prisonnière entre la porte et le mur, elle me tournait le dos, je possédais dix fois sa force et j'avais à la main un couteau presque aussi long que son avant-bras. Mais ces trois images-là – elle qui triomphait en mourant, mes sœurs devenant pour le restant de leurs jours les sœurs d'un assassin, et le reste de ma vie à vivre avec la connaissance de ce que j'avais piétiné ce qu'il y avait de plus précieux aux tréfonds de moi – en surgissant, formaient un mur, un mur solide, haut, infranchissable, entre moi et mon désir *absolu* de fuir ce monde dégoûtant où j'étais forcé de vivre – de le fuir n'importe où. Même en enfer, si l'enfer était la seule destination qui me restait.

R. …

D. Et puis il y a encore autre chose, qui permet de distinguer entre l'égotisme et ce dont je vous parle ici.
La peur. Le vertige.
Ce dont je vous parle, ce n'est pas du tout « Je le veux, je le prends », non, c'est « Je n'en veux pas, pour rien au monde – mais *je dois* le prendre ». Cette certitude-là, qui surgit tout à coup, est parfaitement déstabilisante.

R. Alors qu'est-ce qui est arrivé, dans la cuisine de la rue Clark ?

D. Ma grand-mère m'a demandé le gros couteau, je l'ai pris, je me suis approché derrière elle – j'aurais dû la tuer –, tout m'y poussait, et enfin ma vie changerait. Mais une image qui n'en était même pas une m'en a empêché. J'ai pris la lame d'une main, et je lui ai tendu la poignée noire par-dessus son épaule.

R. Et en vous ?

D. Presque rien, sinon la surprise de constater à quel point je la haïssais. Pas uniquement pour ce qu'elle me faisait à moi, mais surtout pour ce qu'elle faisait à tous ceux qu'elle croisait. Ça, c'était au moment même. Ensuite, l'impression d'avoir eu l'occasion de prendre un virage déterminant. Et de l'avoir laissé passer.
Ce n'est que dix ou douze ans plus tard que je réaliserai qu'en fait c'est tout le contraire qui m'est arrivé : j'ai eu l'occasion de continuer tout droit, et j'ai viré.

R. Trente ans plus tard – regrets ?

D. Aucun.

Mais une curiosité, tout de même, qui ne m'a jamais abandonné.

R. ...

D. Qu'est-ce que je serais devenu?

R. Le voyou?

D. Oui.

R. Il n'a jamais complètement disparu?

D. Non, jamais.

R. ...

D. ...

R. Il y en a eu d'autres, des moments comme celui-là?

D. Quelques-uns. Quatre? Cinq? Mais celui de ce matin-là, sur la rue Clark – et sa suite, dans l'autobus Voyageur, des années plus tard – a été, de très loin, le plus déterminant de tous. Par la suite, à chaque fois que les autres sont survenus, c'est le souvenir de celui-là qui a surgi pour m'aider à passer à travers.

Je me souviens de deux soirées, à des années de distance l'une de l'autre, dans les années 90, durant chacune desquelles cinquante personnes peut-être ont dû à Albert Camus d'avoir la vie sauve... et qui ne le savent même pas.

R. Qu'est-ce que vous voulez dire?

D. Il y a eu...

R. ...

D. Je n'ai pas envie d'entrer dans les détails. Ils me dégoûtent un peu. Beaucoup. À la folie. De moi-même.

Chaque fois, ce sont des détails qui m'ont fait sauter. Mais, comme disait l'autre, il faut qu'il ait vraiment beaucoup neigé pour qu'une patte de lapin provoque une avalanche. Un détail, insignifiant aux yeux de n'importe qui sauf moi, et boum! Mr. Hyde qui surgit!

R. Essayez d'être clair, vous voulez? Quelle sorte de détails?

D. La première fois, je suis en train de lire, je suis à mi-chemin, peut-être, des recherches que j'ai effectuées, de 1996 à 2000, pour l'écriture d'un essai sur la culture et la politique. J'ai déjà accumulé des dizaines et des dizaines de livres lus ou relus, des centaines de pages de notes, d'ébauches de raisonnements. Ce soir-là, ça doit bien faire une vingtaine d'heures que je travaille sans arrêt. Et tout à coup, au milieu d'un texte d'importance somme toute mineure, une petite phrase, insignifiante pour quiconque ne serait pas prévenu. Une petite phrase qui se transforme en patte de lapin. Et en un instant, je réalise... l'ampleur du mensonge. Et sa source. Et sa structure.

R. Quel mensonge ?

D. Celui qu'on appelle le Québec contemporain. Avec ses élites veules, lâches comme des moppes, prétentieuses, imbues d'elles-mêmes, qui rêvent au bain de sang en se racontant qu'elles sont Mère Teresa.

Bref. Je ne veux pas entrer là-dedans. C'est trop puant.

Je lis la petite phrase, et c'est comme si je recevais un choc électrique. Je bondis de mon fauteuil. Instantanément, j'ai le sang qui brûle. Je ne réfléchis même pas, je mets un blouson et je sors de chez moi presque en courant. Je vois rouge, littéralement. Le goût de tuer. Le goût de saisir un menteur par la gorge, et de serrer, de serrer, en lui citant des pages et des pages de ses raisonnements tordus, de ses manipulations de bas étage – j'en connais des passages entiers par cœur : on me les enfonce dans le crâne à coups de massue depuis que je suis haut comme trois pommes – en lui expliquant à l'oreille, doucement, froidement, comme une lame de scalpel, ce que je pense de lui. En le regardant étouffer. Un. Puis un autre. Et un autre. Il y en a tout un paquet, de ceux à qui je réserve ce sort-là, dont je sais même où ils habitent et comment y entrer. Il est peut-être huit heures, un soir de début d'automne, je sais que j'aurais le temps de « régler le compte » d'au moins vingt ou vingt-cinq avant que la police commence seulement à comprendre ce qui est en train de se passer.

R. Qu'est-ce qui arrive ?

D. Je marche, je fonce, je cours plus qu'à moitié, je charge. Toute ma conscience flambe. Des images des conséquences des mensonges de ces monstres-là, des conséquences que je vois chaque jour, où que se pose mon regard, défilent dans ma tête à un rythme stroboscopique : des générations de jeunes gens fourrés jusqu'à la moelle, rendus presque fous à force de se faire raconter des ballounes qu'ils sont obligés de prendre pour la vérité. L'arrogance. La peur entretenue dans les cœurs. Le chantage émotif érigé en système. Je sens se structurer, tout au fond de moi, les laïus que je vais suriner à l'oreille des monstres que je vais étrangler.
Et puis.

R. Quoi ?

D. Comment évoquer ça ? Les images défilent à un rythme dément, et puis elles ralentissent... mais malgré elles. Leur force à elles est intacte, elle va même croissant mais... autre chose... autre chose intervient, qui au début n'a pas de forme, pas d'image, pas de voix... comme si une main, dans mon esprit, commençait à les tirer en arrière par le dos de la chemise. Je les sens forcer, mais elles sont obligées de ralentir. Et je finis par tomber, dos contre un réverbère, à bout de souffle. La tête va m'exploser. Un tourbillon infernal. Je suis bien forcé de me calmer. Et puis. Quand ma respiration a repris son rythme habituel. Une image. Une seule.

R. Votre grand-mère ?

D. Non. Le délire, le raz-de-marée de folie que je déclencherais, si je faisais ça.

Les conséquences. La répression, encore plus débile. Le chantage émotif, encore plus sinistre.

Et au bout du compte, conséquence du pur plaisir d'avoir assouvi ma vengeance à moi, des conditions encore plus abominables pour les pauvres, pour les faibles. Pour ceux pour qui la vie est belle, pourtant, ou pourrait l'être. Les autres ? Les autres, la vie ils s'en foutent, de toute manière. La leur comprise. Allez voir *Les invasions barbares* – une gang de pervers imbus d'eux-mêmes, grassement payés, toute leur vie, et même pas foutus de faire leur boulot comme du monde : ils sont tous professeurs, ils rient de leurs élèves ignorants, et il ne leur passe même pas par l'esprit que c'était leur job à eux de faire en sorte qu'ils apprennent quelque chose. Arrivés au bout de leur méprisable existence, au premier symptôme, au premier spasme : « Vite, docteur, une piqûre ! Que je meure ! Je ne supporte pas la douleur ! » Ce n'est pas la douleur qu'ils ne supportent pas, c'est la vie.

Et qui se ramassent, le soir de la première du film, en faisant des « Oh wow ! » et en s'entre-congratulant pour notre merveilleuse cinématographie, nous qui sommes de si exceptionnels créateurs, en se léchant les doigts entre deux petits fours. Et en fantasmant qu'au chalet, le soir de leur suicide à eux, il y aura aussi de la belle musique, des grillons qui chantent et toute une cohorte de vampires, assis en rang sur la balustrade de la galerie, à pleurer d'admiration.

R. Vous n'y êtes pas allé, donc ? Les tuer ?

D. D'après vous ?

R. …

D. …

R. Et la seule raison pour ne pas y être allé, c'était que les conséquences auraient été… une dégradation encore plus grande de la vie ?

D. …

R. Vraiment ?

D. …

R. En toute sincérité ?

D. Oui.

La même image qu'à dix-sept ans. C'était ça, la main qui arrêtait le flot des images. En les assassinant, je leur faisais plaisir – je leur confirmais qu'ils avaient eu raison : il n'y a rien de plus beau que la force, que le pouvoir qui tourne à vide. Et quel plus grand pouvoir existe-t-il que celui de tuer ? J'aggravais les choses en faisant d'un seul coup grimper la peur, la peur de soi, la peur de la révolte. Et je trahissais ce qui m'est le plus précieux : ce n'est pas le culte de la mort, qui aide la vie. C'est celui de la vie.

R. Je vous demande pardon ?

D. Quand je me suis retrouvé effondré contre mon réverbère, à bout de souffle, le crâne qui bouillait, le cœur qui battait à tout rompre, et que ma vie s'est mise à me faire tellement mal que je me suis tordu, enroulé autour du poteau comme une liane, j'ai commencé à comprendre qu'il me manquait encore quelque chose. Un élément de compréhension. Ma colère était juste. Je le savais. Je ne savais même rien d'autre. Mais le savoir ne suffisait pas. J'ai réalisé qu'il me manquait la compréhension d'une… d'une charnière.

R. Laquelle ?

D. Celle de ce qui permet à la colère de s'articuler sur la douleur.

R. …

D. La colère, c'est une douleur dégénérée. Au sens propre de l'expression : une douleur qui se retourne contre elle-même. On ne peut plus la voir, elle, la douleur, on est devenu incapable de faire face à ce qui l'a provoquée, alors on se met à frapper partout autour d'elle.

J'ai commencé à réaliser, ce soir-là, déchiré entre ma colère et ma tendresse, qu'il fallait que je retourne les termes du problème. Je devais cesser de me demander ce qui me révoltait. Et commencer à nommer plus clairement au nom de quoi ces choses-là me révoltaient.

R. Et ensuite ?

D. « Ensuite » ?

R. La deuxième bouffée de violence ? Vous avez dit qu'il y en a eu deux, non ?

D. Oui.

La deuxième a été encore pire que la première.

R. Qu'est-ce qui l'a déclenchée ?

D. Encore une fois, un détail. Aux infos de fin de soirée, à la télé de Radio-Canada. Une speakerine annonce la mort d'un personnage… historique. Et la rubrique nécrologique est tellement idiote, tellement à côté de la plaque, ce petit détail-là du bulletin, à lui tout seul, démontre tellement le cynisme de toute la caste journalistique, que j'en ai, littéralement, la nausée. Imaginez la scène : un gars de quarante et quelque années, assis dans son salon, un dimanche soir. La jolie poupoune raconte : quinze mille morts ici, et cinquante mille chômeurs là, et le gars respire fort : ça fait presque quarante ans qu'il essaie, à chaque maudite fois qu'il écoute les nouvelles, de comprendre comment on peut faire le « métier » d'annoncer des choses pareilles sans broncher… et tout à coup, le portrait d'un vieux monsieur en col romain qu'il reconnaît aussitôt apparaît dans le coin supérieur de l'écran, et la mademoiselle annonce que le père Truc vient de retourner au pays de ses rêves. Là, en quelques lignes, elle débite un tel torrent d'insignifiances, non ! de contre-vérités, sur le compte du bonhomme, que trente secondes plus tard, le gars se retrouve à genoux dans la salle de bain, à vomir. Le choc qu'il vient de ressentir est absolument indescriptible : le mensonge est tellement hénaurme, tellement grossier, que tous ses fusibles ont sauté s'un seul coup. Comme de voir *live* à la télé un bulletin de nouvelles, en Alabama, au début des années soixante, durant lequel on aurait annoncé le *suicide* d'un Noir, retrouvé au fond d'une rivière entortillé dans cinq cents kilos de chaînes et les deux pieds coulés dans le béton. C'est aussi invraisemblable que ça. En une fraction de seconde, le gars a eu la vision des centaines de milliers de personnes, assises devant leur poste, à entendre ça… et à le gober. Il a eu l'impression d'entendre une symphonie flotter sur la ville : le bruit de pop corn qu'ont fait tous les neurones qui explosaient à la chaîne. Dans l'indifférence totale.

Cette fois-là, je sors de chez moi bien décidé à ne pas m'arrêter en chemin. J'ai l'impression très nette que le niveau de délire ambiant vient de faire un grand bond.

Cette fois-ci, je n'écouterai rien – rien ! – de ce qui va venir de l'intérieur, rien d'autre que la rage. En vomissant, je voyais les visages des rédacteurs, qui riaient, qui se tapaient sur le ventre, fiers de leur cynisme, je voyais le contrôle, implacable, glacial – je voyais leur jouissance. Je marche, je fonce dans les rues, et je sais ce que je vais faire. D'abord, il me faut des armes. Et je sais comment en trouver : je n'aime pas les drogues, mais je connais suffisamment d'adeptes de la coke pour que la filière ne soit pas si difficile à remonter – qui dit *dope* dit *guns*. Il n'est pas dix heures et demie. Avant minuit, en passant par le guichet automatique, j'ai de quoi acheter un revolver. Avec le revolver, « me faire » deux dépanneurs ouverts toute la nuit, où la caisse est aussi peu protégée qu'il se peut : ma face est souvent dans les journaux, les gars qui travaillent là ne se méfient pas – grâce à vous, mon cher René-Daniel, on sait que je suis un bon gars. Avant une heure du matin, je peux donc être dans le Village, auprès d'un ou deux *pushers* qui ont des contacts haut placés – avec de l'argent plein les poches. À quatre heures, si je joue bien mon coup, je serai armé jusqu'aux dents et prêt à passer à l'action. Il y a un gars que je connais, qui se tient dans les bars gay et se fait passer pour une tapette mais qui a une blonde, nous avons passé des nuits à placoter, lui et moi, et il est jaloux comme un lion. Je sais que si je parviens à lui faire accroire que je viens d'apprendre que mon chum – ou ma blonde, s'il le faut – me trompe, il va me trouver de quoi réduire en bouillie et mon chum et le salaud qui couche avec lui en moins de temps qu'il n'en faut pour le dire. Le trajet est simple : j'ai l'argent en poche, aller acheter un revolver et passer ma commande – ensuite, aller « sauter » les deux dépanneurs, revenir chercher mes armes – aller « finir la job ».
C'est totalement imbécile.
R. Quoi ?
D. Vous allez voir.

J'entre dans le bar où je viens acheter le revolver.

R. Vous êtes sérieux ? Vous savez vraiment comment vous y prendre ?

D. Je vous l'ai dit : vous n'avez pas idée de tout ce qu'on peut apprendre, quand ceux qui parlent autour de vous sont convaincus que vous ne comprenez rien à ce qu'ils racontent.

J'entre dans le bar. Et j'aperçois tout de suite le gars que je suis venu voir.

R. Le *pusher* ?

D. Oui. Il est en pleine discussion. Et ça a l'air très sérieux. Je m'installe au bout du bar, en attendant qu'il ait fini. C'est un grand bar en forme de « O », servi de l'intérieur. Le barman vient me voir. Je commande un verre, prêt à attendre. C'est dimanche soir, il n'y a pas foule. Je balaie la place des yeux, et presque tout de suite, je tombe sur ceux d'un tout jeune gars qui me dévisage. Je me détourne d'un coup sec : je ne suis pas ici pour draguer. Un moment passe. Le jeune gars se lève de son tabouret et, pas discret du tout, vient occuper celui qui est voisin du mien. Il engage tout de suite la conversation : il est prostitué et il a besoin d'argent. Je lui réponds, aussi bête que je le peux : « Fais de l'air, mouche à marde ! » ou quelque autre gentillesse du même genre. À ma grande surprise, il ne bronche pas, ne répond rien, ne dit rien : il me regarde. Dans mon crâne, le feu est intact. Je n'ai hâte qu'à une seule chose, que celui que j'espère être mon contact se libère au plus saint-sacrament. Il y a un long long long moment qui s'écoule comme ça : moi qui fixe des yeux le gars de qui je veux acheter un *gun*, et un jeune prostitué qui me regarde. Et à qui j'ai juste envie de foutre une baffe pour l'envoyer valser dans le trafic. Je laisse les images remonter en moi : je pense à l'ordre dans lequel je vais les descendre. Il y en a plusieurs que je connais, je me délecte à imaginer les histoires épaisses qu'ils vont me débiter. Tout à coup, j'entends : « Parle-moi ! » – lancé sur le ton de celui qui l'a déjà dit plusieurs fois. Je réalise qu'en effet, le jeune gars me parle – déjà depuis un moment. Il me demande de lui prêter attention. C'est comme si, tout à coup, la bulle qui m'entoure éclatait.

Je me tourne lentement vers lui. Et je réalise qu'il est beau, beau à couper le souffle. Et que je ne l'avais même pas réalisé. Au moment où je le vois enfin, je sens ma colère s'envoler comme un ballon qui se dessouffle, en voltigeant dans tous les coins. Il est à la fois dur et tendre : il me chicane tendrement. Il me dit : « Comment peux-tu ne même pas voir le gars assis à côté de toi ? » Et ce n'est pas seulement le marchand en lui qui parle. Je réalise que ce jeune gars-là est double : il y a le gars, et il y a le marchand. Et qu'au moment précis où il me parle, ce n'est pas le marchand qui se sert du gars, c'est le contraire : c'est le gars qui se sert du prétexte marchand pour avoir le droit de s'adresser à un autre être humain. « Parle-moi. »

R. Et…?

D. Quand je me suis réveillé. Quand lui, m'a réveillé, quand j'ai réalisé où j'étais et ce que j'étais en train de faire, d'attendre, de préparer, je pense… Le choc est tellement terrifiant que je pense… que si j'avais eu le revolver à la main, je m'en serais immédiatement tiré un coup dans la bouche.

R. …

D. Il a dû penser que j'étais fou à enfermer : je lui ai demandé de me parler d'amour. Il était brillant, alors il m'a tout de suite demandé de préciser : est-ce que je voulais qu'il me « réchauffe », ou est-ce que je voulais vraiment apprendre quelque chose à propos de lui ? Je lui ai dit : « À propos de toi. » « Vraiment ? » « Oui, vraiment. » J'ai sorti un billet de cinquante dollars, et le lui ai donné. « Tu veux quoi, en échange de ça ? » « Rien. Continue à me poser des questions. Ou parle-moi de toi. » On a parlé. Jusqu'au moment où j'ai eu peur.

R. Peur ?

D. Peur.

J'avais envie de lui demander de. De me protéger. Il avait à peine vingt ans. Peut-être même pas. Et j'en avais plus de quarante. Il était tellement plus fort, plus intelligent que moi. J'avais envie de me réfugier près de lui. Dans ses bras. De dormir, protégé par ses bras. Protégé par sa délicatesse. Par sa fragilité.

Le *last call* a fini par résonner. J'ai réalisé que le « contact » que j'avais espéré rencontrer avait levé les pattes.

Nous sommes sortis du bar, le jeune homme et moi. Il croyait toujours que je l'avais loué. Nous avons marché. Vers chez lui. Nous sommes arrivés dans une petite rue. Il y avait une porte vitrée, illuminée de l'intérieur. Il a lâché ma main pour prendre ses clés. J'ai arrêté son geste, je l'ai serré contre moi, fort, fort, fort. À le broyer.

Quand j'ai fini par relâcher mon étreinte, je pleurais tellement que j'en avais des crampes.

Il y avait une… une je ne sais pas quoi… une image ou une phrase… qui tournoyait en moi. « À quoi bon la colère, tant qu'il y a ça ? » Ça : lui. Une vie. Un espoir. Un désarroi. L'appel de l'apaisement.

Il me regardait. Il ne comprenait pas pourquoi je pleurais. Il essayait encore de plonger la main dans sa poche, pour sortir ses clés. De l'autre, il me retenait, se préparait à m'entraîner à l'intérieur. Je l'ai ramené vers moi. J'ai caressé sa tête. J'ai soufflé – « Chhhh » – dans son oreille, entre mes dents. Puis je l'ai tenu à bout de bras. Je lui ai dit « Merci », je lui ai donné un deuxième billet de cinquante dollars. Et je suis parti.

R. …

D. …

R. Qu'est-ce qui s'était passé ? Je veux dire : qu'est-ce que ça veut dire, ça, pour vous ?

D. J'ai compris la charnière, ce soir-là.

R. La charnière ?

D. Celle qui avait commencé à s'annoncer la fois précédente : ceux qui importent ce ne sont pas ceux qui me révoltent, qui me blessent. Mais ceux qui me touchent. Que j'aime.

*

R. Vous pourriez tuer ?

D. Aujourd'hui, je ne sais pas. Mais je sais que ma colère, ma révolte, face à l'immonde mépris à même lequel est tissée la culture des élites de cette société, est terrifiante.

R. …

Nous revenons à notre sujet principal ?

D. …

R. Il y a encore une image ?

D. …

R. À propos de la violence ?

D. Non. Ça va, c'est passé. Un certain nombre de visages, qui viennent de me traverser l'esprit.

R. Nous reprenons ?

D. Si vous voulez.

R. Vous parliez de la difficulté énorme que représentent nos entretiens, la difficulté liée à l'imbrication de tous les thèmes les uns dans les autres.

D. Oui.

R. Et liée aussi à la force des images évoquées.

D. Oui.

R. Et des liens qui vous apparaissent.

D. Oui.

Je vous ai dit que j'ai passé ma vie à me sentir comme le fantôme de celui que j'aurais pu devenir si je n'étais pas mort à dix ans. Imaginez le choc quand je réalise que non, je ne suis justement *pas* mort à dix ans. Que j'ai simplement eu l'instinct de me préserver, d'enfouir au plus profond ce qui m'était le plus précieux, et d'ériger autour toutes les défenses nécessaires. Culture, personnalité, verbe, réflexions.

Imaginez, ayant toujours cru cela, ce que je ressens, ce que je comprends quand, arrivant à cinquante ans, cette frontière-là, celle des dix ans, disparaît tout à coup et que je me rends compte que l'enfant que je croyais disparu corps et biens a été là, tout au long de ma vie.

Même en cet instant précis, un nouveau lien se dessine : le délinquant.

Oh.

R. Quoi ?

D. Presque rien. Il vient de m'apparaître... Non, rien.

R. ...

D. Vous m'avez demandé à plusieurs reprises de vous parler de la paralysie qui m'a frappé la semaine dernière. Et nous avons convenu que, de diverses manières, on pouvait conclure qu'elle est profondément liée au processus de momification. Je suis, aujourd'hui, en ce moment même, au cœur même de la crise que j'ai redoutée depuis près de trente ans – depuis que j'ai commencé à réaliser l'existence du phénomène. Je l'avais observé, ce phénomène. À présent, je le vis. Je vis la crise qui, dans un nombre effarant de cas, mène à lui. Et je réalise – mais peut-être que je me leurre ? – que la seule manière qui s'offre, peut-être, à moi de ne pas être vaincu par cette momification-là, c'est de m'abandonner. De ne rien tenir pour acquis. De ne plus rien défendre. Cela a des implications de tous ordres, innombrables, dans toutes les régions de ma vie. Je dois renoncer à tout ce qu'a été ma vie. Accepter de pouvoir peut-être, de devoir sans doute, tout perdre, même mes rêves les plus précieux. Je dois me tenir ici, avec vous, et ne tenir à rien. Le vent souffle. Et après seulement qu'il en aura fini avec moi, je verrai ce qu'il me reste. S'il me reste quoi que ce soit.

R. Je crois comprendre qu'il s'est passé quelque chose d'important pour vous, depuis samedi dernier, depuis que nous avons complété le premier jet du sixième entretien.

D. Oui. Enfin, je crois.

Je vous ai dit que la douleur qui peut mener à l'abandon de ce qui nous est le plus précieux est liée à un conflit, à un conflit intérieur dévastateur : on est torturé par un choix à faire entre deux pôles, et le seul que l'on puisse abdiquer, c'est celui de nos rêves.

R. Ce qui, dans le cas des artistes, débouche sur le rallongement de la sauce de leur jeunesse.

D. C'est ça. Mais ce n'est pas seulement la tension entre les deux pôles qui entraîne la douleur terrible. C'est aussi, dans une large mesure, le raidissement, la volonté de contrôle : on ne veut pas avoir à choisir… alors on se braque – et on finit par casser.

Une grande part de ma douleur, la semaine dernière – et en plusieurs occasions, depuis –, est précisément de cette nature-là, elle aussi.

Je vous l'ai dit, le surgissement de Billy dans ma vie est, à mes yeux, de l'ordre du rêve éveillé. Tout à coup, *je sais*, je sais, en le voyant, que je veux passer le reste de ma vie à regarder dans ses yeux. À l'écouter. À le regarder. À le recevoir.

L'effet que sa présence a dans ma vie est colossal. La lumière qu'il porte est telle qu'il n'est aucun exemple que je connaisse qui me permette d'en exprimer la profondeur et l'intensité. Je me sens… transfiguré. Et la seule image dont je dispose, c'est celle de la plus grande force que j'aie connue dans ma vie. L'amour. L'amour physique. Les caresses. Les murmures. La tendresse. Par océans entiers.

Or, les choses entre nous ne prendront pas cette forme-là. Elles ne le peuvent pas.

Mais je n'en connais aucune autre.

La peur immonde qui se saisit parfois de moi, et qui me paralyse, c'est… celle de mourir sans avoir connu le cœur de ma propre vie. Avoir passé ma vie à chanter une splendeur dont chaque jour j'aurai ressenti l'imminence… mais à laquelle je n'aurai jamais goûté.

Je vous ai dit récemment que ma vie d'adulte a été habitée, a été tissée, par deux images : la première, c'est celle de ma mort à dix ans puis d'un second terme que je situais à quarante ou quarante-cinq.

R. Oui.

D. La deuxième image, c'était celle… de moi à quatre-vingts ans.

R. Sur la plage de galets, en Angleterre, avec vos chiens.

D. Oui.

R. …

D. Mon petit appartement est divisé en deux mondes distincts.

Dans le premier, les murs du vestibule, du couloir, de la cuisinette, de la salle de bain, de mon bureau sont littéralement couverts de cadres : photographies, cartes postales, affiches, citations, montages, articles de journaux, regroupés par… par pôles. Mes amours. Mes amis. Les mondes parcourus. Les spectacles. Les œuvres et leurs enjeux. Le trajet commence autour de la porte donnant sur le monde extérieur et se rend jusqu'aux grandes fenêtres, face à mon pupitre. Là-bas, derrière moi, autour de la porte : des affiches, des montages photo de spectacles, d'événements auxquels j'ai participé. Si on s'avance dans l'appartement, on passe sous une petite arche et là, on trouve les photos de famille, en face des photos du monde que j'ai parcouru et de celles de mes amis. Si on entre encore plus loin : quelques affiches et souvenirs de spectacles qui ont tout particulièrement compté pour moi. Quand on finit par arriver juste ici, au cœur de ma vie active, autour de mon pupitre : à ma gauche, des citations et des souvenirs de voyages intérieurs, à droite, des photos de mes amours. Ça c'est le premier des deux mondes : il part du monde extérieur et pénètre lentement jusqu'au cœur de ma vie.

R. Et le deuxième ?

D. Si on traverse mon bureau, on tourne et on se retrouve dans une petite antichambre. Face à nous en entrant : un lutrin. Et, sur lui, depuis des années, un livre de reproductions de toiles de Rembrandt, ouvert à la page du *Philosophe en méditation* : à gauche, en retrait, un très vieil homme, les mains jointes sur les genoux, la tête un peu penchée comme s'il somnolait, assis près d'une petite table couverte de gros livres, sous la grande fenêtre d'où coule une splendide lumière dorée; à droite, au premier plan, une vieille femme qui refait du feu dans l'âtre; au fond, entre les deux personnages : un grand escalier en spirale, qui monte. Et la porte de la cave, fermée.

R. C'est…?

D. …

R. C'est vous?

D. C'est une partie de mon rêve.

R. Vous n'avez pas de chambre à coucher?

D. Si. Juste passé l'antichambre au philosophe.

Là, tout ce qu'il y a au mur, c'est une reproduction d'une gravure de T'ang Yin, de l'époque des Ming : *Rêvant à l'immortalité dans une maisonnette au toit de chaume*. Une splendeur. Elle est toute en largeur : nous sommes dans les montagnes; à droite, constituant le premier plan, un énorme massif rocheux, sauvage, tourmenté, très défini, très présent, un arbre noueux y pousse. Entre ses branches, on aperçoit une petite maison – au toit de chaume, évidemment – à la fenêtre de laquelle dort un homme, la tête posée sur ses bras croisés sur une table. À gauche, au lointain, les sommets de montagnes moins élevées, perdus dans les nuages. Entre les cimes, ses vêtements gonflés par le vent, la petite silhouette de l'homme, marchant sur l'air, en plein ciel : son rêve d'immortalité.

R. Vous voulez dire…

D. Je veux dire que l'ornementation des différentes pièces de mon appartement reflète exactement mon rapport à la vie. Il y a deux mondes en moi. Un premier va du cœur de moi à la porte donnant sur le monde extérieur. Le second va du cœur de moi à l'image d'un philosophe qui médite, puis à celle d'un homme rêvant au sens du monde et de la vie.

R. C'est un choix conscient ?

D. Conscient, réfléchi, assumé.

R. Et ?

D. Eh bien, je vous ai dit qu'il y avait deux registres paradoxaux, en moi. Celui de la mort à dix ans puis à quarante ou quarante-cinq, et celui du vieillard. Je vous ai aussi dit que le premier de ces registres vient de se faire très sérieusement secouer les puces : je ne suis pas mort, je suis le même qui à sept ans regardait un grand garçon et rêvait d'être dans ses bras, qui visitait une ferme sur le point d'être rasée et était bouleversé par cette intimité partagée, le même qui à dix ans se liquéfiait de bonheur au premier geste de tendresse, qui à dix-neuf ou vingt ans attendait un appel.

R. Il reste donc l'autre…

D. Le vieillard.

Et je crois que… que ma peur… ma peur panique, vient de ce que je ne crois pas que l'appel va avoir lieu. Et qu'en conséquence, ce vieillard-là n'existera jamais.

R. Pourquoi pas ?

D. Parce que dans l'image du grand vieillard, ce n'est pas le renoncement qui domine. Cet homme-là n'a pas renoncé, n'a pas fait le deuil de sa propre vie. Ce n'est pas parce que rien d'autre au monde n'est plus possible pour lui qu'il médite, non : il médite parce qu'il a fait ce qu'il avait à faire – *tout* ce qu'il avait à faire… il a vu ce qu'il avait à voir, est allé là où il devait aller, est devenu ce qu'il devait devenir… et il est en paix.

R. Je ne comprends pas. Vous me dites aujourd'hui que votre douleur panique vient du sentiment que l'appel ne se produira pas. L'autre jour, vous me disiez que non seulement il va advenir, mais qu'il est peut-être même déjà en train d'advenir.

D. Je n'y comprends rien de plus que vous. Je vous dis simplement ce que je sais, tout ce que je sais : que ces deux certitudes-là coexistent en moi. Pas à tour de rôle, simultanément. L'appel, à la fois je crois en lui de toutes mes forces et je le crois impossible, de toutes mes forces. Ce sont justement les images enfouies sous ces deux certitudes qu'il me faut tirer au clair. Je ne sais pas si c'est possible. Je ne sais même pas si la tentative a quelque sens que ce soit. Mais même s'il devait se révéler possible d'y parvenir, je sais que ce serait extrêmement difficile. Et lent.

R. Et vous croyez que nous allons manquer de temps ?

D. …

Septième entretien – bis
Déserts, vieillard et rats

R. Quelle était la deuxième chose dont vous vouliez parler… avant que l'entretien proprement dit ne débute ?

D. Elle a à voir avec le désert. Avec le retour continuel de l'image du désert, dans ma vie, dans ce que j'ai écrit. Pas vraiment du désert, d'ailleurs, mais plus précisément de sa… traversée.

R. Oui.

D. Tard la nuit dernière, parcourant ce que nous nous sommes dit jusqu'ici, a surgi une… une évidence. J'en ai oublié une, une capitale, de ces évocations-là de traversées du désert.

R. Laquelle ?

D. *Ne blâmez jamais les Bédouins.*

R. Évidemment.
     Les Bédouins… dont l'action se situe en plein désert.

D. Et dans laquelle les trois protagonistes centraux finissent par se fondre en un seul…

R. … la Bête…

D. C'est ça : la Bête. La Bête, qui dit : « Je suis. »

R. Ça a surgi tout à coup?

D. Oui, au moment où je relisais l'extrait du *Prince-voyageur*. Sur le coup, j'ai été tenté d'immédiatement y faire référence ouvertement, de retravailler le passage en incluant tout de suite *Les Bédouins*. Mais quelque chose en moi résistait très fortement. Je ne sais pas quoi. Je ne sais pas non plus pourquoi. J'ai donc décidé d'attendre notre rencontre d'aujourd'hui et de vous mentionner le fait, c'est tout.

Il y a le désert de *Terra incognita*. Il y a le désert du *Prince-voyageur*. Et il y a le désert des *Bédouins*.

R. À quel moment est-ce que vous avez écrit *Les Bédouins*?

D. J'avais vingt-quatre ans.

R. C'était avant l'écriture du *Prince-voyageur*, donc?

D. Oui, huit ou neuf ans plus tôt.

R. Bien.

Autre chose?

D. Non.

R. Nous sommes prêts?

D. Oui.

R. Allons-y.

*

R. Toujours le matin du mercredi 26 janvier 2005. Il est à présent onze heures cinquante-cinq. Toujours dans votre bureau. Dehors, un splendide ciel d'hiver. Le vent mugit par la fenêtre entreouverte. Depuis le tout début de notre séance de travail, nous écoutons de la musique, tout bas, presque un murmure. Des chants de cour chinois, classiques.

D. Oui, *Nan-kouan* : ils viennent de Chine du Sud. Je me suis réveillé avec le goût, très fort, d'entendre ça.

R. Quelque chose me dit que ce n'est pas pour rien que c'est aujourd'hui que vous abordez la question du vieillard.

D. Je n'en sais rien. En ce qui me concerne, en parler aujourd'hui a essentiellement à voir avec le fait que, au cours de mes relectures des derniers jours, je me suis rendu compte que durant le sixième entretien je parle de deux images paradoxales en moi, mais que je ne détaille que la première, celle des trois vies.

R. Pensez-vous que...
J'ai de la difficulté à exprimer ma question.
Je sais que vous avez dit que cette image-là, des trois vies, n'a plus cours pour vous, qu'elle s'est dissoute au cours de nos entretiens. Vous venez même d'y faire à nouveau référence on ne peut plus clairement : l'unité de votre vie commence enfin à vous apparaître.

D. Oui.

R. Juste histoire de clarifier un peu votre rapport à cette image du vieillard, si je vous demandais quand même de la situer en restant dans le vocabulaire des trois vies, qu'est-ce que ça donnerait?

D. J'ai peur de répondre trop vite, mais je crois que ça ne donnerait... rien du tout.

R. Comment ça?

D. Le vieillard « vit » dans un registre totalement différent du sentiment que j'ai eu si longtemps d'être en période supplémentaire. Je crois que c'est d'ailleurs pour ça que les deux images, comme je vous l'ai dit, ne se sont jamais rencontrées dans mon esprit. Elles procèdent de... de cultures totalement différentes. En moi.

R. De... cultures... totalement différentes... en vous?

D. Oui.

R. Expliquez-moi ça.

D. Je vais tenter d'être le plus succinct possible, mais ce n'est vraiment pas simple à exprimer.

R. Je vous écoute.

D. Dans les années 80, puis au cours des années 90, tout en me livrant à des masses d'études sur les arts, la culture, la politique, l'histoire...

R. Ce que vous appelez « votre doctorat par les soirs »… ?

D. Oui. Au fil de mes lectures et de mes réflexions, je me suis rendu compte que, sur une question essentielle, quelque chose bloquait complètement dans mon esprit : quand on parle de la « culture », de quoi est-ce qu'on parle ? On prête à ce mot-là nombre de sens différents et, même, souvent profondément contradictoires. J'ai tout tenté pour arriver à les réconcilier, mais en vain. Alors, en désespoir de cause, j'en suis venu à me demander, tout simplement, ce que *moi* je veux dire, quand j'emploie le mot. Ça m'a pris un bon bout de temps, ne serait-ce que pour parvenir à me débarrasser des idées ambiantes, des clichés.

R. Vous y êtes parvenu ?

D. Oui. J'ai fini par comprendre que quand je pense à la culture je ne pense pas, encore une fois, à des objets, mais à des tensions. À des réseaux de tensions, extrêmement complexes, en nous. La culture, pour moi, c'est la structure de la représentation du monde qui anime notre esprit. Pas cette représentation elle-même, mais sa structure. Pas ce qu'elle contient, mais son squelette.

Tout au long de notre vie, nous emmagasinons des quantités formidables d'impressions, à propos du monde où nous vivons et de l'effet que nous font les divers objets qui le composent. Au fur et à mesure que ces impressions s'accumulent, consciemment ou non nous les classons. On pourrait même dire qu'elles se classent d'elles-mêmes – par thèmes, par associations, par affinités, par antagonismes aussi. Elles se regroupent, s'agglutinent, s'opposent ou se répondent. À mesure que leur masse se développe encore davantage, certains des groupes se scindent, d'autres qui s'opposaient se rapprochent, certaines tensions importantes jusque-là passent au second plan et sont remplacées par de nouvelles, et ainsi de suite. Eh bien, la manière qu'ont tous ces nœuds de s'organiser, c'est ce qui est pour moi le fondement de la culture personnelle. Je ne parle pas de la structure que nous avons l'impression d'avoir mais de celle, effective, qui se construit d'elle-même, qui est en constante évolution, et que, de manière générale, nous ne pouvons connaître qu'en la laissant s'exprimer – par opposition à : essayer de volontairement la nommer ou la circonscrire.

R. Donc, la culture, pour vous, ce n'est pas les souvenirs ou les connaissances que nous avons, mais la manière qu'ont ces souvenirs et ces connaissances de se répondre ou de s'opposer ?

D. C'est ça. En tout cas au premier degré. Je veux dire que ce que vous venez de décrire, c'est la couche de fond.
Il y en a une autre, qui intervient tout de suite après celle-là, et qui est elle aussi essentielle.

R. Laquelle ?

D. La manière qu'a notre sentiment d'exister d'entrer en rapport avec la structure de nos connaissances et de nos impressions.

R. Redites-moi ça ?

D. Le premier niveau, c'est la manière dont nos connaissances et nos impressions s'associent ou s'opposent entre elles...

R. ... oui...

D. ... et le second, c'est la manière dont nous utilisons – souvent sans même nous en rendre compte – cette manière qu'elles ont de s'organiser.
Les deux niveaux forment ce que j'appelle la culture individuelle.
La culture collective, nous en reparlerons un autre tantôt.

R. D'accord. Et si vous essayiez de me redire ça en termes, euh... un peu plus concrets, si possible ?

D. Eh bien, pour prendre un exemple classique dans notre société, prenons le fait que je suis un francophone.

R. Oui...

D. Pour la plupart des gens que j'entends parler dans notre société, le fait d'être un francophone serait *une* réalité. Et même *une* identité. Donc, pour nombre de gens, être un francophone, c'est être « un objet », et même un objet très facile à décrire : un objet qui a pour qualité fondamentale de parler français. Et tous les objets de cette sorte-là, ensemble, constituent un monde : il y aurait le monde francophone, le monde anglophone, le monde russophone, et ainsi de suite, et le fait d'être francophone signifierait qu'on fait partie de l'objet appelé « monde francophone ». La place d'un francophone, pour eux, ce serait donc dans le monde francophone, et sa fonction fondamentale serait d'assurer la continuation de ce monde-là, qui serait le sien.

Eh bien moi, quand j'entends parler comme ça, ou que j'entends être utilisé un discours qui s'apparente à celui-là, je ne peux pas être d'accord. Parce que pour moi, ce n'est pas le fait d'être francophone qui est culturel. Ou alors, il l'est, pris isolément, de manière tellement générale qu'en réalité il ne m'apprend strictement rien. Ce qui constitue ma culture, au sens où je l'entends, ce n'est pas le fait que la langue que je connais le mieux soit le français, et que ce soit à elle que j'ai habituellement spontanément recours pour m'exprimer, mais les énormes, les titanesques réseaux d'images, en moi, qui sont associés à ce qu'est le langage, à ce que c'est qu'une langue, et à ce qu'est la langue française en particulier.

Pour prendre un seul exemple, sur un seul tout petit point d'une seule toute petite partie de ces immenses réseaux, si je rencontre quelqu'un pour qui le fait de parler français en Amérique du Nord en ce début du XXIe siècle est capital parce que ça lui permet de garder vivante la langue de ses ancêtres, et que pour lui le maintien des traditions est ce qui existe de plus important au monde, eh bien lui et moi ne sommes absolument pas dans la même culture, même si nous partageons la même langue. Parce que pour moi cet argument-là est un non-sens caractérisé – pour deux raisons.

D'abord, le français n'a pas toujours existé, il y a donc nécessairement déjà eu des tas et des tas de gens qui ont trahi la langue de leurs ancêtres à eux pour l'adopter elle et lui donner l'importance qui est la sienne aujourd'hui. Si c'est le respect de ce que faisaient nos ancêtres qui est capital, alors le fait de parler français est déjà nécessairement une trahison. Donc, l'argument ne tient pas debout. Il tient d'ailleurs d'autant moins debout que l'ennemi dont il faudrait protéger le français est l'anglais, et que le vocabulaire anglais est, dans une très large mesure, venu… du français. La première grammaire française a été écrite à Londres.

La deuxième raison, c'est que pour moi la langue est constitutive de mon rapport au monde, de ma manière de me le représenter, certes, mais que je la considère préférable… si elle me permet de me former de ce monde l'image la plus riche et la plus complète possible, et même d'éventuellement agir sur lui. Autrement dit, et pour exprimer en quelques mots quelque chose de très complexe, ce n'est pas du tout parce que mon arrière-arrière-grand-père parlait français que cette langue me paraît justifier les efforts nécessaires pour arriver à la maîtriser, mais… parce qu'elle a été celle de Voltaire, de Hugo, de Camus… et aussi celle de Maurras, de Céline et de Joseph de Maistre – pour ne rien dire des scientifiques, des poètes, des diplomates, des philosophes. Ces deux groupes d'hommes-là – Voltaire *versus* de Maistre – ont élaboré et développé des idées qui en s'affrontant ont totalement transformé le cours de l'histoire humaine. Des idées fondamentalement opposées : les Droits de l'Homme d'un côté, le nationalisme de l'autre. Deux idées qui s'affrontent depuis deux siècles, sans discontinuer. C'est en français qu'est d'abord apparue une scission fondamentale dans la représentation que les humains se font de leurs semblables et de leurs devoirs à leur égard. C'est pour ça que le français me paraît digne d'être parlé – parce que c'est une langue qui me donne prise sur le monde et ses représentations d'une manière particulièrement fertile.

Bon. Je ne veux pas ici engager le débat sur le contenu de l'exemple que je viens de donner...

R. ... et je vous en sais gré...

D. ... je voulais seulement montrer qu'un seul aspect d'une seule question découlant de la représentation d'un seul pan de la réalité révèle déjà des quantités vertigineuses d'associations entre idées et groupes d'idées. Rien que sur l'exemple du rapport à la langue, il y a des bibliothèques entières à écrire – certaines le sont d'ailleurs déjà.

Imaginez à quel point la complexité s'accroît encore si j'ajoute un seul autre petit point d'une seule autre question, totalement différente. La sexualité, par exemple.

R. Allez-y.

D. Resserrons encore, pas seulement la sexualité : l'homosexualité. L'homosexualité masculine. La plupart des gens, y compris un très grand nombre d'homosexuels, s'imaginent que, pour un gars, le fait de coucher avec des gars plutôt qu'avec des filles suffit à les définir. Eh bien non, parce que juste dans les types de comportements homosexuels, il est assez facile de voir qu'il en existe au moins deux, radicalement différents : il y a des gars qui se considèrent comme des gars qui aiment d'autres gars, et il y a des gars qui couchent avec d'autres gars parce que le rôle qu'ils veulent tenir, c'est celui des filles – et qu'ils haïssent les gars.

R. Vous parlez des travestis?

D. Pas du tout. Je parle de gars qui peuvent très bien avoir l'air masculins, n'avoir aucun comportement efféminé stéréotypé, et pourtant, à les voir aller, on se rend compte que dans leurs rapports amoureux ce n'est absolument pas la tendresse pour les gars qui les anime, mais leur identification aux filles – tout particulièrement à l'intelligence *émotive* des filles... et à l'ascendant psychologique que cette intelligence leur procure sur les gars.

L'exemple le plus clair que je puisse vous donner, parce qu'il faut faire court, c'est l'œuvre commune de Tremblay et de Brassard, au théâtre. Tout le monde prétend que cette œuvre-là parlerait de l'homosexualité masculine, et donc – croient-ils – de l'amour pour les gars. Or, les caractéristiques principales de l'œuvre engendrée par leur collaboration sont d'abord une série de pièces dans lesquelles les hommes sont pratiquement absents – quand ils ne le sont pas carrément, comme dans *Les belles-sœurs* et *Albertine en cinq temps* –, une esthétique, sur scène, reposant sur le culte de l'actrice – ce qui fait que ce qui importe le moins, dans cet univers-là, c'est justement les gars. Ce qui n'empêche personne de s'imaginer que ce théâtre-là parlerait de l'amour pour les gars. Étonnant, non?

Maintenant revenons à… Imaginez deux gars côte à côte, appuyés à un mur. Je vous les présente en disant : « Voici deux homosexuels francophones de Montréal. » Un des deux couche avec les gars parce que ça lui ouvre la possibilité de contrôler l'autre dans des termes qu'il a appris à maîtriser, ceux du matriarcat, et il parle français parce qu'on lui a appris que le fait de parler cette langue-là est le plus grand combat de la société dont il est issu : la survivance culturelle. L'autre aime les gars pour leur désarroi, pas parce que ce désarroi lui permet de les contrôler mais parce que ce qui émane de ce désarroi le bouleverse. Les univers de certains gars le jettent à terre. Il les écouterait parler des heures de temps. Et il trouve que parler français rien que pour se répéter qu'on parle français est non seulement ridicule mais une trahison de ce qui a toujours fait la force profonde de cette langue : l'emprise sur la réalité. Eh bien en vous disant : « Voici deux homosexuels francophones de Montréal », j'ai eu l'air de vous dire : « Voici deux gars dans le même genre, presque interchangeables », alors qu'en fait ce qu'ils entendent et voient dans le monde est aux antipodes. Tant qu'à dire ça, il aurait mieux valu se taire.

Pourtant, ce n'est pas le contenu des images du monde qui habitent chacun d'eux qui les différencie, mais la manière dont ces images entrent en rapport les unes avec les autres.

À présent, imaginez les réseaux entre des milliers et des milliers de tensions comme ces deux-là, dans l'esprit des deux gars. Dans tous les sens concevables. Ce sont de véritables univers qui vivent dans leur esprit. Et les structures de ces univers-là, ce sont leurs cultures respectives.

R. Ouf.

D. Je ne vous le fais pas dire.

R. Et si nous revenions au vieillard?

D. Je crois que dans l'univers qui m'habite, qui me constitue même, si l'image de mes trois vies constituait une culture, une galaxie – comme le fait français, par exemple, en constitue une –, celle du vieillard en constituerait une autre – comme l'orientation sexuelle. Et que ces deux constellations-là n'ont jamais été directement en contact l'une avec l'autre. Ou, en tout cas, les contacts qui ont pu exister entre elles étaient voilés par nombre d'autres, qui retenaient bien davantage mon attention. À présent que certaines de ces tensions longtemps prépondérantes commencent à se re-moduler, d'autres apparaissent, ou deviennent, tout bonnement, perceptibles.

R. Vous voulez dire que…?

D. Que le « mythe » de ma vie en trois périodes distinctes, en s'estompant, fait ressortir celui du vieillard encore plus fortement.

R. Oh, je vois.

Le vieillard, parlez-moi de lui.

D. Je ne peux pas vous en dire grand-chose : c'est une image de moi à quatre-vingts ans, sur un rivage anglais, avec mes deux chiens – ça se limite à ça.

R. Il y a longtemps qu'elle a surgi?

D. Vous voulez dire : pour la première fois?

R. Oui.

D. Je pense que je n'avais pas vingt ans.

R. Donc vous n'étiez encore jamais allé au Royaume-Uni?

D. Non, en effet, puisque j'y ai mis les pieds pour la première fois l'été de mes vingt-deux ans.

R. Et dans cette image, vous êtes de passage ?

D. Du tout. J'habite là en permanence, tout près de là où je me promène dans l'image. Je crois que c'est sur la mer du Nord. Staithes, peut-être, ou Runswick ? Bamburgh ? Bridlington ? Ce n'est pas une ville plus grande que Scarborough, en tout cas.

R. Et vous êtes seul ?

D. Oui. Seul et incroyablement serein. C'est un des caractères les plus surprenants et les plus forts de l'image : une paix d'une profondeur et d'une... d'une amplitude que je n'ai jamais connue dans ma vie à ce jour.

R. Quel temps fait-il ?

D. Couvert. Doux. Un début de soirée de fin d'été ou de tout début d'automne.

R. Et en quoi est-ce que ce vieillard-là est lié au *Philosophe* et au *Rêve d'immortalité* ?

D. Il n'est pas lié aux deux toiles elles-mêmes, mais au courant qui circule entre elles.

R. C'est-à-dire ?

D. Prises individuellement, chacune des deux œuvres est insatisfaisante – par rapport à l'image du vieillard, j'entends. Et prises ensemble, « superposées », elles se contredisent à de nombreux égards. Ce qui me fascine, c'est de regarder « entre » elles. Le Philosophe, dans la toile de Rembrandt, est inerte, il est rendu tout au bout de la route de sa vie. Le Rêveur, quant à lui, est dans la force de l'âge et il vit dans l'isolement de sa montagne. D'un autre côté, la lumière qui entre par la fenêtre près du Philosophe est dorée, mais il n'y a pas de soleil au-dessus des montagnes du Rêveur.

R. Ça, c'est en les comparant ?

D. Oui.

R. Et en regardant « entre » elles... ?

D. Ce qui surgit, c'est le sentiment d'apaisement. La paix immense – je dirais même « essentielle », il n'y a qu'elle – que je ressens en contemplant aussi l'image de la grève de galets. Je vous l'ai dit : je n'en ai jamais ressenti une pareille. Le seul autre endroit où je la retrouve, c'est « entre » les deux toiles. Je me souviens très précisément du jour où j'ai découvert le Rêveur, il y a une dizaine d'années : je possédais déjà le Philosophe depuis longtemps, et cet après-midi-là, en feuilletant un grand cartable de reproductions, dans une boutique, quand je suis arrivé au T'ang Yin, j'ai été stupéfait – j'ai immédiatement su qu'il répondait au Rembrandt. J'étais bouleversé.

En dehors de cette paix, je ne sais pas quoi vous dire. Le seul lien qui me vienne, c'est une mise en abîme…

R. Comme une poupée russe…

D. Oui, une image dans l'image dans l'image : moi à quarante ans qui me rêve à quatre-vingts, moi à quatre-vingts ans qui rêve au Philosophe, le Philosophe qui rêve au Rêveur, le Rêveur qui rêve à l'immortalité. Le sentiment de paix profonde émane de tout ce trajet-là. De sa profondeur. De son calme. De l'abandon total qui le permet.

R. Un abandon sans renoncement…

D. C'est ça. Que ce soit dans l'image de moi sur le rivage ou « entre » les deux toiles, les dés sont jetés : il n'y a plus ni combat ni quête. Tout ce qui relève du combat et de la quête est accompli. Chaque seconde de vie est désormais une action de grâce qui coule de source. Sans émoi.

R. Bien. Donc il y a l'image de la grève en vous. Et les deux toiles qui sont associées à la paix qui, dans l'image, vous habite ?

D. Oui.

R. Y a-t-il un autre endroit de votre vie qui fasse écho à l'image de la grève ?

D. …

R. Ça va ?

D. Je réfléchis. Je ne cherche pas la réponse, je cherche comment la formuler.

R. J'en déduis qu'il y a en effet d'autres échos – je me trompe ?

D. Vous ne vous trompez pas du tout.

R. Des échos concrets ?

D. Que voulez-vous dire ?

R. Des objets du monde objectif, ou des images intérieures ?

D. Les deux à la fois : dans ce que j'écris.

R. Ah bon ?

D. Dans mon roman.

R. *Le livre inachevé de l'orgueil des rats* ?

D. Précisément.

R. Vous voulez en parler ?

D. C'est précisément ce à quoi je réfléchissais.
J'hésite à en parler.
Mais d'un autre côté, j'ai pratiquement renoncé à tout espoir de l'achever un jour, alors…

R. Qu'est-ce que vous décidez ?

D. J'y vais.

R. …

D. Posez-moi des questions.

R. Vous me dites qu'il y a, dans *Les rats*, une trace du vieillard ?

D. Oh, bien plus qu'une trace.

R. C'est-à-dire ?

D. Il y a un personnage. Quand il est apparu pour la première fois, j'ai cru qu'il allait être secondaire, qu'il allait permettre à l'un des narrateurs de prendre conscience de ce qui est en train de lui arriver, et que son rôle se limiterait à ça. Mais non, il a aussitôt commencé à déborder, à prendre de l'importance. Au point où j'en suis, je crois qu'il est devenu le personnage central de tout le roman.

R. Qui est-ce ?

D. Le frère de Merlin.

R. Merlin… le magicien ?

D. Oui. Depuis vingt ans, j'appelle son frère Excabrad, mais je n'aime pas ce nom-là : trop ésotérique. En fait, je pense à présent que des noms, il en a une centaine. Il en change à chaque époque de sa vie.

R. Attendez, attendez. À quelle époque se situe l'action?

D. De nos jours.

R. Et le frère de Merlin vit toujours?

D. Oui.

Merlin aussi, d'ailleurs.

R. Qu'est-ce qui se passe?

D. Je vais d'abord vous raconter là où j'en étais il y a un an. Ensuite, je vous dirai ce que j'ai décidé au printemps dernier.

R. Juste avant que vous ne vous lanciez : quand l'avez-vous commencé?

D. En juin 1979.

Et en vingt-cinq ans, j'ai dû lui consacrer, au total, sept ou huit années complètes. C'est une immense fresque, en quatre gros tomes.

R. Vous êtes avancé dans la rédaction?

D. Je dois en avoir entre le quart et le tiers d'écrit, je crois. Huit ou neuf cents pages.

R. Bon. On y va pour un résumé?

D. Oui, mais un résumé extrêmement serré : juste un survol prend plus de trois heures…

R. D'accord.

D. Dans le cycle des légendes arthuriennes – Chrétien de Troyes, Robert de Boron et compagnie – le conseiller spirituel du roi Arthur est un mage extrêmement puissant appelé Merlin. Certaines légendes prétendent qu'un jour, ce grand magicien prend une élève – qui s'appelle Morgane, Viviane ou Vivienne, selon les versions – et qu'il tombe follement amoureux d'elle. Elle, veut acquérir son pouvoir à lui, et lui en est bien conscient. Seulement elle parvient à déjouer les précautions qu'il déploie dans ses enseignements et réussit à lui faire croire qu'elle est beaucoup moins avancée dans son apprentissage qu'elle ne l'est en réalité. De cette manière, elle arrive à l'attaquer

par surprise, et à l'emprisonner dans un bloc de pierre.
Cela se passe il y a mille ans, en Bretagne, dans la forêt
de Brocéliande. Et c'est ce qui explique les gémissements
que l'on entend encore à notre époque, les nuits d'hiver,
dans cette forêt-là : ces plaintes déchirantes ne sont pas,
non, celles du vent soufflant entre les branches des arbres
dénudés, ce sont les lamentations de Merlin, prisonnier
de son bloc de pierre, qui pleure son amour trahi.

Ça, c'est le matériau duquel je suis parti.

R. Et vous êtes arrivé à quoi?

D. Montréal, fin des années 70. Trois frères jumeaux, des
triplets, extrêmement différents quant à leur caractère,
sont les derniers descendants d'une famille bretonne qui
est arrivée en Nouvelle-France très tôt après l'établissement
de la colonie, et qui s'est installée au bord du fleuve, là où
se trouve à présent Longueuil.

R. Et ils sont les derniers de la famille?

D. Oui. Un des trois est gay. Un autre s'est fait châtrer parce
qu'il trouvait que la libido monopolisait trop de ses énergies
et de son temps et nuisait ainsi à ses affaires. Le troisième
est professeur d'éducation physique dans un collège de
jeunes filles et un bon jour, voulant impressionner ses
élèves, il s'est laissé glisser le long d'un câble mais a perdu
le contrôle et est arrivé à toute vitesse assis sur le nœud.

R. Ouch. Je vois.

D. En arrivant en Amérique, leur ancêtre avait préparé un
plan dans lequel il assignait à chacune des générations
de sa descendance une tâche précise. Dans l'ensemble, il
s'agissait de construire à Longueuil, en trois cent cinquante
ans, une réplique réduite des fortifications de Saint-
Malo.

R. Pourquoi donc?

D. Pour protéger une grande caisse qu'il aurait amenée avec
lui lors de sa traversée.

Malheureusement, il y a des siècles que cette fameuse
caisse, si tant est qu'elle ait jamais existé, n'a plus été

vue. Et d'ailleurs les travaux de construction n'ont jamais été complétés. Ils ont d'abord été interrompus par la Conquête anglaise. Ensuite, lors de la rébellion de 1837, quand les autorités politiques ont appris qu'une partie de la fortune familiale avait servi à financer les Patriotes, elles ont ordonné que tout ce qui avait été construit soit rasé. Le restant de la fortune familiale a alors été employé à soudoyer les entrepreneurs chargés de la démolition, de telle sorte que seuls les murs dépassant du sol ont effectivement été détruits, mais qu'un vaste réseau de souterrains, lui, a été épargné – ce que personne ne sait, pas même les jumeaux.

Quoi qu'il en soit, la génération des jumeaux avait, d'après l'échéancier établi par l'ancêtre, un double travail à accomplir : achever de garnir la bibliothèque du château et célébrer la fin des travaux – deux tâches qui n'ont bien évidemment plus leur raison d'être.

Un soir glacial d'automne de la fin des années 70, donc, il se produit à Montréal deux événements simultanés, mais apparemment sans lien.

Le premier, c'est que l'île de Montréal est prise d'assaut et isolée du reste du monde, durant douze heures, par… des centaines de millions de rats. À l'insu des humains, les rats ont acquis le langage, mais leurs classes dirigeantes ont rapidement réalisé que l'augmentation exponentielle de la population, due à l'activité reproductrice frénétique des classes inférieures, hypothèque grandement les avantages qu'ils pourraient tirer de cette faculté. De plus, ils craignent que les humains ne finissent par détruire la planète, rats compris. Un stratège de génie, Nezz, a conçu un plan qui permet d'écarter les deux menaces d'un seul coup : en accomplissant un coup d'éclat comme l'isolement durant une nuit complète d'une métropole, surtout en plein cœur du continent où la crainte des rats est la plus hystérique, ils donneront aux humains un autre sujet de préoccupation qu'eux-mêmes, tandis que les combats nécessaires à ce coup d'éclat, et la répression qui en découlera, permettront de considérablement ralentir la vague démographique – au surplus, une action aussi glorieuse accélérera sans doute la nécessaire fédération de toutes les races et de toutes les tribus.

La nuit où les rats passent à l'attaque, les trois jumeaux sont assassinés, de trois manières très différentes, à l'intérieur de la tour d'habitation construite au début des années 70 sur l'emplacement où, autrefois, leur ancêtre avait commencé à construire sa forteresse.

R. C'est tout?

(Les deux rient.)

D. Pas vraiment…

(Les deux rient.)

R. Allez-y.

D. Pendant que ces événements-là se produisent, dans un café en entresol de la rue Saint-Denis, « en bas » – près de là où se trouvent aujourd'hui les bâtiments principaux de l'UQÀM – deux jeunes hommes sont assis face à face, la main de l'un posée sur celle de l'autre. L'un des deux parle, l'autre écoute. Ils ont été amants. Et récemment, celui qui raconte a tenté de se suicider en s'ouvrant les veines des poignets. Il raconte à son ancien amant pourquoi il l'a tenté, et ce qu'il raconte, c'est… ce qui est en train de se passer autour d'eux.

R. L'invasion des rats?

D. Et la mort des triplets.

Celui qui parle s'appelle Clarence. Celui qui écoute, André. Au cours de la nuit entière que dure le récit, au milieu des explosions, dans le noir – le réseau électrique a bien évidemment été une des toutes premières cibles des rats – avec au lointain les hurlements de terreur des humains pourchassés, Clarence se lève soudain et André, qui le discerne à peine, a la très nette impression qu'il est plus grand qu'à l'ordinaire et qu'il est habillé de métal. Ce qui est vrai : Clarence vient de se métamorphoser en chevalier géant. Cela ne dure qu'un instant, puis Clarence reprend sa taille normale. Sauf que quand il s'est transformé, les points de suture de ses poignets ont cédé et que quand il se rassied à la table du café pour continuer son récit, il se met à lentement se vider de son sang. À la fin de son histoire, juste avant que le jour ne se lève sur l'île dévastée, il meurt.

Et le narrateur du premier tome, c'est André.

R. Son ancien amant...

D. Tout à fait. Dans les premières pages du premier tome, qu'il écrit à la fin des années 80...

R. Dix ans après les événements, donc?

D. Oui.

... André raconte qu'il va apprendre aux lecteurs que la Nuit des Rats, survenue dix ans plus tôt, n'a pas du tout été ce que les scientifiques en ont expliqué. Il se présente. Il présente Clarence. Puis il entreprend d'exposer ce que lui ont permis d'apprendre et de comprendre les recherches auxquelles il s'est livré depuis cette fameuse nuit-là.

R. Quelles recherches?

D. Cette nuit-là, tandis que l'horreur déferlait, Clarence a raconté les faits à André, mais sans lui en expliquer ni les causes ni le sens. Après sa mort, André, pour comprendre les enjeux du récit que lui a fait Clarence, a donc dû analyser et rechercher la signification de tous les indices qu'il a pu relever.

Le premier tome s'achève au beau milieu d'une phrase laissée en suspens. Pour le deuxième tome, la narratrice est Isabelle, une amie d'André qui nous apprend qu'André est mort dans des circonstances atroces puis poursuit le récit commencé par lui, en s'aidant des tonnes de notes qu'il avait accumulées. Le deuxième tome se termine aussi abruptement que le premier. Pour le troisième, nouvelle narratrice : Florence, l'épouse d'un des triplets disparus cette nuit-là.

R. Celle du professeur d'éducation physique, j'imagine...

D. Évidemment. Après la mort d'André – que Florence a connu : il était allé l'interviewer dans le cadre de ses recherches –, Isabelle avait pris contact avec elle pour qu'elle l'aide à s'y retrouver dans les notes sur l'histoire de la famille de son mari. Elles étaient devenues collaboratrices. Puis amies intimes. Seulement Isabelle est, elle aussi, morte dans des circonstances horribles... et cette fois, toutes les notes laissées par André ont disparu.

R. Elle continue le récit... de mémoire ?

D. Oui. Et bien entendu, le troisième tome finit au beau milieu d'une phrase.
Nous n'apprenons l'identité du quatrième narrateur qu'à la toute fin du récit. Il s'appelle Steve Blackwood, c'est un Américain, en partie d'ascendance allemande, qui a étudié à Paris et qu'André avait lui aussi rencontré dans le cadre de ses recherches.

R. Et qu'est-ce qu'il avait donc découvert, André ?

D. Ce qu'il y avait dans la caisse de l'Ancêtre.
À quoi devait servir le château fort inachevé.
Qui était Clarence.
Et pourquoi sont morts les triplets.

R. Vertuchou...

D. C'est vous qui le dites.

(Les deux rient.)

R. On a le droit de savoir ?

D. Pourquoi pas ?

R. Vous êtes bien certain que ça ne « gaspillera » pas le projet ?

D. On verra bien. Et puis on verra bien, d'abord, s'il y a quoi que ce soit à gaspiller...

R. Par quoi voulez-vous commencer ?

D. Par le début...

R. ...

D. La première clé en importance que découvre André, c'est que contrairement à ce que prétendent les légendes, les mythes et les contes, Merlin n'a pas du tout été pris par surprise par les manœuvres de Morgane. En fait, il s'est *laissé* enfermer – pour n'avoir pas à affronter celle qu'il aimait. Et qu'il aime toujours.

Sa seconde découverte – encore une fois : non pas au plan chronologique mais en importance – a été qu'au moment où Morgane a capturé Merlin, son pouvoir n'était pas encore arrivé à maturité, ce qui lui imposait de sévères limites.

R. Lesquelles ?

D. Eh bien, entre autres, que pour conserver sa cohésion, le bloc de pierre enfermant Merlin devait rester à l'intérieur de la zone d'influence de Morgane, une zone assez réduite à l'époque – correspondant à l'Europe occidentale, à peu près. Si le bloc sortait de cette zone-là, il finirait, au bout de quelques siècles, par s'effriter.

Ensuite, que – ce qu'aucune des légendes ne dit – Morgane et Merlin ont bel et bien été amants. Que de leur union est né un fils. Qu'à chacune des générations subséquentes, le premier-né a été de sexe masculin. Et qu'il a toujours fini par se suicider.

Que Merlin est connu pour avoir été le plus grand mage de son époque, dans la région qu'il habitait, mais qu'il y en avait d'autres, dans d'autres régions du monde, et qu'ils étaient tous en contact les uns avec les autres.

Autre chose encore, dont aucune légende ne parle : Merlin avait un frère. Qui était un mage au moins aussi puissant que lui et qui était en colère, en furie, contre Merlin. Parce qu'un mage ou une magicienne, croyait le frère, doit éviter à tout prix de mettre ses pouvoirs au service de la politique comme Merlin l'a fait.

R. Ça, c'est Excabrad, non ?

D. Oui.

Enfin, dernière découverte essentielle : qu'il circulait en Bretagne, au début du XVIIIe siècle, une rumeur selon laquelle le bloc de pierre de la forêt de Brocéliande avait disparu. Et que Morgane en était furieuse. Elle accusait les autres mages et magiciennes, amis de Merlin, d'être responsables du rapt. Et avait juré de se venger.

R. Alors qu'est-ce qui arrive ?

D. C'est tout simple : la caisse dans laquelle se trouve le rocher qui retient Merlin est tout au fond des souterrains de l'ancien château fort, sous la tour d'habitation où ont été tués les triplets. C'est leur ancêtre qui s'en est emparé autrefois, qui l'a soustrait au pouvoir de Morgane et l'a transporté jusque dans les Amériques. L'échéancier qu'il a préparé faisait coïncider la fin des travaux de construction et d'aménagement avec le moment où le rocher aurait fini par redevenir poussière. Et ça, Morgane le sait, l'ancêtre le savait, et les Mages amis de Merlin aussi.

La Nuit des Rats, c'est celle où les sept Mages viennent frapper aux grandes portes du château pour demander au seigneur du lieu de leur accorder un entretien avec son hôte, Merlin.

R. Mais le château n'a jamais été achevé ?

D. Ça ne change rien à l'essentiel. Il existait à l'époque d'Artus — le roi qui a servi de modèle au Arthur de la légende — une règle sacrée : n'importe quel citoyen pouvait venir frapper aux portes du palais et demander au roi réparation pour une injustice — cette règle s'appelait la Rétribution. Seulement le maître des lieux, dans ce cas-ci, est triple : les trois frères. C'est donc à eux trois à la fois que les sept Mages doivent s'adresser pour obtenir d'entrer dans les souterrains et d'aller rencontrer Merlin.

R. Mais les trois frères, ils sont morts ?

D. Non. Ils sont redevenus des enfants. Et ils accordent le droit de passage aux Mages.

Tous les onze — les trois frères, les sept Mages et un guide — se rendent jusqu'à la grande caisse, au fin fond des soussols. L'ouvrent. Effritent le rocher.

Merlin est libre. Et affreusement triste. Il leur dit : « Vous n'auriez pas dû venir. » Mais il est bien obligé de les suivre.

R. Qu'est-ce qu'ils veulent de lui?

D. Rétribution. Ils sont issus de sept civilisations différentes, que Morgane est en train de saccager. Par amitié pour Merlin, pendant des siècles ils se sont refusé à s'en prendre à elle – ils ont attendu qu'il soit libre pour lui offrir le choix : « Ou bien tu te charges d'elle, ou bien c'est nous qui le faisons. »

R. Et les rats?

D. Ils sont les jouets de Morgane.

Chacun des Mages possède un pouvoir qui lui est propre, qui le définit. Pour l'un, c'est le rire. Un autre, les mots. La danse. La présence. Le regard.

Morgane, elle, est maîtresse de la révolte et du ressentiment.

R. L'histoire finit comment?

D. Il n'y a qu'une seule civilisation à n'être pas représentée dans le groupe des Mages.

R. Laquelle?

D. Celle des Amérindiens.

À la toute fin, les dieux anciens des Amériques apparaissent pour dire aux Sept, à Merlin et à Morgane que ça suffit, qu'ils ne veulent rien avoir à faire avec leurs batailles, qu'ils doivent quitter leur territoire.

On comprend alors qu'une guerre multiple est sur le point d'éclater : entre Merlin et Morgane, entre les dieux des Amériques et les Mages, entre les Rats et les Hommes.

Tout ça parce qu'il y a plus de mille ans, en mêlant ses pouvoirs à la politique, un puissant magicien a choisi de devenir un objet de convoitise et n'a pas, ensuite, eu le courage de tenir tête à la femme qu'il aimait.

R. Et Clarence?

D. Un descendant en ligne droite de Morgane et de Merlin. L'amour inachevé.

R. Excabrad?

D. C'est lui qui apprend à André, durant ses recherches, qui Clarence a été, et qui est André lui-même…

R. Qui?

D. Le descendant d'une poétesse russe.
C'est le second thème du roman. Le premier, c'est l'amour inachevé. Le second, la nécessité de l'achèvement.

R. Ça, c'était il y a un an?

D. Oui. Durant l'été 1979, j'ai écrit une courte nouvelle, *Les Russes*, qui de fil en aiguille a fini par se retrouver être le rêve, l'obsession d'un des trois frères, puis l'histoire s'est mise à se développer. Sept ou huit ans plus tard, elle avait atteint le niveau d'élaboration que je viens d'évoquer à toute allure. De ce moment-là à 2003, j'ai passé de nombreux moments à compléter des chapitres, mais la structure du récit me paraissait définitivement fixée. Pendant l'été 2003, je me suis remis au travail et assez rapidement, j'ai senti qu'il manquait quelque chose.

R. Quoi?

D. Le présent. Tous les Mages, presque tous les personnages de l'histoire, étaient des anciens. Je me suis mis à ressentir le désir qu'il y ait des contemporains. Simultanément, Excabrad m'a semblé mériter d'être beaucoup plus important qu'il ne l'était resté.

R. Alors? C'est Excabrad lui-même qui demandait à être plus présent?

D. D'une certaine manière, oui…

R. Comment est-ce que ça s'est passé?

D. Difficile à décrire. Ça arrive petit à petit. Par touches infimes. Comme le trac : tout à coup, on s'aperçoit qu'on est pris dedans jusqu'aux oreilles, mais qu'on ne l'a jamais senti commencer.
Dans le cas d'Excabrad, j'ai tout simplement senti, en relisant ce que j'avais déjà d'écrit, qu'il y avait des trous, des poches d'air, dans le récit. Que si je fermais les yeux et laissais surgir les images qui pourraient prendre la place de ces trous, elles étaient toutes liées à lui. Je ne savais pas pourquoi, mais je savais en tout cas que c'était très fort.

R. Parlez-moi de lui.

D. Jusqu'à il y a un an, il n'y avait qu'un seul chapitre dans lequel il apparaissait « en personne ».

Tout au long du récit, j'invente toutes sortes d'écrivains du passé, de livres, de soi-disant classiques. Il y en a un, surtout, qui m'a donné énormément de plaisir. Le ministre protestant irlandais Maturin publie réellement, en 1820, un classique de la littérature fantastique qui s'intitule *Melmoth ou l'homme errant* – une histoire de démon. De mon côté, j'imagine que quelques années plus tard, il aurait aussi fait paraître *Les enfants de Melmoth,* une plaquette consistant en une vingtaine de lettres qu'il aurait reçues après la publication de son chef-d'œuvre : appréciations, critiques, mais aussi témoignages concernant des manifestations diaboliques. Parmi ces témoignages, une longue missive traduite de l'espagnol : un lecteur rend publique l'histoire surprenante qui est advenue à l'un de ses ancêtres. L'ancêtre en question a été officier de l'Invincible Armada de Philippe II qui, en 1588, a tenté l'invasion de l'Angleterre d'Élizabeth Ire, mais qui a été défaite par Drake, Raleigh et les tempêtes. Le navire du *señor* est englouti, et l'homme se réveille sur un rocher, en sang, les membres en morceaux, plus qu'à moitié noyé. Conscience, perte de connaissance, douleur, fièvre, vent déchaîné, vagues qui déferlent, déchaînement des éléments. À un moment, il a vaguement l'impression d'être transporté à dos d'homme. Se réveille à demi dans une immense salle de pierre au bout de laquelle se trouve un âtre où brûle un tronc d'arbre entier. Il a été recueilli par un Anglais des Cornouailles. Et durant toute la durée de sa convalescence, en bon catholique espagnol qu'il est, en bon catholique tombé aux mains des protestants, surtout, il est convaincu que c'est le diable en personne qui l'a pris sous son aile. Le simple fait qu'il ait survécu à ses blessures, et qu'elles guérissent toutes, ne laissant que de très légères cicatrices, achève de le convaincre. Une nuit, il s'éveille en sursaut : il est de retour dans la chambre à coucher de son manoir d'Estrémadure. Un vieil Arabe, tout souriant, est penché sur lui. Prochain souvenir : le vieil Arabe a disparu, c'est le matin. Il reconnaît les cris, les voix qui montent de la cour — ce sont ceux de sa maison natale qui s'éveille : il est bel et bien de retour chez lui. Tout le monde est renversé : on le croyait mort durant le désastre de l'Armada, personne ne sait comment il a bien pu arriver dans sa chambre, et lui-même ne garde aucun souvenir d'avoir quitté le manoir anglais. Quelques mois plus tard, il entre dans les ordres pour tenter de racheter le péché mortel qu'il n'a pu manquer de commettre en se laissant sauver par Satan.

André, au cours de ses recherches sur les origines de Clarence, tombe donc sur le deuxième livre de Maturin et, dans ce vieux récit espagnol, croit déceler des indices concernant un personnage dont Clarence ne lui a pas parlé ouvertement au cours de la fameuse nuit, mais dont André a fini par déduire l'existence. André sait que dans la représentation qu'il se fait des acteurs de la Nuit des Rats, il manque un joueur — un joueur capital. Et c'est, donc, pour diverses raisons, dans *Les enfants de Melmoth* qu'il découvre d'abord la piste : au XVIe siècle, le joueur mystère habitait les Cornouailles.

L'été suivant sa découverte, André se met en chasse. Il fait du camping le long des falaises de Cornouailles, à la recherche du manoir que, dans son récit, le marin espagnol décrit : une grosse construction de pierre, austère, au fond d'un vallonnement descendant vers la Manche.

R. Il finit par le localiser, le manoir ?

D. Oui. Et son propriétaire aussi. Qui correspond parfaitement à la description laissée par l'Espagnol : un vieil homme aux yeux tristes, très pâle, très grand, très mince, tout en angles.

R. André le reconnaît ?

D. Bien entendu.

R. Qu'est-ce qui arrive ? Ils se parlent ? André l'interroge ?

D. Il n'en a aucun besoin. C'est Excabrad lui-même qui, aussitôt qu'ils sont seuls tous les deux, aborde ouvertement le sujet.

R. Lequel?

D. Clarence. Pour André, « tout ça », c'est Clarence, et rien que Clarence. L'amour de sa vie, mort devant lui en lui racontant la tempête qui ravageait son âme.

R. Comment est-ce qu'Excabrad s'y prend, pour aborder la question?

D. Il la prend de face, comme il le fait toujours. André et lui se trouvent dans une grande pièce débordante de soleil, dont tout un mur et une partie du plafond sont vitrés. La vue est splendide. La lumière, à couper le souffle. Des profondeurs de la maison, montent les notes d'un piano : le jeune protégé d'Excabrad, qui répète. Excabrad invite simplement André à contempler la vue tout son saoul, et tandis que le jeune homme lui tourne le dos, il lui lance de but en blanc que la quête dans laquelle il s'est lancé est d'une très grande beauté.

R. Comme ça, sans prévenir?

D. Oui, c'est sa manière à lui.

Ensuite, il explique à André qu'il est le frère de Merlin – il raconte leur enfance, à la fin de l'Empire romain. Le trajet de leur vie, à grands traits. C'est alors qu'il apprend à André que Clarence était son neveu, et pourquoi, de quoi, il est mort.

En entendant l'explication, brutale, après tant d'années, André craque. C'est trop, trop fort, trop douloureux. D'un seul coup, il comprend trop de choses sur la fulgurante beauté de son amant d'autrefois. Il s'enfuit de la maison. Traverse le vallonnement. Grimpe un sentier de pierraille qui monte vers le sommet d'une falaise. Il est à bout de souffle. Il entend des pas qui, derrière lui, s'approchent lentement. Il sait que c'est le vieux sorcier amoureux, le frère du magicien qui aimait trop les coulisses du pouvoir. Excabrad rejoint André, qui contemple la Manche, en contrebas. Les rayons du soleil scintillent au sommet de chacune des vagues. La Manche a l'air d'un diamant vivant.

Excabrad arrive derrière André. Lui met les mains sur les épaules et, en un murmure, lui apprend qui était son ancêtre : la magnifique poétesse. Lui explique que sa tâche à lui, s'il l'accepte, est de poursuivre sa tâche à elle : chanter le cœur du monde. Que rien ne l'y oblige. Que c'est un chemin brûlant, semé de terreurs. Sur lequel la vie et l'esprit sont à chaque instant en danger. Excabrad explique à André que tous, nous avons le choix : le sacré ou le profane. Tamino ou Papageno. Le cœur du monde ou sa surface. À ce moment, Excabrad tend son bâton de marche par-dessus l'épaule d'André et, de son extrémité, balaie lentement la ligne d'horizon. Aussitôt, toutes les vagues commencent à se transformer. Chacune d'elles devient un minuscule visage. Tous les ancêtres de l'humanité. À perte de vue. Il monte de ces visages un chant, une lumière magnifique. Qui va droit au cœur. Plus tard, André écrira que la première impression qu'il a eue, en comprenant ce qu'il regardait là, ça a été celle de voir ce que Mozart, lui, a entendu.

André a sous les yeux à la fois l'humanité entière qui nous a précédés… et son Rêve – le rêve de l'humanité : harmonie… sens… sérénité… équilibre. C'est un océan prodigieusement complexe d'impressions fluctuantes, qui danse avec la légèreté d'un souffle. L'âme. L'âme de l'humanité. L'endroit même duquel surgit, en nous, la beauté et l'espoir. Cette unité dont tous les hommes ont rêvé. Elle est là, sous ses yeux. Elle vibre. Elle respire. Elle resplendit. En un instant, André, ébloui, comprend, voit. Il voit l'esprit. Il embrasse du regard la grâce elle-même. Et il s'évanouit, bouleversé.

R. …

D. Voyez-vous, je relisais ce chapitre-là : quarante ou cinquante pages sur les trois mille qu'aurait pu compter l'œuvre achevée, et je me sentais de plus en plus mal à l'aise. Dans ce chapitre-là, une porte s'entrouvrait à peine, que je ressentais le besoin d'ouvrir en grand. Complètement. Et que je souhaitais passer. Je voulais enfin aller voir « de l'autre côté », du côté de la lumière qu'il fait dans l'appartement de Colin.

R. Attendez : Colin, c'est le personnage de *L'écume des jours?*

D. Oui. Je vous l'ai dit : en 1973, il y a plus de trente ans, la quête de la lumière était déjà essentielle pour moi, le jour de mon audition à l'École nationale.

Avec ce chapitre-là, je la touchais enfin, la lumière. Après avoir écrit des milliers et des milliers de pages, tout au long de ma vie. Après avoir lu, vécu, médité. Sans chercher. Je repensais au chapitre narrant la rencontre d'Excabrad et d'André, et il me semblait que tout le travail de ma vie trouvait – ou en tout cas commençait de trouver – non pas une réponse, non, ce n'est pas de ça qu'il s'agit, non, mais un écho. Trois ou quatre ans après la fin si longtemps appréhendée de ma « période supplémentaire », je réalisais que j'étais debout dans la porte entrouverte. Et que je voulais entrer.

...

C'est ce que j'ai fait.

...

Ça a fini par me prendre tout d'un coup, un soir du printemps de 2004, au Barbare.

Je suis en train de lire un livre qui n'a strictement aucun rapport avec ces préoccupations-là, et tout à coup une image surgit dans mon esprit, avec une force incroyable. Incontournable. Un peu comme a aussi surgi l'idée de vous convoquer, le 2 janvier.

Je vais me chercher une pile de napperons de papier et je me mets à écrire. Les images, les mots coulent comme de l'eau, et à la fois je suis pris de vertige : ce que je suis en train d'écrire là, et que je ne peux absolument pas écarter de mon esprit, va complètement transformer non pas la structure, pas vraiment, mais surtout la couleur, de vingt-cinq années de travail et de réflexions. Ce qui sort là de ma plume, je le sais en l'écrivant, ne peut être qu'un nouveau premier chapitre. Et, même, le premier chapitre d'un nouveau livre : l'ensemble du récit, jusqu'à ce moment-là, est déjà composé de « livres » qui s'entrecoupent les uns les autres – le *Livre de Clarence*, le *Livre des rats*, le *Livre des Mages*, le *Livre des batailles*, le *Livre des voyages* – et celui-ci va sans doute être le *Livre de l'amant*. Dont le premier chapitre précédera l'avertissement d'André. Imaginez le choc que ça donne de réaliser ça, quand il y a, je ne sais plus, dix-sept ou vingt ans, que vous vous êtes fait à l'idée que votre roman commencera par la phrase :

> *Il est des choses qui ne nous sont racontées qu'à la seule fin que nous les répétions à notre tour...*

... mais que vous réalisez soudain que non, ce ne sera pas avec elle. Alors que cette phrase-là a fini par prendre tellement de place, dans votre esprit, dans votre imagination, qu'elle en est venue à symboliser, à elle seule, les trois mille autres pages. C'est même elle qui défile sur l'écran de sauvegarde de mon ordinateur.

Soudain, ce beau samedi soir-là de printemps, au Barbare, je réalise que non, le roman ne se passera pas qu'au passé, que le présent y jouera son rôle, et pas seulement en tant qu'aboutissement d'enjeux anciens.

R. Qu'est-ce que c'est ? Je veux dire : l'image qui surgit ce samedi-là ?

D. C'est une idée qui avait commencé à m'apparaître en 2000 – au moment d'une de mes pires crises à propos du Jeune Acteur – et dont j'avais voulu faire une nouvelle, que j'avais commencée mais que je n'avais pas été capable de mener à terme. Ce samedi-là, elle me revient, et je comprends aussitôt quelle est sa place : au tout début du *Livre inachevé de l'orgueil des rats*. Tout aussi vite, je comprends qu'elle va avoir mille et une répercussions sur le déroulement du récit.

Bref.

R. Je sens une résistance de votre part. Comme si vous craigniez de vous lancer. Vous ne voulez pas raconter ce qu'il y a, dans ce nouveau début-là ?

D. Oui, il y a une résistance. Mais pas à cause du roman lui-même, à cause de ce qui est arrivé après... quelques mois après que j'ai eu fini d'écrire cette image-là.

R. Une chose à la fois ?

D. D'accord.

Ce samedi-là, au Barbare, l'image extrêmement puissante qui surgit est celle-ci : deux jeunes gens qui font l'amour. Avec une tendresse extraordinaire. Voilà dix-huit heures qu'ils sont nus, tous les deux, imbriqués l'un dans l'autre. Mais ils savent qu'ils ne doivent pas aller jusqu'à la jouissance, parce que depuis quelques semaines déjà qu'ils se connaissent, s'aiment, à chaque fois qu'ils arrivent à l'orgasme, le garçon est saisi par des images qui le déchirent, qui lui font vivre une douleur insupportable. Et de plus en plus effroyable à chaque fois. Elle a fini par devenir monstrueuse. La jeune femme, elle, de son côté, ne comprend pas, et lui est incapable de lui expliquer ce qui lui arrive à ces moments-là. C'est comme ça que, sans même s'en être parlé, ils ont tous les deux décidé, cette fois-ci, de s'aimer sans aller jusqu'à la jouissance. Le soleil se lève, se couche. Se relève. Mais petit à petit, le garçon réalise que cette fois-ci, même sans jouissance, les images commencent quand même à affleurer dans son esprit. Il sait que la douleur approche doucement. Il comprend qu'il n'y a pour lui qu'une seule chose à faire : ces images, il doit les confier à celle qu'il aime et qui est désespérée de voir ses larmes mais de ne pas en connaître la source. Il veut parvenir à le lui dire. Alors, en pleine nuit, il attend qu'elle se réveille d'un somme, et aussitôt qu'il sent sa respiration changer – ça y est, elle va ouvrir les yeux – il commence à lui murmurer son récit au creux de l'oreille.

Quelque temps avant de la rencontrer, un premier bel après-midi de printemps, il est allé se faire bronzer au parc Lafontaine et a remarqué, au loin, assis à même le sol, sous un arbre, de l'autre côté de l'étang, un vieillard à l'allure triste, tout habillé de noir. Les jours suivants, le vieillard était là chaque fois. Toujours aussi immobile. Un bon jour, le vieux apparaît soudain devant le jeune et se met à l'engueuler : « Cessez de m'appeler ! » Le jeune veut lui répondre qu'il ne l'a jamais appelé de sa vie, mais se rend compte de deux choses simultanément : d'abord que le vieux *n'est pas* devant lui, il est toujours assis là-bas sous son arbre et ne semble même pas avoir remué, ensuite que c'est vrai, il a bel et bien « appelé » le vieux dans son esprit, il a souhaité lui parler, il est intrigué par lui, mais il ne sait même pas pourquoi.

Affrontement entre le jeune et le vieux. Le vieux lui lance : « Vous êtes bien de votre époque – vous ne savez même pas ce que vous venez tout juste de faire, tant qu'on ne vous l'a pas expliqué. » Le jeune fuit le parc. Arrive chez lui. Entre. Et ce n'est plus chez lui. Le vieux l'attend. C'est la salle que, des centaines de pages plus tard, nous reconnaîtrons comme celle où, au XVIe siècle, s'est retrouvé un officier de l'Invincible Armada, après son naufrage. Le vieux veut seulement expliquer une chose, une seule, au jeune. Une seule chose, mais double. D'abord que lui, le vieux, est un magicien. Ensuite que le jeune en est un aussi.

C'est ça que le jeune homme explique à la jeune femme qu'il aime. Petit à petit, au fur et à mesure que se développe le récit de celui qu'elle aime, elle se met à avoir peur. Parce que ce que le garçon lui raconte là est insensé. Mais que, pourtant, elle sait que chaque mot en est vrai. Elle sait qu'il n'est pas fou. Qu'il n'est pas non plus menteur. Elle comprend même soudain qu'il n'est sans doute même pas rendu au bout de ce qu'il veut lui dire – et c'est ça, qui lui fait si peur… parce qu'elle le connaît suffisamment pour savoir qu'il ne prendrait pas autant de précautions s'il ne savait pas qu'il va lui faire très mal. Elle l'entend dans sa voix : il a peur pour elle. Elle écoute. Elle attend.

Le garçon continue. Il explique que chaque mage possède sa propre magie. Le sienne, c'est… la jeune femme lui coupe la parole et le dit à sa place, elle connaît déjà la réponse : la sienne, c'est la tendresse.

Aussitôt, ils se retrouvent tous les deux debout, nus, sur un pont de Florence, en pleine Renaissance, par une belle nuit d'été. C'est lui qui vient de les y transporter. Il dit à la jeune femme que ce qu'ils vivent là a toujours été le rêve le plus précieux de sa vie : être sur un pont de l'Arno, avec dans ses bras la femme qu'il aime. Et il lui annonce qu'il va devoir la quitter. Qu'il y a une guerre terrible qui fait rage. À laquelle il est de son devoir de participer. Mais qu'il reviendra.

Ils font l'amour. Et au moment où leurs cris fusent, l'air se déchire. La jeune femme est de retour dans sa chambre à coucher. Elle sent encore la chaleur du garçon, à l'intérieur d'elle et dans ses paumes. Mais elle est seule. Les vêtements de son amant sont éparpillés sur le sol. Elle se lève. Elle a de la difficulté à se tenir debout. Elle entend encore le hurlement du garçon. Elle va à la cuisine boire un verre d'eau. Et sur la table, se trouve une énorme pile de feuillets qui n'y étaient pas quand elle est venue à la cuisine à… elle regarde l'horloge de la cuisinière… depuis que son amant a commencé à lui raconter sa douleur, le temps est resté suspendu.

R. Et cette action a lieu…?

D. Maintenant.

Il y a de nouveaux mages.

C'était il y a moins d'un an.

R. Je vous sens vibrer. Qu'est-ce qu'il y a?

D. Deux choses. Quand j'ai écrit ce chapitre-là, je savais qu'Excabrad avait mal – très mal. Entre autres parce qu'il savait que l'appel du jeune homme, cet appel qu'il a ressenti si fort, au parc, et qui l'a tellement enragé, allait lui être une épouvantable brûlure.

R. Laquelle ?

D. La passion.

Ce garçon-là est la vie : elle déborde de lui comme un torrent. Excabrad l'a sentie, dès la toute première fois que le garçon est entré dans le parc, avant même de l'avoir vu. Or justement, ce que cherche Excabrad, sous son arbre, c'est… par où sortir de la vie. Le jeune homme à la fois le rappelle et va l'ébouillanter. Tandis que j'écris ce nouveau premier chapitre-là, je sais que, tôt ou tard dans le roman, Excabrad et le jeune homme vont devoir s'affronter. Qu'Excabrad va avoir tout dit au jeune homme, va lui avoir tout appris et que, lorsque le jeune homme va avoir trouvé sa place dans le monde, la douleur va être foudroyante. Sans doute pour les deux.

Au printemps dernier, j'écris ce chapitre, celui où le jeune homme et la jeune femme font l'amour en pleine douceur, et se retiennent, et se font l'un pour l'autre aussi légers que la brise, et je sais déjà que se prépare un nœud, dans le récit à venir. Un nœud qui va sans doute m'arracher le cœur. Je sais qu'Excabrad, au cours des combats qui s'annoncent, dans des chapitres dont je n'ai pas encore la moindre idée mais dont je sens l'ombre remuer en moi, va tomber éperdument amoureux du garçon. Et je sais que j'aurai alors à décider de ce qui adviendra. Que, pour moi, prendre cette décision-là sera l'enfer. Comme l'a été l'écriture de la fin de *Bob*. J'écris le chapitre, et je sais que les enjeux qu'il annonce sont si terribles qu'il faut que je me protège. Et que je protège le récit.

R. Comment est-ce que vous pouvez faire ça ?

D. Il faut que je le dilue.

Je décide que, dès ce chapitre initial, le jeune homme ne sera pas le seul nouveau mage à apparaître. Il y en aura trois, au total. Et que le nouveau Livre ne s'intitulera pas le *Livre de l'amant*, mais le *Livre* des *amants*. Autrement, j'ai peur que la rencontre d'Excabrad et du garçon ne fasse totalement basculer l'histoire.

Je commence à décrire un second mage. C'est une jeune fille. Elle a un ami avec qui une règle stricte a été établie très tôt dans leur relation : amitié, pas amour. Avant de partir à la guerre, elle lui apprend qu'elle a dérogé à la règle : elle l'aime. Et lui, admet qu'il en va de même de son côté à lui.

R. Quelle est sa magie, à elle ?

D. L'accueil. Elle est capable de laisser l'esprit des autres entrer en elle, pour qu'ils ressentent et sachent tout ce qu'elle-même sait et ressent.

Le troisième est un vieillard solitaire. Son appartement du centre-ville est hanté par les fantômes de ses amours. Excabrad lui est apparu, il y a des dizaines d'années de ça, lui a révélé sa propre magie, lui a annoncé qu'il reviendra un jour, puis a disparu et n'est jamais revenu.

R. Sa magie, c'est… ?

D. L'accès à l'âme des objets. Il lui suffit de caresser doucement un objet en soufflant sur lui pour que toutes les personnes présentes revivent des événements dans lesquels cet objet-là a joué un rôle déterminant.

Un bon matin, Excabrad lui apparaît : il vient le chercher pour la guerre qui fait rage. Le vieux entre dans une terrible colère. Détruit tout ce qui se trouve dans son appartement, saccage tout, accuse Excabrad d'avoir ruiné sa vie en lui révélant qu'il possède un pouvoir qui a été sa malédiction, lui hurle toutes les injures imaginables. Puis il s'effondre. Il n'a plus rien, rien, rien, rien, rien, rien, rien, rien, rien. Rien d'autre que le souvenir de l'espoir.

Alors, défait, nu, vidé, il suit Excabrad.

R. …

D. …

R. C'est donc ça, le nouveau début de votre roman ?

D. Oui.

R. Vous l'écrivez… ?

D. À partir de mai ou du début de juin 2004.

Quelques semaines plus tard, je fais la connaissance d'un tout jeune homme. Et je réalise qu'en un certain sens, je suis Excabrad. Et que lui, ce garçon-là, sa présence, éveille en moi, de nombreuses manières, des sentiments et des sensations très proches de ce que je ressentais en écrivant le nouveau chapitre.

R. Et…?

D. Et, dans ce chapitre, une des premières choses qui affole la jeune femme, dans le récit que lui fait son amant, c'est qu'il lui raconte que, dès leur première rencontre, Excabrad connaissait son nom.

R. Le nom du garçon?

D. Oui. Excabrad s'est adressé à lui directement, en l'appelant par son prénom, sans même qu'ils se soient présentés. C'est quand elle entend ça que la jeune femme pressent qu'il s'est passé ce jour-là quelque chose d'extrêmement important.

Et je réalise que j'ai donné au personnage du garçon, avant même de rencontrer le jeune homme, un prénom que personne ne porte, à ce moment-là, dans ma vie…

R. Lequel?

D. Le véritable nom de… Billy.

Septième entretien – ter
À *quoi bon aller sur la lune…*

R. Nous voici le samedi 5 février – dix-sept heures trente. Dans votre bureau. Les journées ont commencé à rallonger. Aujourd'hui il a fait deux degrés – un avant-goût du printemps.

D. Oui. Notre septième entretien aura été, de très loin, le plus long à compléter à ce jour.

R. Et pourtant nous n'avons pas chômé.

D. Je ne crois pas, non.

R. Je voudrais vous poser quelques questions sur sa deuxième partie.

D. Allez-y.

R. Est-ce que je me trompe si j'affirme qu'il entre dans votre passion amoureuse pour Billy une composante... pédagogique ?

D. Vous ne vous trompez pas – c'en est même une part capitale. C'est d'ailleurs pourquoi j'ai choisi ce pseudonyme-là, rappelez-vous : Billy Elliot est un tout jeune homme qui découvre, qui apprend.

R. Paul, le sourd-muet de *Ridicule*, aussi.

D. Voilà.

R. Mais l'un et l'autre sont quand même plus jeunes que lui.

D. Considérablement, oui. Ce n'est pas à l'âge exact des deux personnages que je fais référence par l'entremise de son pseudonyme, mais à leur jeunesse, à leur quête, à leur soif de vie. Et à leur désarroi initial.

R. Et vous voyez un lien entre le garçon du *Livre des amants*, celui qui se retrouve à Florence avec dans ses bras la jeune femme qu'il aime, et lui – Billy ?

D. Sans l'ombre d'un doute. L'automne dernier, quand j'ai réalisé ce que Billy suscite en moi et que, quelque temps après, m'est revenu le prénom qu'avant même de le connaître j'avais donné au jeune amant qui « réveille » Excabrad, j'ai cru que j'allais perdre l'esprit.

R. Vous avez l'impression qu'il vous a « réveillé », vous aussi ?

D. C'est indéniable.

R. Qu'est-ce que vous voudriez lui enseigner ?

D. Qu'il est un magicien. Et qu'il y a bel et bien une guerre en cours.

R. …

D. André Malraux aurait écrit que le XXIe siècle sera spirituel ou ne sera pas. Je suis d'accord. La puissance sous toutes ses formes a atteint un degré de développement époustouflant, tous azimuts – en information et en communication, en exploration spatiale, en rhétorique, en médecine, même dans la vie quotidienne. Mais le moins qu'on puisse dire c'est que ni la pensée ni l'éthique n'ont suivi le rythme – pas plus à l'échelle des sociétés qu'à celle des rapports immédiats des individus entre eux. C'est comme ça qu'à travers le monde, des centaines de millions de personnes se retrouvent aujourd'hui aux commandes de puissances terrifiantes sans que leur conscience des conséquences de leurs actes ait avancé d'un iota. Il me semble même que, de manière générale, cette conscience-là recule à toute allure.

Je vous ai dit que j'adore marcher. Mes longues promenades m'offrent chaque jour l'occasion de constater à quel point les automobilistes, mais tout autant les cyclistes, et même nombre de piétons, sont parfaitement inconscients de la réalité de ce qui les entoure, à commencer par les autres humains. D'année en année, il me semble que les gens s'enferment davantage en eux-mêmes – j'appelle ça « vivre en scaphandre ». Chaque jour, en marchant, je me retrouve saisi par l'impression de justement me promener au milieu de foules de scaphandres. Ce signe-là me paraît impliquer de très graves conséquences. Un comportement aussi banal que celui d'un automobiliste qui, à un coin de rue, fait avancer sa voiture presque à toucher les piétons qui traversent devant lui, comme s'il avait l'intention de les pousser avec son pare-choc, ou celui de piétons qui s'arrêtent au beau milieu du trottoir sans même se soucier de la foule de leurs semblables qui les entoure ni du fait qu'à chaque fois qu'ils font ça, deux, trois ou cinq autres passants, derrière eux, se rentrent dedans en tentant de les éviter, sont devenus typiques. Typiques d'un monde où les autres ne sont plus des réalités mais des abstractions – encore moins intéressantes qu'une vitrine de quincaillier.

Ces gens-là peuvent bien se raconter autant qu'ils veulent qu'ils sont des humanistes ou des pacifistes, à mes yeux c'est une impossibilité logique. Ils sont, dans les faits, exactement dans le même rapport au monde que le militaire qui, dans le poste de commandement de son croiseur de guerre, appuie sur le bouton qui envoie un missile détruire une ville qu'il n'a jamais vue, à des milliers de kilomètres de là. L'officier n'a aucune « idée » de ce qu'il est sur le point de détruire. Les piétons ou les conducteurs dont je viens de parler n'ont aucune « idée » de ce qui se trouve là, juste à portée de bras, près d'eux. Ça ne les intéresse tout simplement pas.

R. Vous trouvez que les gens se désincarnent?

D. Pas du tout, je crois qu'ils désincarnent les autres. Qu'ils les effacent de leur pensée.

Nous sommes dans une civilisation technicienne, qui a tendance à confondre entièrement pensée et recherche de solutions – qui sont pourtant deux choses très différentes. C'est une confusion extrêmement dangereuse : « Comment? » n'est pas la seule question qui se pose à l'être humain au cours de sa vie. Je ne crois même pas qu'elle soit la plus importante.

R. Quelle est-elle, la plus importante?

D. « Pourquoi? »

Pourquoi vivre jusqu'à cent cinquante ans, si de toute manière la vie humaine n'a pas de sens? Je ne sais plus où Malraux, il me semble, se demandait à quoi bon aller sur la Lune, si c'est pour s'y suicider.

R. Trop de puissance et pas assez de pensée, donc?

D. Pas assez de pensée, pas assez de méditation, pas assez de conscience – conscience de soi, et conscience des autres. Ces lacunes-là, couplées à l'accès à des puissances presque illimitées, c'est l'horreur en gestation. Et rien d'autre.

Quand je parle ici de pensée, de méditation, de conscience, je ne pense pas à l'aspect utilitaire de ces activités-là. Je parle de l'humanité dont elles sont les signes.

R. Vous voulez dire : ne pas méditer pour se détendre, par exemple ?

D. C'est bien ça.

R. Pourquoi, alors ?

D. Pour descendre en soi.

Et pour laisser la pensée des autres prendre forme en nous. Dans les deux sens de l'expression « la pensée des autres » : pour laisser émerger une image de ce que l'autre représente dans notre vie, et pour laisser émerger une image de ce qui se pense à l'intérieur de cet autre-là.

Les préoccupations dont je vous fais part depuis le début de nos entretiens sont toutes guidées par le désir de… reprendre pied dans ma vie. D'enfin trouver un terrain, en moi, où faire pousser… la sérénité. Mais sans pour autant me retirer du monde.

Il se déroule bel et bien une guerre. Je ne parle pas de balles de fusils, d'explosifs, de bombardements, qui constituent des conséquences très lointaines de la guerre véritable. La vraie guerre, celle qui est déterminante, se déroule dans les esprits de milliards d'individus. Chaque fois que Roger ou Jeannine, Esmeralda ou Ulrich, Mohamed ou Carlota choisit d'oublier que l'être humain debout devant elle ou lui existe autant, pour lui-même, que lui ou qu'elle à ses propres yeux, une bataille vient d'être perdue par l'humanité.

C'est pour ça que j'ai combattu si fort, si longtemps, pour les arts. Pour leur soutien concret, oui, mais d'abord et avant tout pour leur prise en considération. Le sous-financement patent des arts, dans notre société, n'est pas du tout le problème véritable : il n'est qu'une des conséquences – le problème véritable, c'est la haine à l'égard des enjeux sur lesquels repose l'idée même de l'art.

R. Quelle idée ?

D. Difficile de répondre en quelques mots. Je crois que la meilleure formule serait l'injonction « Connais-toi toi-même » des Grecs classiques. Pour les Grecs, rien n'était plus important que de parvenir à se connaître.

Dans notre monde à nous, comme l'individu – quand la pensée de lui n'est pas carrément vouée aux gémonies – n'est plus conçu que comme un assemblage de symptômes et de comportements vides de sens, interchangeables à l'infini, non seulement il n'y a plus rien à connaître, mais plus personne non plus pour souhaiter le connaître.

Même en art, tout est ramené au rendement – à la puissance, sous une forme ou sous une autre – de l'œuvre mise en circulation. Le délire techniciste, y compris sa composante gestionnaire – qui tient souvent davantage du vaudou que de quoi que ce soit d'autre – est devenu tellement omniprésent que j'ai même entendu un chorégraphe parler, pour évoquer la danse contemporaine, de l'« industrie de la danse ». Plus rien ne parle, tout n'est plus que signes mécaniques.

En 1991, en guise de prémisse à ses élucubrations, le groupe-conseil Arpin, dont les travaux demeurent encore aujourd'hui le fondement théorique de la soi-disant politique culturelle du Québec, énonçait en substance que la culture serait un *bien* essentiel, nécessaire à la vie en société *au même titre* que le social et l'économique – ce qui est de la folie furieuse.

R. Pourquoi?

D. D'abord parce que la représentation du monde n'est pas un bien.

Ensuite parce que déclarer qu'une chose est essentielle à la vie, ou à la vie en société, *est* une affirmation culturelle. Donc, la phrase du rapport Arpin est un serpent qui se mord la queue : si le fait de nommer ce qui est important dans une société *est* une affirmation culturelle, la culture *ne peut certainement pas* être sur le même plan que les différents éléments de la liste de ce qui est essentiel – elle est nécessairement au-dessus d'eux, puisque c'est elle qui permet de les identifier.

Mais bien entendu, ce non-sens – pas plus que les centaines, de tous ordres, qui débordaient des pages suivantes du rapport – n'était pas une erreur. C'était une manœuvre. Destinée à faire accepter l'idée profondément nihiliste et militante que l'œuvre d'art ne serait rien d'autre qu'un produit. Ce n'est pas l'idée que l'œuvre *puisse* être considérée comme un produit qui me gêne, mais l'affirmation qu'elle ne serait nécessairement *que* ça, une affirmation qui constitue une injure à tout ce qui importe à mes yeux.

L'industrie, le commerce, la vie financière, même la médecine et la justice sociale, sont des moyens, pas des fins. Au cœur de l'humanité – du fait d'être un humain – il n'existe que deux pôles qui puissent être réellement déterminants : l'amour et l'art. L'amour : la représentation de l'autre en nous. L'art : nos tentatives pour nous représenter en l'autre. Si l'un, l'autre ou les deux pôles ne sont pas présents et ne constituent pas le ou les pivots autour desquels s'articule notre représentation du monde, on ne peut se retrouver qu'en un seul lieu : celui du culte de la puissance aveugle.

Dans mes moments de colère, il m'arrive de souhaiter de toutes mes forces que le jour des funérailles des signataires de l'immonde rapport Arpin – qui a été exemplaire, mais qui est loin de constituer un cas unique – il ne se trouve personne pour chanter quoi que ce soit d'autre que le poids de leurs comptes en banque. Enfants ? Amour ? Famille ? Amitié ? Respect ? Dignité ? Je t'en fous : « La culture, là, ben c'est pas plusse important que le social pis que l'économique, O.K., là ? »

Ces gens-là – entre des milliers d'autres membres des élites québécoises, depuis des décennies – n'ont pas seulement été des incultes, des barbares, dans le sens le plus péjoratif du terme, des gens qui ont publiquement fait la démonstration de leur incapacité à réfléchir autrement que comme des machines – et encore, pas très sophistiquées –, ils ont aussi et surtout été des criminels. Tellement obnubilés par leur propre petite vision mesquine qu'ils ont été incapables de seulement réaliser ce qu'ils étaient en train de piétiner. Ils ont causé des dégâts qui continueront à se faire sentir durant des générations – si tant est que le Québec comme nous le concevons aujourd'hui dure jusque-là, en tout cas…

R. Qu'est-ce que vous voulez dire ?

D. J'y reviendrai plus tard.

Pour l'instant, ce que je vous raconte c'est que nous sommes en guerre. Le sentiment de puissance contre le sentiment d'humanité.

Il n'y a rien là de bien original, des milliers de légendes, de contes, de mythes de toutes les civilisations l'ont répété depuis des millénaires : dès que la quête de pouvoir, dès que la fascination pour la puissance littéralement aveugle supplante le vertige à l'égard du sens de notre vie ou prend la place de la curiosité que l'autre éveille en nous, les portes de l'enfer sont en train de s'ouvrir.

R. Alors nous sommes en guerre ? Vraiment en guerre ? Vous êtes sérieux ? Ce n'est pas une hyperbole, une image destinée à choquer ?

D. Pas du tout – je suis aussi sérieux qu'on peut l'être. D'ailleurs, l'humanité – ce qu'il y a d'humain chez les humains – est très nettement en train de perdre la partie. Ici, dans cette société, comme ailleurs – peut-être même ici encore beaucoup plus vite qu'ailleurs. Tous les assoiffés de puissance en sont fous de joie. À commencer par les intégristes.

R. Quel rapport ?

D. L'intégrisme est l'une des formes les plus anciennes et les plus perverses de la soif de pouvoir. Qu'elle parle latin, arabe ou la langue que vous voudrez.

Plus la société se technicise, plus il y devient difficile de parler de la vie autrement qu'en termes techniques…

R. … ce que vous appelez le langage des poseurs de boulons ?

D. Oui.

… et plus, par réaction, par vertige, les gens se ruent en foules dans les bras des chamans. Alors, en guise de renvoi d'ascenseur, les papes et autres derviches, par leur aveuglement, incitent des tas d'autres gens à rejeter toute forme de spiritualité, même laïque, et à ne plus regarder la vie que comme un assemblage de Meccano. Ces tas de gens-là viennent renforcer le discours technique, ce qui fait pousser des hauts cris encore plus exaltés aux curés, et ainsi de suite…

R. Comment est-ce qu'on peut sortir de ce cercle-là ?

D. Sûrement pas en le combattant, en tout cas.

R. Ah bon ?

D. Nous sommes en guerre, mais c'est une guerre dans laquelle, selon moi, il ne faut surtout pas se battre.

R. Expliquez-vous.

D. On ne peut pas se battre au nom du sentiment d'humanité – c'est une contradiction dans les termes. Tout ce qu'on peut faire du sentiment d'humanité, c'est l'évoquer. Et espérer que quelqu'un entendra.

Quand je dis que nous sommes en guerre, je ne suis pas en train de hurler « Tout le monde aux barricades ! ». Je constate un fait, c'est tout.

R. Qu'est-ce qu'elle implique, cette guerre ? De votre part, je veux dire ?

D. Elle implique tout ce que je vous raconte depuis cinq semaines : de refuser d'être quoi que ce soit d'autre qu'un humain. Elle implique de réfléchir à ce que ça veut dire, être un humain. À ce que ça veut dire pour moi. À laisser émerger les images, les espoirs, les regrets, les douleurs et les joies – et à les laisser prendre une place immense dans ma vie. Elle implique de ne pas faire du mot « humain » un synonyme de « perfection ». Elle implique d'apprendre à écouter en moi. Et d'apprendre aussi à laisser sortir de moi les images qui me font : à la fois pour pouvoir moi-même les lire – et ainsi devenir davantage conscient de qui je suis – et pour être davantage présent aux autres.

Pour l'artiste que je suis, ça veut dire : refuser mordicus de devenir un professionnel – c'est-à-dire refuser de faire de mon âme d'abord et avant tout un gagne-pain.

La guerre dont je parle est une guerre spirituelle – une guerre de l'esprit – qui ne peut se dérouler qu'en nous, individuellement. Il faut refuser le pouvoir, le contrôle. Refuser l'illusion que nous pouvons changer le monde. Et même que nous le devrions.

Il faut découvrir, chacun pour soi, notre manière d'être à la fois entièrement en nous et entièrement dans le monde.

Mon art a toujours été pour moi une manière d'être entièrement en moi. Et l'amour, l'amour-passion, ma quête pour être dans le monde.

Le rencontre de Billy, pour moi, c'est la résurgence de mon rêve de rencontrer enfin un interlocuteur dans le monde.

R. La confiance, encore une fois ? Celle qui a été trahie, un dimanche d'automne ?

D. …

Je crois.

R. Pourtant, votre vieillard, celui de votre image de vous-même à quatre-vingts ans, est un solitaire, non ?

D. Je ne crois pas. Je pense que la solitude dans laquelle il se retrouve, dans l'image, est davantage le fait de la paix qui l'habite que d'un retrait du monde. Il est encore dans le monde, mais… autrement. C'est pour ça que je voulais vous raconter Excabrad. Lui aussi est encore dans le monde. Sur sa marge, mais tout de même, il y est.

R. Je repose ma question : vous vous identifiez à Excabrad, non ?

D. En partie.

R. Laquelle ?

D. La magie.

R. Qu'est-ce que vous entendez par là ?

D. Je vous ai dit que pour moi, la culture c'est la structure de la représentation du monde que nous portons en nous.

R. Oui.

D. Eh bien cette structure-là peut changer. Je vous l'ai dit aussi. Elle change même nécessairement, au cours de notre existence. Elle ne se transforme pas totalement, mais elle se re-module. Et certains changements peuvent être provoqués, et advenir très rapidement.

R. Comment?

D. En faisant apparaître en l'autre, ou en laissant surgir en nous, de nouvelles « constellations », de nouveaux regroupements d'images et d'impressions. On a alors l'impression que le monde se transforme sous nos yeux. Mais ce n'est pas le monde, qui change – je veux dire : pas le monde concret. C'est sa représentation en nous.

Nous n'agissons pas directement sur le monde, jamais, nous ne le saisissons même pas directement. C'est toujours à travers la représentation de lui que nous portons, qu'éventuellement nous agissons.

R. C'est ce que se sont acharnés à expliquer les psychanalystes.

D. Oui, mais c'étaient des médecins. Et comme je vous l'ai dit l'autre jour, le fait que tout notre rapport au monde, que presque toutes les questions relatives à la psyché humaine soient devenus la chasse gardée quasi exclusive d'une caste me gêne énormément.

R. Pourquoi?

D. Pour une foule de raisons, dont la plus importante est sans doute, encore une fois, le fait que c'est un signe très fort de la défaite de l'humanité.

Les médecins, de par leur formation, de par leur fonction, sont eux aussi orientés fondamentalement vers le « Comment? ». Ce n'est pas un reproche : ce trait-là est inhérent à leur fonction. Mais il n'en reste pas moins que, de ce fait, ce n'est certainement pas par leur intercession à eux que nous pouvons nous demander « Pourquoi? » En affirmant ça, je ne suis pas du tout en train de prétendre qu'il faudrait bouter dehors la psychanalyse et la psychiatrie, absolument pas, je dis simplement qu'il devrait y avoir moyen, dans une civilisation digne de ce nom, de parler de sa propre vie autrement que par le recours à un vocabulaire technique – surtout médical. La technique, par définition, cherche des solutions. Mais la vie humaine n'est pas un phénomène qui se résout. Ni, encore une fois, une maladie.

Je ne vis pas ma vie comme un problème, mais comme un parcours. L'objectivation de moi-même ne fait pas partie de mes objectifs – ce peut être un moyen, mais ce n'est pas un but. Je ne veux pas me guérir de ma propre vie, je veux la comprendre. Vivre. Et pour moi, cela ne peut pas se faire en me réduisant, à mon propre regard, ni en réduisant l'autre, à une interminable série de symptômes.

Je suis très souvent étonné, quand je rencontre des scientifiques, et tout particulièrement des médecins, de constater à quel point leur sens technique est démesurément plus développé que leur pensée, leur sensibilité et leur conscience. J'ai un ami très cher qui est psychiatre et qui, à l'occasion, me raconte des anecdotes sur son milieu de travail : l'image qui se dégage de ses récits est parfaitement aberrante – j'en suis venu à m'imaginer ce milieu-là habité presque exclusivement par des enfants surexcités qui se crient des ordres par la tête en sautant dans tous les coins avec des bazookas chargés dans les mains. Ils savent peut-être ce que chacun de leurs gestes implique, considéré individuellement, mais la portée générale de ce qu'ils font non seulement semble leur échapper totalement, mais ne semble même pas être une préoccupation pour eux et pour elles. Une telle inconscience, un tel désintérêt, compte tenu de la puissance des armes mises à leur disposition – aussi bien pharmaceutiques que conceptuelles et rhétoriques –, est tout simplement monstrueux. L'accès à la puissance, s'il est inévitable, devrait impliquer une éthique encore plus sophistiquée et pénétrante que pour le commun des mortels – mais, de toutes parts, c'est le contraire qui se produit : le sentiment de puissance éclipse la conscience.

Pour dire les choses autrement : la psychiatrie moderne et la psychanalyse sont toutes les deux issues du positivisme, une doctrine qui, exactement comme le matérialisme historique – le communisme – par exemple, repose sur la foi dans la possibilité que le monde puisse être mis en ordre une fois pour toutes par la seule raison, qu'on peut tout raisonner, une doctrine qui, au fond, n'a oublié qu'une seule chose : que la raison, elle aussi, et sa prépondérance, devraient l'être, raisonnées. Ce qu'elles n'ont jamais été, pour une raison toute simple : c'est une impossibilité. La raison ne peut pas se raisonner elle-même. Elle ne peut être que contrebalancée. Mais dans le cadre du positivisme, elle se refuse mordicus à l'être, parce qu'elle est parfaitement convaincue qu'elle est la seule à pouvoir avoir… raison.

Or, le cri de ralliement des positivistes, c'est le hurlement de rage du professeur Lidenbrock, dans le *Voyage au centre de la Terre* de Jules Verne :

> *L'air, le feu et l'eau combinent leurs efforts pour s'opposer à mon passage! Eh bien! l'on saura ce que peut ma volonté. Je ne céderai pas, je ne reculerai pas d'une ligne, et nous verrons qui l'emportera de l'homme ou de la nature*[9]*!*

« Qui l'emportera de l'homme ou de la nature! » – le positivisme, c'est la guerre. Ce même professeur Lidenbrock, dans sa guerre à finir avec la nature, justement, tout de suite après avoir lancé sa phrase, provoque rien de moins qu'une éruption volcanique – et s'en soucie comme de sa première chemise. Il se fout totalement des conséquences de ses actes, du moment qu'il gagne.

---

9. Jules Verne, *Voyage au centre de la Terre*, 1864.

C'est la même pensée, le même rapport au monde, qui a présidé à la course aux armements, et à l'explosion industrielle des XIXe et XXe siècles.

R. Vous voulez dire : à la création des armes nucléaires et à la pollution déchaînée?

D. Tout à fait, oui. La pensée positiviste et les techniques et les sciences qui en sont issues, ont porté des fruits prodigieux… qui pourtant, en dépit de leur valeur, pourraient bien signifier la fin de l'humanité. Parce qu'elle a oublié – ou s'est révélée incapable – de prendre en compte une composante essentielle de la réalité, que pourtant les Grecs anciens connaissaient déjà : un beau fruit ne vient jamais seul. Tout arbre portant des fruits merveilleux engendrera aussi *nécessairement* des cauchemars, de la même manière que tout arbre aux fruits monstrueux finira tôt ou tard par en produire de magnifiques. Ils avaient même forgé un mot, les Grecs, pour désigner le fait que le mal finit nécessairement par sortir du bien, et inversement : *enantiodromie*.

Mon problème, avec l'hégémonie actuelle des psys de toutes sortes, c'est qu'il n'existe aucune autorité pour la critiquer, cette domination exclusive, ni même pour la décrire, et qu'une situation semblable, mettant en cause une telle puissance, ne peut pas mener ailleurs qu'à la catastrophe.

R. Vous me redites ça autrement?

D. Ce n'est pas, en soi, le développement industriel qui a engendré la pollution que nous connaissons aujourd'hui, mais surtout le fait qu'il n'y ait eu aucune force capable de ralentir cette course folle, de la critiquer. Pourquoi n'y en a-t-il pas eu ? Entre autres parce qu'à peu près tout le monde était convaincu que rien ne doit entraver si peu que ce soit le développement et l'enrichissement. Aucune critique de ce qui était en train de se passer n'était donc audible. Il a fallu voir Bhopal, il a fallu voir l'état de la Roumanie couverte de poussière à la fin du régime soi-disant socialiste, il a fallu voir Three Mile Island, Tchernobyl et les veaux à cinq pattes… il a fallu *voir* pour que la conscience des conséquences de nos actes commence – et encore, très peu et très lentement – à émerger.

Ce n'est pas non plus, en soi, un iceberg qui a coulé le *Titanic*, mais la certitude qu'il était insubmersible. S'il n'avait pas foncé aussi vite, et si le gouvernail dont on l'avait doté n'avait pas été trop petit pour permettre à la masse qu'il représentait de tourner rapidement compte tenu des vitesses qu'il pouvait atteindre, il n'aurait sans doute effectivement pas fait naufrage. Si l'on n'avait pas été à ce point convaincu de son invulnérabilité, il y aurait aussi sans doute eu suffisamment de place pour tout le monde à bord des embarcations de sauvetage. Mais il a fallu le *voir* se casser en deux et être englouti pour commencer à réaliser que la phrase « Le *Titanic* est insubmersible » était incomplète. Ce qu'il aurait fallu dire, c'était : « Le *Titanic* est insubmersible… sous certaines conditions. » Pourquoi ne l'a-t-on pas dite au complet, la phrase ? Pourquoi n'a-t-on pas jugé nécessaire de la prononcer jusqu'au bout ? Parce que la guerre contre l'Allemagne approchait et que, commercialement, elle était même déjà engagée pour le contrôle des océans. Mais surtout parce que le sentiment de puissance est enivrant. Et que les puissants du temps, mais aussi les gens ordinaires, ne voulaient pas sentir de frein à leur propre grandeur. Eh bien, ils ont vu la catastrophe. Et ça ne les a pourtant pas empêchés, vingt et quelque mois plus tard, de refaire essentiellement la même erreur. Mais qui, cette fois, allait causer des millions de victimes.

Ce n'est bien évidemment pas, en soi, l'assassinat d'un gentleman bardé de médailles se promenant en calèche dans les rues d'une petite ville de Yougoslavie, qui déclenche ce qu'on appelle la Première Guerre mondiale. C'est, encore une fois, la certitude, dans l'esprit des gens, la certitude indiscutable, que l'on peut contrôler la vie, le monde – l'esprit Lidenbrock. Si vous allez regarder les films ou les photos d'archives de l'été 1914, vous risquez d'être atterré de voir, dans tous les pays d'Europe, des armées gigantesques se mettre en marche en chantant et en riant. Tous ces gens-là partent se battre dans le même état d'esprit, exactement le même, que les passagers du *Titanic* qui sont montés à son bord à Liverpool, deux ans plus tôt à peine : enivrés de puissance, ils sont convaincus qu'ils vont être de retour, victorieux, dans quelques mois. Quatre ans et neuf millions de morts plus tard, deux immenses empires ont disparu de la carte, un autre est plongé dans une guerre civile qui va déboucher sur l'instauration d'un régime comme on n'en a jamais vu pareil dans l'histoire humaine, des armes terrifiantes, de véritables cauchemars ayant pris chair, ont été inventées et mises en service de toutes parts : sur terre, dans les airs, sur les mers et sous elles. Des régions entières d'Europe sont saccagées. Pourquoi? Pourquoi à peu près personne ne réalise-t-il l'ampleur de la catastrophe qui s'enclenche cet été-là? Il y a des gens qui savent, pourtant. En France, par exemple, le socialiste Jean Jaurès fait un extraordinaire discours pacifiste, trois jours avant que n'éclatent les hostilités. Non seulement on ne l'écoute pas, mais il est même immédiatement assassiné. Par qui? Par un représentant d'un mouvement qui la veut, la guerre. De toutes ses forces. Parce qu'il est convaincu de pouvoir la gagner. Un Nationaliste. C'est-à-dire un représentant du mouvement qui à l'époque appelle déjà aux armes depuis trente ans, qui voit enfin son rêve le plus ardent devenir réalité et qui, durant les vingt ans qu'il va falloir après la fin de la Première Guerre pour qu'advienne enfin la Deuxième, ne va pas un seul instant cesser de pousser pour qu'on y retourne, pour qu'encore une fois la France se fasse sacrer une dégelée de première grandeur… sous prétexte qu'il faut la défendre. Le même mouvement qui aujourd'hui crie des noms aux Américains, qui leur ont – sans compter le Vietnam – sauvé la mise deux fois en un siècle.

Eh bien, dans ces quatre exemples – explosion industrielle, naufrage du *Titanic*, Première et Deuxième Guerre mondiale – la cause essentielle de la catastrophe est très simple à voir, c'est l'état d'esprit : l'esprit Lidenbrock – la certitude inattaquable qu'il y a une vérité et une seule et que cette vérité s'appelle : sentiment de puissance. Mais encore une fois, ce n'est pas le sentiment de puissance lui-même, à lui tout seul, qui provoque ces cataclysmes, c'est son hégémonie – le fait qu'il n'y a aucun autre point de vue que celui qui découle du sentiment de puissance qui soit acceptable, aucun qui permette de le critiquer. Ce n'est pas la phrase de Lidenbrock qui cause l'éruption volcanique, à la fin du *Voyage au centre de la Terre*, c'est la vision du monde dont cette phrase-là est un des signes – une vision du monde dont Lidenbrock est convaincu qu'elle est suffisante pour répondre à toutes les questions, de quelque ordre qu'elles soient : les questions auxquelles il ne peut pas répondre, il les écarte du revers de la main, en ricanant et en les déclarant sans intérêt.

Eh bien, ce que je vous dis, c'est que l'hégémonie médicale sur l'âme humaine contemporaine a toutes les chances d'avoir, à l'égard de l'esprit humain, le même genre de conséquences que celles que je viens d'évoquer : catastrophiques.

Parce que les mêmes causes, s'exerçant dans des circonstances équivalentes, conduisent aux mêmes effets.

En l'occurrence : la certitude de détenir un indiscutable droit exclusif de se prononcer, dans le contexte d'une civilisation qui ne reconnaît aucune autorité supérieure à celle de la puissance effective à court terme.

Mais il y a une différence sensible, pourtant, entre ce qui s'est passé dans les cas que je viens d'évoquer et ce qui risque d'arriver à l'âme humaine. Une différence qui aggrave singulièrement le poids de la menace.

R. Quelle différence ?

D. L'âme, elle, n'est pas concrète. Elle n'est pas visible.

Si assister au naufrage éminemment concret du *Titanic* n'a pas suffi à changer l'état d'esprit des élites positivistes et des populations occidentales, si être ensuite témoins ou victimes des abominations qu'ont été la Première puis la soi-disant Deuxième Guerre n'y a pas suffi non plus, imaginez l'ampleur que devrait avoir la catastrophe pour que nous commencions à constater, à prendre en compte et à étudier les dommages dans un domaine aussi intangible que celui de l'esprit.

R. ...

D. Ce n'est pas tout...

R. Ouf.

D. ... parce que la pensée positiviste ne s'exprime pas, ne se met pas en action, dans le vide. Elle s'exprime nécessairement dans des circonstances éminemment concrètes. Même en ce qui a trait à la vie psychique.

R. C'est-à-dire?

D. C'est-à-dire que non seulement les psychiatres et les psychanalystes sont médecins, et donc – dans les sociétés occidentales en tout cas – membres *de facto* des élites, mais qu'ils sont eux aussi soumis aux grands courants d'idées qui traversent les sociétés où ils travaillent. Imbus de la certitude de comprendre l'esprit mieux que quiconque – une certitude que personne n'est en mesure, selon eux, de mettre en cause, personne sinon eux-mêmes... –, très peu portés à s'interroger sur le sens – autre que technique – des actes qu'ils posent, se retrouvant dans les faits à jouer le rôle de police de la pensée, ils constituent une remarquable... population à risque – comme on dit en épidémiologie.

R. À risque de quoi?

D. De délire de grandeur.

Si, en plus, ces médecins-là appartiennent à l'élite d'une société où, de manière générale, l'âme humaine est considérée comme une maladie... imaginez le résultat.

R. Donnez-moi un exemple... même si je ne suis pas vraiment certain de vouloir l'entendre...

D. Je suis dans l'autobus 144, le circuit de l'avenue des Pins, assis à l'extrémité intérieure de la banquette longue, à l'avant – il y a donc, juste ici, à ma droite, un banc à deux places perpendiculaire au mien. Au coin de l'avenue Université, l'arrêt de l'hôpital Royal-Victoria et de l'Institut de neurologie, deux dames montent à bord, s'installent dans ce banc et se mettent à discuter. De toute évidence, elles reviennent toutes les deux de consultations en psychiatrie. Et elles se mettent à se parler de leurs troubles… exactement dans les mêmes termes et sur le même ton que deux « gars de chars » discuteraient d'un changement d'huile. Je suis assis là, je ne peux pas ne pas les entendre. Et je suis pétrifié d'horreur. C'est un cauchemar. Digne du *1984* d'Orwell ou du *Meilleur des mondes* d'Huxley. J'écoute deux citoyennes « ordinaires » parler d'elles-mêmes comme de machines détraquées revenant d'une visite chez le garagiste. Comme ça, et *comme ça seulement!*

Eh bien, cette manière-là de parler de soi, de l'esprit, de l'imagination, de la pensée, j'en rencontre des manifestations chaque jour, où que j'aille, qui que je rencontre. Tout le monde n'en parle pas en termes aussi explicites, bien entendu, mais la « culture » est la même : tout ce qui, en nous, dans notre esprit, n'est pas le « rien » absolu, la mécanique pure, est une maladie, un désordre.

R. Même dans les milieux artistiques?

D. Je…

J'allais dire « *Surtout* là ». Mais restons calme, et disons simplement « Oh que oui! là aussi, sans l'ombre d'un doute! ».

De manière générale, l'atmosphère qui se dégage de notre civilisation est celle d'une immense prison – absurde, kafkaïenne : il paraît que nous serions condamnés à vivre une vie absurde – d'une absurdité sans fond qui ne nous laisse rien d'autre à faire que d'essayer de rendre notre détention la plus confortable possible, sans nous poser de questions. Bien entendu, puisque le simple fait de se poser des questions, ou d'en poser aux autres, constitue, en soi, un symptôme extrêmement fâcheux.

R. Pourquoi?

D. Parce que poser des questions n'améliore pas le confort.

R. Bon.

Eh bien, vous…

Vous alliez parler de magie…

D. Oui.

Pour vous faire comprendre un tant soit peu ce que j'entends par ce mot, il faut que je développe un peu plus ma définition de la culture.

R. Allez-y.

D. Nous n'entrons pas directement en contact avec le monde extérieur. Nous ne le pouvons pas. Nous le faisons nécessairement par l'entremise d'une représentation de lui – représentation dont j'appelle la charpente, la structure, une « culture ». C'est cette représentation-là, cette culture-là qui, à l'intérieur de nous, par associations foisonnantes, donne sens à ce que nous voyons et entendons. Nous ne voyons pas le monde lui-même, nous écoutons à l'intérieur de nous l'écho de ce qu'il nous fait. Plus notre sens de l'observation vers l'extérieur est développé, plus l'effet du monde sur la représentation que nous en avons est diversifié. Plus notre capacité d'écoute de notre monde intérieur est développée, plus notre accès à ce qu'est le monde extérieur, et à l'effet qu'il suscite en nous, est riche.

R. Holà.

D. Oui…?

R. Vous êtes bien en train de dire qu'il faut apprendre à regarder autant à l'intérieur qu'à l'extérieur? Je vous comprends bien?

D. Oui, c'est exactement ça. Si nous n'écoutons que l'intérieur, si nous sommes incapables de nous détacher, au moins de temps en temps, de notre très légitime fascination pour lui, nous tournons en rond à l'intérieur de nous-mêmes, comme un hamster. En revanche, si nous nous tendons de toutes nos forces uniquement vers l'extérieur, nous courons droit devant nous sans même avoir accès à ce qui nous pousse ou à ce qui nous appelle, comme un âne devant le nez duquel on laisse pendre une carotte pour le faire avancer.

R. Donc nous regardons bel et bien vers l'extérieur? Vous venez juste de dire le contraire.

D. Non, ce n'est pas vraiment ça que j'ai dit. Mais je comprends votre confusion. Excusez-moi, peut-être que j'essaie d'aller un peu trop vite.

Nous le percevons, le monde extérieur, bien entendu. Mais nous ne le comprenons pas, pas directement : nous ne le *saisissons* pas directement. C'est notre esprit, qui saisit les images qui viennent de l'extérieur. Pas nos yeux, ni nos oreilles, ni notre sens du toucher. Et il les saisit, essentiellement, par associations.

R. Pourquoi est-ce que la distinction est aussi importante? Enfin, je veux dire : je peux comprendre qu'elle le soit pour un neurologue ou un philosophe, même pour un artiste, mais… dans la vie courante?

D. Même dans la vie courante, la différence entre les deux est capitale – elle l'est même là, d'abord et avant tout. Parce que le philosophe, lui aussi, et l'artiste tout autant, existent d'abord dans ce que vous appelez la vie courante, en tant qu'individus. S'ils ne font pas la distinction que je tente de faire ici, ils risquent fort de croire parler du monde extérieur, dans leur œuvre, alors qu'ils parleront essentiellement d'eux-mêmes – le problème ne sera pas qu'ils parlent d'eux-mêmes, il sera que ce n'est pas ça qu'ils croiront faire, eux, ce qui risque de fausser complètement certaines perspectives.

R. Attendez…

D. Oui?

R. Je…

Au premier entretien, vous avez tapé assez rudement sur les concepts de « ne pouvoir parler que de soi » et de la vérité « qui est dans le regard de celui qui regarde »…

D. Oui.

R. Est-ce que ce que vous me dites là n'est pas en contradiction avec ce que vous m'avez dit à ce moment-là ?

D. Pas du tout.

Ce que j'ai critiqué, à ce moment-là de notre premier entretien, c'était une utilisation abusive de ce dont je vous parle aujourd'hui. Abusive… et profondément trompeuse, et stérile. « Stérilisante », en fait.

Nous ne pouvons pas percevoir le monde directement, soit, nous le percevons nécessairement à travers l'écho de lui qui s'est tissé en nous, soit, mais ça ne veut absolument pas dire pour autant que nous ne pourrions parler que de nous-mêmes, ni que ce serait cet écho, en nous, qui définirait le monde.

R. Pourquoi pas ?

D. Parce que cet écho-là ne se tisse pas tout seul, je viens de vous le dire : il est directement lié au monde. Il l'est nécessairement : il en est l'écho ! Et dans ce monde, existent… les autres. Les autres humains. Qui, eux aussi, expriment leur écho à eux. Leur écho à eux, avec leur manière propre de l'exprimer, fait donc lui aussi partie de l'écho en nous : il fait partie de ce à quoi nous réagissons. Et c'est pour ça qu'il est si important que plusieurs manières de comprendre le monde coexistent dans une société.

Ce que j'ai critiqué, c'est ce à quoi on fait servir ce dont je vous parle aujourd'hui : on s'en sert pour faire taire les opinions qui ne font pas notre affaire, en affirmant que de toute manière on ne peut jamais parler que de soi. Ce qui est absurde : « soi » se définit nécessairement au contact des autres.

Autrement dit, ce que j'ai surtout critiqué, au premier entretien, c'est la notion d'enfermement automatique en nous-mêmes qu'on tente souvent de prouver en prenant appui sur l'importance de l'écho du monde en nous. Cet enfermement-là n'est absolument pas automatique. Après tout, les humains ne peuvent peut-être pas saisir le monde directement, mais ça ne les a quand même pas empêchés de construire le Taj Mahal, la Grande Muraille, Abou Simbel et Manic 5...

R. Je vois...

D. Bon.

Je reprends?

R. Oui, oui.

D. Pour que l'écho du monde en nous se développe, s'enrichisse, il faut donc regarder le monde. Plus nous le regardons, et plus son écho s'enrichit. Plus son écho s'enrichit, et plus la complexité du monde nous apparaît.

Seulement, la presque totalité des gens dont je croise la route est convaincue que le sens des objets qu'ils rencontrent se situe dans les objets eux-mêmes. Oh, ça peut très bien être vrai que des objets recèlent un sens propre. Mais même dans les cas où ce l'est, nous ne pouvons avoir accès à ce sens que si nous avons d'abord développé notre capacité de lire du mieux que nous pouvons ce que nous, nous y lisons, de l'intérieur.

R. Pourquoi?

D. Pour pouvoir distinguer les deux.

Pour prendre une image simple, vous vous réveillez un matin, vous prenez le journal et aussitôt, en bon Québécois typique, vous vous mettez à pester contre l'insupportable impérialisme culturel des maudits Français qui, comme chacun sait, ne trouvent rien de plus important qu'eux-mêmes : dans le journal que vous lisez là, il n'y a à peu près que des nouvelles sur ce qui se passe en France et ça vous enrage. Eh bien votre perception est peut-être juste – les articles parlent peut-être davantage de ce qui se passe à Clermont-Ferrand qu'à Sept-Îles – mais ce que vous croyez constater à partir d'elle ne l'est pas, juste. Et ne pourra l'être que quand vous prendrez en compte une autre face de la réalité : ce matin-là, vous ne venez pas de vous lever à Québec ni à Rimouski, vous venez de vous réveiller à Marseille.

R. Oups.

D. Oui : oups. Ce n'est donc pas seulement l'objet lui-même qui parle. Pour arriver à décoder ce qu'il dit, il faut que nous soyons capables de le mettre en contexte. Or les contextes sont toujours multiples. À étages. Pour pouvoir « lire » ce qui vous arrive dans la vie, il faut que vous connaissiez le monde, et que vous connaissiez le mieux possible l'effet qu'il vous fait.

Si je reprends l'exemple du journal et le pousse un cran plus loin : ce matin-là, votre colère contre le nombrilisme franco-français est peut-être justifiée, mais vous êtes-vous déjà donné la peine de regarder froidement les premières pages des quotidiens francophones du Québec ? Ou d'observer l'ordre dans lequel les informations sont présentées au Québec sur les réseaux de radio et de télévision de langue française ?

R. Donc, il faut écouter à parts égales le monde extérieur et le monde intérieur ?

D. Oui, il faut écouter les deux, mais non, je n'ai jamais dit « à parts égales ».

Au pif, je dirais que le grand maximum de l'attention que nous puissions parvenir à consacrer au monde extérieur est de… peut-être vingt pour cent. Mais je ne suis même pas certain qu'au prix du travail acharné de toute une vie, on puisse y arriver.

R. Expliquez-moi, parce que comme ça, à vue de nez, c'est assez étonnant.

D. Chez la plupart des gens, la proportion tourne autour de sept ou huit, parfois de dix, et il n'est pas rare que je rencontre des gens qui oscillent entre deux et trois pour cent – ce qui ne les empêche absolument pas de s'imaginer être « objectifs », comme ils disent. Les scientifiques, les gens des médias et les politiciens et leurs militants sont tout particulièrement champions en ce domaine.

Une des explications de la difficulté qu'il y a à augmenter et à maintenir élevée la proportion de notre attention qui est tournée vers l'extérieur, c'est qu'à mesure qu'elle augmente, les images et les associations entre elles, à l'intérieur de nous, augmentent, elles, à un rythme exponentiel. Pour parvenir à écouter davantage le monde, en proportion, il ne suffit donc pas de moins écouter à l'intérieur – cela ne pourrait mener qu'à l'accumulation de bouchons monstrueux. Ce qu'il faut, c'est s'inventer une autre manière, totalement différente, de passer de l'un à l'autre, une manière que j'ai surnommée le « Aïkido de l'esprit ». C'est un exercice d'une beauté et d'une grâce époustouflante, mais je ne crois vraiment pas qu'il soit envisageable d'en parler ici.

R. Pourquoi pas?

D. Parce qu'avant d'en venir à ce sujet-là, je dois d'abord définir les termes de base de ce dont je parle... et que c'est déjà un travail plus qu'amplement suffisant pour le cadre que nous nous sommes donné.

R. Bon, très bien. Alors revenons.

D. S'il vous plaît.

R. Il y a donc l'observation du monde. Et l'attention à porter à la culture en nous : à la structure des images que le monde suscite.

D. C'est ça.

Mais cette culture-là n'est pas un... un objet. C'est une tension. Une tension infiniment ramifiée : un extraordinairement complexe réseau de réseaux de réseaux de tensions, de toutes sortes, à tous égards. Ce réseau-là est cohérent, mais il n'est pas... comment dire?... linéaire, ou homogène. Si par exemple nous choisissons de nous représenter cette culture sous la forme d'une cosmogonie, d'une vue de l'univers physique, nous pouvons dire qu'il est constitué de nébuleuses, qui s'attirent les unes les autres. Chacune de ces nébuleuses est à son tour constituée de systèmes stellaires. Autour des étoiles tournent des planètes. Et, autour des planètes, des satellites. Mais bien entendu, même le plus petit système solaire de la plus petite des nébuleuses, ne peut pas être uniforme. Il ne peut pas être constitué uniquement d'hélium, par exemple, ou de méthane, ou de zinc – enfin, il le peut peut-être, mais un cas comme celui-là serait une exception rarissime. Dans la quasi-totalité des cas, chacune des planètes, chacun des satellites, est composite. C'est l'équilibre à l'intérieur de chacun des corps célestes qui le définit.

Eh bien, il se passe la même chose dans l'image de la culture que j'emploie ici : nous avons tendance à croire qu'il y aurait une partie de notre représentation du monde qui s'appellerait « tiroir à souvenirs d'amour », un autre « tiroir à souvenirs d'enfance », un autre « connaissances pratiques pour la maison » ou « connaissances nécessaires au bureau ou à l'usine », et que ce serait le contenu de ces tiroirs-là qui déterminerait nos comportements dans chacun des différents champs de la vie humaine qui leur sont associés. On fouille dans le tiroir « connaissances pratiques pour la maison » quand on part faire l'épicerie, ou quand on change la couche de bébé, puis on le referme quand bébé est endormi et qu'on va s'allonger aux côtés du conjoint en se demandant si on va ou non ouvrir celui identifié « splendeurs et peines d'amour ». Cette image-là, celle de notre esprit qui serait une grande salle de classeurs à tiroirs, où tout serait bien rangé en ordre, classé par thèmes bien étiquetés – où ce qui n'est pas identifié ne mérite rien d'autre que le panier à déchets –, où les pommes seraient nécessairement classées avec les pommes et les oranges avec les oranges, est, pour moi, parfaitement insensée.

R. Comment ça ?

D. Parce que chacune des nébuleuses contient des images de toutes les sortes imaginables. Il y a des pommes, des oranges, des connaissances professionnelles ou domestiques, des souvenirs amoureux et des souvenirs d'enfance dans chacune d'elles, et même souvent dans chacune de ses plus infimes parties. Ce ne sont pas les molécules présentes qui différencient les nébuleuses entre elles, mais leur répartition à l'intérieur d'elles, et la manière dont ces molécules s'associent ou s'écartent les unes des autres.

Tous les souvenirs, toutes les images, sont disséminés, répartis très inégalement entre les différents systèmes : dans une des nébuleuses, telle histoire d'amour a laissé une image qui est la cinquième lune, minuscule et glacée, d'une planète géante de la bordure, tandis que le moment immédiatement précédent de cette même histoire d'amour là a donné, elle, dans un tout autre coin de l'univers, une étoile de première magnitude dans une tout autre galaxie, et constitue même, encore ailleurs, l'essentiel d'un essaim au cœur d'une nébuleuse entière.

La première image d'amour, celle de la petite lune froide, ne tourne pas nécessairement autour d'une planète géante de la même nature qu'elle, cette planète-là peut très bien être essentiellement l'image de… je ne sais pas moi… d'un échec scolaire au primaire, d'une course en plein bois avec des copains, ou de la nuit où pour la première fois on a assisté à une aurore boréale. Il pourrait très bien arriver que rien de parent, rien du tout, à quelque titre que ce soit, ne se retrouve dans aucun des systèmes auxquels est associée l'image du moment précédent : la grosse étoile peut très bien être le souvenir d'une nuit de terreurs enfantines, ou celle d'avoir compté un premier but gagnant au football ou au hockey. La masse résiduelle du cœur de l'essaim, elle, être associée à des foules d'images disparates, mais toutes liées de près ou de loin à l'été, ou à la langue, à l'odeur de la sueur ou à l'envie de faire pipi.

Je vous l'ai dit au tout début : la culture, comme je l'entends, ce n'est pas essentiellement le contenu de chacune de ces images, mais la structure de leur répartition, la structure des tensions entre les images que le monde a suscitées en nous. Cette structure-là est déterminante de mon être au monde, justement parce qu'elle est un immense réseau de réseaux de tensions. Ce qui veut dire que, quel que soit, pour le moment, le contenu spécifique de telle ou telle image, si pour une raison ou pour une autre je me retrouve à évoquer cette histoire d'amour là, et même, attention, à évoquer deux moments seulement, entre des centaines, des milliers, qui ont composé cette histoire d'amour là, eh bien en passant de l'un à l'autre, en passant d'une image associée à une terreur enfantine à la constellation où plane la conscience de la langue que je parle, puis à une autre qui gravite autour de ma première aurore boréale, je viens de suivre une force qui ne m'a pas fait voyager à travers deux images seulement, mais à travers des pans entiers de mon existence. Et le plan géométrique que je viens de dessiner en passant d'un point à l'autre de cet univers-là fait désormais partie des tensions, lui aussi : il vient d'apparaître, quelque part, une nouvelle galaxie, ou une nouvelle planète dans un système solaire déjà existant, ou bien juste une petite lune, ou bien encore une lune tournoyant à toute allure autour d'une autre lune : ce nouvel objet-là, c'est la conscience de tout ce qui s'agglutine à ces deux moments que je viens d'évoquer, qui s'y agglutine sans pourtant y être logiquement lié.

R. Ouf.

Autrement dit... le monde extérieur suscite des images en nous, ces images-là se répartissent, se fractionnent et se disséminent dans tous les coins de notre esprit, s'associent entre elles... et le simple fait de les laisser surgir... en suscite de nouvelles?

D. Oui. Et c'est justement leur manière de se fractionner ou de se dédoubler, et de s'associer ou de s'éloigner d'autres images ou d'autres types d'images, qui est unique, propre à chacun et à chacune d'entre nous.

R. C'est vertigineux.

D. Oh non, c'est encore bien plus saisissant que ça. Quand on se met à s'écouter soi-même... et à écouter les autres... et à observer le monde et ce qu'il suscite, tout en restant conscient de ce perpétuel mouvement-là... l'effet est... indescriptible – de splendeur.

R. Mais…?

D. Oui?

R. Vous parlez là de la culture individuelle?

D. Oui.

R. Et la culture… en commun, la culture collective?

D. …

R. Qu'est-ce qu'il y a? Vous venez de virer au gris, tout à coup.

D. Oui.

R. Pourquoi?

D. Parce que nous allons toucher là à un aspect qui est pour moi particulièrement douloureux.

R. On y va quand même?

D. Oui.

Je vous ai dit que la culture individuelle, ce n'est pas le contenu des images suscitées par le monde à l'intérieur d'un individu, mais leur structure.

R. Oui.

D. Ce n'est pas pour rien que j'ai insisté aussi fortement sur cette distinction.

Reprenons notre image cosmique. Les nébuleuses, les amas, les galaxies, les systèmes stellaires, les planètes et leurs satellites.

R. Oui.

D. Mais à présent, plutôt que d'observer les planètes elles-mêmes, et les étoiles, qui composent cette image, transposons-la : traçons des lignes entre tous ces corps célestes là, des lignes qui représentent les tensions et les répulsions entre eux.

R. Oui. Comme un graphique vectoriel, quoi?

D. C'est ça. Un graphique superposé à l'image en trois dimensions.

Une fois que c'est fait, épaississez ou amincissez chacune des lignes pour qu'elle symbolise la force de tension ou de répulsion qu'elle représente.

R. Oui.

D. Maintenant, effacez les corps célestes eux-mêmes.

Il n'y a rien d'écrit, sur notre graphique, pas un seul mot, pas une seule vignette. Tout ce que nous avons c'est une infinité de lignes de toutes longueurs et de toutes épaisseurs, dans tous les sens.

R. En effet.

D. Bien. À présent, baptisons ce graphique… « Arthur », par exemple…

R. O.K.

D. … et mettons-le de côté.

R. Ça va.

D. Maintenant, imaginons une tout autre cosmogonie. Complètement différente. Les images sont autres, les associations entre elles aussi, les tensions et répulsions sont réparties tout à fait autrement.

R. Un autre univers, quoi?

D. C'est ça.

Vous y êtes?

R. Oui.

D. Bien.

Faisons-lui subir le même traitement qu'à la première.

Tracé des lignes de forces.

Mise à l'échelle des traits : plus gras pour les grandes forces, plus minces pour les faibles.

Ça va?

R. Oui.

D. Maintenant, on efface les planètes et les étoiles…

R. Oui.

D. … et on se retrouve avec un autre graphique.

R. Évidemment.

D. Appelons celui-ci… « Monique ».

À présent, reprenons le graphique Arthur, plaçons les deux l'un par-dessus l'autre, et examinons-les en transparence, avec une lumière derrière eux.

R. Holà…

D. Enlevez tous les traits qui ne se recouvrent pas dans les deux graphiques, et vous vous retrouvez avec... les bouts de culture communs à Monique et à Arthur.

R. Mais comment est-ce qu'il pourrait y avoir des structures semblables ? Nous sommes partis de deux univers totalement différents !

D. Différents, oui, mais surtout à cause du contenu des images. Certaines structures, elles, ont de bonnes chances de se retrouver dans l'un et l'autre des graphiques. Peut-être pas à la même échelle. Sans doute pas dans la même région non plus. Certaines, couchées dans l'une, peuvent très bien se retrouver debout dans l'autre. Ou de profil. Elles ne sont pas associées de la même manière à ce qui les entoure. Et il est même possible que l'une soit plus complexe ou plus dense que l'autre. Mais il n'en reste pas moins que c'est une structure équivalente.

Cela revient à dire que Monique et Arthur peuvent très bien avoir des bouts de structure en commun, *quelles que soient les images qui les suscitent.* Ces régions-là de leurs esprits respectifs, de leurs mondes intérieurs, sont celles à propos desquelles Monique et Arthur vont pouvoir échanger en accordant chacun aux images que porte l'autre une valeur que, d'une manière ou d'une autre, il sera à même d'identifier, de reconnaître – *même si ce n'est pas sur le même sujet.* Autrement dit : ce seront les régions du monde, à l'intérieur de lui et d'elle, qui entrent en résonance. Dans ces régions-là, ils sont... sur la même longueur d'ondes – même s'ils le sont sur des sujets qui ont pourtant l'air totalement contradictoires. On pourrait continuer, et remarquer que d'autres bouts des deux graphiques se répondent, ou bien sont inversés l'un par rapport à l'autre, ou se complètent. Mais ne gardons que les secteurs semblables, pour l'instant...

Grâce à eux, chacun peut *lire* l'autre, au moins en partie.

Sauf que...

R. Que ...?

D. … rien ne nous dit comment ces régions-là s'inscrivent dans l'ensemble de la cosmogonie de chacun des deux. Une des régions communes peut très bien être associée pour elle à quelque chose de positif, mais pour lui l'être à un événement tout à fait négatif. Ils seront ainsi sur la même longueur d'ondes, certes, mais pour s'y affronter.

R. Ah oui…

D. La question risque alors d'être : quelle est la force propre à cette région-là du graphique, chez l'un et chez l'autre ? En ne conservant que les lignes communes, nous n'avons pas tenu compte de leurs différentes épaisseurs.

R. Oh. Et ça pourrait signifier qu'une des régions communes est plus solide, ou plus dynamique, chez elle ou chez lui ?

D. Oui. Mais cette solidité-là ne sera pas déterminante à elle toute seule de ce qui arrivera entre eux… parce que, encore une fois, il faudrait connaître l'importance de la région pour chacun d'eux. Et pour ça, il faudra revenir aux graphiques individuels.

R. C'est un travail colossal !

D. C'est surtout un voyage extraordinairement captivant. D'une richesse fabuleuse.

Mais revenons à notre sujet principal – je voulais seulement donner un petit exemple pour illustrer ce que peut signifier, même sous une forme très simple, une culture commune. Oh, en passant : nous n'avons rien dit des liens qui unissent Monique et Arthur. Elle peut être sa mère, sa fille, sa patronne ou sa tante – ils peuvent être simples copains de travail, tous les deux. Et chacun de ces liens-là, en faisant résonner de manières différentes d'autres régions que celles dont ils ont la structure en commun, chez lui, chez elle, intervient aussi, bien entendu, de manière déterminante.

R. Oui…

D. Maintenant, faisons un très grand bond. Il va vraiment falloir y aller à très gros traits, à toute vapeur. Nous venons de parler de la culture individuelle, puis de la culture commune à deux individus.

Sautons par-dessus les petits groupes, et allons directement aux sociétés, à présent.

R. Oui...?

D. La culture d'une société c'est, encore une fois, les éléments de la structure de la représentation du monde qu'ont en partage les membres de cette société-là.

Seulement, du fait de son échelle, elle comporte une différence essentielle avec les deux que nous venons de voir.

R. Laquelle?

D. Elle... *encadre* l'expression des cultures individuelles.

R. Est-ce que ce n'était pas déjà le cas avec Monique et Arthur? Est-ce que leurs cultures respectives ne déterminaient pas nécessairement la perception que chacun des deux pouvait avoir de l'autre?

D. Oui. Seulement, ni Monique ni Arthur n'est vraisemblablement le seul interlocuteur de l'autre. Ce qui signifie que d'autres régions que celles qu'ils ont en commun peuvent très bien être mises à contribution dans le cadre d'autres relations. Dans le cas de la culture de toute la société, et tout particulièrement dans le cas d'une culture monolithique comme celle que nous connaissons – j'allais dire « subissons » – au Québec, le cas est très différent. Par définition, il n'y a pas, là, d'autre système de référence – pas si on veut être compris, en tout cas.

R. Attendez, vous allez trop vite.

D. Je n'ai pas le choix : si nous entrons dans les détails, il va nous falloir des années. Des années que nous n'avons pas.

L'essentiel de ce que je veux vous dire, c'est ceci : la culture d'une société est riche dans la mesure où elle permet au plus grand nombre possible de cultures individuelles non seulement de s'exprimer, mais aussi d'être entendues par les membres de cette société-là – afin qu'il puisse y avoir «assumation» de la part de celui qui parle, d'abord, et dialogue avec sa société, ensuite. Ce qui fait la richesse culturelle d'une société, c'est la multiplicité des sensibilités à l'égard du monde qui peuvent s'y exprimer... *et y être entendues*! Plus il y a de représentations du monde différentes qui circulent en son sein, plus chacun des aspects de cette diversité-là peut être pris en compte, et plus la vie culturelle y est riche. Pourquoi? Parce qu'il existe alors différents réseaux en commun. Et qu'en conséquence, toutes sortes d'aspects de la vie – aussi bien personnelle que collective – s'en trouvent éclairés, sous plusieurs angles à la fois.

Si une seule représentation du monde domine, en revanche, et surtout si elle domine longtemps, *même si elle fournit un million de chefs-d'œuvre par année, mais tous du même type*, elle finit nécessairement par s'appauvrir – peut-être même jusqu'à l'extinction.

Ce danger d'extinction est d'autant plus redoutable qu'il risque de se développer complètement dans l'ombre.

R. Pourquoi donc?

D. Parce que personne ne regarde de son côté. Ce risque-là ne fait même pas partie des possibles qui sont évoqués, dans une société comme celle-là – le simple fait de faire allusion à lui est un crime. Résultat : quand il finit par frapper, tout le monde est pris par surprise. Et il est trop tard pour faire quoi que ce soit. Non seulement on ne sait pas quoi faire... mais on ne sait même pas ce qu'on a sous les yeux. Pourquoi? Parce que rien dans la culture, dans la représentation du monde qui a cours depuis des années et des années, peut-être même depuis des générations entières, dans cette société-là, n'est là pour éclairer qui que ce soit à son sujet. Pourquoi est-ce que rien n'est prêt? Parce que depuis des décennies, on était trop occupé à nier toute la région du monde d'où surgit le risque pour pouvoir chanter sans arrêt les mêmes chansons à répondre connues sur le bout des doigts.

Autrement dit : à force de ne se concentrer que sur une seule obsession, on en devient incapable de se rendre compte que quelque chose est en train de changer. Quand cette chose-là entre en action… on est totalement pris au dépourvu.

R. Vous avez un exemple ?

D. Le Bloc de l'Est et l'Union soviétique, ça ne vous rappelle rien ? C'étaient de véritables colosses. Et pourtant, leur effondrement a été tellement soudain que l'ennemi juré du régime, les États-Unis eux-mêmes, est intervenu pour tenter de le ralentir. Le régime du shah d'Iran, dans les années 70 : même chose. Des exemples, il y en a des masses.

Le phénomène n'a rien d'étonnant : une culture monolithique, c'est nécessairement une culture de récitation par cœur de mantras… toujours les mêmes… une récitation destinée à empêcher la remise en question. La petite chose qu'on oublie, en se livrant à ça, c'est qu'en empêchant les questions, on empêche le rapport au réel des citoyens de se développer, de s'étendre.

Repensez à notre exemple d'il y a quelques jours : celui du gars qu'on a obligé à apprendre un seul catéchisme. Et imaginez la société au sein de laquelle il vit. Le seul sujet de conversation, dans cette société-là, c'est le catéchisme… et la santé du pape, de temps à autre. Tout ce dont on parle finit nécessairement par revenir à ça. Et dans cette société-là, si quelqu'un s'essaye à parler d'autre chose, tente d'aborder une seule question qui soit en dehors de la logique du catéchisme… eh bien l'écrasante majorité des gens ne comprennent même pas de quoi il parle : pour eux, ça a l'air d'être du chinois, d'être un délire pur et simple. La seule manière dont il pourrait se faire comprendre, ce serait en utilisant des images tirées du catéchisme. Ce qui bien entendu finirait par impliquer que ce qu'il cherche à exprimer soit récupéré, ramené à l'intérieur du catéchisme.

Mais imaginez que ce nouveau gars-là, pas celui qui a appris le catéchisme, l'autre, celui qui cherche à parler d'autre chose, imaginez que ce qu'il cherche à exprimer soit, pour une raison ou pour une autre, une attaque directe contre un point essentiel du catéchisme. Pas une attaque voulue par lui, non, il ne veut pas attaquer, lui, il veut seulement en parler. Mais c'est impossible, dans cette société-là : ou bien on est d'accord sur tout, sans poser de questions, ou bien on est un ennemi. Qu'est-ce qui va arriver ?

R. Il va se faire passer sur le corps par un troupeau de bisons en furie...

D. Et voilà.

Il va s'attirer les foudres de tous les intégristes, de tous ceux qu'on a convaincus que le catéchisme est la perfection même – et qui ne croient en rien d'autre que lui, ce qui fait qu'il leur est impossible de renoncer à lui.

Mais...

R. Mais...?

D. Imaginons que le deuxième gars, celui qui n'y croit pas, au catéchisme, qui ne veut pas nécessairement l'attaquer, mais qui n'y croit pas... trouve une manière de se faire entendre. Trouve une manière de retourner sur leur doublure certaines allégories contenues dans le catéchisme, pour faire passer ce qu'il veut dire...

R. ...

D. Qu'est-ce qui risque d'arriver ?

R. ...

D. Cette société-là va faire explosion !

R. Pourquoi ?

D. Parce que sa culture est devenue à la longue tellement rigide que la moindre faille va la détruire. La violence, sous une forme ou sous une autre, a des chances d'être absolument dévastatrice, parce que des personnalités raides comme celle que nous avons évoquée l'autre jour...

R. ... celle du jeune gars qu'on a obligé à se méfier de lui-même...?

D. Oui...

... quand ça craque... ça pète !

Et il ne pourra pas faire autrement que craquer.

R. Pourquoi?

D. Parce qu'il ne peut rien imaginer d'autre que le catéchisme. Alors que l'autre gars, lui, celui qui vient de trouver le moyen de parler, non seulement de toute évidence il comprend le catéchisme, mais il comprend aussi son fonctionnement et, de surcroît, il possède nécessairement aussi une *autre culture*. Autrement dit, il comprend notre zélote encore mieux que lui ne se comprend lui-même, il le comprend de l'intérieur *et* de l'extérieur.

R. Êtes-vous en train de dire que...

D. Oui.

Je suis en train de dire que le règne absolu du nationalisme, dans la culture québécoise, ne peut pas mener ailleurs qu'à l'explosion, qu'à la destruction complète de cette culture.

R. ...

D. Je ne sais pas comment ça arrivera. Ni quand. Mais ça me paraît, mille fois hélas, inévitable. Nous avons déjà largement dépassé le cap où une réforme serait possible : toucher à quoi que ce soit d'important ferait s'effondrer tout l'édifice. Mais de toute manière, de telles réformes sont elles-mêmes inimaginables : il n'y a plus, dans la représentation du monde commune aux individus, ce qu'il faudrait pour ne serait-ce que nommer le désir qu'on pourrait en avoir. Le catéchisme, tout le monde le connaît tellement bien, ne connaît tellement que lui, et depuis si longtemps, que s'il craque... tout s'effondre.

R. ...

D. ...

R. On revient en arrière, un peu?

D. Si vous voulez.

R. Juste avant de revenir sur l'exemple du jeune gars de l'autre jour, vous définissiez ce que c'est qu'une culture monolithique.

D. Oui.

Je vous disais qu'une culture monolithique, c'est une culture où il y a nécessairement de moins en moins de points de vue qui peuvent être compris par les citoyens et, par effet de miroir, de moins en moins de points de vue « non conformes » à ce qui est souhaité par le pouvoir qui peuvent s'exprimer. On ne parle pas, dans le vide – on se tait.

Il y aura nécessairement de moins en moins de points de vue acceptables et, pour masquer le vide, on se mettra à dire des niaiseries.

R. Dans une société comme celle-là, on risquerait donc de se retrouver avec... avec une culture d'humoristes, par exemple...?

D. Ce serait, oui, tout à fait possible : pour masquer l'épouvantable vide rendu inévitable par l'étroitesse de la culture en commun, on battrait des bras en faisant des singeries. On ne pourrait pas simplement fermer les théâtres et les chaînes de radio et de télé, ce serait beaucoup trop dangereux : quelque chose d'autre pourrait surgir. Alors on les conserverait, mais... vides.

R. Mais. Je.

Un citoyen dont la culture individuelle ne *fitte* pas avec celle de sa société, qu'est-ce qu'il fait, dans un cas comme celui-là ? Il doit bien y en avoir, du monde comme ça : vous venez juste d'en donner un exemple.

D. Oui, oui, bien entendu, mais mon exemple était hypothétique : ce gars-là, dont je viens de parler, je ne l'ai jamais rencontré. Pas dans notre société à nous, en tout cas. Je l'imagine, c'est tout. Et même s'il existait, il ne faut pas oublier une chose essentielle...

R. Laquelle ?

D. Il serait vraisemblablement conscient des conséquences que ne pourrait manquer d'avoir une action de sa part.

Il faudrait qu'il soit prodigieusement fort, et sûr de lui, il faudrait qu'il frise l'aveuglement pour passer aux actes tout en étant conscient qu'il risque de provoquer la destruction de la culture de sa propre société. Même si cette culture, il serait très bien placé pour en voir les limites, les dangers et même... l'horreur. Si les êtres humains l'intéressaient davantage que le pouvoir, il se retrouverait en fait placé devant un dilemme absolument monstrueux : parler, aller jusqu'au bout de sa pensée, et de ce fait risquer de déclencher la catastrophe, ou bien se taire et, par son silence, permettre à l'horreur de se perpétuer.

Pour en revenir à votre question, un gars ou une fille dont la culture individuelle ne *fitte* pas avec celle qui est obligatoire dans sa société... se dit généralement qu'il ou elle est un malade... puis finit par se taire.

R. Il se transforme en la momie de lui-même?

D. Oui. S'il n'est pas capable de se taire, il se saoule la gueule. Et quand se saouler ne suffit plus, il saute par la fenêtre. Ou fait un massacre pour que quelqu'un, au moins – la police et un juge, par exemple, ou un psy – officialise concrètement son statut de non-conforme.

R. Et c'est comme ça que... que vous voyez la culture québécoise?

D. Absolument. C'est de ça que je vous parle depuis le 2 janvier.

R. Est-ce que le débat fédéral-provincial, ou fédéraliste-souverainiste, appelez-le comme vous voudrez, même s'il est emmerdant à en crever d'ennui, ne représente pas au moins une faille dans cette image-là?

D. *(Rire tonitruant.)*
Jamais de la vie!

R. Pourquoi pas?

D. Mais parce que ce n'en est pas un, débat, justement.

R. Comment...?!

D. Le mensonge fondamental, dans la société québécoise, le coup de génie des élites, c'est justement qu'elles sont parvenues à faire croire qu'il y aurait deux camps... alors qu'il n'y a en a qu'un seul.

R. Qu'est-ce que vous me chantez là?

D. Ce que je vous chante là, c'est que vous pouvez bien trompeter jusqu'à ce que mort s'ensuive que vous aimez mieux Québec qu'Ottawa, ou le contraire, ça ne change strictement rien à l'affaire : dans un cas comme dans l'autre, vous adorez le même dieu – vous vous contentez de changer la forme devant laquelle vous vous prosternez. Or ce dieu-là, moi, ce n'est pas l'un ou l'autre de ses avatars qui me gêne, mais sa nature même. Ce dieu-là, il s'appelle : nationalisme. On est parvenu à faire croire à la population, dans cette société démente, que choisir entre deux factions d'un seul et même mouvement, c'était le seul débat digne de ce nom dans le cosmos. C'est à mourir de rire. Ou noyé dans ses larmes. Ou de vertige.

R. ...

D. ...

R. Pourquoi est-ce que vous détestez tellement le nationalisme ?

D. J'ai quarante mille raisons, toutes excellentes. Mais je ne vais vous en donner qu'une.

Parce que c'est un mensonge. Une drogue à mensonges. À délires.

Son inventeur, l'antidreyfusard Maurice Barrès, à la fin du XIXe siècle, a été très clair à ce sujet : le cœur du nationalisme, c'est un vertige. Un vertige identitaire. Un vertige, c'est-à-dire l'envers de la pensée. Un vertige auquel chacun est sommé de se soumettre, à défaut de quoi il est passible des pires accusations. Or c'est un mensonge qui est sorti tout droit de l'esprit Lidenbrock : le nationalisme est un autre fruit du positivisme. Et, naturellement, étant le fruit du positivisme, il est nécessairement totalitaire dans sa nature, et tôt ou tard belliqueux dans sa forme. Il a été inventé, nommément inventé, pour combattre la démocratie moderne : les droits individuels.

J'ai horreur du nationalisme, de toutes les fibres de mon âme, parce qu'il se résume à être une injonction d'abdiquer la conscience et de renoncer à la plus grande quête qui soit : celle de l'individualité, de la prise en main de son propre destin et du dialogue avec nos semblables.

C'est tout, je n'ai pas un mot de plus à dire sur le sujet.

R. Je...

D. J'ai dit : c'est tout!

R. ...

D. ...

R. Nous revenons à la magie?

D. ...

R. Qu'est-ce que c'est, la magie?

D. C'est tout simplement ce que je viens de vous décrire. Ce que ferait cet homme, dans mon exemple : en utilisant des images du catéchisme, en utilisant des images tirées de la culture existante, donc, il susciterait dans l'esprit de ses concitoyens l'apparition d'un écho du monde totalement différent de ce qu'il était jusque-là. Du jour au lendemain, sans que rien ou presque, dans le monde concret, n'ait changé, les gens y verraient pourtant soudain tout autre chose. Et cette transformation aurait sans doute lieu dans toutes les régions de leurs vies, ou peu s'en faut. Cet exemple-ci est radical, bien entendu, et les fruits d'une telle magie seraient sans doute brutaux, mais essentiellement la magie c'est ça : parvenir à transformer l'écho du monde, dans l'esprit de quelqu'un d'autre. Non pas en en remplaçant le contenu, mais en transformant d'un coup sec l'équilibre entre ses différentes parties. C'est ce que fait un coup de foudre amoureux. C'est ce que font certaines œuvres d'art. C'est ce qu'a fait Voltaire. Et c'est ce qu'a fait l'abbé de L'Épée. Et Einstein.

Autrement dit, je crois qu'essentiellement, ce qui provoque en nous le sentiment de venir d'assister à un phénomène magique, c'est une transformation radicale et soudaine de notre rapport au monde. Un seul des innombrables pôles de l'image du monde, en nous, qui se déplace soudain, peut en transformer l'ensemble du tout au tout. Nous avons soudain accès à la représentation de régions entières de la réalité qui, jusque-là, nous étaient interdites. Et pour moi, comme je vous l'ai dit, les deux faces les plus connues de la magie sont l'art et l'amour. Ce sont deux des phénomènes qui peuvent complètement chambouler notre représentation du monde. Nous disons alors que les couleurs ont l'air de ne plus être les mêmes qu'avant, que tout a l'air d'avoir un goût différent – ce qui est effectivement le cas.

Excusez-moi, mais je suis épuisé. Je ne vois vraiment pas ce que je pourrais ajouter d'autre.

R. …

Et vous croyez… que Billy est un magicien?

D. …

Sans l'ombre d'un doute.

Mais.

R. Mais…?

D. Je crois qu'il ne le sait pas. Ou, en tout cas, qu'il croit que c'est une question de technique – ce que ce n'est justement pas.

Merde!

R. Quoi?

D. …

Je viens de comprendre.

R. Quoi?

D. Une partie du chavirement.

R. Quel chavirement? De quoi est-ce que vous parlez?

D. …

R. …

D. Excusez-moi : encore un flot d'images.

R. …

D. Je vous ai parlé du Musicien, de Matane qui voulait écrire, du Peintre, du Jeune Acteur…

R. Oui.

D. Tous des artistes. J'avais déjà noté depuis longtemps que c'était le cas.

R. Et Billy?

D. C'est lui aussi un artiste. Extrêmement talentueux.
   Ce qui vient de m'apparaître, c'est… pourquoi…

R. Vous voulez dire : pourquoi des artistes ?

D. Oui : pourquoi *chaque fois* des artistes.

R. Et… ?

D. Je vous ai dit, il y a déjà un moment, qu'il est une chose
   que je suis incapable de faire, dans quelque domaine que ce
   soit : forcer les autres. C'est fondamental, chez moi. Je m'y
   refuse totalement. Chaque cellule de mon corps, chaque
   parcelle de mon esprit s'y refuse : il n'est pas question,
   pour moi, de me mêler de la vie de l'autre.

R. Oui…

D. Cela implique une chose toute simple.
   Il faut que ce soit l'autre qui me demande.
   Or nous parlons ici d'une guerre. Une guerre au cœur
   même d'une civilisation. Une civilisation vide, creuse,
   sans âme. Qui cherche sans cesse des solutions, comme
   un hamster qui court dans sa cage.

R. Comme… des rats ?

D. Oui.
   Et qui ne se souvient même plus de la question de départ.

R. Qui est ?

D. « Pourquoi vivons-nous ? »

R. …

D. Et la réponse est extraordinaire.
   « Parce que la vie est belle. »
   Je crois que si ma vie a un sens, c'est celui-ci : rechercher
   comment, par la magie…

R. … l'art… l'amour…

D. … faire ressortir la beauté de la vie. Comment la dire ?
   C'est le seul rôle que je puisse tenir dans cette guerre-là.
   C'est ma version à moi de… prier.
   Un flot d'images vient de me traverser l'esprit.
   Je me suis souvent interrogé : est-ce que ce que j'ai ressenti
   à l'époque pour le Musicien, puis pour le Jeune Acteur,
   par exemple, était bien de l'amour ?

Il y avait deux raisons à cette question. La première c'était que j'ai connu des histoires beaucoup plus sereines – pourquoi est-ce qu'à chaque fois j'ai renoncé à elles? Pourquoi est-ce que je leur ai préféré les brûlures de la passion, au point de même sentir que pour moi – pas pour les autres, pour moi seulement –, choisir le confort était une trahison? Justement, deuxième raison à ma question : pourquoi est-ce que, dans mes histoires d'amour-passion, le sens du devoir a chaque fois joué un rôle aussi fort, aussi profond, aussi incontournable? C'est un sens tellement fort qu'il m'a plusieurs fois fait mettre un terme à des histoires sereines.

R. Vous parlez du Psychologue, je crois?

D. Surtout – mais pas seulement de lui.

R. Racontez.

D. Quoi?

R. Le Psychologue.

D. Posez-moi des questions.

R. Quand sommes-nous?

D. 1977.

R. Vous avez vingt-deux ans.

D. Vingt et un : c'est le printemps. Au moment où je le rencontre, je descends à peine d'avion : je reviens d'une tournée d'opéra. Juste le temps de me changer, je me précipite dans un bar... et je tombe sur ce grand garçon barbu, qui a le regard très invitant.

(Rire.)

R. Qu'est-ce qu'il y a?

D. Il m'a raconté plus tard qu'il a cru que j'étais le propriétaire de la discothèque. Ce n'était bien évidemment pas le cas... mais si j'avais eu deux grammes d'intelligence, c'est ce que j'aurais fait : m'ouvrir mon propre bar au lieu de faire vivre ceux des autres.

Bref.

R. Et il est barbu.

D. À foison.

R. Pourtant, vous n'êtes pas très porté sur les barbus…

D. C'est le moins qu'on puisse dire. Mais il est d'une telle douceur, d'une telle attention, que j'en oublie mon contentieux avec les broussailles. Il est merveilleux. Drôle. Cultivé. Curieux. Sensible.

R. Il est étudiant…

D. … en psychologie – d'où le surnom, bien entendu. À l'Université d'Ottawa. Chaque semaine, l'un de nous deux fait la navette pour aller retrouver l'autre. C'est un grand mélomane – il m'apprend beaucoup sur la musique, aussi bien classique que populaire. C'est avec lui que je fais mon premier voyage en Europe, cet été-là.

R. Vous restez ensemble combien de temps ?

D. Deux ans, officiellement. Un an et demi dans les faits.

R. Qu'est-ce qui arrive ?

D. À peu près un an après avoir fait sa rencontre, je fais du théâtre pour enfants, avec le Théâtre des Pissenlits – une équipe exceptionnelle. L'auteure de la pièce que nous jouons, la comédienne Andrée Saint-Laurent, me dit un jour qu'elle a vu sur une table, aux bureaux de l'Union des artistes, des formulaires de demande de bourse pour des études supérieures. Elle me suggère de présenter une demande, de pousser mes études encore plus loin. Je me renseigne. Et ces bourses-là sont en effet ouvertes aux artistes. C'est un choc pour moi : aussitôt que j'apprends ça, une nécessité me saute aux yeux – je me rends compte qu'un projet me trotte dans l'esprit depuis longtemps, et que c'est le moment d'agir, tout de suite.

R. Quel projet ?

D. Aller à Paris, étudier avec Alain Knapp. Il a enseigné deux fois à ma classe, à l'École nationale de théâtre, et il vient de créer son propre institut. Il faut que j'y aille.

R. Pourquoi ?

D. J'y ai déjà fait allusion : parce que Knapp est le premier artiste que je rencontre – je veux dire physiquement, en personne, et pas seulement par l'entremise de ses œuvres – pour qui l'art n'est ni du chantage émotif, ni de la propagande. Le premier qui est capable de défendre une position esthétique qui ne soit pas purement formaliste. Il m'a permis d'enfin commencer à mettre des mots sur des idées floues qui me hantaient depuis des années. Je veux pousser plus loin, aussi loin que possible, mes études avec lui.

Au moment où je fais la demande de bourse, j'en parle au Psychologue, bien entendu. Et je tente de lui faire comprendre que pour moi, si j'obtiens la bourse, je *dois* y aller.

R. Partir pour un an, donc?

D. Oui. Je vois bien que cette perspective ne l'enchante pas du tout. Mais comme les chances pour que j'obtienne le soutien nécessaire semblent extrêmement faibles, il ne s'inquiète pas outre mesure. Le vrai choc le frappe quand, contre toute attente, je reçois la réponse… positive. Il est extrêmement blessé, et moi je ne trouve pas les mots pour lui expliquer à quel point ces études sont capitales, essentielles pour moi.

R. Vous partez?

D. Oui. En septembre 1978. Durant l'automne, il vient me retrouver quelques jours. De mon côté, je rentre à Montréal pour le temps des fêtes. Et c'est à la fin des vacances, en janvier 1979, quand nous nous quittons à Mirabel, que la véritable déchirure se produit. Et qu'elle provoque une « image » époustouflante.

R. Une image, comme dans les cas du Musicien et compagnie?

D. Oui. Sauf qu'elle ne représente pas l'autre, elle me parle de ma vie à moi.

R. Racontez-moi ça.

D. J'ai une proposition à vous faire.

R. Oui?

D. Tacitement, depuis le début de nos entretiens, nous n'avons pratiquement pas utilisé de textes « extérieurs » à eux – je ne me cite pas, je formule tout à partir de zéro.

Mais pour répondre à votre demande, deux possibilités s'offrent à moi : ou bien insérer ici un passage de *Артйст*, le récit commencé il y a un an, un passage qui décrit précisément cette période –, ou bien le recommencer. J'aimerais que nous tentions la citation.

R. Je comprends l'idée. Ma crainte est simplement que de cette manière, nous n'empruntions un chemin qui risquerait de nous égarer.

D. Je vous laisse le choix.

R. …
Alors… c'est non. Je regrette.

D. D'accord.
Janvier 1979. Le Psychologue vient me reconduire à Mirabel. Les adieux sont effroyablement douloureux. Déchirants. Pour les deux. En plus de la douleur de la séparation, je me sens pour ma part coupable de le faire souffrir autant : je me trouve égoïste. En même temps, je sais parfaitement que je n'ai pas le choix : si je ne pars pas, je meurs – oh, pas tout de suite, mais à terme sûrement : je n'ai pas encore compris tout ce dont j'ai besoin pour survivre dans l'air raréfié de cette société. Au moment où nous nous laissons, il me remet une enveloppe en me demandant de ne pas l'ouvrir avant d'être assis dans l'avion. Nous arrivons à nous arracher l'un à l'autre et, quand je me retrouve enfin assis à ma place à bord de l'appareil, j'ouvre l'enveloppe. Elle contient un mot d'amour, tout simple, tout court, très beau, et un de ces lapins déployables, en papier alvéolé, tout rose, comme on en accroche dans les vitrines de magasins au temps de Pâques. C'est un gag entre nous : dans notre couple, lui c'est Ti-Lapin, moi c'est Ti-Canard. J'éclate en sanglots et me plaque les écouteurs sur les oreilles. Aussitôt, je glace : je reconnais tout de suite ce qui joue à plein volume, et *je sais* immédiatement ce qui va arriver.

R. Qu'est-ce qui joue ?

D. *Les tableaux d'une exposition*, de Moussorgski – la version orchestrale de Ravel. Il reste plus de la moitié des tableaux à passer, mais dès les toutes premières notes que j'entends, *je sais* ce qui va advenir, et que c'est invraisemblable. Invraisemblable que ça se produise, et invraisemblable que je sache de manière incontournable que c'est ça, ça et rien d'autre, qui va arriver dans… vingt minutes, peut-être.

R. Quoi?

D. Le dernier des tableaux s'intitule *Les grandes portes de Kiev*. C'est un mouvement grandiose, écrasant, une évocation des murailles de la ville et de l'ouverture des portes monumentales. Au moment où, dans la musique, elles commencent à s'ouvrir, l'ampleur est saisissante : cloches qui sonnent à la volée, gong, cuivres, percussions.

Eh bien, aussitôt que je me mets les écouteurs sur les oreilles, je sais à quel moment notre avion va quitter le sol : à l'apothéose. Pourtant, c'est impossible. On ferme déjà les portes de l'appareil, et nous sommes le seul vol en partance : nous aurons décollé bien avant ça. L'avion se met en mouvement, roule, va se placer en bout de piste. Et là… s'immobilise. Je suis sidéré. En esprit, je hurle aux pilotes : « Mais allez-y, merde, décollez! Qu'est-ce que vous attendez, nom d'un chien?! » Non, le 747 attend, inerte, immobile au milieu d'un champ de neige, de sapins et de goudron. L'avant-dernier tableau arrive : *Baba Yaga*, la sorcière volante. Puis *Les grandes portes…* commence. « Allez-vous finir par vous décider à décoller, oui ou merde!!! » Rien. La musique enfle, enfle. L'avion ne bouge toujours pas. La reprise finale du thème va commencer : je sens les appuis-bras de mon fauteuil se mettre à vibrer – les gars viennent de pousser les gaz à fond. Percussions : l'ultime montée commence. Les pilotes lâchent les freins. C'est invraisemblable : le mouvement de l'avion suit la musique.

Comment exprimer ça? Pendant ces minutes-là, ce n'est plus la musique qui accompagne la vie, c'est le contraire. Je réalise que la véritable réalité vraie, c'est la musique – la musique elle-même. Ce qui se déroule, là, autour de moi, dans le monde soi-disant concret, n'est que l'illustration, la pâle, la plate transposition de ce qui se passe dans l'âme du monde. L'âme du monde, ce n'est pas les objets, mais la musique, sa pulsion, son mouvement.

La musique enfle toujours, enfle : l'avion s'élance, prend son essor. Et... au moment précis où les timbales et les cloches se mettent à sonner... au moment précis où les portes de Kiev commencent à s'ouvrir... les roues quittent le sol. Je suis estomaqué. Renversé. Je suis incapable de vous décrire ce que ça me fait. Immédiatement, dans mon esprit, un... une... je ne sais pas comment dire. La voix dont je vous ai déjà parlé...

R. Celle de l'automne dernier, lors de la vision que provoque Billy ?

D. Oui, mon « devoir »... dit : « C'est monstrueux, oui. La douleur est déchirante, terrifiante, oui. Mais tu as fait la seule chose qui t'était possible. Ces portes qui s'ouvrent, ce sont celles de ta vie... *Maintenant* ! »... au moment précis où l'avion quitte le sol.

R. ...
Et après ?

D. Un mois ou deux plus tard, tout au plus, je commence à écrire ma première pièce.

J'ai réussi à quitter le camp de la rue Clark, je suis parvenu à passer à travers l'épreuve de l'École de théâtre, j'ai prouvé que je pouvais jouer. À présent, je pars retrouver mon Maître. Un vrai Maître, un véritable artiste. Je peux commencer à vivre, commencer à vraiment apprendre.

R. Je vous sens triste.

D. ...

R. Pourquoi ?

D. Parce qu'il faut payer très cher, et faire payer très cher à ceux qui nous aiment et que nous aimons, beaucoup des choses essentielles que nous apprenons dans nos vies.

R. Nous reprenons le fil ?

D. Bien sûr.

R. Vous avez raconté ce moment-là parce qu'il est un de ceux qui vous reviennent tout de suite à l'esprit aussitôt que vous repensez à l'amour serein qui, pour vous, s'oppose à l'amour-passion...

D. Oui.
L'amour-passion, dans ma vie, c'est l'amour enchevêtré au sentiment du devoir. Un sentiment essentiel, dans ma vie. Le devoir, l'amour et l'art, entremêlés – au point de n'être plus que des facettes d'une seule et même chose. Le devoir : le cœur de ma vie, qui prend son sens dans la rencontre des trois.

R. C'est-à-dire ?

D. Devoir, amour, art. Le Musicien. Matane. Le Peintre. Le Jeune Acteur.
Billy.

R. Vous avez peur que la sérénité ne soit pas pour vous ?

D. Du tout. J'ai peur de ne jamais avoir l'intelligence et la détente nécessaires pour accomplir la tâche essentielle de ma vie.

R. Qui est... ?

D. La rencontre des trois. Mais pas uniquement à l'intérieur de moi : *entre* lui et moi.

R. Des rencontres sereines, dans votre vie, il y en a d'autres, à part celle du Psychologue ?

D. Oui. Mais je ne peux pas. Je veux dire : dans ces histoires-là, je ne suis pas à ma place. Un jour ou l'autre – parfois tout de suite – je dois m'enlever de là. Je suis un marin. Je sais qu'il y a *les* ports. Mais je sais aussi qu'il y a *le* port. J'ai peur de ne jamais le trouver. Ou de passer tout droit. Il y a... je ne sais pas... cinq ou six garçons, merveilleux, lumineux, dont les sourires reviennent parfois me hanter, juste au moment de m'endormir. Ils me demandent, les yeux pleins de flammèches : « Pourquoi ? Est-ce que tu peux au moins me dire pourquoi ça ne marche pas, ça n'a pas marché, toi et moi ? » Et je ne peux pas leur répondre. Je ne sais pas comment. Comment dire à quelqu'un auprès de qui tu es bien et qui ne comprendrait pas de quoi tu lui parlerais : « Écoute. Je ne peux pas rester. Il y a la guerre » ?

R. Attendez !

D. Oui ?

R. Qu'est-ce que vous venez de dire là ?!

D. Je...
   « Je ne peux pas rester. Il y a la guerre. »
   Oh...
   Oh... oui...

R. Vous aussi, vous venez de comprendre ce que j'ai entendu ?

D. Je crois...
   Et vous avez raison : cela cadre parfaitement avec le flot d'images qui a déferlé tout à l'heure : le Musicien, Matane, le Peintre, le Jeune Acteur... et Billy. Ce sont mes...
   Quelle horreur.

R. Dites-le !

D. Ce sont mes...
   Mes amours de guerre.

R. ...

D. ...

R. Ça va ?

D. Non, pas du tout. J'ai le vertige. Mal au cœur. Mal à tout le corps.

R. Nous arrêtons ?

D. Sous aucun prétexte. Si nous nous arrêtons maintenant, d'ici vingt-quatre heures, je me suis transformé en flaque de larmes.

R. Parlez.

D. Demandez.

R. Ce sont vos... amours de guerre ?

D. Oui.

R. Qu'est-ce que ça veut dire ?

D. C'est la vraie réponse, l'essentiel de la vraie réponse à votre question de tout à l'heure : « Qu'est-ce que ça implique,

pour vous, que nous soyons en guerre ? » Ma réponse, c'est :
« Je refuse le combat. Je brûle vivant, mais je refuse le
combat. » Il ne saurait, pour moi, être question de l'engager.
Je vous l'ai dit : comme dans le cas de l'assassinat de ma
grand-mère, ou dans ceux des deux massacres que je suis
passé à un cheveu de commettre, engager les hostilités
signifierait renier le fondement même de ce qui pour
moi se trouve au cœur de la vie. Je ne peux pas. La seule
chose que je puisse, c'est chanter la beauté de la vie, de mon
mieux, de toutes mes forces. Et espérer être entendu.
Mais il y a… autre chose.
C'est fou.

R. Quoi ?

D. Je n'ai jamais, *jamais* parlé de ça à qui que ce soit. Même
pas à moi-même.
Il y a la beauté de la vie. Qui me transperce, me renverse, à
chaque heure de mon existence. Et que je vois, partout, être
battue, bafouée, violée, saccagée, tournée en dérision.
Je sais qu'elle survivra. Elle est plus forte que nous. Plus
forte que toutes les haines imaginables. Que toutes nos
folies. Mais il n'empêche que devant ce spectacle, j'ai une
tâche, sacrée, à accomplir.
Je dois impérativement exprimer ce que j'ai vu, compris,
appris.

R. Qu'est-ce que c'est ?

D. Que l'horreur, ce n'est pas d'abord les forêts rasées, les
fleuves de poisons qui se déversent jour et nuit dans l'air,
l'eau et le sol, ce n'est pas une ville qui flambe, des enfants
violés. Tout ça, ce sont les formes extérieures que revêt
l'horreur. Mais c'est d'abord en nous qu'elle agit. C'est
là que nous devons d'abord aller à sa rencontre. Ce qui
advient ensuite dans le monde n'en est que l'écho. Un
écho monstrueux, mais rien qu'un écho.
Vouloir combattre l'horreur en en combattant les effets,
c'est la nourrir. Le seul endroit où elle peut être affrontée,
non… dissoute, c'est en nous. Je crois.

Rencontre de la magie, de l'art, de l'amour.

Je crois qu'au cœur du guerrier d'amour que je suis, il y a cette image – et que c'est elle qui a guidé chacun de mes gestes et chacun de mes mots, d'aussi loin que je me souvienne – : dans la torpeur du jour qui tombe, penché sur le visage d'un jeune magicien sur le point d'abdiquer son âme, plonger mes yeux dans les siens, river ma bouche à la sienne, et pousser, pousser de tout mon souffle. Pour lui faire partager la lumière.

Mon rêve.

Mon rêve, pour Billy. Lui dévoiler qu'il existe en lui un chemin aussi clair, aussi nettement dessiné que celui qui s'est révélé à moi au décollage d'un 747, un soir d'hiver.

Être pour lui à la fois l'ami, l'amour, le Maître, la musique et la Voix.

R. ...

D. ...

R. ...

D. ...

R. Vous le croyez en danger ?

D. ...

R. ...

D. Oui.

TROISIÈME PARTIE

Huitième entretien
Serments, précisions, splendeurs et trahisons

R. J'aimerais encore une fois tenter un résumé.

D. Du septième entretien ?

R. De l'essentiel de ce dont nous avons discuté depuis le début.

D. Allez-y.

R. Un homme arrive à cinquante ans. Il traverse une crise qui n'a strictement rien à voir avec les clichés du démon du midi : c'est depuis l'âge de vingt et quelque années qu'il sait qu'il vit dans un monde en guerre.

D. Oh non ! depuis bien plus longtemps que ça ! Depuis l'âge de sept ans au moins.

R. D'accord. Il sait qu'il y a l'horreur du monde d'un côté – le silence imposé, la glace, la haine, le mépris, la dérision, la soif de pouvoir et d'autorité – et sa beauté, sa splendeur, sa vitalité de l'autre. Il sait qu'il doit choisir son camp. Il sait aussi que l'horreur ne peut pas être combattue.

D. Non, en la combattant, de quelque manière qu'on s'y prenne, on la nourrit : on renforce ce qu'on aurait voulu affaiblir ou éloigner, et on accentue encore davantage le danger qui menace ce qu'on aurait voulu protéger.

R. Alors il se replie en lui-même. Il n'a pas le choix : il ne peut pas laisser faire, et il ne peut pas non plus agir – alors il doit apprendre.

À douze ans, une nuit, couché au camp de concentration où on l'a envoyé de force, sur le lit pliant qui est son seul

411

espace personnel, coincé entre la massive table de la salle à manger et le mur, il comprend que s'il veut avoir le temps d'apprendre, son amour de la beauté, il doit le camoufler. S'il l'arbore, il va se faire piétiner.

D. Oui. J'ai douze ans. Je revois cette nuit-là comme si j'y étais.

R. La nuit du serment.

D. Oui.

R. Il commence alors à sciemment se créer un personnage. Qui sera à la fois son identité officielle et un écran. Ce personnage-là ne sera, dans les faits, officiellement baptisé que huit ans plus tard, au hasard d'une règle administrative de l'Union des artistes. Il s'appellera…

D. … René. Daniel. Dubois.

R. Il a simplement rajouté le prénom de son parrain devant le sien. Et cela lui plaît : son parrain est un homme qui n'a pas été très présent dans sa vie, mais pour qui il a toujours ressenti beaucoup d'affection. Il y a plus : « René » – « né à nouveau » – « un Daniel recommencé »… il trouve que ce nom-là convient à merveille à… à sa créature.

Derrière l'abri qu'offre cette nouvelle personnalité, la beauté pourra être contemplée, étudiée. Le monde aussi. L'homme pourra apprendre. Les mots. Les idées. L'histoire. Il pourra commencer à apprécier l'infinie variété du monde et de la vie.

D. …

R. Apprendre à en reconnaître les innombrables pièges. C'est ressemblant ?

D. Assez. Cette nuit-là, à douze ans, l'image est très clairement celle d'un gars qui entre dans la clandestinité, dans la Résistance. Qui devient un espion. Derrière les lignes ennemies. Tout seul. Et je sais que la survie et la préservation de l'essentiel vont dépendre de deux facultés qu'il va me falloir acquérir. La capacité de donner les « bonnes » réponses, d'avoir l'air intégré, d'une part. De l'autre, celle de repérer les alliés possibles – conscients ou non – qui durant des décennies vont représenter le... le seul air que j'aurai à respirer.

R. L'objectif?

D. Vous voulez dire l'objectif ultime – à très long terme?

R. Oui.

D. Il n'y en a pas. Pas d'autre que de survivre, que d'arriver à passer à travers, le moins amoché possible. On verra « après » – si jamais il y a un « après »... ce que je ne crois pas. *Je n'arrive pas* à y croire. Entre-temps, il va falloir, de toutes mes forces, écouter, boire la vie, regarder, observer, apprendre, explorer. Dans tous les sens. Vivre, quoi. Et sans jamais trahir. Si je le peux.

C'est là qu'est le cœur du défi : ne jamais trahir l'essentiel, ne jamais mentir au sujet de la souffrance et de la beauté. Comment faire pour respecter ce vœu-là, fondamental, et en même temps réussir à avoir l'air intégré?

R. Comment est-ce que vous vous y êtes pris?

D. Au jour le jour, dans la vie quotidienne, je ne saurais pas comment le décrire – chaque jour, j'improvisais, c'est tout. Chaque lever était un plongeon. Tout ce que je peux dire c'est qu'il m'a fallu apprendre à penser vite, et à réagir vite, à la vitesse de l'éclair. Ce qui allait – et va toujours – radicalement contre ma nature. Je suis quelqu'un d'extrêmement lent. Et qui aime la lenteur. Mais je n'avais pas le choix. Alors, j'ai appris. Appris à décoder les affirmations cachées dans les questions. Les ordres cachés dans les conseils. Les menaces cachées dans les grandes déclarations de confiance et d'affection. Encore une fois : comme dans les romans et les films de guerre, il a fallu, en quelque sorte, que j'apprenne à démonter et à réassembler mon fusil dans le noir, les yeux fermés. À écouter mon instinct. À rester immobile, à voir venir et à ne m'écarter qu'au tout dernier instant des menaces qui allaient frapper. À prendre les autres par surprise. À m'enfuir en ayant l'air de simplement sortir prendre une marche. À faire de grands sourires détendus à des gens dont je savais parfaitement qu'ils ont accepté de devenir des chiens de garde, des rottweilers – qui eux aussi me faisaient des grands sourires et des mamours, et qui me croyaient trop bouché pour les entendre grogner et les voir saliver.

Plus tard, presque par hasard d'abord, il y aura l'écriture. D'une certaine manière, le combat restera le même : rester fidèle à la beauté malgré les valeurs de la société où je vis. Mais au moins, grâce à l'écriture, pour la première fois de ma vie, il y aura dans mes jours un lieu, un seul, où j'ai le choix des termes, des moyens, où je peux me permettre de prendre du recul. Dans le silence de l'écriture, je peux enfin aller plus loin dans mes discussions avec les rêves enfouis des gens que j'aime. Sur le papier, je peux enfin me permettre d'aller trop loin, d'écrire des choses qui, dites dans la vie courante, seraient presque à coup sûr incomprises de ceux à qui je souhaite m'adresser ou me vaudraient de me faire sauter au visage, de me faire assommer en pleine rue par les sbires. Alors je les écris, et puis j'enlève les bouts trop… trop clairs.

Je m'invente des tonnes et des tonnes de dialogues : ceux que j'aurais si, dans le monde où je vis, le dialogue était possible.

Et surtout, j'explore. Je m'explore. Je me laisse des signes, des repères, des fanions. Pour m'y retrouver dans… dans l'ouragan de la vie.

Je laisse monter les images. La souffrance. La beauté. J'apprends à en ralentir le flot, pour pouvoir les observer, les détailler.

R. Mais ça, ce sera plus tard ?

D. Oui. Dans la jeune vingtaine.

R. À douze ans, vous savez déjà clairement qu'il ne faut pas mentir sur la souffrance ?

D. Oui. Plusieurs de mes comportements de l'époque, quand je vous parle d'eux aujourd'hui, je les nomme, alors qu'à l'époque j'aurais été incapable d'y parvenir : je connaissais déjà ce que le mot désigne, mais le mot, lui, je ne le connaissais pas encore. En ce qui concerne le mensonge sur la souffrance, en revanche, l'objet était nommé très précisément.

R. Vous savez à quel moment vous l'avez nommé?

D. Oui. Je peux même vous dire que c'était un samedi, en début de soirée.

R. Vous vous souvenez de ça?

D. Avec une terrifiante clarté. En fait, ça a été le moment de mon premier serment. Je veux dire : le plus fondamental.

Il me semble que ça ne fait pas très longtemps que je suis arrivé au camp de la rue Clark. Et ça a été le tourbillon : perte de tous mes amis, y compris mon voisin, sans même avoir eu le temps de leur dire adieu, de lui dire au revoir. Changement de commission scolaire et de régime pédagogique – en plein mois de mars. Transfert dans l'atmosphère étouffante, lourde, sombre, perverse de la rue Clark. Chaque soir, j'ai des montagnes et des montagnes de leçons à étudier et de devoirs à faire : je dois suivre la classe où je me retrouve parachuté et, en même temps, parcourir tout seul dans mon coin tout le programme qu'eux ont déjà abordé depuis septembre – une tâche impossible. Par dessus le marché, il faut supporter les commentaires incessants et volontairement blessants des grands-parents, et parfois de certains des oncles et des tantes, sur mes parents, sur ce que nous sommes, mes sœurs et moi. Le souvenir dominant de cette époque-là de ma vie, c'est celui d'avoir été jeté à la mer en plein ouragan. Je ne sais pas comment j'ai fait pour survivre. Je me noie.

Les deux seuls appuis que je trouve à cette époque-là – mais je suis trop paniqué pour même m'en rendre vraiment compte sur le coup –, ce sont... d'abord le professeur de la classe où je me suis retrouvé. Je me souviens qu'elle s'appelle mademoiselle Gertrude Venne – une femme qui m'a laissé un souvenir fabuleux. Avec infiniment de délicatesse, elle s'occupe de moi, sans insister, sans appuyer. Et puis un garçon de la classe – il s'appelle Roger Fortin, si mon souvenir est exact. C'est à lui que mademoiselle Venne a demandé de m'aider, en classe, de me donner au fur et à mesure des trucs, des raccourcis pour pouvoir suivre la matière en attendant que j'aie rattrapé les autres.

J'ai un très beau souvenir : un jour, mademoiselle Venne fait une blague. Et j'éclate de rire. Je pense que c'est la toute première fois que je ris depuis des semaines, plus vraisemblablement des mois, et qu'aux yeux de mes camarades j'ai dû jusque-là avoir l'air d'un mort-vivant – hagard, éteint. J'éclate de rire, et aussitôt j'entends un cri de joie partir comme une flèche du pupitre placé juste derrière le mien. C'est Roger : « Regardez, mademoiselle ! Il rit ! Et quand il rit, ses oreilles bougent ! Comme les lapins ! » Il y a une telle joie, dans sa voix, un tel soulagement d'enfin m'entendre rire que je suis absolument incapable de seulement évoquer la reconnaissance que je ressens encore aujourd'hui à son endroit. En entendant le cri de Roger, mademoiselle Venne s'arrête pile de parler, se tourne lentement vers moi, me dévisage un moment. Rive ses yeux aux miens. Et là, un très large sourire se met à fleurir sur ses traits. D'une chaleur, d'une tendresse, d'une profondeur de joie absolument bouleversantes.

À quelque temps de là, je me retrouve aux prises avec une otite. La douleur est effroyable. La douleur physique, j'entends. Mais en même temps, elle représente pour moi une chance extraordinaire : elle me donne enfin le droit de hurler tout ce que j'ai à hurler. Je crie, je vagis à pleins poumons, durant des jours. Et du fond de la fièvre qui m'enveloppe, qui me berce, qui ralentit le monde qui m'environne, qui l'éloigne de moi, je sais qu'il n'y a en fait qu'une toute petite partie de ces cris-là qui servent à exprimer la douleur physique, la sensation que la tête va m'exploser. Ce qui me fait hurler, en réalité, ce sont les images qui défilent devant mes yeux, durant ces heures-là, accompagnées par mes rugissements de dément : ma mère couchée dans son cercueil sous des montagnes de fleurs, et que je n'ai même pas eu le temps de pleurer. L'affection de mes amis, arrachée. La perte de tous mes points de référence. L'absence de mon père. La monstrueuse dureté des regards, dans le monde où je viens d'être jeté. La sécheresse. Le sentiment d'abandon absolu, de solitude sidérale. Durant toutes ces heures-là, je suis une boule de feu et de hurlements – enfin !

Au bout d'un certain temps, mon oncle le plus jeune, qui est étudiant en médecine et qui m'a administré des antibiotiques, un peu plus tôt, vient me voir. Il examine mon oreille, se redresse, me regarde droit dans les yeux et je comprends qu'il a lui-même compris : il sait parfaitement pourquoi je hurle. Le flot de douleur qui m'emporte est tellement fort, il me contrôle, définit ce que je suis à un point tel, me remplit dans une telle mesure, que je ne me suis même pas rendu compte que celle de mon oreille s'est évanouie. Je suis fou, fou de douleur, incapable de m'arrêter de crier parce que j'ai trop mal, trop mal à ma vie, que je suis trop épuisé et que j'ai trop peur de la vie. Je me sens incapable de quitter ce lit-là et de faire un seul autre pas – à jamais. Je ne veux rien d'autre que me rouler en boule et mourir. Je veux crier de douleur jusqu'à en mourir. Et je sais, quand mon oncle se redresse après qu'il a examiné mon oreille, qu'il a parfaitement compris de quoi il retourne.

Je cesse de hurler. Je le regarde. Je fixe ses yeux penchés vers les miens, de toutes mes forces. Dans ma tête, je lui crie « Ne me trahis pas. Je t'en conjure. Laisse-moi crier. Aide-moi. » Je respire fort, je halète : peut-être, peut-être que d'ici une seconde je vais apprendre que j'ai un allié, un ami, un seul, dans l'enfer où je me trouve ? Je le fixe des yeux. Je vois sa détermination qui oscille.

Puis. Dans un même mouvement, il se tourne vers la grand-mère et se met en marche vers la porte de la chambre en disant : « Je ne sais vraiment pourquoi il continue à crier comme ça : je suis sûr que les antibiotiques ont fait leur effet. » Et là, sans que je l'aie décidé, du plus profond du plus profond de moi, jaillit un cri, un hurlement de colère, peut-être même de haine, que je serais incapable de reproduire – et que je souhaite ne plus jamais entendre. Je le lance vers le plafond, mais c'est mon oncle que je vise – il est bref, d'une violence insensée. Du coin de l'œil, j'aperçois mon oncle au moment où il passe la porte : son dos a un spasme, donne un grand coup sec, comme s'il venait de se faire frapper à toute force par un bâton. Il a reçu le message.

En même temps que le cri de révolte fuse de moi, une décision me saute dans le crâne, je ne sais pas comment évoquer ça. Elle prend toute la place, instantanément. Comme si une grande enseigne lumineuse venait de s'allumer : « Toi ! Toi, Daniel Dubois, tu ne feras jamais ça ! Jamais ! Tu ne mentiras jamais sur la souffrance dont tu es le témoin. Jamais ! »

D. …

R. Ça va ?

D. Ça va.

R. Je ne vous crois pas.

D. …

R. Parlez.

D. Un.

Un rapprochement – encore un lien, qui vient de m'apparaître.

R. Oui… ?

D. Dieu du ciel…

Je n'avais jamais réalisé que… qu'il n'a dû s'écouler que quelques mois, même pas une année scolaire, entre…

R. Entre… ?

D. … entre ce dimanche-là, près du centre Paul-Sauvé, et… et ce que je viens de vous raconter.

R. Oh…

Vous voulez dire… entre les deux trahisons ?

D. …

R. Je reprends?
D. Oui.
R. Un homme qui arrive à cinquante ans. Qui sait depuis le tout premier âge de sa vie qu'il vit dans un monde en guerre. Le silence, la glace, la dérision, la haine, la soif de pouvoir et d'autorité, se jetant sans trêve en rugissant, toutes griffes sorties, dents au vent, contre la beauté, la douceur, la splendeur, la vitalité, l'empathie, la tendresse. Dès les premiers jours de l'enfance, toute sa vie, les jours et les nuits sont peuplés, hachurés des hurlements des enfants, des hommes, des femmes, là, à portée de main, autour de lui, en train de se faire dévorer vivants, saigner, étriper à mains nues, piétiner par les adorateurs de la puissance. Il sait depuis le premier âge de sa vie qu'il lui faut choisir un camp... et qu'il connaît le sien. Qu'il ne s'agit pas, qu'il ne s'agira jamais, pour lui, de combattre... que, du côté qui est le sien, le mot « victoire » est un mot qui n'a pas cours... la victoire ne peut exister que pour ceux qui croient en la puissance. Tout ce qu'il peut faire, c'est apprendre – lui qui n'a pas envie d'apprendre... il a envie de fuir, de courir, de crier. Il va devoir apprendre à connaître au mieux de ses capacités ce qui seul, à ses yeux, donne son sens à la vie. Pour lui, la vie est une... une prière. Une prière d'action de grâce continuelle. Pas adressée à un dieu monumental de cruauté, non, mais au monde qui est le sien, et à ses frères et sœurs.
À douze ans, il fait un vœu solennel : apprendre à connaître ce qu'il aime. Pour pouvoir dire, un jour, si jamais la chance de survivre lui est accordée : « Voici ce que j'ai vu. » Sans espoir de réussite, jamais. Jamais. À dix ans, onze, quinze, il n'est même pas certain que « demain » soit autre chose qu'un mot.
Toute sa vie, le jour qu'il vit sera le dernier.
Toute sa vie, la tâche qu'il s'est donnée – il n'avait pas d'autre choix – lui paraîtra écrasante, impossible à achever, démesurée en regard de ses pauvres capacités.

Toute sa vie, il va devoir se retenir à dix mains de se mettre à trembler comme une feuille à l'idée, omniprésente, de la certitude qu'il a de ne pas être capable. D'être sur le point de défaillir. De trahir. De se damner.

Et il continue d'avancer. De son mieux, et c'est tout.

Dans les hurlements de haine, les hurlements de terreur et le sang et la souffrance qui giclent.

Il a cru un moment pouvoir faire de son mieux en devenant médecin. Mais en arrivant devant les grilles, il a vu que cette avenue-là est trop bien gardée : il a su qu'il serait incapable de la parcourir sans trahir, sans renoncer. Alors il a reculé. L'espace d'un moment, il n'a plus su quoi faire de sa vie, où aller à présent. Jusqu'à ce qu'il se retrouve dans une École de théâtre. Et qu'il y découvre l'amour.

Il a appris, parfois mal, parfois bien. Il s'est débrouillé, seul. Il a trouvé ici et là des appuis inespérés. Une sœur aînée qui sacrifie toute une partie de sa vie à elle pour que les trois enfants ne soient pas séparés. Qui l'encourage. Un exemple étonnant, renversant, de courage, de ténacité, d'endurance. Un professeur français, le premier être vivant rencontré face à face pour qui l'art n'est pas un outil mais un chant.

À l'abri derrière son personnage, il a appris à contempler. À étudier. Étudier le monde. L'humain. Les mots. Les idées. Et les pièges.

C'est comme ça qu'en arrivant à cinquante ans, émergeant de la Résistance, du Maquis, l'homme s'assied et se demande : « Bon, à présent, qui suis-je ? »

D. Oui.

R. Et là, il rebrasse tous les morceaux, tous les fragments qu'il a collectionnés au cours de sa mission secrète, les étale devant lui, et les examine, tous ensemble, pour la première fois. Il tente de saisir le motif qu'ils dessinent. Ce motif, quand il l'aura identifié, ce sera lui. Lui, qui n'est pas un objet, un objet fixe, mais une tension entre de multiples pôles.

C'est ça ?

D. …

R. Quand le sens de ce qu'il a sous les yeux commence à lui apparaître, son premier étonnement, c'est…

D. … d'être vivant. Ce que le garçon de douze ans n'avait jamais prévu – les probabilités étaient beaucoup trop faibles. Je suis étonné, oui, d'être, effectivement, passé à travers. De ne pas être mort. Et de me rendre compte que le moment de passer aux actes au grand jour est venu. Que l'apprentissage est terminé.

R. L'apprentissage de quoi?

D. De la survie. Et de la beauté.

R. Ensuite?

D. Rien.

Je suis en plein cœur du désert. Et depuis longtemps, pour moi, le cœur du désert est le lieu des révélations. Mais peut-être que c'est une illusion – je ne peux pas en exclure la possibilité. Peut-être qu'après tout ces choses-là n'existent pas.

R. Pas d'indice?

D. …

R. Au fil des années qui ont suivi son entrée dans le Maquis, deux grands axes ont pris forme, dans la vie de l'homme. Elle s'est construite autour d'eux. Le premier: ne jamais rien imposer aux autres. Même ne jamais rien demander. Offrir. Et c'est tout.

D. …

R. Le deuxième: une attente. L'attente d'un homme qui sera porteur d'un désir aussi fort que le sien. Un désir de vie, de lumière, de beauté. Mais un désir *insu*, *inc*onnu, réprimé. Alors, offrir à cet homme-là sa connaissance en échange du privilège d'être à ses côtés. Dans ses bras.

D. …

R. Pour lui, le sacré est là: partager la contemplation du monde. À partir d'une autre planète. Où il aura été invité.

C'est ça?

D. ...
R. Bon.
   À présent : rafale de questions.
   Ensuite : l'art.
D. D'accord.

*

R. Allons-y. Des réponses courtes, vous voulez bien ?
   Dans l'ordre chronologique.
   Premier entretien.
   « L'étudiante du futur, en anthropologie, à l'Université de Chicago » ?
D. Une interlocutrice que je me suis inventée pour les jours où le désert est vraiment trop hostile. Elle remplit dans ma vie à peu près la même fonction que les crabes de Frantz, dans *Les séquestrés d'Altona* de Sartre, à ceci près qu'elle n'est pas une accusatrice, une procureure. Elle est curieuse. D'une curiosité profonde que, dans les faits, j'ai rarement rencontrée dans ma vie.
R. « Quand le désert est trop hostile » ?
D. Il y a tellement de sujets tabous, dans cette société, que j'ai parfois l'impression que je vais étouffer, littéralement. Il y a les tabous identifiés comme tels – « On ne parle pas de ça ! » – mais ce ne sont pas, tant s'en faut, les plus nombreux. L'écrasante majorité est camouflée, on ne t'interdit pas d'aborder ces sujets, non, mais on impose une manière de le faire qui est tellement étroite et, pour tout dire, fallacieuse que pour un peu on regretterait l'époque de l'Inquisition – avec les Dominicains, au moins, les choses étaient claires. Le silence imposé, c'est dur. Mais le mensonge obligatoire, c'est pire.
R. Pourquoi est-ce que ce n'est pas la jeune anthropologue que vous avez choisie comme interlocutrice pour ces entretiens ?

D. L'idée ne m'en a même pas traversé l'esprit. Comme ça, au pied levé, je dirais que ça aurait posé trop de problèmes techniques. Et que le risque de verser dans la fiction aurait été démesuré.

R. « Refus d'enseigner et critique de l'enseignement artistique » ?

D. Ce sont deux choses différentes.

R. Alors distinguons-les.
« Refus d'enseigner » d'abord ?

D. Pour ne pas mettre les étudiants dans l'embarras. Pour ne pas les mettre en danger à leur insu. Ils sont souvent extrêmement curieux, assoiffés de savoir – dans l'écrasante majorité des cas, ça va leur passer vite, bien entendu : nous avons un système d'éducation très performant… – et ils pourraient sans s'en rendre compte adopter des points de vue qui se révéleraient un jour ou l'autre dangereux pour eux sans qu'ils les aient choisis en toute connaissance de cause. En fait, ce refus-là d'enseigner est essentiellement une variante de ma règle de « ne pas demander » : d'une part la curiosité, la lumière qui émane de nombre de jeunes gens est tellement forte, me touche tellement, elle fait un contraste tellement frappant avec l'atmosphère de vieux salon funéraire, omniprésente dans cette société, et d'autre part mon désir, mon besoin d'entendre parler de la beauté et de la voir éclore est tellement fort, que souvent j'ai peur de me mettre, malgré moi, à les manipuler pour qu'ils en parlent malgré eux – alors qu'ils n'en veulent peut-être pas, alors qu'elle est peut-être la pire ennemie de leur vie telle qu'ils la souhaitent.

Disons que mon refus d'enseigner constitue, pour une large part, une mesure préventive. Si, comme je le crois, on les a déjà, depuis très tôt dans la vie, obligés à adopter des comportements qu'ils ne comprennent pas vraiment, dont ils ne peuvent pas encore comprendre les implications et les conséquences, et que moi je leur donne trop ouvertement le désir d'une chose dont je sais parfaitement qu'elle finira *nécessairement* par entrer en conflit direct avec ces implications et ces conséquences-là, je suis dans les faits en train de préparer le terrain pour l'exacerbation, en eux, d'un conflit à venir. Or au moment où ce conflit éclatera, je n'y serai sans doute pas. Mais les renforcements de ce qu'on leur a déjà inculqué, eux, y seront – ils seront même partout. Ce qui a toutes les chances de mener au rejet catégorique de ce que moi je leur aurai proposé.

R. Ce dont vous me parlez là, c'est d'un Jugement de Salomon : vous savez que « l'autre côté » ne lâchera pas, alors il faut que ce soit vous qui lâchiez si vous ne voulez pas qu'un jour ou l'autre les étudiants se retrouvent écartelés.

D. Oui, je suppose que c'est ça. Mais ça a l'air beaucoup plus facile, évoqué comme ça, que dans la réalité.

Être à la fois entièrement présent aux étudiants, avec toutes leurs questions, leurs craintes, leurs angoisses, leurs vertiges ; leur laisser traîner à portée de la main des indices qui pourront, s'ils le désirent, leur servir plus tard ; être totalement concentré sur l'entreprise commune : le spectacle ; mais en même temps me retenir sans cesse d'aller trop loin, pour m'empêcher de les mettre trop radicalement en conflit avec tout ce qu'ils ont appris jusqu'à présent... c'est un effort proprement colossal. Et qu'il faut fournir avec le sourire. Dans le plaisir. C'est de là que vient ma crainte la plus terrible : chaque fois que j'ai dirigé un exercice avec des étudiants – même les toutes premières fois, au début des années 80, alors que j'avais à peine quelques années de plus qu'eux –, il est toujours venu un moment où je nous ai sentis, vous et moi, tellement épuisés, tellement rendus au bout de toutes nos ressources communes que j'ai craint que nous ne perdions le contrôle et que, tout à coup, ce ne soit moi, moi seul, qui me retrouve à faire irruption dans la salle de répétitions, hurlant « Non, non, non ! Oubliez tout ! Ce n'est pas de ça que je parle ! » Et d'alors me lancer dans la critique, point par point, de l'édifice mental qu'on les a contraints d'édifier.

Ç'aurait été la catastrophe. Je ne suis pas là pour les détruire, ni pour les paralyser de terreur, je suis là pour tenter de donner une chance à leur vie. Pour leur indiquer des portes et des avenues. Si possible : libres de tireurs embusqués. Et dont, souvent, ils ressentent déjà le désir – mais dont, la plupart du temps, personne ne leur a jamais parlé.

Il y a quelques années, quand j'ai dirigé à l'École nationale cet exercice public que j'ai déjà évoqué, avec une partie de la classe du Jeune Acteur...

R. Oui.

D. ... certains soirs, je quittais les répétitions et, dans le taxi, quand je pouvais enfin laisser tomber mon sourire, j'avais de la difficulté à me retenir de hurler. Je me souviens de deux ou trois fois où je regardais par la fenêtre de la voiture et ne pouvais pas empêcher des larmes d'impuissance de couler. Une seule phrase tournait et retournait dans ma tête : « Pauvres enfants. Mais qu'est-ce qu'on vous a fait ? »

J'observais certains comportements, des trous gros comme des maisons... même pas dans la culture qu'on dit générale, non, dans la compréhension même de ce que c'est que l'art, de ce que c'est que le théâtre. Et je voyais précisément à quoi servaient ces trous. Comme si, des années durant, on leur avait massivement injecté de la colle dans le cerveau et que je commençais à la voir prendre, là, sous mes yeux. Je la voyais couler en eux, suivre les lignes de moindre résistance, remplir les creux laissés là en toute connaissance de cause. Répugnant.

Avant chaque séance de travail à table, pendant la période de décorticage du texte et de ses enjeux, je leur livrais un petit laïus – je leur lisais de courts textes théoriques, je leur parlais du pourquoi et du comment de certaines scènes, de certaines images que l'auteure avait utilisées. Un jour, au beau milieu d'un de ces petits « sermons sur la montagne », comme je les appelle, un des étudiants éclate en sanglots. Je suis un peu mal à l'aise, je ne vois pas bien ce qui, dans ce que je viens de dire, a pu provoquer cette réaction-là de sa part. Je lui pose la question. Quand il parvient à se remettre à parler, il dit : « C'est une école d'art, ici, non ? » « Oui, bien sûr. » « Eh bien, tu viens de prononcer le mot : le mot "Art". Et c'est la première fois, en quatre ans, que je l'entends dans ces murs… »

R. Cette société est un tel désert ?

D. Pire que ça.

R. Est-ce qu'il n'y a pas une contradiction dans le fait d'attendre et d'espérer le regard, d'un côté, mais de ne pas vouloir le susciter, de l'autre ?

D. Pas du tout.

Je mise sur les… sur les désirs enfouis. Je ne veux pas les réveiller à grand' claques, je ne fais rien d'autre que me tenir là, être ce que je suis, et dire : « Je t'attends. » Si l'autre a le désir de laisser émerger, je serai là.

Il n'y a rien à faire. Il n'y a qu'à être.

R. Vous êtes quelqu'un de très énergique, de très actif…

D. Je crois. Ça m'arrive, en tout cas…

R. Ça ne doit pas être simple de ne rien faire ?

D. Nécessité fait loi.

R. « Critique de l'enseignement artistique » ?

D. Tout particulièrement en théâtre, dans l'écrasante majorité des cas, il n'y a qu'un mot pour qualifier cet enseignement : criminel. On ne forme pas des artistes, ou plutôt on n'offre pas à des individus les moyens de le devenir si tel devait être leur choix. À la place on forme des singes savants spécialistes du chantage émotif.

R. « Le fil de ma vie à saisir. Le mythe qu'est ma vie » ?

D. Je ne sais toujours pas, pas clairement, en tout cas, ce qu'il est. Mais je crois que, parfois, depuis quelques jours, quelque chose affleure.

R. Le fil, ou le mythe ?

D. C'est la même chose. Guerrier de l'amour. Résistant. En fait, tout bonnement ce que, dans une société humaine digne de ce nom, on appelle un « artiste » : un magicien qui, par son travail, transforme sans cesse le regard de ses semblables. Pas pour qu'ils adoptent celui-ci ou celui-là, juste pour qu'ils prennent conscience du fait qu'il y en a des multitudes. Que le monde est multiple, infini. Et infiniment multiples aussi les regards sur lui. Pour leur inspirer l'envie de laisser le leur émerger.

Il me semble que je connais le travail qu'il me reste à accomplir – ce que je ne connais pas encore, c'est la forme qu'il prendra.

R. « Le danger immédiat que courraient ces jeunes gens avec qui vous avez travaillé, l'automne dernier, à l'École de théâtre » ?

D. Celui d'abdiquer, par lassitude, ou par manque d'interlocuteur, ou par vertige…

R. D'abdiquer quoi ?

D. La curiosité – qui n'est qu'un des innombrables synonymes de la soif de vivre.

Le danger d'accepter de croire ce qu'on leur enseigne depuis le début de leur vie : que la conscience, la curiosité et l'imagination ne seraient que des traits de caractère parmi d'autres, mais des traits éminemment menaçants, qu'ils doivent à tout prix apprendre à dompter, dont ils doivent se méfier de toutes leurs forces s'ils veulent, eux aussi… réussir. Réussir, c'est-à-dire s'intégrer au troupeau, à un point tel qu'en quelques années à peine il deviendra pratiquement impossible de les distinguer des autres. « Le peuple est tout ! Tu n'es rien ! »

R. Vous avez dit, presque au départ, que nos entretiens sont dans une large mesure inspirés par votre désir de parler à Billy. Vous avez dit : « Je veux, avec ce jeune homme, tenter à nouveau une entreprise dans laquelle j'ai jusqu'à présent toujours échoué : malgré la douleur, lui dire mon affection, ma tendresse pour lui. Et lui donner tout ce que je peux : le récit même de ma vie. »

D. Oui.

R. Et pourtant, plus tard, après avoir rapidement évoqué vos quatre… amours de guerre, vous avez parlé de votre impression, de votre crainte, de les avoir ébouillantés – d'avoir attiré leur regard sur des portions de leur vie que, peut-être, ils auraient préféré ignorer?

D. Oui.

R. Est-ce que ce n'est pas contradictoire? En vous adressant aujourd'hui à Billy, ne lui faites-vous pas courir le même risque?

D. …

R. Vous ne voulez pas répondre?

D. Vous voulez la vérité?

R. …

D. Ce n'est pas paradoxal. Parce qu'en fait. Je.
Je crois qu'il ne lira jamais ceci.

R. Par choix?

D. Oui.

R. Expliquez.

D. Reposez-moi la question plus tard.

R. Non, maintenant.

D. …
Je crois qu'il a peur – affreusement peur. Ce n'est pas un reproche. En aucune manière. Comment pourrais-je reprocher à qui que ce soit d'avoir peur? J'ai passé toute ma vie à trembler comme une feuille.
Je crois qu'il. Qu'il est peut-être déjà trop tard, pour lui. J'espère de toutes mes forces que je me trompe. Mais c'est ce que je crois.

R. Pourtant, ce message, l'autre samedi…?

D. Oui.
Mais, depuis, je lui ai écrit à quatre reprises pour lui offrir que nous nous voyions pour en discuter. Pour revoir ensemble ce qu'il m'a confié, ligne par ligne, s'il le veut. Ou, même, que nous le fassions par écrit, si cela lui convenait davantage.

R. Et…?

D. Il n'a pas répondu.

Pourtant, l'urgence qui se dégageait de ce qu'il m'a écrit dans cet envoi était tellement forte que je ne peux imaginer aucune raison au monde assez importante pour l'empêcher de chercher à comprendre, si peu que ce soit, si vraiment il en avait le désir.

Ce qui est certain, c'est qu'il est habité.

Mais j'ai bien trop souvent dans ma vie croisé le chemin de gens habités qui ne souhaitaient rien tant que cesser de l'être, qui au fond ne voulaient que « guérir » de leur curiosité et de leur faim de vivre, pour être naïf à ce sujet.

R. Ces expériences-là vous ont mené à désormais vous montrer... méfiant?

D. Méfiant, non. Craintif, oui.

...

Le meilleur mot, je crois, ce serait... désespéré. Je ne veux pas dire par là que j'ai renoncé à l'espoir, non, jamais de la vie. « Désespéré » au sens où Gide utilise le mot : parvenu au bout de l'espoir.

R. Vous voulez dire : ayant déjà utilisé tout l'espoir qu'il y avait?

D. ...

Quelque chose comme ça, oui.

R. Donc, vous craignez que son but premier, dans la vie, ne soit de...

D. ... de s'intégrer.

Il a peur d'être fou – je crois. Une autre splendide réussite de notre exemplaire système d'enseignement en particulier, et de notre époustouflante culture distincte en général. Je le comprends – je sais très bien à quel point cette peur-là peut être atroce. Je n'ai rien à redire. Malgré tout ce qu'il m'en coûte, je ne parviens même pas à me résoudre à lui souhaiter d'en être incapable. De s'intégrer, je veux dire. Ce qui importe, c'est que le choix soit le sien – mais en même temps, qu'est-ce que ça veut dire « que le choix soit le sien », dans une société où, dès le berceau, on est élevé à mourir de peur face à soi-même, face à son ombre et face à son âme ?

R. Quel effet vous fait cette pensée-là ?

D. Non.

R. Non, quoi ?

D. À celle-là, je ne réponds pas.

R. J'insiste.

D. Insistez tant que vous voudrez.

R. ...

D. ...

R. Vous dites : « que le choix soit le sien » ?

D. Oui.

R. Vous ne pouvez donc pas écarter la possibilité qu'il lise tout de même ceci ? Peut-être pour une raison qui vous échapperait complètement ?

D. Cela me semble hautement improbable. Mais non, vous avez raison, je ne peux pas écarter complètement cette éventualité.

R. Quelle espèce de réaction pensez-vous qu'il puisse avoir, à lire sur son propre compte ce que vous venez de m'en dire ?

D. Ce n'est pas de mes oignons.

R. Je vous demande pardon ?!

D. Ce que moi j'ai à faire, c'est de dire ce que je crois devoir être dit, et de l'exprimer de la manière la plus claire, la plus compréhensible possible. Je n'ai pas, en plus, à m'imaginer sa réaction ni, surtout, à tenter de moduler d'avance ma manière de dire ce que j'ai à dire en fonction de sa réaction probable. Je ne suis pas en train d'essayer de vendre une balayeuse usagée à un client récalcitrant, je suis en train de parler d'un des aspects les plus essentiels de la vie humaine. Et je suis en train d'en parler dans une société – dont il est issu et moi aussi – qui compte parmi ses caractéristiques fondamentales une haine absolument féroce, déchaînée, sanguinaire, à l'endroit de cet aspect-là de la vie.

Quand je dis que je reconnais certains signes dans son comportement qui me portent à croire qu'il a peur et que son choix est peut-être déjà fait, que son but pourrait bien être de s'intégrer et que la soif de vie extraordinaire qu'il ressent, il a déjà commencé à la considérer comme une maladie dont il va devoir guérir, je ne le condamne pas, je constate. Je ne constate pas au pif, d'instinct – je ne lance pas une affirmation en l'air, au hasard, juste pour le plaisir d'avoir quelque chose à dire : j'ai plus que le double de son âge, à l'âge que lui il a, moi j'avais déjà une pièce d'écrite, et j'avais déjà trois ou quatre années du merveilleux monde du théâtre professionnel derrière moi. J'ai au fond d'un placard une caisse pleine d'entrevues que j'ai accordées à des journaux, dans je ne sais combien de pays du monde – et encore je suis loin de les avoir toutes conservées. Il était encore écolier au primaire quand j'ai décidé de « tirer la *plug* » d'une carrière qui aurait sans doute été digne d'être considérée comme un rêve éveillé si l'idée de passer ma vie à monter ailleurs dans le monde les *shows* qu'il est impossible de monter chez moi m'avait intéressé. Il était en maternelle que je devais déjà en être rendu à une demi-douzaine de personnes au moins qui, à tour de rôle, m'avaient regardé en pleine face et m'avaient lancé : « Oui, oui, je sais exactement de quoi tu parles… le rêve, la beauté, la soif de vie et tout ça. Mais c'est trop compliqué pour moi. Trop d'ouvrage. Moi, tu comprends, j'ai pas envie de passer ma vie à me poser des questions, j'ai besoin de réponses. Pis si t'étais fin pour cinq cennes, tu ferais comme moi : fais ta job, prends le chèque pis ferme ta gueule » – et le rythme n'a pas ralenti depuis, loin de là. Quand je dis que *je vois les signes*, je ne raconte pas des ballounes : je les vois, je les reconnais et je le dis. C'est mon bout de la ligne à moi.

Son bout à lui de la ligne, il lui appartient à lui. Et rien qu'à lui.

De deux choses l'une. Ou bien je me trompe du tout au tout – et dans ce cas-là, la question la plus urgente qui se pose à moi n'est pas celle de savoir comment lui va réagir, mais de comprendre pourquoi et comment j'ai pu me tromper à ce point. Ou bien j'ai raison. Mais que j'aie tort ou raison, ma tâche est de m'exprimer le plus clairement possible. Le reste lui appartient.

R. ...

D. Même si j'avais raison à quatre-vingt-dix-neuf pour cent, qu'il n'existait qu'une seule infime chance pour qu'il choisisse en définitive de se concentrer sur ce qui l'habite plutôt que sur la peur que lui inspire le regard des autres, ma responsabilité serait encore plus grande : la seule manière d'éventuellement donner sa chance à cette possibilité infime ne serait certainement pas d'y aller en demi-teintes et en délicates métaphores. C'est quand le danger est le plus grand qu'il est le plus important d'appeler les choses par leur nom. L'heure est à « Tasse-toi, tabarnak ! », pas à « Oh, regarde, mon petit chou, comme il est joli, le nez chromé de cet énorme camion écarlate qui fonce droit sur toi... Oh, il n'y a pas d'urgence, surtout ne t'inquiète pas, mais tu sais, un bon jour, il faudrait vraiment que tu te demandes s'il n'y aurait pas une raison ou une autre qui te justifierait de t'écarter tout doucement de sa trajectoire. » Je ne vais pas lui rentrer dedans pour le tasser de là de force, mais je n'ai pas le droit de ne pas au moins lancer mon cri.

R. ...

D. Même s'il n'écoutera pas.

R. Est-ce que vous ne risquez pas de le faire... craquer ? De précipiter son choix, son refus – si tant est que ce soit vraiment celui qu'il considère ?

D. Je ne crois pas. Ma responsabilité est à l'égard de cette lumière en lui. Celle à laquelle je rêve toutes les nuits. Qu'il a au fond des yeux chaque fois que les miens croisent son regard. Pas à l'égard de ses peurs – ce ne sont pas elles qui ont besoin de mon aide : de l'aide pour nourrir ses peurs, il peut facilement en trouver, à foison, dans tous les coins imaginables de cette société. C'est à l'autre terme de lui, à l'autre pôle, que je m'adresse. Et je sais que cet autre pôle-là, dans sa vie, est invraisemblablement fort. Je ne peux rien lui dire d'autre que : tes peurs sont terribles, mais elles ne le sont que parce que tu crois qu'elles sont justifiées. Et elles ne le sont pas. La seule chose qui importe, c'est le cœur. Et c'est la seule chose qui soit vraie.

R. ...

D. Mais, encore une fois, je ne crois pas qu'il va l'entendre. La question de savoir si je ne risque pas de le faire craquer, en lui adressant ceci, est gravissime. De mon point de vue, nous touchons, en la touchant elle, au cœur d'enjeux sacrés. Quand je vous dis que je ne crois pas que le risque en disant ce que je dis ici puisse se matérialiser, ce n'est donc pas une réponse toute faite que je vous sers. Il y a très longtemps que je médite cette question, ses tenants et ses aboutissants. Au meilleur de ma connaissance, en toute humilité, la réponse à laquelle je suis parvenu est celle-ci :

Non, je ne crois pas que de dire « Ne lâche pas, je t'en conjure » à quelqu'un que je respecte et que j'aime puisse le pousser à renoncer à quoi que ce soit – sinon, éventuellement, à ses peurs. Si l'abdication n'est pas déjà advenue, mon injonction a même toutes les chances de produire l'effet inverse : de l'encourager à continuer. Ce n'est que si la décision d'abdiquer est déjà prise que ce que je dis ici peut avoir un effet négatif. Mais certainement pas celui de le faire craquer, puisque dans ce cas-là, de toute manière, la décision est déjà prise. Le seul effet négatif qui puisse advenir, c'est que ce que je dis lui serve d'excuse *après coup* : « Tu comprends, un jour, y a un gars, une espèce de fou, là, qui voulait me pogner le cul, pis qui a écrit de moi que... Ce qui fait que, tu comprends, moi, j'ai pas pu faire autrement que... » L'idée qu'éventuellement ce qui m'est le plus précieux au monde puisse servir à ça ne me réjouit pas du tout – mais si la seule chose que je puisse tenter pour l'encourager risque d'éventuellement être retournée à l'envers de cette manière-là... merde pour le risque, merde pour mon image, je fonce.

R. Mais justement! Cela nous ramène tout droit à ma question de départ : est-ce qu'il n'est pas contradictoire de lui adresser ceci – même si les probabilités pour qu'il le lise vous semblent infimes – alors que vous avez déjà le sentiment d'avoir trop parlé avec le Musicien, avec Matane, avec le Peintre et avec le Jeune Acteur?

D. Non, ça ne me semble pas contradictoire. Pas du tout.

R. Alors expliquez-moi.

D. Ce n'est pas contradictoire, parce qu'il ne me semble justement pas avoir *trop* parlé, avec le Musicien, Matane, le Peintre et le Jeune Acteur, mais d'avoir *mal* parlé. De n'être pas allé jusqu'au bout de ma pensée – en ce qui avait trait à ce qui, en eux, provoquait l'effet qu'ils suscitaient chez moi. Je vous l'ai dit, au moment où nous avons parlé d'eux : la plupart des choses que je vous raconte ici n'ont jamais été dites avant maintenant. Au moment où je les ai connus, eux, j'exprimais d'une part mon attachement pour eux, et de l'autre mon regard sur le monde. Mais je ne leur présentais pas le lien entre les deux. Je leur laissais, à eux, le soin de le tracer, de le deviner ou de le déduire. Cette manière-là de faire n'était pas un choix de ma part mais une nécessité : je n'aurais pas pu en dire davantage. Avec Billy, la situation est très différente : je dois nommer le lien entre ce que je comprends du monde et la place qu'il occupe, lui, dans cette vision, parce que c'est là que, moi, j'en suis. Encore une fois : je ne suis pas en train de lui dire quoi faire de sa vie, je suis en train d'essayer d'exprimer ce que je perçois et comprends du monde dans lequel je vis, et du monde qui vit à l'intérieur de moi. Et dont il est un élément essentiel – des deux côtés à la fois. Un élément dynamique : lui-même m'oblige à changer. À telle enseigne que jamais avant ce jour, malgré trente, quarante ou cinquante tentatives, je ne me suis rendu aussi loin qu'aujourd'hui dans l'évocation ou la description de ce qui à mes yeux fait la cohérence de ma vie. Bien entendu, il n'est pas le seul facteur qui me pousse, mais il en est un, crucial. Et c'est d'ailleurs une pensée qui est là, à l'arrière-plan, depuis presque le tout début de nos entretiens.

R. Laquelle?

D. Que ce qu'il suscite chez moi est totalement différent de ce qui m'est arrivé avec les quatre autres – ou avec qui que ce soit d'autre dans ma vie. Leur surgissement à eux aussi m'a littéralement propulsé dans l'écriture.

Le Musicien : toute une partie des *Bédouins* et *Being at home with Claude*.

R. La pièce était d'ailleurs, pour vous, une lettre d'amour que vous lui adressiez…

D. Oui.

Matane : *La prière du Renard*.

Le Peintre : *Quand la guerre sera finie*, un scénario de long métrage.

Le Jeune Acteur : l'achèvement de *Bob*.

Dans chacun des cas, l'écriture a fusé pour ainsi dire d'elle-même. Mais sous la forme d'une fable, en quelque sorte. Je ne leur parlais pas à eux, j'en aurais été totalement incapable. Je ne pouvais que… que laisser surgir l'image. Ils se retrouvaient ainsi spectateurs de ce qu'ils suscitaient chez moi.

Dans le cas de Billy, les choses se passent tout autrement : ce qui s'impose à moi, ce n'est pas une image, mais le terrain même duquel surgissent les images.

R. Quelle différence est-ce que ça fait?

D. La même qu'il y a entre enseigner l'agriculture à un peuple qui meurt de faim et lui vendre de la bouffe. L'image est exagérée, bien entendu : je ne crois absolument pas que la survie de Billy dépende de moi, de quelque manière que ce soit. En revanche, son principe est juste : Billy est un artiste, ça crève les yeux. Tout comme il crève aussi les yeux que ce qu'il a rencontré de mieux comme discours sur l'art est à peu de chose près de l'ordre de ce que diffuse le réseau Quatre-Saisons dans ses jours les plus débiles. Cela dit, si c'est Quatre-Saisons qui le tente, c'est lui que ça regarde, pas moi. Moi, tout ce que je peux faire, c'est lui dire qu'il existe dans le monde autre chose sur Terre que ce qu'il a connu jusqu'à maintenant – et de le dire fort, parce que ce qu'il a vu, il l'a vu mille fois, alors que ce dont je lui parle… je n'ai pas l'impression qu'il l'ait jamais rencontré.

La question qui se pose à moi c'est : comment peut-on tenter en quelques heures d'offrir le choix à quelqu'un entre une chose qu'il a été élevé à craindre mais qu'il n'a jamais rencontrée, et une autre qu'il a sans cesse eue sous le nez, que tout le monde s'est évertué et s'évertue toujours à lui présenter comme le seul choix valide au monde… et qui est sa mort ?

R. Attendez un moment, vous voulez ? J'essaie de comprendre ce que vous me racontez là. Vous me dites qu'avec le Musicien, Matane, le Peintre, le Jeune Acteur, des images fusaient de vous, mais que vous ne pouviez pas les leur expliquer ? Que vous les condamniez ainsi, en quelque sorte, à les déchiffrer eux-mêmes : « Mais qu'est-ce qu'il m'adresse à moi, là-dedans ? » Tandis que dans le cas de Billy, vous vous adressez directement à lui : « Je vais te raconter tout ce que je connais, du mieux que je le peux. Tout ce que j'ai compris du fonctionnement de l'âme d'un artiste. Prends ce qui fait ton affaire » ?

D. Parfaitement.

C'est pour ça que je ne peux pas négocier d'avance ce que je lui dis, ni pour censément le protéger ni pour quelque autre excuse que ce soit. Si j'essaie d'envelopper, d'atténuer ou d'aménager ce que je tente d'exprimer, je fausse tout. Ça n'a rien à voir avec « Regarde ma belle franchise, regarde comme je suis bon pour toi ». C'est tout simplement ce que je suis : un explorateur qui revient de voyage, et qui déballe ses carnets de notes et ses croquis : « Ça, regarde comme c'est fabuleux, c'est la vue qui s'offre à toi quand, après vingt jours de marche, tu arrives enfin au sommet de la falaise Rouge. Regarde, regarde : tu vois, la petite flèche, là, tout au loin, c'est le minaret dont je t'ai parlé l'autre jour, celui du temple en or, avec les vieilles femmes qui chantent toutes les nuits. Et dans ce petit cahier-ci, il y a la liste et la description de toutes les fabuleuses plantes qui poussent sur les dunes de la mer du Soleil. » S'il décide de ne jamais sortir de la cour de sa maison, et de se contenter d'entretenir son potager, ou de faire ce que bon lui semble, c'est de ses oignons à lui. Mais si jamais l'envie allait lui prendre d'en sortir, il n'aura qu'à ouvrir la caisse. Ce qu'il y a dedans ne lui apprendra pas tout, loin de là. Mais ce sera déjà mieux qu'une pile de prospectus pour DisneyWorld... Plattsburgh... ou Rawdon.

R. Mais il ne vous a rien demandé !

D. Eh non ! C'est la vie ! Il ne m'a rien demandé, pas ouvertement, en tout cas, mais il est celui qu'il est ! Et il n'est pas invisible !

Que la question, ou les questions qui sont au cœur de lui l'intéressent ou non, qu'il parvienne ou non un jour à s'en débarrasser, il n'en reste pas moins qu'au moment où nos routes se sont croisées, je l'ai vu. Et que ce que j'ai vu m'a jeté à terre. De toutes les manières imaginables. Qu'il m'a réveillé. Je ne lui ai rien demandé, moi non plus ! Il y a quand même une limite à se raconter que la vie ne serait rien d'autre qu'une gigantesque épicerie : « Qu'est-ce que je veux, dans ma vie, cette année ? De la mélasse ou des carottes râpées ? » La vie ne se résume quand même pas à faire son marché en choisissant sur des tablettes entre des petits pots préparés. Vivre, c'est apprendre ce qu'il y a en nous, et ce qu'il y a autour. Et des deux côtés, en dedans et autour, le foisonnement est d'une richesse à couper le souffle. Mais pour la percevoir, il faut se décoller le nez des voyages organisés et écouter, regarder, ressentir, palper. On ne choisit pas ce qui nous arrive, la seule chose qu'on puisse choisir, c'est de faire ou non quelque chose avec.

Le raisonnement qui nous fait nous dire à nous-mêmes ou nous dire les uns aux autres « Tais-toi, il ne t'a rien demandé » n'est rien d'autre qu'une manifestation directe du processus qui mène tout droit à la momification – c'est une des clés de voûte de tout l'édifice. C'est un raisonnement qui repose exclusivement sur l'idée que la vie serait dangereuse. Dangereuse, et rien d'autre. Que rien ne serait plus important que de se méfier de tout ce qu'on ne connaît pas d'avance. En nous, et en face de nous. Mais réfléchissez-y, ne serait-ce qu'un instant : pour que cette idée-là, pour que cette peur-là règne, *il faut* qu'il y ait un catéchisme comme celui que j'ai évoqué – *il faut* que l'on soit convaincu de savoir d'avance tout ce qu'il y a à savoir de l'univers – c'est une absurdité !

R. Pourquoi est-ce que vous hurlez comme ça ?

D. Parce que je suis enragé. Enragé noir !

R. Contre lui ?

D. Jamais de la vie ! Contre moi-même !

Vous ne voyez donc pas que ce que je vous décris là, ce n'est pas seulement quelque chose que j'ai observé chez les autres ? Que c'est aussi, que c'est d'abord, quelque chose que j'ai observé en moi ? Je n'arrête pas, depuis le début de nos entretiens, de vous donner exemple sur exemple des mille manières que j'ai eues, tout au long de ma vie, de me tenir en laisse. Pour me surveiller, pour me tenir à l'œil. Je suis parvenu à préserver des bouts de moi, certes, mais ça ne suffit pas. C'est à des lieues et des lieues d'approcher de suffire. Repensez à ce que vous-même m'avez balancé à la figure, le jour où j'étais catatonique, pétrifié de douleur et de terreur. La crise qui débouche presque à coup sûr sur la momification, je suis en plein dedans ! Et en bout de course, je vois parfaitement qu'elle repose sur une seule chose : la peur ! La peur de soi ! La peur d'être un monstre. La peur de la vie, en moi ! C'est elle, que je dois traverser. Déchirer. C'est de ça, qu'est fait le mur que j'ai à passer.

Et je ne sais pas comment, le passer! Comprenez-vous?
Je ne sais pas comment le passer... sans ses bras!
Vous me dites : « Il ne vous a rien demandé. » Et alors?
Est-ce que j'ai demandé à venir au monde? Est-ce que j'ai
demandé à avoir une grosse voix? Une silhouette de boîte à
lettres? Est-ce que j'ai demandé à grandir dans une société
où la symphonie des claquements de dents joue tellement
fort qu'on en a de la difficulté à s'entendre penser? Est-ce
que j'ai demandé à croiser tous les jours des gens qui
chient dans leur froc, de panique, rien qu'à me voir entrer
dans la même pièce qu'eux, alors que non seulement je ne
leur ai jamais rien fait, mais qu'au surplus, ils s'entourent
systématiquement d'individus qui les poignardent chaque
jour à tours de bras et qu'ils trouvent pourtant tous
tellement charmants? Est-ce que j'ai choisi de passer ma
vie dans une société sordide, qui pue le sous-sol humide
et les *trips* sado-masochistes? Est-ce que j'ai demandé à
comprendre ce que je comprends?
Écoutez-moi bien : si le choix m'était offert, ou s'il l'avait
déjà été, je ne serais pas ici en train d'avoir cette discussion-
ci avec vous.

R. Où seriez-vous?

D. Couché dans une boîte de bois, à dormir pour très
longtemps, au fond d'une fosse commune.

R. ...

D. ...

R. Redites-moi ça.

D. Je n'ai pas demandé à être celui que je suis. J'ai passé
des jours et des nuits, à la tonne, tout au long de mon
existence, à prier pour être un autre que celui que je suis.
Croyez-vous que je ne préférerais pas, moi aussi, avoir
un petit bungalow à Saint-Eustache ou un condo sur le
Plateau, et n'avoir aucune autre préoccupation dans la
vie que mes comptes de taxes et l'augmentation du tarif
d'abonnement à mon club de golf? Mais ça ne sert à rien,
je ne peux pas. Ce n'est pas pour moi. Pensez-vous que

je n'aimerais pas mieux, si j'avais le choix, être en train d'écrire une série débile de plus pour Radio-Canada? On me l'a même demandé, il y a une dizaine d'années. La plupart des auteurs seraient prêts à prendre une troisième hypothèque sur leur mère, rien que pour avoir le privilège de croiser le chemin d'un seul des mandarins qui dans la boîte de chiffons J décident de la programmation. Eh bien moi, ce sont les mandarins qui m'ont appelé! Et j'ai mangé avec eux! Et ils m'ont demandé de leur proposer des projets! Et j'ai dit non!

R. Pourquoi?

D. Parce que je ne pouvais rien répondre d'autre : rien que l'idée de ce qu'aurait impliqué la décision de me consacrer à ce qu'ils m'offraient me faisait barrer le cerveau, net. Écran noir. Avec une seule phrase, qui défile lentement, encore et encore : « Il n'en est pas question, *mon pit...* »

R. Peur de l'échec?

D. Ah, taisez-vous. Si vous n'avez rien que des âneries à me sortir, fermez-la!

R. Calmez-vous : je pose les questions dont vous savez parfaitement qu'elles vont être soulevées à la lecture. Si vous préférez continuer tout seul, je vous en prie, ne vous gênez pas pour moi.

Je répète ma question : pourquoi avoir refusé ce qu'on vous offrait, alors que la plupart des gens se seraient évanouis de bonheur pour un dixième de ça? Aviez-vous peur de ne pas être capable de le faire?

D. Non!

Non, je n'avais pas *peur* de ne pas être à la hauteur. Je savais parfaitement que j'aurais pu y parvenir – et même que la tentative aurait pu être extrêmement amusante.

R. Pourquoi, alors?

D. Parce que ce n'est pas ça que j'ai à faire de ma vie!

R. Mais...

D. Non! Je connais parfaitement le raisonnement que vous allez me servir : « Prends le chèque, ferme ta gueule, pis fais tes affaires à toi de ton côté. » Mais ce n'est pas un raisonnement, ça, c'est un camouflage. Un mensonge éhonté.

R. Pourquoi?

D. Parce qu'écrire pour la télé, c'est écrire pour une machine. Et que ça ne m'intéresse pas. Pas parce que je me pense trop bon pour ça, non. Ça ne m'intéresse pas, pas plus que d'aller concevoir ou réparer des compresseurs ou des danseuses hawaïennes en plastique qui dansent dans les fenêtres de chars, parce que j'ai un travail à faire, et que ce n'est pas celui-là. Et que ça me fait chier, chier jusqu'à la moelle, de ne pas pouvoir m'en débarrasser.

R. Vous débarrasser de quoi?

D. De la conscience! Je ne suis pas fait pour écrire *pour* la machine, je suis fait pour écrire *à propos* de la machine. Et, surtout! de ce qu'elle bouffe!

R. Ce qu'elle bouffe?

D. *Les âmes!*

R. ...

D. Je ne tiens absolument pas à faire la morale à qui que ce soit. Si les gens sont aussi bien qu'ils ont l'air de l'être, dans la merde, qu'ils y restent! Qu'ils y fassent tous les numéro d'Esther Williams qu'ils voudront. Ce n'est pas de mes oignons!
Moi, je ne l'ai pas, le choix! Ils ne se ferment pas, mes yeux. Quoi que je tente, ils restent ouverts! Grands, ouverts! Et je vois! Et je sais! Et j'entends! Et ÇA me fait chier!... jusqu'aux amygdales!

R. ...

D. Imaginez l'effet que ça fait, de se rendre compte de ça – de ce que mes yeux, quoi que je tente, ne se fermeront pas : moi aussi, je préférerais avoir la paix. Et mener ma petite vie peinarde. « Mon amour! oublie pas que c'est le soir des vidanges! » Et que pour moi aussi, cette phrase-là vaille mieux que Shakespeare, Kierkegaard, Nietzsche, Borges et Snoopy, tout en un! Ou bien, à l'inverse – mais c'est la même chose – de me raconter que je suis un punk ou je ne sais pas trop quelle espèce de hip hop qui se prend pour un Juste, sous prétexte qu'il écrit des tounes épaisses où il menace de coups de *crow-bar* en pleine face tous ceux qui ont le malheur de ne pas être d'accord avec lui!

R. C'est la même chose, écrire des chansons d'appels au meurtre et mener une petite vie peinarde de banlieue?

D. Mais évidemment. On peut parfaitement être aussi confortable dans un troisième sous-sol plein de boucane à gueuler des âneries, que le cul collé sur le bord de sa piscine à écouter les mêmes niaiseries, mais dans leur version « trente-cinq ans et plus », dites sur un ton poli par une speakerine de Radio-Canada ou de Télé-Québec. Ce n'est pas d'abord la manière de dire les choses qui m'intéresse, mais ce qui est dit.

En attendant, j'ai jusqu'à la fin du mois de février pour que nous finissions, vous et moi, d'écrire ceci, parce qu'après ça il n'y aura plus rien dans le compte de banque. Rien! Pas un sou. Vous imaginez-vous que je ne préférerais pas être capable, moi aussi, de m'éteindre le cœur et le cerveau pour quelques heures, de décrocher le téléphone et de me dégotter un beau petit rôle imbécile dans une série? Je ne peux pas! Parce que si je le fais, si je mets nos conversations de côté, ne serait-ce que pour quelques jours, que pour quelques heures, même, et que je me pointe dans un studio de télé pour débiter mes répliques, je ne finirai jamais d'écrire ces entretiens. Jamais.

R. Pourquoi?

D. Parce que je vais avoir changé de point de vue. Je l'ai tenté cent fois, au fil des années – j'ai tâté de tous les trucs possibles et imaginables. Et ça ne marche pas. C'est impossible. Radicalement impossible. Une contradiction dans les termes.

Je ne peux pas davantage renoncer à ma compréhension des choses aujourd'hui que je ne pouvais, quand j'étais étudiant à l'École, me mettre à mépriser X, même en sachant que si je m'y décidais j'aurais peut-être au moins la chance de coucher avec lui. Bien entendu qu'en me mettant à le mépriser, j'augmentais radicalement mes chances de pouvoir lui pogner le cul. Mais ce n'était justement pas la perspective de lui pogner le cul, qui me rendait fou, c'était celle de faire l'amour avec lui. Sacrifier le sens de ce qui nous importe le plus en échange d'un fac-similé vide comme une baudruche ne m'a jamais semblé un marché particulièrement intelligent.

R. « À quoi bon aller sur la Lune, si c'est pour s'y suicider… »

D. Oui. Et même bien plus que vous ne le croyez, d'ailleurs.

R. …

D. J'ai depuis longtemps cessé de compter le nombre d'occasions, dans ma vie, où, debout au sommet d'un escalier, j'ai eu envie de m'y jeter la tête la première. Où je suis monté sur le mont Royal, bien décidé à m'ouvrir les veines au pied d'un arbre.

D. Pourquoi?

R. Pour cesser de voir. Pour cesser d'entendre. Pour cesser d'être bouleversé, cesser de brûler de splendeur. Pour cesser de faire peur.
Pour m'arracher à la torture d'arriver sans cesse face à face avec la vie. De la reconnaître. De la regarder dans les yeux. Mais de ne pas avoir droit à elle. À ses bras.

R. Et vous n'êtes jamais allé jusqu'au bout ?

D. *(Rire.)*

R. Ça… ça vous fait… rire ?!

D. Oui.
Parce que vous n'avez vraiment aucune idée de la force de la vie.

R. …

D. À… à chaque fois que je l'ai tenté… chaque fois !… tenté sérieusement, j'entends… savez-vous ce qui s'est passé? Au moment où je lâchais prise, entièrement? Au moment où je me laissais « tomber dans le trou » du désespoir ? Où je tournais lentement la tête pour regarder une dernière fois le monde ?

R. Quoi ?

D. Je pourrais vous en raconter une dizaine de versions différentes.

Été 2000. Ce que je ressens pour le Jeune Acteur est d'une telle force que j'étouffe. J'ai envie de m'arracher toute la peau du corps, elle est trop étroite. Elle ne suffit pas à contenir ce que je ressens. À contenir l'effet que la vie me fait ! La vie est d'une telle splendeur que si je ne parviens pas à la partager, j'étouffe. Et je brûle, je brûle sur pied. Le monde me parle, la vie me parle. Mais ne me touche pas – comme on dit : touche-moi ! À pleines mains ! L'effet qu'il me fait, lui, est tellement fort. Et je sais que cet effet-là n'a de sens que si je suis dans ses bras, à lui. Et qu'il n'est pas question que j'y sois. Comme. Comme si la beauté, la vie elle-même m'apparaissait sans trêve, mais uniquement pour me répéter : « Je ne suis pas pour toi. » Un soir, je n'en peux plus. J'escalade le mont Royal. Je sais précisément au pied de quel chêne je vais m'ouvrir les poignets. Un vieil ami à moi. J'y arrive. Je me jette dos contre lui, à bout de souffle. Je ne pourrais plus faire un seul pas. Je retire mon sac à dos. Prends le couteau. Dépose le sac à l'écart. M'appuie contre l'arbre. Et je respire. Profondément. Je fais des yeux le tour de la clairière, une dernière fois. Adieu, la vie. Je vais enfin dormir, moi aussi. Je ferme les yeux. Appuie ma tête contre l'écorce. Et... me laisse tomber. Me laisse tomber dans le vide, en moi. Il n'y a plus qu'à poser le geste.

Et là...

Là !

R. Quoi ?

D. Juste au moment de me passer la lame sur le poignet... à travers mon dos, à travers chaque pore de ma peau, je suis, en un éclair, envahi par la plus fabuleuse des images.

La vie. La vie me parle. La bascule est instantanée – plus rapide que ça, même. Le vieil arbre me parle. Et tous ses amis, partout autour de moi, joignent leur voix à la sienne. Un. Je n'ai aucun mot, pour évoquer ça. Un souffle de vie. De lumière. De joie. Ce ne sont pas des légendes ! Ça m'est arrivé ! Sept, dix, douze fois ! Un long long long discours, un chant, dans la langue des arbres, du vent et de la terre. Ils me font voir... merde, comment dire ça !... la ligne... le gouffre, le canyon entre le néant glacial et la vie. Entre la pétrification et le cœur. Entre un tank qui fonce et deux yeux d'enfant. La vie me saute au visage ! Elle me prend par les épaules, littéralement, et se met à me brasser comme un cocotier pris dans un cyclone : « Regarde ! Mais regarde ! » Et les images *sont* la vie. Je suis debout au bord du gouffre, je me laisse tomber en avant, et en un éclair il me pousse des ailes. J'éclate en sanglots, instantanément. De splendeur. Je suis envahi par le souffle de la vie, avec une telle force que je crois que je vais partir au vent. Me dissoudre. Que je vais être projeté dans les airs. La plénitude. Une conscience absolue. Partout, en moi. Jusqu'au bout des doigts. La splendeur de la vie, dans toute sa pureté. Dans toute sa... sa... sa majesté !

Des heures plus tard, je m'ébroue. Comme si je reprenais conscience. L'impression que tout l'intérieur de moi a été lavé par la pluie, passé à grande eau.

R. ...

Vous ne pouvez pas, vous tuer ?

D. Non.

R. ...

D. C'est impossible. Je me dis parfois que la seule manière que je pourrais avoir d'y parvenir, ce serait en me... en me prenant par surprise. Un geste soudain, vif. Mais je n'en suis même pas convaincu.

Pour tout vous dire, j'ai même passablement la frousse de ce qui m'arriverait. Je veux dire : de la force de ce que ma vie m'obligerait à voir et à entendre, si je le tentais.

Non, je ne peux pas, me tuer. Pas plus que je ne peux tuer qui que ce soit d'autre. Ma vie ne me laissera pas faire. Quelle que soit ma souffrance, quelle que soit ma révolte.

Ma vie s'impose à moi. Depuis avant même que l'obstétricien ne me tienne la tête en bas et ne me sacre une claque sur les fesses, d'ailleurs. Je suis davantage que ce que je sais que je suis, aujourd'hui, de la même manière que j'étais déjà davantage que ce que je savais de moi-même cette nuit-là.

R. Quelle nuit?

D. Celle de ma venue au monde.

Notre vie se résume à ça : venir au monde. Découvrir qui nous sommes. Le faire fructifier.

Et il n'y a pas de vie qui suffise à venir à bout de cette tâche-là.

Dans mon cas, découvrir qui je suis, ça veut dire être obligé d'écouter en moi. Et être obligé de chanter ce que j'ai découvert sur ce que c'est que d'être un humain. Que d'être vivant. Je ne l'ai pas demandé, je ne l'ai pas choisi, c'est ce que je suis. Et c'est ce que Billy a trouvé sur sa route. Nous nous serons connus quelques mois, ou vingt ans, l'avenir le dira. Mais en tout cas, me raconter que je devrais m'empêcher de lui dire ce qu'il provoque en moi sous prétexte qu'il ne me l'a pas demandé est parfaitement idiot. Je ne lui ai pas demandé, moi non plus, de me faire cet effet-là. Je m'en serais très bien passé, merci beaucoup. Mais ce n'est pas le cas. Il est lui, je suis moi, et nos routes se sont croisées. J'ai vu, et je vois, ce que j'ai vu et ce que je vois. Et je le dis. Pour qu'il le sache. Parce que justement, une des premières choses à m'avoir frappé, c'est qu'il ne le sait pas. Et que, l'ignorant, il se met en danger.

Si ça ne l'intéresse pas de le savoir, s'il préfère s'enfoncer des touffes de persil dans les oreilles… *let him be my guest*. Ce ne sera pas le premier que j'aurai vu faire ça. Ni sans doute le dernier.

Et l'effet que ça me fera ou que ça ne me fera pas… c'est moi que ça regarde, et rien que moi.

R. Autre chose sur le sujet ?

D. Oui.

R. J'écoute.

D. …

Je vous ai dit qu'il me semble hautement improbable que Billy lise jamais ceci.

R. Oui.

D. Mais cette improbabilité ne tient pas seulement au choix que lui pourrait faire.

R. C'est-à-dire ?

D. Il est encore bien plus improbable que moi je finisse de l'écrire, d'abord.

Et que je le fasse lire à qui que ce soit, ensuite.

R. Je suis censé répondre quelque chose à ça ?

D. Non

R. …

Nous passons à la rafale de questions à propos du deuxième entretien ?

D. Allez-y.

R. Quand nous avons parlé de la terrible phrase des survivants du raz-de-marée – « À quoi bon continuer de vivre quand on a tout perdu » – vous m'avez dit que c'est une phrase que vous vous êtes répétée tous les jours de votre vie, depuis l'âge de dix ans.

D. Oui. Durant tout ce que j'ai appelé ma période supplémentaire.

R. Donc, le sentiment exprimé par cette phrase-là était associé à celui de n'être que le fantôme de celui que vous auriez pu être ?

D. Oui.

R. À présent que votre regard sur le parcours de votre vie commence à changer, ce sentiment-là reste-t-il quand même ?

D. Je ne sais pas, c'est trop tôt. Je crois que oui, et c'est fugace, mais je pense qu'il pourrait bien éventuellement se transformer – je ne sais pas dans quel sens. Je dis ça… par oreille.

Le sentiment de perte est encore plus colossal aujourd'hui que quand j'avais dix ans. Seulement aujourd'hui, je crois que je le comprends mieux. Et, surtout, je sais qu'il n'y a pas que lui.

R. « Le sentiment d'être une nullité » ?

D. Des éclairs, fréquents à certaines époques dont celle-ci : la certitude d'avoir fait, de faire, de mon mieux, de toutes mes forces, mais d'être néanmoins complètement à côté de la plaque. Totalement à côté de la plaque, quoi que je tente.

R. Peur d'être fou ?

D. Pas du tout – ça n'a rien à voir. Je n'ai pas peur d'être fou. Si je le suis, je le suis et c'est tout. Non, être une nullité, c'est tout simplement être… insignifiant. Au sens propre : qui ne veut rien dire.

R. Troisième entretien.

D. …

R. Nous parlons de la musique que vous aimez, vous dites : « Beethoven… évidemment. »

D. Oui.

R. Pourquoi « évidemment » ?

D. …

R. …

D. Adolescent, au camp, je m'invente un jeu. Qui devient rapidement presque… mystique. Je passe des heures et des heures, les écouteurs sur les oreilles, volume au plancher, à me repasser sa *Neuvième Symphonie*.

R. *L'hymne à la Joie*.

D. C'est ça. Je me suis inventé sur mesures une manière de me vider l'esprit de toutes pensées, de me laisser totalement envahir par la musique, jusqu'à être *en* elle. Jusqu'à voyager en elle. Et à laisser son centre se déplacer en moi. Le but est d'arriver à n'être plus en train de l'écouter, mais en train de l'écrire – de ressentir le désir qui l'a... obligée à être créée.

J'appelle ça « jouer à Beethoven ».

R. « Arriver à être en train d'écrire la *Neuvième Symphonie* »? Vraiment?

D. Vraiment.

R. Vous y parvenez?

D. Plusieurs fois. Et chacune est totalement différente des autres. Ces moments-là sont, avant que je ne découvre l'écriture dramatique, les plus prodigieux voyages que j'aie jamais faits.

C'est un rapport fabuleusement intime avec la musique et, du même coup, mon premier véritable contact avec la magie. « Jouer à Beethoven » change mon rapport au monde. Pour toujours.

Plus de trente ans après, j'ai encore souvent, en entendant la *Marche des janissaires* et l'extraordinaire exhortation à la joie qui la suit, toutes les peines du monde à me retenir d'étouffer de bonheur ou d'éclater en sanglots – seul, je n'y parviens d'ailleurs pas souvent. À m'en empêcher, je veux dire.

Le fait que j'aie joué à ça, aussi souvent et aussi intensément que je l'ai fait, à partir de quatorze ou quinze ans, explique pour une bonne part ma réaction devant la presque totalité des cours d'interprétation que je reçois à l'École nationale. Je vous l'ai dit : lors de mon passage dans cette institution-là, c'est de l'enseignement technique que je tire le plus grand profit. Puis de l'amour, et de ma rencontre avec Alain Knapp. Il y a aussi celle de quelques êtres d'exception. Le prodigieux François Barbeau, par exemple. Et José Descombes, qui à l'époque dirige la section Technique. Pour le reste... quand depuis déjà des années tu écoutes la musique se déplacer en toi, que tu en sondes les sources, que tu en laisses éclore les choix, te retrouver un bon jour devant un professeur qui te demande de regarder tes chaussures et de t'imaginer que deux des œillets sont des petits yeux qui te regardent, tout tristes… disons que… que tu as l'impression, très vive et pas vraiment agréable, de venir de redoubler ta maternelle faible.

Le fait que j'aie si longtemps joué à Beethoven explique sans doute aussi, au moins en partie, la force avec laquelle *Les grandes portes de Kiev* m'ont happé quelques années plus tard. L'entraînement, si je puis dire, auquel je m'étais astreint, avait préparé le terrain. J'ai immédiatement été subjugué.

R. « Comment révéler aux autres que vous connaissez l'existence de leurs pensées enfouies, *in*sues. Sans les mettre en danger ? »

D. À cette question-là non plus, je ne peux pas encore répondre. Pas autre chose que ce livre-ci, en tout cas… Et encore…

R. « L'éventuelle disparition de… RDD » ?

D. Je ne crois pas que vous allez disparaître. Ni, d'ailleurs, que vous le devriez. Je crois que vous allez vous transformer. Et que la transformation est d'ores et déjà en cours. Vous transformer de fond en comble. Je ne sais pas encore précisément dans quel sens – mais je ressens déjà les changements, en vous. Très fortement.

Cela dit, je ne serais pas honnête en affirmant que l'éventualité de votre entière disparition serait totalement exclue.

R. …

D. Quelques jours avant Noël, je suis passé devant une quincaillerie – une affichette annonçait qu'il y avait là un poste de commis de disponible. Il s'en est fallu d'un tout petit cheveu que j'entre et que je pose ma candidature. Si ce commerce-là ne s'était pas trouvé sur le Plateau-Mont-Royal, je l'aurais sans doute fait sans hésiter.

R. Quel rapport avec le Plateau ? La peur d'être reconnu ?

D. *(Rire.)*

Jamais de la vie.

(Rire.)

Ce qui m'a arrêté c'est qu'en travaillant là, j'aurais, effectivement, probablement risqué de finir par rencontrer de mes anciens... collègues. Mais qu'eux me voient, je m'en contrefiche. C'est moi, qui ne veux plus les voir, eux. Je ne veux plus rien avoir à faire avec cette... profession-là.

R. ...

Au quatrième entretien, nous avons parlé du sens du devoir et du sens du sacré dont l'évocation vous avait frappé à la relecture de ce que nous avions déjà écrit.

D. Oui.

R. Vous avez insisté sur le fait que la force et l'importance de ces deux idées-là, dans nos trois premiers entretiens, vous avaient troublé et vous rendaient même craintif. À un point tel que vous aviez songé à les enlever, pour une raison que vous préfériez ne pas énoncer tout de suite pour ne pas trop infléchir le cours de la conversation.

D. Oui.

R. À présent, est-ce que vous pouvez en dire davantage?

D. « Devoir » et « sacré » sont bien entendu des mots très forts, très chargés. Et qui se prêtent facilement à l'abus. En plus, ce sont des mots qui souvent évoquent une raideur dont je ne crois pas être atteint. Ma crainte était que de les utiliser ne donne une couleur trompeuse à ce que je tente d'exprimer. Mais d'un autre côté, je ne voulais pas me lancer dans un long discours pour expliquer en quoi le sens que moi je leur prête diffère de leur acception habituelle. Je crois avoir eu raison : les conserver et ne pas trop m'expliquer m'a permis de « tenir mon bout », en quelque sorte : de rester concentré sur l'essentiel à mes yeux.

De plus, dans les pages qui ont suivi, je pense être parvenu à éclairer ce que j'avais voulu dire.

R. Juste un peu après ce passage-là, quand vous avez parlé du « fil intérieur », du sens du devoir en vous, vous avez commencé à expliquer qu'écouter ses réactions est essentiel pour vous, et vous avez pris votre élan pour parler d'occasions où, durant votre adolescence et votre jeunesse, vous n'avez pas suivi ce qu'il vous indiquait et où vous avez eu à vous en mordre les doigts. Sur le coup, en entendant ça, j'ai surtout été frappé d'apprendre qu'il y a longtemps que vous avez conscience de ce sens du devoir en vous, et je vous ai poussé à parler de ses premières manifestations, ce qui fait que j'ai interrompu le cours de votre pensée, et l'occasion de revenir à lui ne s'est pas présentée depuis. Voulez-vous compléter ici?

D. Difficile de le faire sans trop m'étendre, mais je vais essayer.

J'ai fini par comprendre que ce qui est vraiment essentiel, dans le sens du devoir, ce n'est pas du tout, en soi, le fait de bien ou de mal faire. Le sens du devoir comme je l'entends n'est pas un sens éthique, c'est la conscience de soi. Ce qui est difficile, quand on tente d'écouter en soi, c'est qu'il se passe en nous beaucoup de choses, d'ordres très différents – il y a donc déjà tout un travail à faire rien que pour apprendre à les discerner les unes des autres. Seulement, il est d'autant plus difficile de s'écouter et d'apprendre à distinguer les différentes voix qui parlent en nous que d'un côté nous nous trouvons dans une société qui vilipende l'individualisme et encourage l'intégration absolue – il vaut mieux écouter les ordres et les mots d'ordre qu'écouter en soi – et que de l'autre nous sommes élevés à croire que dès qu'à l'intérieur de nous tout ne baigne pas dans l'huile, il faut courir à toutes jambes chez le thérapeute du coin pour qu'il nous répare ça en vitesse : qu'il nous dise, lui, en regard de critères qu'il connaît bien – soi-disant – parce qu'il a beaucoup étudié ça, ce qu'il convient de faire ou de ne pas faire pour que ça arrête « de bouger » – ce qui, comme je l'ai déjà dit, fait que la psychanalyse, la psychiatrie et la psychothérapie ont, dans une large mesure, quitté le seul champ de la médecine pour entrer de plain-pied dans celui de la police. Les enseignements de la pensée psychiatrique soviétique n'ont apparemment pas été perdus pour tout le monde.

Quoi qu'il en soit, je ne crois pas du tout que le calme plat soit la condition idéale dans laquelle ait à se retrouver l'âme humaine. « Âme », ici, est synonyme de : la culture – la représentation du monde en nous – plus la conscience d'être.

Quand mon sens du devoir intervient, qu'il m'indique que je suis à côté de mes pompes ou au contraire en plein là où il faut, il ne me dit pas qu'il est bon ou mauvais d'y être ou pas, il me dit où je suis et c'est tout. Pour prendre deux exemples très au ras des pâquerettes : un compteur Geiger qui se met à crépiter n'indique pas si je me trouve à Hiroshima six mois après la bombe, ou si je viens de découvrir un gisement d'uranium particulièrement riche ; il me dit qu'il y a des radiations et c'est tout. Une boussole me montre où se trouve le nord, mais elle ne me dit pas comment m'y rendre, ni où moi je me trouve – pour ça, il me faut d'autres instruments. Eh bien de la même manière, mon sens du devoir me dit où je suis par rapport à l'ensemble de moi-même – en plein dedans, ou à côté. Et les autres instruments auxquels je peux alors avoir recours, ce sont les émotions, l'éthique, les connaissances, la pensée. Écouter ce que me dicte mon sens du devoir, c'est écouter celui que je suis réagir à ce que je fais, à l'endroit où je me trouve – et tout ce qu'il me dit, en tout cas dans un premier temps, c'est « Ça va », ou « Tu es en plein champ ». Je ne peux pas n'écouter que lui, mais je dois aussi l'écouter, lui. Seulement, comme je vis dans un monde qui en pratique nie l'individualité et prétend que la vie humaine ne peut se définir que de l'extérieur, j'ai fini par comprendre qu'il me faut lui prêter une attention toute particulière parce que rien d'autre que lui ne me reste pour me parler de moi-même et m'aider à m'apprendre. Il m'apprend sur moi et sur le monde autre chose que ce que peuvent m'apprendre l'éthique, les connaissances et la pensée. Il m'apprend les fondements de moi-même. Ou, en tout cas, leur écho. Mais il ne le fait pas par l'entremise d'images de moi, il le fait par résonance. Il résonne, comme un gong ou un tambour. Si je ne l'écoute pas, si je n'agis pas, ou ne m'empêche pas d'agir, en fonction de ses réactions, je ne saurai jamais ce qu'il me dit. Il est physique. Concret. Simple. Littéral. Et non, il ne parle pas par images : il faut apprendre à le connaître directement, sur le terrain, dans l'action. Cela exige durée et multiplicité : il faut lui prêter attention durant plusieurs périodes de sa vie, et dans des circonstances très diverses, pour commencer à voir apparaître le trajet qui... qui lui convient, en quelque sorte. De plus, et c'est un aspect absolument primordial, j'insiste : il n'est pas abstrait – il ne se prête pas à la spéculation. Je sais que je suis au bon endroit si le fil est tendu, mais ça ne veut absolument pas dire que je serais justifié de me mettre à décortiquer le pourquoi du comment de cette adéquation momentanée. Je peux bien le faire si cette activité me tente intellectuellement, mais ce sera un exercice qui n'aura strictement aucune influence sur ce qui va advenir par la suite en ce qui a trait au sens du devoir lui-même. Tout ce que j'ai à faire, c'est de prendre acte du fait, de le noter et, plus tard, lorsque le fil se détendra, de le noter aussi. De noter ensuite quand il sera revenu à son état de tension, et ainsi de suite. Si je me mets, à chaque moment, à tenter de supputer le pourquoi de la tension ou de la détente, je les dénature : je fais d'elles ce qu'elles ne sont pas.

Pour en revenir à votre question, ce que je vous décris là, personne ne m'en a parlé. Je l'ai appris par moi-même. Ou je l'ai déduit de diverses lectures et d'événements qui se sont déroulés sous mes yeux – ou en moi. Les choses ont commencé à tomber en place dans mon esprit quand, adolescent, je me suis rendu compte que si je résumais la somme des injonctions que l'on m'adressait jour après jour, aucune n'avait trait à écouter ce qui pouvait se passer en moi. Aucune. Toutes ne concernaient que des comportements extérieurs. L'intérieur, on n'en parlait que lorsque « la machine se détraquait ». Ce qui était précisément le regard sur les individus qui prévalait aussi au camp de la rue Clark – et même, qui le définissait. Au secondaire, au collège, à l'École de théâtre, ce regard-là était peut-être bien plus complexe, plus sophistiqué qu'il ne l'avait été au camp, mais il était essentiellement le même – comme la fusée *Saturn* V était essentiellement un V-1 plus élaboré. Or, le problème que me posait cette injonction n'était pas du tout que je trouvais qu'il fallait *tout* prendre de l'intérieur, pas du tout, mais qu'elle revenait, elle, à affirmer qu'il ne fallait *rien* prendre de l'intérieur. Et, donc, que l'intérieur était sans importance, et même, sans doute, nuisible *par nature* : si tout baigne dans l'huile l'intime on s'en fout, et si tout ne baigne pas dans l'huile... va voir le docteur.

La guerre que je savais depuis longtemps être en train de se dérouler autour de moi allait jusque-là : jusqu'à nier qu'il y ait même quoi que ce soit à défendre à l'intérieur de nous. J'ai donc dû me mettre à écouter en moi. Il y a eu « jouer à Beethoven », mais il y a eu aussi toutes sortes d'autres exercices que je me suis inventés. Pour, par exemple, au moment où une voix de l'autorité prétendait m'expliquer ce que je venais de faire, être capable de comparer de l'intérieur ce que je savais que j'avais fait – et qui était nié par l'autorité. Plus la pression extérieure était forte, plus il fallait que j'écoute avec attention à l'intérieur de moi. Jusqu'à ce que cette écoute finisse par être devenue presque un réflexe : dès que je percevais une pression extérieure, l'écoute intérieure se déclenchait. C'est comme ça, à force d'écouter, et d'écouter dans toutes sortes de circonstances que, petit à petit, j'en suis venu à réaliser qu'il n'y avait pas seulement le fil plus ou moins tendu ou plus ou moins détendu, mais un... un sentiment qui se dégageait de mon écoute. Un sentiment qui n'avait pas de forme mais qui, d'une écoute à l'autre, se précisait tout doucement. Un peu comme un immense casse-tête commence à prendre forme par régions : un petit bout du toit de la maison, un petit bout du ciel, un petit bout de la grange ou de la forêt. Ou comme une photo dans le bain de révélateur. Jusqu'à ce que je réalise, après des années et des années, que ce sentiment c'était celui de... moi. Un moi bien plus vaste que ce que je connais de moi-même. Et peut-être même plus vaste encore que tout ce que je pourrai jamais en connaître.

R. Et ce sentiment-là est issu directement du sens du devoir ?

D. Pas du tout. Le sens du devoir est demeuré ce qu'il a toujours été. Seulement, les autres parties de moi-même, l'éthique, les connaissances, la pensée, les émotions, ont commencé à... à en tenir compte, si j'ose dire. C'est de la tension entre tous ces pôles-là, y compris celui du sens du devoir, qu'il émane.

R. Vous avez parlé d'autres exercices que celui de « jouer à Beethoven ». Vous me donnez un exemple ?

D. Oui, si vous voulez. Il y a celui de l'espace, par exemple.

R. Oui ?

D. Je suis dans une pièce avec d'autres personnes. Tout en restant attentif à la conversation, sans bouger, je change de place.

R. ...

D. Je prends le point de vue – littéralement – des autres, à tour de rôle. Comment est-ce qu'à un moment donné, chacune des personnes présentes perçoit le lieu où nous nous trouvons tous ?

Ou encore, toujours sans perdre le fil de la conversation ou de l'activité qui se déroule, je fais le tour de la pièce, en esprit, lentement, en montant et en descendant, du plancher au plafond. Ou je sors par la fenêtre. Ou je m'imagine que j'entre soudainement.

R. Comme si vous sortiez de votre corps?

D. Pas du tout. Je ne fais pas ça *à la place* de me tenir où je me tiens, je le fais *en plus*. Je m'entraîne à rester conscient de la multiplicité des regards, des points de vue, même au sens le plus littéral de l'expression. C'est un exercice absolument fascinant. Je suis toujours étonné de réaliser à quel point la plupart des gens sont radicalement inconscients de l'endroit où ils se trouvent – je veux dire : physiquement. Au cours d'une conversation, demandez de but en blanc à votre interlocuteur de fermer les yeux et de vous décrire la pièce où vous vous trouvez... dans la presque totalité des cas, à moins que ce ne soit un endroit qu'il habite ou qu'il fréquente depuis longtemps, il sera incapable de dépasser le cap de sept ou huit généralités floues.

Un autre exercice consiste à poursuivre la conversation ou l'activité en cours et, sans cesser de... tenir mon rôle, de prendre la place des autres, à tour de rôle, justement.

R. Comment est-ce que vous faites ça?

D. C'est extrêmement simple et ça aussi, c'est fascinant. Prenons l'exemple d'une conversation à deux. Je m'efforce de ne pas seulement entendre les questions ou les réponses que prononce mon interlocuteur, mais de surtout tenter de ressentir d'où elles viennent à l'intérieur de lui, comment elles s'organisent. De ressentir leur cohérence. Mais sans laisser tomber le fil de la conversation. Comme dans le cas de l'exercice spatial, il faut faire celui-ci en même temps et sans que rien ne laisse deviner que je m'y livre.

R. Revenons à notre sujet principal, à présent.

Vous disiez que vous avez appris par vous-même à écouter à l'intérieur de vous, parce que vous vous êtes rendu compte que tout vous incitait à ne justement pas le faire.

D. Pas « parce que », « en dépit de ».

R. Bon, d'accord. Et que petit à petit, vous avez pris conscience de ce qu'en fait, vous êtes bien davantage que ce que vous savez de vous-même. C'est bien ça?

D. Oui. Un des problèmes difficiles que je rencontrais, c'est que cette conscience-là, personne ne veut en entendre parler : parvenir à la nier est un des enjeux cruciaux de la guerre en cours.

R. Pourquoi ?

D. Vous voulez dire : pourquoi est-ce qu'elle est visée par la guerre ?

R. Oui. Est-ce parce qu'elle est trop… « naturelle »… et que la nature est l'ennemi ?

D. Je ne crois pas, non. Je pense plutôt que ça a à voir avec la religion.

R. …

D. Le monothéisme.

R. …

D. Nous en avons rapidement parlé, très tôt au début de nos entretiens : le monothéisme engendre la notion d'absolu – et de pouvoir absolu : de parfaite hégémonie. La raison cultivée a remplacé la foi révélée, c'est tout… seulement elle l'a fait en s'édifiant sur les bases absolutistes qui avaient déjà cours avant elle. Ce qui me gêne, c'est que l'absolutisme est une notion qui m'est totalement étrangère – et qui me paraît d'une très rare obscénité.

R. Je vois.
Vous disiez donc que cette totalité, ce sentiment de totalité qui dépasse notre conscience immédiate et qui l'englobe, est un des enjeux de cette guerre dont vous avez commencé très tôt dans la vie à constater les ravages.

D. Oui. J'ai donc dû apprendre, par mes propres moyens, à l'écouter. Mais il n'y avait pas qu'elle que je devais apprendre à écouter. Il y avait aussi, je l'ai dit, des problèmes éthiques, intellectuels, logiques, sur lesquels je devais me pencher. Il m'a fallu apprendre à les distinguer les uns des autres. Et en cours de route, il m'est arrivé de les confondre : de ne plus savoir si ce qui me poussait à agir était mon sens du devoir, ou pas plutôt l'intérêt, par exemple, ou l'exploration des conséquences de mes actes, tout bonnement. Bref, il y a eu des moments où j'ai cessé de suivre. Où j'ai cessé de prêter attention à l'état de détente ou de tension du fil. Et où je me suis égaré complètement. Parce que pour moi, ai-je fini par comprendre, prendre conscience de ce moi qui dépasse largement ce que je connais de moi-même est une entreprise fabuleuse. Un des deux seuls centres de ma vie.

R. L'autre étant?

D. L'amour.

R. C'est-à-dire?

D. Avoir accès au centre de la vie de l'autre.

Quand nous avons abordé la question de mes égarements de jeunesse, au quatrième entretien, et que vous m'avez interrompu, je crois que je prenais mon élan pour me lancer dans une longue série d'exemples – et que, somme toute, ce n'était pas nécessaire. Si, au cours de la suite de notre travail, il me vient de tels exemples, je les ferai ressortir au passage. N'hésitez pas à me poser la question, en cas de besoin.

R. Bien.

Pendant votre explication, je n'ai pas pu m'empêcher de me poser une question. Je ne sais pas si elle a sa place ici. Mais...

D. Allez-y.

R. Quand vous m'avez parlé... de la douleur et du deuil, lors de votre rupture avec le Peintre de Toronto, par exemple, ou même de vos rêves de Billy...

D. Oui?

R. ... est-ce que le fil, le sens du devoir... intervient?

D. Ouf.

R. Quoi?

D. Vous venez de mettre le doigt en plein dessus.

Il n'y a que lui, qui intervienne.

R. C'est-à-dire?

D. Nous en avons déjà parlé, au septième entretien, je crois, mais je pense que cette fois-ci, c'est encore plus clair.

Voyez-vous, il me passionne, certes – je parle de Billy. Il me fascine. Je l'aime et je lui souhaite mer et monde. Mais d'un autre côté, je n'ai aucune envie de l'embêter. Et aucune envie de souffrir, non plus. Je n'ai strictement aucun plaisir, à souffrir. Mais aux moments où je brûle, où je me tords littéralement de douleur… le fil est tendu comme jamais je ne l'ai senti de toute ma vie. Et il l'est tout autant aux moments de joie, d'ailleurs.

En ce qui concerne plus précisément les moments de douleur, je connais nombre de manières, de trucs, de portes de sortie, qui me permettraient de m'enlever de là. Je pourrais me mettre à lui en vouloir, par exemple, ou me mettre à le tourner en dérision…

R. Réduction de la dissonance…

D. Oui – mais laissez de côté le vocabulaire technique, voulez-vous ?

Si je le tente, de m'évader, si j'essaie, si la pensée n'en fait même que me traverser l'esprit… voup! le fil se détend. Complètement. Et je me souviens que ça a aussi été le cas avec le Musicien, Matane, le Peintre, le Jeune Acteur – toujours de manière différente. Comme si chacun d'eux avait été… un point d'appui, dans le monde, chaque fois différent, pour cette conscience, en moi, qui cherche à émerger, à faire surface. Un point d'appui qui se dérobait mais dont j'avais un besoin absolu.

Avec Billy, le phénomène atteint une force invraisemblable. Et je vous l'ai dit : je ne peux pas extrapoler, je ne peux pas supputer ce que la tension du fil signifie et implique, ni ce qui va finir par advenir, je ne peux qu'écouter. Laisser le désir de lui, la tendresse pour lui – et je ne parle pas que de tendresse physique, je parle de tendresse… absolue – prendre toute la place en moi. Quand bien même la déchirure est effroyable. Parce qu'il est lui, et que je suis moi. Je ne crois pas, sérieusement, que qui que ce soit d'autre que lui pourrait me faire cet effet-là. Et c'est un gars qui a quand même *un peu* couru la galipote qui le dit! Il y a en moi, depuis quelques mois, des régions qui s'animent, dont je ne savais même pas qu'elles existaient, avant de l'avoir rencontré. Des paysages, des états, des lumières. J'ai de la difficulté à les percevoir, parce que la douleur brouille tout – comme les flammes, quand on essaie de regarder ce qui se trouve derrière elles. Je ne peux qu'attendre. Et espérer que je vais tenir bon.

R. « Tenir bon » ?

D. Ne pas laisser la douleur dégénérer en colère. La laisser déferler, jusqu'au bout, à fond.

Je sais que j'ai quelque chose à apprendre, à comprendre. À quoi je ne pourrai avoir accès qu'en tenant le coup.

R. Le quatrième entretien a marqué un point tournant dans notre entreprise commune. L'émotion qui vous a saisi, au moment de dire « Je vais vivre », était d'une profondeur... comment dire ?

D. Saisissante.

R. Oui. À quelques semaines de distance, qu'est-ce qu'il vous en reste ?

D. Deux choses. Qui se fondent en partie l'une dans l'autre. La première : l'impression d'avoir en un instant... récupéré dix années de ma vie. Mais cette manière-là de l'exprimer ne lui rend pas justice.

En fait, la récupération s'est produite dans les deux sens. Je veux dire qu'à la fois l'homme de cinquante ans vient de récupérer les dix premières années de son existence et l'enfant de dix ans, de sentir se déverser en lui quarante années de vie, d'expérience, de connaissances. Cet échange, cette dissolution de l'obstacle, me donne l'impression que tout change de place en moi, que je me réaménage. De ce déversement-là, symétrique, émerge un sentiment d'unité – totalement différent de tout ce que j'ai jamais ressenti. Je crois que l'émotion qui m'a saisi quand j'ai dit « Je vais vivre » venait... comment exprimer ça... de toutes les provinces de ma vie à la fois. Même les plus reculées. J'ai l'impression que la conscience de moi-même, le fil, si vous voulez, vient de faire un bond prodigieux. En force. En clarté. Je l'ai senti tous les jours, depuis le quatrième entretien.

R. Sérieusement : vous ne vous sentez plus le même ?

D. Je ne *suis* plus le même.

Jusqu'à il y a quelques semaines, les dix premières années de ma vie étaient celles de la vie d'un autre. Comprenez-vous ?

Ma vie à moi avait commencé à dix ou onze ans.

Mais tout à coup, je réalise que ces souvenirs-là, en moi, ceux d'avant l'âge de dix ans, ne sont pas ceux d'un autre, non, ce sont les miens. Pour reprendre l'image de la culture personnelle en nous, celle des multiples pôles qui s'opposent ou s'agglutinent...

R. Oui...

D. ... d'un seul coup, des centaines d'autres font irruption. Ils étaient là depuis toujours, mais neutres, inactifs, éteints. « En veilleuse », voilà ! Tout à coup, ils se réveillent, tous en même temps. C'est pour ça que je dis que je suis en train de changer : tout le reste, tout ce qui est arrivé après cet âge-là, est en train de changer de sens. Vous raconter que j'ai failli assassiner ma grand-mère, ou des tribus de menteurs, c'est une chose. Mais vous raconter que je prends soudain conscience de ce que le gars qui a failli faire ça avait, dans son enfance, passé à un cheveu de devenir un voyou, ça ne change peut-être pas les faits, mais ça change radicalement ce qu'ils signifient. Et c'est ce qu'ils signifient qui est essentiel.

R. Pourquoi ?

D. Parce que les choses se révèlent les unes les autres, par contrastes, par oppositions !

Tout à coup, je comprends pourquoi il fallait que je prenne le Maquis.

R. Pourquoi ?

D. Pour préserver.

R. Quoi ?

D. Je vous l'ai dit : ce qui était arrivé avant l'âge de dix ans.

R. Oui, mais quoi ?!

D. Matane : l'intimité – mon ami qui m'amène visiter la ferme expropriée. Le Jeune Acteur. Le grand garçon, sur sa bicyclette, au soleil, sur la rue Malo. Billy !

R. Quoi, Billy ?!

D. « Effe » ! Effe, mon voisin, à Saint-Léonard. La première tendresse amoureuse de ma vie !

*

R. Ça va ?

D. …

*

R. Ça va ?

D. …

*

R. Ça va ?

D. …

*

D. Je lui ai dit : « Tu n'étais même pas au monde, et je t'attendais déjà. »

*

D. Je pense à lui, parfois, au moment de m'endormir.
Et l'image de lui.
C'est celle de ma vie.
Du cœur de ma vie.

R. Et la trahison?

D. Quoi, la trahison?

R. Le trahison de Effe…

D. Oui?

R. C'est à cause d'elle, que vous craignez que Billy abandonne ce que vous voyez de plus précieux en lui?

D. Mais non. Mais non. Pas du tout. Il y a un lien, mais pas celui-là.
Je vous l'ai dit : je décris ce que je vois. Et la décision lui appartient, à lui.

R. Alors quel est-il, le lien?

D. Ce n'est pas s'il renonce, que les choses sont terribles. C'est s'il tient bon, qu'elles sont merveilleuses.

*

R. Ça va?

D. Ça va.
Excusez-moi.

R. Nous reprenons?

D. Oui.

R. Vous disiez que « Je vais vivre » vous a laissé deux effets durables. Au moins deux. Colossaux. Le premier : à la fois récupérer vos dix premières années, leurs désirs, leurs rêves, leur soif, et donner accès à votre vie entière à celui que vous étiez « avant ».

D. Oui.

R. Le deuxième?

D. Aussitôt que le cri « Je vais vivre ! » est sorti de moi, j'ai senti… quelque chose redescendre vers les profondeurs de moi, à toute allure. Non pas pour se terrer, mais pour… continuer le travail. La lumière qui a fusé à ce moment-là, et qui a entraîné mon émotion, ne s'est pas dissipée, elle est retournée d'où elle était venue. Comme… comme un scaphandrier qui est, rien qu'un court instant, monté respirer à la surface.

Et ce qu'il y a au plus profond de moi, je le sens être moi plus que jamais je ne l'ai senti de toute ma vie.

R. Quel effet est-ce que ça vous fait?

D. Peur. Atrocement peur.

R. Peur?

D. Parce que si j'ai mal lu, mal interprété, je suis peut-être en train de m'enfoncer dans un marécage.

Je sens que je m'éloigne de tout ce que j'ai connu. À une vitesse folle. Je me détourne de tous les repères identifiés – je ne suis plus là où j'étais. Je vous ai dit, dès le tout début de nos rencontres, que depuis des années, je me suis senti changer...

R. Oui.

D. Eh bien, j'ai l'impression d'avoir changé encore plus profondément depuis quelques jours qu'au cours de toutes ces années-là. Avant même que nous ne commencions à rédiger ces entretiens, l'accélération se faisait sentir.

R. Depuis la rencontre avec Billy?

D. Oui. Depuis mon réveil.

R. Alice est passée de l'autre côté?

D. Oui. Et je ne sais absolument pas ce qu'il y a... de ce côté-là.

R. Passons au cinquième entretien.

D. D'accord.

R. Sa première partie, d'abord.

D. ...

R. Votre terreur.

D. Oui.

R. Elle est revenue, depuis?

D. Plusieurs fois.

R. Et à ces moments-là, vous avez évité de m'appeler?

D. J'ai aussi fermement refusé d'entendre vos appels à vous.

R. Pourquoi?

D. Le besoin de rester immobile. De laisser les images défiler en moi. Sans avoir à faire l'effort de les ralentir, de les détailler, de les nommer, d'exprimer les liens que je sens les unir.

R. Quelles images?

D. …

R. Billy?

D. …

R. J'insiste.

D. Au moment où le flot jaillit – c'est chaque fois soudain, inattendu – il me semble qu'en moi, un volcan vient d'entrer en éruption. Un volcan de glace. Un jet de froid absolu. Instantanément, tout se fige. Comme en hiver par grand froid, il est impossible de penser, de ressentir quoi que ce soit d'autre que ça : le froid, le vide. On sort au grand air, par moins trente-cinq, et à peine le temps de faire un pas ou deux, il nous semble que la chaleur n'a jamais été qu'une illusion, qu'en fait elle n'a jamais existé. En un instant, il nous semble que rien n'a jamais vraiment existé d'autre que ce vide-là, dans lequel on vient d'être projeté. C'est ça, que je ressens.

R. Est-ce que…?

C'est une question extrêmement difficile à poser.

D. …

R. Est-ce que vous avez le sentiment… que vous pourriez rester prisonnier là? Dans ce froid-là?

D. …

Oui.

R. C'est ça, la terreur?

D. Oui.

Le sentiment, à chaque instant, mais surtout à ceux où la glace fuse, d'être devant un choix crucial. D'être en train de le faire. Et de ne même pas savoir vraiment duquel il s'agit. De n'avoir pas la moindre idée de ses implications.

Je sais, je suis convaincu, jusqu'au fond de mon être, que j'ai quelque chose à apprendre de ce que je vis à l'égard de Billy. Quelque chose de capital, de vital. Le besoin que je ressens de lui, de sa présence dans ma vie, a un sens. Que je ne sais pas comment aborder. Je veux dire que je n'ai pas la moindre idée du chemin à emprunter pour avoir accès à ce sens-là. C'est l'inconnu. L'inconnu total. Aucun des outils que met à ma portée le monde où je vis ne convient – au contraire, même : chacun d'eux implique le renoncement à ce pressentiment d'avoir quelque chose à apprendre. D'être sur le point d'y parvenir. Alors ou bien je trouve, j'invente moi-même une manière de comprendre, et je traverse le mur de douleur. Ou bien je renonce. Je me retire. Mais une telle échappatoire, une telle fuite, a elle aussi des implications catastrophiques.

R. Vous croyez que si, incapable de continuer à supporter la douleur, vous choisissiez de couper tout contact avec Billy, à l'intérieur de vous quelque chose finirait ? Irrémédiablement ?

D. Oui. Ce serait la mort. La mort de l'âme. La défaite. Dans le monde où je vis, la victoire n'existe pas. Mais la défaite, elle, oui.
Je dois donc apprendre à… je ne sais quoi. Pas à résister à la douleur, mais à la supporter. À l'acclimater. Suffisamment, en tout cas, pour la traverser. Il y a quelque chose que je ne comprends pas, dans ce qui m'arrive. Je sais que la réponse est là, tout près, à portée de main, mais je ne trouve pas. Je dois tenir bon. Et trouver. Aucun autre chemin ne mérite d'être pris en considération.

R. Il n'en reste pourtant pas moins que vous pourriez rester à jamais prisonnier là où vous êtes : entre le feu et le vide ?

D. À jamais, non. Mais prisonnier, oui.

R. En vous écoutant, une image a surgi dans mon esprit. Corrigez-moi si je me trompe : durant toute la période du Maquis, comme vous l'appelez, vous avez été à l'abri derrière la façade que je représentais. J'empêchais que vous ne soyez trop exposé, mais du même coup ma présence engendrait aussi, souvent, un délai entre le moment où je percevais quelque chose dans le monde et celui où vous, vous aviez à l'assimiler, à lui faire face. Je faisais effet de tampon, mais dans les deux directions, non ?

D. Oui.

R. Est-ce que ce qui vous arrive à présent ne pourrait pas être lié au fait que désormais le contact entre le monde et vous est plus... plus direct, plus immédiat, presque sans filtre, sans tampon?

D. ...
Vous avez sans doute raison. Mais. Mais je crois que vous venez de me faire réaliser quelque chose de plus.

R. Quoi donc?

D. Ça a rapport à ce que nous faisons là, tous les deux.

R. Le livre?

D. Oui.
L'urgence qui m'a poussé à vous convoquer, le soir du 2 janvier, était inextricablement liée à la présence de Billy dans ma vie. Et à l'effet que cette présence suscite en moi.

R. Oui.

D. Pas seulement à cette présence, mais dans une large part à cette présence.

R. Oui.

D. Au moment où vous m'avez demandé, il y a un instant, si la force de cet effet qu'il provoque en moi ne pourrait pas être liée au fait qu'il me touche directement, sans que vous interveniez pour en atténuer l'impact, j'ai pensé à lui. Très fort. Des images de lui, dans différentes circonstances, me sont apparues. Et je me suis dit que vous avez sans doute raison : ce que je vis, indépendamment de sa présence, est sans l'ombre d'un doute intimement lié à la force de ce que je ressens à son endroit. Mais j'ai aussitôt vu, à même les images surgies, que cette explication-là ne suffit pas : il y a aussi quelque chose d'exceptionnel chez lui. Non seulement je le rencontre à un moment où je suis particulièrement vulnérable, mais en plus il est remarquablement frappant. Or il y a deux choses qui le rendent frappant à mes yeux : la lumière qui émane de lui, et le fait qu'il tente de l'enfouir. Ou de la gérer. Peut-être même de se libérer d'elle.

R. Vous voulez dire que…

D. Que je viens de comprendre, je crois, un pan entier de ce que je suis en train de faire en votre compagnie.

R. J'ai peur.

D. Je sais.

Je crois que je suis en train de me dépouiller de mes protections, de me dévoiler, de me dénuder, certain de ne susciter que la risée, de toutes parts, parce que…

Parce que…

Parce que je ne peux rien lui demander. Je ne peux qu'offrir. Parce que je ne peux lui offrir qu'une seule chose. Et que si j'offre, l'offrande doit être entière, sans retenue aucune.

Je ne lui dis pas : « Tu sais, on peut vivre sans armure ! » Je ne lui donne pas de conseil. Je ne lui fais pas la morale. Non. Je me tiens debout devant lui. Et mon armure à moi, je la retire. En le regardant jusqu'au fond des yeux.

Vous venez de me faire réaliser que c'est ce que j'ai fait à chaque instant de nos rencontres : en esprit, j'étais, je suis, debout devant lui, qui ne m'a rien demandé, je le regarde jusqu'au fond de l'âme, je lui dis : « On peut vivre sans armure. » Et j'enlève la mienne. Morceau par morceau.

Et j'ai…

R. Respirez.

Respirez à fond.

D. J'ai atrocement peur. Une peur panique, démente. De. De rester debout, nu, sans défense. À grelotter. Seul. Pétrifié par le froid du monde. Pour le reste de ma vie.

*

R. Ça va ?

D. …

R. Nous continuons ?

D. …

R. Le temps file, Daniel.

D. …

R. Merci.

Parmi les raisons que vous aviez de me convoquer d'urgence, le 2 janvier, il y avait donc le désir de vous tenir devant Billy – et de vous dépouiller.

D. …

R. Mais le double avertissement que vous vouliez adresser aux étudiants de l'École était lui aussi capital ? Je me trompe ?

D. Non, vous avez raison. Les avertir du danger immédiat, et de celui qui surgira plus tard. Leur donner, non, leur proposer des repères. Leur dire : « Je ne peux pas vous expliquer quoi faire – je ne peux que rapidement vous raconter ce que moi j'ai fait. Et pourquoi. » En espérant que ça pourra les aider. Si peu que ce soit.

R. Il y a quelque chose qui me chicote encore, à propos de cette mise en scène, de ce grand plateau, au Monument-National.

D. Ah ?

R. Si vous haïssez tellement le milieu du théâtre et de son enseignement, pourquoi avez-vous accepté de diriger cet exercice-là ? Vous y avez fait allusion, plus tôt, mais je ne saisis pas, pas entièrement.

D. Il y avait tout un faisceau de raisons : je veux dire qu'il y en avait plusieurs, dont aucune n'était plus importante que les autres – elles étaient importantes toutes ensemble.

R. Lesquelles ?

D. Les sous : m'acheter un peu de liberté pour pouvoir éventuellement avoir du temps pour écrire. Le défi : j'avais délibérément choisi un projet trop gros – irréalisable – pour être bien certain que le *challenge* m'occuperait l'esprit, que je serais obligé de me consacrer à lui corps et âme, d'y aller à fond. Sortir de chez moi : j'avais beaucoup écrit, les mois précédents, j'avais envie de voir du monde. J'étais porté : le plaisir que j'avais ressenti en écrivant les nouveaux premiers chapitres des *Rats* m'avait mis l'âme en fête – j'avais envie… de je ne sais pas quoi… d'aller danser, je pense... et me jeter à corps perdu dans une entreprise comme celle-là, c'était effectivement une manière d'aller danser. Il y avait aussi... un adieu.

La grande salle du Monument a une connotation symbolique extrêmement forte, à mes yeux. Quand j'étais finissant à l'École, un jour, je suis allé m'asseoir dans un des fauteuils, et j'ai regardé mes camarades répéter. Nous montions *L'opéra de quat'sous* de Brecht et Weill, avec Brassard. Je ne répétais pas, cet après-midi-là. J'étais allé les regarder travailler, parce que je venais d'apprendre que ma demande de bourse était refusée. Je n'avais plus un traître sou : d'ici une semaine au plus tard, il fallait que je quitte l'École et que je me trouve un emploi – que j'aille vendre des souliers, ou je ne sais quoi – une pure question de survie.

Je me suis assis assez loin vers le fond de la salle, derrière la table du metteur en scène, et je les ai observés. Il s'est produit quelque chose de magique. J'étais défait : j'avais perdu la partie, et je l'acceptais, totalement : je n'aurais pas le droit de continuer à côtoyer les fantômes qui m'avaient appelé à l'École. Ce qui fait que, comme il arrive souvent au moment où l'on accepte que l'on n'a plus rien à perdre, quand on a déjà perdu, je n'ai pas seulement regardé, j'ai vu. J'ai vu, dépouillé de toute attente, de toute crainte, combien le théâtre est beau, et magique. À quel point je l'aime. Ce n'était pas triste du tout. C'était lumineux.

Finalement, je n'ai pas eu à quitter l'École, parce que le lendemain ou le surlendemain, l'administration m'a accordé une bourse-surprise. Mais le moment que j'avais vécu est resté gravé dans ma mémoire.

Des décennies plus tard, finalement accepter de diriger un grand plateau dans cette salle-là a donc un sens très fort, pour moi : j'ai vingt ans et je suis assis au fond de la salle, mais cette fois-ci, c'est moi le prof. À vingt ans, j'ai été sauvé par la cloche, mais je viens boucler la boucle : trente ans plus tard, je dois tout de même partir.

Chaque minute que les étudiants et moi passons dans la grande salle, après nous être transportés de la salle de répétitions au plateau, et même toutes les fois où, avant ce déménagement, je ne fais que traverser la grande salle, je sais que je suis là, assis dans un fauteuil, et que je me regarde faire : le moi jeune dit au moi de presque cinquante ans : « Fais ça comme du monde, la teigne ! » Et je souris. Je veux dire : je souris à vingt ans, et je souris à quarante-neuf.

Tous ces éléments-là contribuent, chacun à sa façon, à me mettre en état, à me rendre particulièrement réceptif à la vitalité des étudiants. Encore une fois : c'est quand on n'a plus rien à défendre qu'on voit le mieux.

R. Et pourtant...

D. Et pourtant, tout ça a bien failli ne jamais avoir lieu.

R. Pourquoi ?

D. Peu importent les détails, mais une semaine avant le début des répétitions, la direction de l'École fait un geste qui me fait sauter les plombs. Un de ces petits gestes parfaitement méprisants dont les élites bien pensantes ont le secret, toujours posés avec un air d'angélisme et une bonne conscience à faire vomir – convaincus qu'on ne les voit pas faire, et qu'on n'osera rien dire. « Quoi ? Moi ? Qu'est-ce j'ai fait ? » J'ai déchiré le contrat.

R. Mais les choses se sont arrangées ?

D. Malgré moi.

*

R. Nous sommes maintenant le jeudi 17 février. Seize heures. Dans votre bureau.

D. Oui. Pour les *courtes* questions-réponses, on repassera...

R. Le temps est splendide.

D. Un soleil éblouissant. Qui annonce le printemps.

R. Vous écoutez Monteverdi.

D. Oui, la *Selva morale e spirituale* – magnifique.

R. Pourquoi cette musique-là ?

D. Depuis que je vous ai parlé de mes… tentatives de suicide, mais surtout des fulgurances qui, à chacune des tentatives, me sont advenues, je me disais : « Le seul exemple concret que je pourrais donner de la force de ce que j'ai ressenti et vu dans ces occasions-là, c'est la musique de Monteverdi. Le *Beatus Vir* et le *Gloria* à sept voix. »

R. Et… ?

D. C'est vrai. Je suppose que le fait que ce sont des œuvres écrites pour célébrer la fin de la peste y est pour quelque chose. Ce sont des œuvres qui scintillent. Elles débordent littéralement de vie.

R. Nous reprenons ?

D. Quand vous voulez.

*

R. Sixième entretien.

D. Oui.

R. Plusieurs sujets. Je vous les lance comme ils me viennent. Les crimes de non-conformité, à l'École de théâtre – qui vous ont bien fait rire quand j'ai soulevé la question. Ensuite *Billy Elliot* et *Ridicule,* au sujet desquels j'aimerais bien vous entendre revenir un peu. Le voisin de la rue Montpetit, à Saint-Léonard, dont nous venons d'apprendre que son nom serait « Effe ». Et puis j'aimerais bien vous poser quelques questions sur d'autres de vos histoires d'amour que celles déjà évoquées. Finalement – en tout cas en ce qui me concerne – ce que « sortir du Maquis » implique.
Ça vous va ?

D. Nous n'aurons jamais fini pour la fin du mois, mais oui, en principe ça me va.

R. Bien.
Parlant de votre entrée et de vos études à l'École de théâtre, vous avez fait plus qu'allusion à ce que vous avez appelé

les « crimes de non-conformité », des crimes qui, selon vous, vous auraient davantage encore été reprochés si vous aviez eu le malheur d'étudier en écriture, mais dont, tout de même, vous avez été accusé en interprétation.

D. Oui.

R. De quoi s'agit-il?

D. Je ne sais pas trop comment aborder la question. Qu'est-ce que vous souhaitez savoir, au juste?

R. À quoi est-ce que vous faites référence, quand vous parlez de ces… crimes?

D. Oh, c'est tout simple. Un crime de non-conformité, c'est un geste posé qui constitue une preuve flagrante de ce qu'un individu n'a pas intégré les règles, dites ou non dites, qui gouvernent la vie en commun dans la société où il vit.

R. Oui, oui, ça je l'avais bien compris, merci. Mais dans une École de théâtre, quelle forme peut bien prendre un geste comme celui-là?

D. Celle d'une preuve qui lui échappe des mains. Tout à coup, pour une raison ou pour une autre, il pose un geste qui dévoile à tout le monde, hors de tout doute, qu'il est profondément en désaccord avec les fondements mêmes de règles réputées intouchables, c'est tout.

R. Vous voulez dire qu'il y a des règles, en art?

D. Vous vous foutez de ma gueule?

R. …

D. Je vous l'ai dit : le milieu théâtral québécois est, de manière générale, sans doute un des milieux les plus férocement académiques que j'aie jamais rencontrés – à part peut-être celui de la poésie et certaines branches des arts visuels. « Académique » au sens strict : gouverné par des règles stylistiques, rhétoriques, idéologiques, qui tiennent… du dogme – il n'y a pas d'autre mot. On ne peut pas soulever la moindre question à leur égard sans risquer de recevoir des chaudières d'eau bénite par la tête – et encore, une chaudière d'eau bénite, c'est ce qui peut vous arriver de moins dangereux.

R. Bon, eh bien donnez un exemple.

D. Un seul?

R. Un seul.

D. Soixante-quinze, ce serait nettement plus simple.

R. Peut-être, mais nous n'avons pas un an.

D. Je réfléchis.

...

Je l'ai.

En... deuxième année. Nous faisons un exercice Tennessee Williams.

R. L'auteur du sud des États-Unis...

D. C'est ça.

C'est un exercice très long. Je pense que le montage final de toutes les scènes fait plus de trois heures et demie. Le travail est extrêmement intéressant, parce qu'il me permet d'explorer des foules d'aspects de la civilisation américaine dont je n'avais jusque-là que de très vagues impressions – mais essentiellement, mon intérêt s'arrête là.

R. Qui le dirige, l'exercice?

D. Peu importe. Mon but en racontant ceci n'est pas du tout de lancer un réquisitoire contre ce prof-là, je ne veux pas focaliser ma critique sur lui, ç'aurait aussi bien pu être un autre metteur en scène, avec un choix de scènes totalement différent, que le résultat aurait pu finir par être essentiellement le même. Je ne parle pas de psychologie individuelle, je parle de culture en commun.

R. D'accord.

D. Nous sommes ici, avec Williams, en plein théâtre naturalo-psychologique. Un théâtre qui, déjà à l'époque, me donne de l'urticaire et de l'eczéma, sans compter qu'il me fait grincer des dents et crochir les yeux et les doigts de pieds. Déjà, ça, c'est un crime de ma part : si j'avais eu le malheur d'exprimer cette appréciation-là à l'époque où j'étais à l'École, je ne me serais sans doute jamais rendu à la fin du trimestre.

R. Pourquoi donc?

D. Parce qu'un des dogmes les plus inébranlables du théâtre québécois, c'est le culte des émotions. Des belles émotions. Ce qui revient à dire que le théâtre est une forme de *trip*.

R. Et pourquoi est-ce que ce culte-là vous fait crochir les doigts de pieds?

D. Parce que ce ne sont pas les sentiments qui m'intéressent, pas eux seuls, en tout cas. Ce qui me passionne, c'est ce qui les suscite. Ce qui les suscite au plus profond de nous, et pas seulement leurs manifestations. Déjà à dix-huit ans, malgré mon peu d'expérience des planches, je sais très bien qu'on peut faire pleurer presque n'importe qui en récitant le bottin du téléphone, je n'ai absolument pas besoin de passer trois ans à étudier pour me le faire confirmer, ça n'a rien de sorcier. Rien du tout. À dix-sept ans, au moment de passer mon audition d'entrée, ça fait déjà un sacré bout de temps que je regarde faire mes grands-parents – autant du côté de mon père que de celui de ma mère – et mes professeurs, et mes amis : je le sais, que n'importe qui peut ressentir n'importe quoi – ou peut faire semblant de le ressentir – pour mettre son entourage dans l'état qu'il souhaite. Avec un minimum d'entraînement, on peut faire se sentir n'importe qui coupable, ou heureux, ou chagriné, ou révolté, ou débordant d'espoir – depuis des années, tous les samedis soirs, en se passant les cheveux au fer à repasser, mes deux sœurs s'expliquent mutuellement, avec une minutie parfaite, exactement ce qu'il faut dire ou ne pas dire à un gars pour le rendre fou de désir ou l'éloigner à jamais, la queue entre les jambes – il ne me traverserait pas l'esprit de passer trois ans, à raison de cinquante ou soixante heures par semaine, à étudier *ça*! Pour moi, l'art n'a strictement rien à voir avec la capacité de faire pleurer mère lapin.

R. Qu'est-ce que c'est, alors?

D. Attendez.

Le tripotage sentimental qui est indissociable du projet naturalo-psychologique n'est pas la seule raison que j'aie de le détester d'aussi loin que je me souvienne. Ce n'est même pas ma raison principale. C'est surtout la prétention de ce théâtre-là qui me pue au nez : par sa forme même, il affirme ne pas être *un* regard parmi d'autres sur le monde, mais un morceau du monde lui-même. Il prétend mettre en scène la chose elle-même. Ce qui est non seulement remarquablement prétentieux, mais fondamentalement méprisant et, de surcroît, anti-artistique : l'art ne parle pas du monde, il parle de nos regards sur lui.

T'ang Yin, en peignant le rêve d'immortalité, n'a pas prétendu être « réaliste » : il n'y a même pas de chemin qui mène à sa petite maison au toit de chaume, et pas la moindre épicerie en vue – personne ne pourrait vivre là – et de toute manière, avez-vous déjà vu quelqu'un marcher sur les nuages, vous ? La maison qu'habite le philosophe en méditation de Rembrandt, elle, serait quasi impossible à construire dans la réalité, et de toute manière le grand escalier en spirale qui monte vers les étages supérieurs serait impraticable. Ce n'est pas parce que T'ang et Rembrandt étaient des imbéciles, qu'une incarnation littérale de ce que montrent leurs œuvres serait impossible à rencontrer telle quelle dans la réalité concrète, ni parce que c'étaient des archaïques. Ils étaient parfaitement conscients de ce qu'ils faisaient, et de pourquoi ils le faisaient. Ils exprimaient une *vision du monde*.

Eh bien, malgré ses prétentions éhontées à présenter le monde lui-même plutôt qu'une vision de lui, le théâtre naturalo-psychologique, lui aussi, en exprime une quand même, qu'il le veuille ou non. Et c'est cette vision-là, qui le sous-tend, qui me fait lever le cœur.

R. Quelle vision ?

D. Celle d'un monde sans culture. Et sans conscience. Un monde uniquement zoologique. C'est-à-dire : où il n'existe aucune autre représentation du monde que mécanique. Pas de pensée, pas de mémoire, rien que des états d'âme. Le théâtre naturalo-psychologique, c'est l'étendard des nihilistes militants et du Deuil précoce. Et un des rejetons les plus connus de cette merde-là s'appelle : téléroman.

Il va de soi, partant de là, que cette forme de théâtre-là mène presque nécessairement au chantage : comme il repose essentiellement sur la soi-disant sincérité de l'interprète – ce qui est déjà une contradiction assez fondamentale : être « sincère » est ontologiquement incompatible avec la capacité de l'être chaque soir de la même manière, sur le même sujet et à heure fixe –, ne pas aimer « ça » revient à attaquer l'intégrité de l'acteur ou de l'actrice. Comment peut-on oser critiquer les tripes que quelqu'un vient de s'arracher du ventre à mains nues pour les étendre à la grandeur du plateau ?

C'est infect.

R. Bon. Si je résume, le théâtre soi-disant réaliste n'est pas vraiment votre tasse de thé ?

D. Je pense qu'on pourrait le dire comme ça, effectivement.

R. Revenons.

Vous êtes donc en deuxième année à l'École de théâtre, et vous travaillez à un montage de scènes de Tennessee Williams.

D. Oui.

R. Et vous savez déjà que, pour vous, l'art ce n'est pas – comment dites-vous ça, déjà ? – « faire pleurer mère lapin ».

Qu'est-ce que c'est, alors ?

D. À l'époque, je serais bien incapable de le nommer, mais je sais en quoi ça consiste : comment on peut exprimer... non pas le fait qu'on est triste ou joyeux, mais pourquoi. Comment. D'où ça vient, où ça va et ce que ça nous apprend sur l'aventure humaine. Ce que je cherche à apprendre, à comprendre, c'est comment on peut décortiquer la danse de l'ambulance – par exemple – que j'ai exécutée à cinq ans, et la rendre compréhensible. Ce ne sont pas les réponses que le théâtre peut donner qui me fascinent, mais les questions qu'il permet parfois de

poser. Or ce n'est pas de ça qu'il est question à l'École.
Jamais. Je l'ai compris en moins de temps qu'il n'en faut
pour crier « ciseau » : si, à mon audition, la question de
Michelle Rossignol sur la propagande ne m'avait pas
suffi pour le comprendre, nos premières semaines de
cours, elles, ne peuvent en tout cas laisser aucune place
au doute.

Comme premier exercice, nous travaillons un texte de…
de la Poétesse engagée.

R. Elle n'a pas de nom?

D. Bien sûr que oui.

R. Eh bien alors…?

D. Je ne peux ici que vous faire la même réponse que dans
le cas du cardinal Ho Ho Ho : non seulement la nommer
n'apporterait rien de significatif à ce que je suis en train
de vous dire, mais en plus ça déplacerait complètement
le débat : « T'as pas honte, goujat, sans-cœur, de dire des
affaires pareilles à propos d'une aussi grande poétesse?! »…
Alors que ce n'est pas d'elle que je parle – je n'ai aucune
envie d'instruire son procès, je me contente de vous donner
un exemple d'un comportement non seulement fréquent
mais encore redoutablement pernicieux.

C'est clair?

R. …

D. L'École lui a commandé un texte – de l'ordre de la plus
infecte propagande : une espèce d'appel au meurtre
généralisé : il faut tuer tous les patrons de la Terre, parce
que ce ne sont tous que des idiots et des salauds. Le petit
problème, c'est que je viens justement d'une famille… de
patrons. Des petits patrons, mais des patrons quand même.
Et que, de ce fait, je suis assez bien placé pour savoir et
pour comprendre que le problème politique fondamental
ne tient absolument pas au fait qu'il y ait ou non des
patrons – de toute manière, il y en aura toujours –, mais
au fait qu'il y a des gens qui se *shootent* au pouvoir, qui se
payent des *high* sur le dos des autres… ou qui ont tendance

479

à ne pas être très forts pour assumer leurs responsabilités. Certains s'appellent des patrons, c'est vrai – certains, le vendredi soir, accueillent même leur maîtresse dans leur beau grand bureau... à la Place Ville-Marie, par exemple... quitte à oublier de l'aider à se relever quand elle s'ouvre le crâne sur un coin de table, en pleine beuverie... –, mais d'autres s'appellent la Poétesse engagée ou la Professeure d'interprétation qui nous fait travailler son texte... et du côté de « je me tape des *high* » sur le dos de tout ce qui passe, et de celui des responsabilités... ce n'est pas vraiment plus reluisant.

R. Redites-moi ça?

D. Mon problème avec l'École, c'est qu'aussitôt que j'y mets les pieds, je sais que l'enseignement que je vais y recevoir repose sur un mensonge. Un mensonge intégral.

R. Ça part mal.

D. À qui le dites-vous...
Vous êtes bien certain que vous voulez qu'on entre sur ce terrain-là?

R. Pourquoi? Ça vous pose un problème?

D. Oui, très nettement.

R. Lequel?

D. J'ai bien peur de ne pas être capable de parler de ça...

R. De l'École?

D. Oui.
... sans m'enrager.

R. Trente ans plus tard?

D. Trente ans plus tard.
Et je n'aime pas m'enrager.

R. ...
On continue.

D. Tant pis.

R. Il va quand même bien falloir que vous finissiez par le sortir, non?

D. J'imagine.

R. Qu'est-ce qui vous enrage tant?

D. Je vous l'ai dit : le mensonge – l'omniprésence du mensonge.

R. Lequel ?

D. Imaginez comment je me suis senti, trente années durant, à entendre continuellement – lors de l'invasion américaine de l'Irak, par exemple – les ondes se remplir de déclarations telles que « Nous autres, les Québécois, on est tous des pacifistes par nature », alors que je revoyais en esprit le tout premier contact à m'avoir été imposé durant ma formation artistique, dans une des plus grandes écoles de théâtre : un appel au meurtre. Durant des années, j'ai attendu, je me disais : « C'est pas vrai, le mensonge est tellement hénaurme qu'il va bien finir par y avoir quelqu'un pour s'ouvrir la trappe. » Eh bien non. Pour ainsi dire pas un seul. En trente ans.

Ce n'est pourtant pas un détail. Si je vous annonce que dans un quelconque pays, le premier texte que les étudiants de la plus grande École de théâtre sont obligés de travailler pour inaugurer leurs études est un appel au meurtre de masse, vous allez vous imaginer une société en guerre civile, à feu et à sang. Eh bien, pas du tout : la scène se passe à Montréal, en 1973, dans une société qui ne se gêne pas plus à l'époque qu'aujourd'hui pour donner des leçons de morale et de rectitude politique à la planète entière – et qui se met à pleurer et à hurler comme un enfant insupportable à chaque fois qu'elle ne réussit pas à avoir son nanane.

Pendant des semaines, chaque après-midi, nous nous faisons accroire à qui mieux mieux que nous serions des révolutionnaires. Faites-moi rire : nombre de ces étudiants-là sont des fils ou des filles de sous-ministres, de PDG, de médecins, de directeurs d'établissements scolaires, de profs d'université, de cadres, qui se font envoyer de l'argent par papa-maman pour leur party de la fin de semaine prochaine tandis que les autres, ceux et celles qui n'ont pas de répondants financiers, eux, rasent les murs – et ont une fâcheuse tendance à ne pas faire là de vieux os. Ce qui n'empêche absolument pas les enfants des « riches qui sont tous des salauds » de passer, eh oui, cinq après-midi par semaine à faire des simagrées qui sont de pure convention – et qui n'ont même pas l'air de se rendre compte que le patron qu'ils sont sur le point de tirer à bout portant, c'est leur propre père… qu'ils vont appeler dans trois quarts d'heure pour lui demander encore des sous.

Dans trois ans, ces gens-là seront réputés être devenus des artistes, c'est-à-dire des gens qui mettent en représentation… la réalité – et non seulement ils ne savent même pas ce qu'ils disent, mais en plus on les entraîne à ne surtout pas se le demander.

La mise en représentation de la réalité, il n'en aura même pas été fait mention, durant leurs études. Ils n'auront appris qu'une chose : à être les porte-parole d'une cause indiscutable.

R. La nation…

D. Ouais. Mais la nation abstraite, telle que se l'imaginent ses élites en sirotant un verre de Drambuie ou la paille à coke dans le nez : la nation qui a des belles grosses émotions bien fortes, parfaitement contrôlables et contrôlées d'en haut, et qui, surtout, *ne pense pas*, sous aucun prétexte. Qui ne voit, n'entend, ne respire que ce que ses élites ont décidé, et qui est nécessairement là pour servir leurs intérêts à elles, les élites.

Dans ma classe, dans cette école de révolutionnaires d'opérette, savez-vous combien il y a de prolétaires? Je veux dire d'individus venant de milieux qui non seulement ne sont pas ceux des *boss*, mais où le syndicalisme n'existe même pas? Savez-vous combien on en a accepté, de gars ou de filles qui ont vraiment tout à apprendre, qui ont grandi dans un milieu où même le fait de savoir lire te rend suspect aux yeux de ton entourage? Et qui rêvent de découvrir la parole? Savez-vous combien?

R. Non, combien? Sur seize?

D. Un seul. Et il ne se rendra même pas au bout.

Pendant le temps qu'il passe avec nous, je l'observe. Je le regarde lutter, coincé à l'intérieur de lui-même. Il est en plein désarroi – il est en train de péter au frette, et pas un chat, pas un seul prof ne bouge le petit doigt pour l'aider. Je le regarde aller et j'en suis sidéré. Ce que je vois être en train de lui arriver, c'est ce qui arrive quand tu te trompes de porte, dans cette société-là. Ce gars-là a réussi à entrer à l'École parce qu'il a cru à la propagande : il s'est imaginé qu'il vient vraiment d'entrer dans une des institutions d'une société ouverte, juste, populaire. Et en quelques semaines, il se sent devenir fou à lier. Ce n'est pas dans une école d'art qu'il vient de mettre les pieds, le pauvre gars, c'est dans une école de propagande. Une école dont les finissants constituent la police des émotions : ce sont eux qui, sur les scènes, sur les petits et les grands écrans, indiquent au peuple ce qu'il *doit* ressentir. Seulement, comme personne n'en parle ouvertement, le gars est rapidement convaincu que c'est lui qui ne *fitte* pas, que c'est lui qui est incapable de comprendre – il est incapable de comprendre ce que les autres savent déjà par cœur parce que, grâce à l'exemple de leurs parents, ils ont poussé les deux pieds dedans – que la compréhension, la vérité, la justesse n'ont ici aucune espèce d'importance. Il n'y a qu'une seule chose qui importe : le pouvoir. Alors il se met, littéralement, à mentalement se désintégrer, là, sous mes yeux.

R. Vous ne l'aidez pas ?

D. Je ne peux pas. Je n'ai pas les mots. Je vois bien ce qui se passe. Et je suis révolté par les remarques que nombre des autres font à son sujet, à tout bout de champ. Toutes les plaisanteries, derrière son dos, qui sont des moqueries de snobs à propos des pauvres. Mais je ne peux rien faire.

J'ai accroché, sur le mur de mon bureau, une photo du groupe, prise à la fin de notre première année. Nous sommes tous installés devant l'École, rue Saint-Denis, autour de l'enseigne lumineuse. À ce moment-là, nous sommes quinze, dans le groupe – mais si vous comptez les têtes de pipe, vous ne vous rendez qu'à quatorze. Il faut examiner la photo bien attentivement pour s'apercevoir qu'à droite de l'image, il y a un nez qui dépasse de derrière la tête de la jeune femme accroupie au premier plan. C'est lui, R. Il est de profil, caché. Tout est dit.

Vingt-cinq ans après que cette photo-là a été prise, en 1998, par-là, un midi, je suis à la cafétéria de l'École – je pense que je sors d'un rendez-vous avec la direction. Un étudiant que je ne connais pas m'approche et me demande s'il peut me parler. Je l'invite à s'asseoir. Il se met à me raconter qu'il veut abandonner ses études. Savez-vous pourquoi ?

R. J'écoute.

D. Parce qu'il vient d'un milieu populaire et qu'en étudiant là, il a l'impression de trahir tous ses anciens amis – de renier leur destin commun, d'être un traître, un renégat. En un instant, je revois R, cet étudiant-ci n'a pas du tout la même carrure physique que R ni le même tempérament, mais il a incontestablement le même regard, le même débit verbal hachuré de celui qui est convaincu d'être incapable de penser « comme il faut » par lui-même, qui est convaincu de ne pas être à sa place – et que la responsabilité de l'erreur n'incombe qu'à lui. Je n'en laisse rien voir – *vous* n'en laissez rien voir – mais en un éclair, je suis en furie : me voici revenu au même endroit, un quart de siècle plus tard, et les mêmes règles s'appliquent toujours. Seulement, avec ce jeune gars-là, je fais ce qu'autrefois je ne pouvais pas faire : je lui sers tous les arguments que je peux trouver pour l'encourager à tenir bon. Pour lui nommer des objets concrets sur lesquels prendre appui. Il me promet d'y réfléchir et de m'en reparler avant de prendre sa décision finale. Nous continuons de parler de lui, de l'École. Et au détour de la conversation, il m'apprend quelque chose qui… que… je vous jure que je ne sais pas comment j'ai fait pour me retenir de pousser un hurlement de fureur et d'envoyer la table valser à travers une fenêtre. Il m'apprend... que comme il est pauvre... l'École lui a offert un arrangement financier : en échange d'un soutien pécuniaire... c'est lui qui pellette les marches de l'École après les tempêtes de neige.

R. De toute évidence, votre rage est encore vive.

D. Non, pas ma rage : ma furie !

R. Pourquoi ?

D. Parce que faire payer les frais de scolarité au pair, en échange de petits travaux, dans la glorieuse histoire du Québec, a été un des traits marquants d'un type très précis d'institutions scolaires.

R. Lequel ?

D. Les collèges classiques du clergé ! Eux aussi acceptaient toujours quelques pauvres au talent prometteur qui payaient leurs études en échange de travaux d'entretien. Le symbole est incontournable.
J'en tremble encore.

R. Les choses n'ont pas changé, donc ?

D. Oh que oui : elles ont empiré. Au début des années 70, il aurait été inimaginable de se prêter à une manœuvre pareille. Aussi bouchés et veules que les étudiants aient pu être, ils auraient été incapables de s'empêcher de voir le lien. Aujourd'hui, on peut : on ressort les trucs, intacts, des Jésuites, des Clercs de Saint-Viateur et des Frères des Écoles Chrétiennes, on les remet en usage... et personne ne dit un traître mot !

R. Revenons à cet exercice de début de première année.

D. Oui. La chasse aux patrons.
C'est d'une obscénité à lever le cœur. Je me souviens que ces semaines-là, les toutes premières, celles qui précèdent la soirée Chez Winnie où je réaliserai que je suis en amour avec X, je prends le métro chaque matin pour aller du camp de la rue Clark à celui de la rue Saint-Denis, que je sais que l'après-midi nous allons devoir répéter le texte de la Poétesse et que j'ai envie de vomir.

R. Pourquoi est-ce que vous ne partez pas?

D. Je vous l'ai dit : il y a les fantômes et il y a que je n'ai nulle part où aller — je commence à comprendre que le camp de concentration, c'est la société au grand complet, et en particulier tous les endroits qui risqueraient de m'intéresser : ce seront nécessairement les mieux gardés. Et puis il y a tout de même des gens formidables, que je croise là. Je prends ce que je peux, c'est tout.

Le mois de septembre 1973 est tout particulièrement chaud — je me souviens que tandis que nous répétons cette ineptie-là, la sueur nous pisse dans le dos et dans le visage. Un moment en particulier m'en reste : je regarde les quatorze ou quinze autres étudiants de la classe, qui font des oh! et des ah! et dont les fusils, mimés, pointent dans tous les sens vers les infâmes patrons, et où moi je repense à un frigo, la porte ouverte, et à une vieille dame infâme qui lance à l'aveuglette des bouts d'igloo vers le ciel. Une femme de patron, en pantoufles. Et à un gros couteau, dans ma main. Je sais que si j'avais le malheur de dire un seul mot à propos de ce que j'ai failli faire, un matin de printemps, quelques semaines plus tôt à peine, non seulement les autres révolutionnaires-en-devenir me piétineraient à mort, mais que la Poétesse et la Professeure lanceraient mon cadavre par la fenêtre du troisième en hurlant qu'elles ne veulent rien avoir à faire avec « ça »! Ça se prend pour de la politique, et c'est du psychodrame de bas étage. Il n'est pas question de la vie, jamais — ni de la vie ni des interrogations qu'elle nous force à nous poser, il n'est question que de pouvoir et de contrôle.

Quoi qu'il en soit, je réalise très tôt ce qu'implique le fait de me retrouver dans une école de propagande. Il n'est pas question d'y apprendre à exprimer ce que nous percevons du monde. Nous sommes là pour apprendre par cœur la Bonne Nouvelle qu'il sera de notre devoir de répandre.

R. Tennessee Williams…

D. Oui.

Un an et quelque plus tard. Nous avons passé je ne sais combien d'heures à répéter. Et j'ai découvert, entre-temps, mille et un méandres, bien entendu, mais il y a une chose qui me rend dingue.

R. C'est... ?

D. Le chantage émotif – encore une fois. La manipulation cynique, systématique, des émotions, des sentiments des autres, pour les faire se sentir coupables de ne pas agir à notre convenance. Tout l'appareillage théâtral que je suis forcé d'étudier ne s'articule que sur un seul axe : il existerait, dit le catéchisme, une masse de super bons gars et de super bonnes filles, d'un côté – « nous, les Fidèles » – et une infime minorité de salauds et de salopes, de l'autre – « eux, les Mécréants » – qui compliqueraient affreusement, du seul fait de leur existence, la vie des bonnes gens. L'idée n'est pas de comprendre comment ni pourquoi les soi-disant méchants font ce qu'ils font, non, et surtout pas non plus de se demander si les Bons Gars sont vraiment aussi bons que ça fait leur affaire de le croire, mais uniquement de condamner les Méchants. De les condamner parce qu'il serait « évident » qu'ils sont condamnables.

Et je ne suis plus capable. Cette vision-là, même si elle se prétend de gauche ou de je ne sais quoi, me sort par les trous de nez.

On me raconte à cœur de jour qu'il y aurait les méchants, qui parleraient tous anglais, évidemment, mais le pouvoir aveugle et castrant que moi je rencontre tous les jours, et qui n'en laisse pas passer une, c'est en français qu'il parle. Il est majoritaire. Et nous ne sommes encore qu'en 1973 – attendez de voir ce que ça commencera à devenir dans trois ou quatre ans !

R. Les « Williams »...

D. Oui.

J'ai deux scènes à jouer, dans le montage : Jim, dans *La ménagerie de verre*, et Casanova, dans *Camino Real*.

Casanova est un personnage magnifique : « Les violettes dans la montagne peuvent faire éclater les rochers, si vous croyez en elles, et si vous leur laissez la chance de pousser[10]. » Je cite de mémoire.

R. Vraiment ? Trente ans plus tard ?

D. Je vous le jure.

R. Mais attendez un peu : si vous aimez Casanova, dans *Camino Real*, vous ne détestez donc pas intégralement l'œuvre de Williams ?

D. Non, en effet. *Camino Real*, par exemple, n'est pas du tout, selon moi, de l'ordre du naturalo-psychologisme.

R. Pourquoi pas ?

D. C'est une pièce onirique. Les protagonistes sont tirés d'autres œuvres littéraires : Casanova – bien entendu – Marguerite Gauthier…

R. *La dame aux camélias*, de Dumas fils…

D. C'est ça. Il y a aussi le baron Charlus…

R. Tiré de Proust…

D. Oui, et la mise en présence de personnages de ce type-là, à elle seule, change tout : l'identification ne peut plus être littérale.

R. Je vois.
Et Jim, lui ?

D. Il constitue ce qu'au théâtre on appelle une utilité, un faire-valoir : il ne nous apprend rien de capital, mais sert à faire ressortir à quel point l'héroïne est héroïque. Laura, le personnage principal de la pièce, est infirme, bien sûr – chantage oblige. Et solitaire, ça va de soi. Son frère Tom invite un beau gars de ses amis – Jim – à venir faire un brin de causette à sa sœur. Laura tombe en amour avec le mâcheur de gomme. Et le destin suit son cours.
Nous avons donc répété la scène, et la comédienne qui joue Laura est excellente. Une femme remarquable. Mais…

---

10. Tennessee Williams, *Camino Real*, traduction de Michel Tremblay, produit à l'École nationale de théâtre du Canada, le 19 février 1991, inédit.

R. Mais…?

D. Je ne suis plus capable de supporter l'atmosphère dans laquelle baigne le travail. Le grattage de bobo. La prétention à la sincérité. L'obligation au chantage – on veut nous forcer à devenir des maîtres chanteurs. Ce que je déteste le plus sur Terre.

Arrive un soir d'enchaînement pour lequel notre prof a une tradition bien à lui – je ne sais plus comment, lui, il l'appelle, mais moi j'ai fini par l'appeler « l'enchaînement *weird* » : on répète, mais en faisant semblant de changer, rien que pour un soir, toutes les règles instaurées depuis le début des répétitions. En l'occurrence, pour les Williams, il nous annonce à la dernière minute que nous allons nous installer dans le salon des étudiants et nous faire tout le texte entre nous : comme si c'était pour vrai, à voix basse, dans la vraie vérité vraie et véritable. Pas d'éclairages construits, pas de costumes, juste le jeu. Nous ne sommes même plus au théâtre, c'est le contraire radical de l'art : c'est, soi-disant, la vraie réalité, plus vraie que vraie.

R. Vous devez en vibrer de joie?

D. Ce n'est rien de le dire.

Nous nous retrouvons donc, tout le groupe, assis dans les divans qui sont les seuls endroits où, depuis notre entrée à l'École, nous avons, dans cette bâtisse-là, eu le droit d'être un peu nous-mêmes. Dans la pénombre. À devoir faire comme si « tout ça » était pour vrai. Je n'en reviens pas. Je savais que le délire pouvait aller loin, très loin même, mais je ne m'étais jamais imaginé qu'il pouvait aller jusque-*là*.

Et je pète les plombs.

L'atmosphère est tellement mielleuse, hypnotique : je nous vois, tous, assis en rond, à nous vautrer dans nos belles émotions, prêts à admirer nos souffrances, à nous entre-congratuler, à nous entre-chatouiller les plaies, à immoler tout un troupeau de moutons au grand dieu de la souffrance intime. Dans mon esprit, une porte claque : « Non! »

Quand ma première scène finit par arriver, celle de Laura et de Jim, je suis tellement enragé par la niaiserie, par la mièvrerie de ce que nous sommes en train de faire... tellement enragé, oui, mais aussi et surtout tellement blessé – je sens les mains du prof qui me tripotent l'âme, qui me jouent dans le cerveau et veulent m'obliger à jouer son jeu à lui, qui veulent m'obliger à renoncer à tout ce à quoi je tiens et qui ne l'intéresse même pas : il n'en a pas la moindre idée. Bref, je suis dans un tel état que, malgré moi, par simple réflexe de survie mentale, je crois, comme un gars qui réalise qu'il est en train de se noyer se met à battre des bras, un tout autre personnage que celui que nous avons préparé depuis des semaines prend le relais quand finit par venir mon tour de m'ouvrir la trappe. Il s'impose à moi en un éclair – il prend le contrôle. Le texte de Jim se met à sortir... mais complètement à contre-sens de l'entreprise dans laquelle je me trouve. Lui, qui dans la pièce n'est là que pour servir de révélateur à la solitude du personnage central, devient son... son bourreau. Laura lui paraît tellement épaisse, tellement égocentrique, mais surtout tellement manipulatrice, qu'il ne peut rien faire d'autre que se moquer d'elle. À la fois pour lui dire : « Puisque de toute manière je n'existe que pour te permettre de souffrir en masse, ma pitoune, j'ai pas de raison de me gêner. Tu me remercieras plus tard », par révolte, par refus absolu de servir à ça sans broncher. C'est insensé : ce que nous jouons là, tous ensemble, est tellement infantile, tellement pervers, que Jim se tord de rire : « Hey ! Réveille, cocotte ! » Il a envie de la brasser, de la forcer à ouvrir les yeux, de l'obliger à quitter ses airs de martyre mystique. « Va jouer dehors ! Arrête de brailler sur ton sort pis va voir la vie ! »

La réaction est spectaculaire. Je sens, en un instant, tous les membres du groupe se raidir : « Mais qu'est-ce qu'il est en train de faire là ? » Je suis en train de pisser sur les mules du pape. Je continue. Jim est baveux : il accuse Laura de se complaire, de se vautrer dans sa souffrance. *Ce qui est précisément ce que nous sommes tous en train de faire.*

Tout à coup, le comédien qui joue Tom, le frère de Laura, s'arrache à son divan, fonce vers moi, m'agrippe et me projette… à deux ou trois mètres de là, par-dessus un des meubles. Je vole, littéralement.

Je me redresse, me relève. Tous les autres – y compris le prof – me regardent comme si j'étais un démon sulfureux qui viendrait de se matérialiser devant eux, en train de dévorer un bébé vivant.

À la fin de la soirée, le prof vient me dire, pour endosser la violence physique parfaitement inexcusable dont j'ai été l'objet : « Tu sais, moi, la violence gratuite, je suis pas capable. »

R. Quoi ?!

D. Oui, monsieur. La « violence », dans la bouche de cet homme-là, ce n'est pas que je vienne de me faire projeter à deux ou trois mètres de distance, par-dessus un fauteuil, non, c'est que j'aie joué autrement qu'il ne l'aurait fallu selon lui une scène de chantage émotif parfaitement puante mais, selon lui toujours, soi-disant « libre ».

« Libre ». C'est-à-dire correspondant à ce qu'il voulait, *sans qu'il ait besoin de le demander*. Libre, c'est-à-dire indiscutable.

En clair, il vient de me déclarer : « Si tu n'es pas assez brillant pour comprendre ce que "libre" veut dire dans ce pays-ci, tais-toi. Et si jamais tu te fais péter la gueule, ne viens pas t'en plaindre à moi. Moi, les salauds dans ton genre, qui ne marchent pas au chantage émotif que je contrôle, je me contrecâlice qu'ils se fassent péter la gueule. »

R. …

D. Jamais, *jamais* ! aucun de mes camarades de classe, ni personne de l'École, *jamais*, *personne*, n'est venu me poser aucune question à propos de ce que, ce soir-là, j'ai tenté de faire. Jamais ! Aucun !

Ce que veulent dire les gestes que nous posons n'intéresse personne, dans ce monde-là. Une seule chose, importe : *fitter*. Être conforme. Sans se poser de questions.

R. Qu'est-ce que ça vous a fait ?

D. Rien du tout.

R. Là, c'est vous qui vous foutez de ma gueule. Rien ?

D. Rien.

N'oubliez pas que j'ai eu comme entraîneur personnel, *non stop*, huit ans de temps, dame Fleurette Lambert-Dubois – championne méta-olympique toutes catégories de la torture mentale. Et que j'ai survécu – tant bien que mal mais quand même – à l'exercice de ses talents.

Ce soir-là, je regarde les autres étudiants sortir du salon, les uns à la suite des autres, et je nous retiens à quinze mains, vous et moi : « Tais-toi ! Ferme ta gueule ! Respire ! Apprends ! »

R. Apprends quoi ?

D. Que ce que je cherche dans la vie n'est pas ici.

R. Pourquoi pas ?

D. Parce que la première vertu qu'il faut pour avoir droit au nom d'humain, c'est... le courage. Un minimum, de courage.

Ce que je viens de rencontrer là, c'est le contraire : un maximum de veulerie. Élevé à la valeur d'héroïsme exemplaire. Le courage héroïque, dans cette société-là, c'est se jeter à plat ventre aussitôt qu'un des Maîtres claque des doigts... et d'aimer ça !

Quand je dis « un des Maîtres », je ne parle pas d'un mythologique Anglais. Un Anglais qui me donne un ordre, je n'en ai jamais rencontré un de ma vie. Pas un seul. En revanche, j'en ai rencontré une méchante talle avec l'accent de Hochelaga-Maisonneuve ou d'Outremont. Plus arrogants et sûrs de leur bon droit qu'aucun Français, aussi Maudit soit-il, ou qu'aucun Américain. Mais qui, aussitôt que tu t'approches à moins de cinquante kilomètres de lui faire remarquer que le vrai patron c'est lui, se roule en boule en pleurnichant et en t'accusant d'être à la solde d'un complot serbo-argentino-zoulou et de vouloir piétiner la tombe de sa grand-mère qui a tellement souffert.

R. Vous leur en voulez?

D. Jamais de la vie. Je suis triste – d'une tristesse à fendre l'âme.

R. Expliquez la tristesse.

D. Je suis abasourdi que l'on puisse demander en toute bonne conscience à des gens de vingt ou vingt-trois ans de s'abaisser à ça. Qu'on les manipule jusqu'à les mener là.

Mais ce qui vient de se passer ce soir-là aura au moins eu une conséquence positive. Cet événement va m'obliger à m'interroger – de plus en plus tout seul dans mon coin – encore plus profondément sur ce qui m'anime. Eh merde!

R. Qu'est-ce qu'il y a?

D. Il y a un piège. Impossible à éviter.

R. Où ça?

D. Dans ce dont nous parlons là. Tout ce système de chantage. D'aveuglement entretenu. De contage de ballounes.

R. Doucement, je vous prie. Je ne vous suis pas du tout.

D. Chaque fois que je tente d'aborder ces questions-là, le piège est le même. Et j'ai horreur de l'effet qu'il me fait. Tout le monde fait semblant de ne rien voir, tout le monde se raconte que tout va pour le mieux dans le meilleur des mondes, chez nous. Donc? Donc il faut que je prenne les faits, un à un. Que j'explique : que je décortique ce que nous avons sous les yeux. « Tu vois, la croyance selon laquelle nous serions dans une société pacifiste, pour ne prendre qu'un seul exemple entre mille, c'est une balloune et rien d'autre : une histoire inventée, que tout le monde se raconte et que pas grand-chose dans la réalité ne vient appuyer. Comme un gars *stoned* qui se fait des accroires. » Là, tout le monde se met à crier : « T'as pas honte, cracher sur ton peuple? Nous sommes des gens bien! Les salauds, ce sont tous les autres. » Alors je dois donner des exemples : « Quand je suis entré à l'École de théâtre, j'ai été obligé de travailler un texte qui me faisait vomir : un appel au meurtre. On ne fait pas des choses pareilles, dans une société véritablement pacifiste. » Là, aussitôt, l'enjeu se déplace : « T'as pas honte, cracher sur tes anciens profs? » Je dois recommencer : « Non, je n'ai pas honte. Parce que ce n'est pas ça que je fais. Je ne crache pas sur eux, je donne des exemples et c'est tout. Parce que si je n'en donne pas, tu me dis que j'invente tout ça. Mais aussitôt que j'en donne, toi, tu me transformes en juge. Mais je ne suis pas un juge. J'essaie juste de penser, de me servir de ma tête. Pour y parvenir, je dois découvrir une manière de m'exprimer qui me place en dehors des mensonges qui constituent la soi-disant culture de cette société. » « Mais non, regarde, tu accuses! » « Pas du tout, je donne des exemples. » Et j'explique : « Ce n'est pas vrai, que nous sommes dans une société pacifiste, ça c'est simplement une balloune qui est mise en circulation pour que nos élites à nous ne puissent jamais être critiquées : toi et moi, nous vivons dans une société où la faute est toujours à l'extérieur. Mais ce n'est pas vrai. Ce n'est vrai dans aucune société. » « Tu vois? Tu vois ben que t'haïs ton peuple. »

C'est à devenir dingue.

R. Comment on fait pour sortir de ça?

D. On change de sujet! Maintenant! J'en ai plein le cul!

R. Non.

D. …

R. Vous allez m'en donner un autre. Allez. Un autre exemple.

D. …

R. Vous savez parfaitement duquel je veux parler.

D. …

R. Bon, écoutez-moi bien : si ce n'est pas vous qui le racontez, ce sera moi.

D. À quoi est-ce que vous jouez?

R. Je ne joue pas. Je vous vois faire, je vous entends penser. Vous vous dites : « Je n'ai pas envie de parler de ça, ça m'enrage. J'ai horreur de l'état dans lequel ça me met, aborder ces questions-là. » Vous vous dites : « C'est de Billy que je veux parler. De son sourire qui me fait chanter le cœur. De son rire, qui si je ne me retenais pas me ferait pleurer de joie. » Vous vous demandez comment vous pourriez une fois encore évoquer les rêves que vous faites de lui, parce que vous trouvez que vous ne leur rendez pas encore justice. Vous vous demandez si vous n'allez pas écrire une nouvelle érotique, que personne à jamais ne lirait à part vous, dans laquelle vous évoqueriez ce que sa présence vous fait. Vous vous demandez comment il se fait qu'il n'y ait pas de prix Nobel de littérature cochonne – et vous trouvez ça injuste. Compris? Je le sais parfaitement, que vous ne voulez pas évoquer le souvenir qui vous est revenu tout à l'heure en repensant à l'École. Que vous n'avez pas envie de le formuler à haute voix, ce souvenir qui vous a toujours donné l'impression de vous salir l'âme. Je vous comprends très bien, c'est même moi qui à plusieurs reprises, jusqu'ici, vous ai incité à retarder le moment où vous aborderiez le sujet. Là, c'est le moment.

D. …

R. Bon… alors j'y vais?

D. Ça va. Ça va.

   …

Je vous l'ai dit : jusqu'à ma rencontre avec Knapp, en deuxième année, l'essentiel de ce que je vis à l'École, en dehors de la rencontre de types formidables comme Barbeau et Descombes, qui malheureusement ne m'enseignent pas, ce sont certains cours de technique et la découverte de l'amour.

R. Euh…

D. Oui?

R. En parlant de l'École, jusqu'à présent, il y a un nom essentiel que vous avez à peine mentionné.

D. …

R. André Pagé.

D. …

R. Pourquoi est-ce que vous ne parlez pas de lui ?

D. …

R. Trop douloureux ?

D. Oui.

R. J'insiste.

D. …

R. …

D. André était un homme remarquable, bouleversant. Qui a joué dans ma vie un rôle qui mériterait un livre à lui tout seul, si je voulais lui rendre justice. Ça peut sembler étrange que je vous dise ça de l'homme qui était pourtant le directeur de la section française de l'École, en interprétation, alors que je critique avec autant de virulence ce que j'y ai vécu, ce qu'on nous y a imposé sous son directorat, mais ce ne l'est pas. Ce n'est pas paradoxal du tout. Parce que je crois que ce que je vous décris ici, André en a souffert au moins autant que moi.

R. …

D. Je crois même que c'est de ça, au moins en partie… qu'il est mort.

R. …

D. Ce que je retiens de ma rencontre avec lui, ce n'est pas un lien de directeur à élève, mais un lien d'amitié. Une amitié extrêmement profonde.
Je vous l'ai dit, il y a déjà un moment : j'ai voulu deux fois lâcher mes études, à l'École…

R. Mais vous n'avez pas mentionné de raisons comme celles que vous venez d'évoquer : l'exercice Williams ou le texte de la Poétesse engagée ?

D. Non, c'est vrai. Je n'ai mentionné que mon amour malheureux pour X. Et pourtant, des exercices comme ces deux-là en faisaient indéniablement partie, de mes raisons.

Les deux fois où je suis allé voir André pour lui faire part de ma décision…

R. Ces deux fois-là s'ajoutent à celle, en troisième année, où vous avez failli partir parce que le ministère de l'Éducation vous refusait une bourse?

D. Oui.

… les deux fois où je suis allé le voir, je n'ai strictement aucun souvenir de lui avoir parlé de quoi que ce soit d'autre que de mon histoire avec X. Ce n'est que plus tard, à Paris, que j'ai commencé à comprendre la complexité de ce qui en fait s'était passé.

J'allais voir André, je lui racontais ce qui se passait en moi. Il m'écoutait avec une attention extraordinaire. Une attention sereine, souriante même. Il me laissait aller jusqu'au bout, m'aidait à trouver les mots, mais sans forcer, sans m'imposer les siens. Et puis quand j'avais fini, il prenait tout son temps. Il me regardait, regardait par la fenêtre. Puis ramenait ses regards sur moi et se lançait. À partir de ce moment-là, il ne me quittait plus des yeux. Il ne me parlait pas d'art, il me parlait de la vie. Et c'était remarquablement troublant, parce que j'avais l'impression très nette que toute une partie de ce qu'il me disait, il le découvrait à mesure. À la fois il m'aidait, et je sentais qu'en lui posant le problème que je représentais, je l'aidais, moi aussi. En l'obligeant à nommer des choses qu'habituellement il ne nommait pas. Ou pas comme ça, en tout cas. Ce qui fait que nous étions tous les deux… en danger, en quelque sorte. Il acceptait de se mettre en danger pour pouvoir m'aider. Cette relation exceptionnelle a eu pour effet de me donner accès à des pans de lui, de sa vie, qui m'ont beaucoup troublé. J'avais – c'est sans doute de la présomption de dire ça – mais j'avais, oui, l'impression que, lors de nos rencontres, je l'aidais autant que lui m'aidait.

R. En quoi est-ce que vous l'aidiez?

D. Comment évoquer ça?

ENTRETIENS

Il fixait ses yeux sur moi, il me parlait… du temps qu'il faut aux choses pour advenir, de l'amour, de la souffrance, de la concentration… il m'aidait à clarifier, à démêler ce qui se passait en moi, mais ses yeux, eux, parlaient de quelque chose de tout à fait différent.

R. Quoi ? Qu'est-ce qu'ils disaient ?

D. Ce que j'entendais, en tout cas, c'était ceci : « Ne lâche pas. Tiens bon. En tenant bon, tu m'aides. »

R. …

D. J'avais l'impression d'entendre, dans ses yeux, la voix de ses profondeurs, son autre voix.

R. Vous parlez de la différence qu'il pourrait y avoir entre la voix de Daniel et celle de René-Daniel, par exemple ?

D. Oui.

R. Et il vous demandait de l'aider ?

D. Oui.
Parfois, quand je repense à ces moments-là, je regrette de n'avoir eu à l'époque que dix-huit ou dix-neuf ans. Un peu plus vieux, j'aurais peut-être pu l'aider davantage, et mieux, et j'aurais aussi sans doute mieux compris ce que lui me confiait.

R. Qu'est-ce que c'était ?

D. Essentiellement, il m'enjoignait de ne pas lâcher, mais je sentais qu'il y avait bien davantage dans son injonction que simplement celle de ne pas quitter l'École. Je pense… je me trompe peut-être… mais non, non, je ne crois pas que je me trompe… je crois qu'André savait parfaitement ce qui se passait à l'intérieur de moi. Je veux dire : ce qui se passait, mais que je me gardais bien d'évoquer, projetant tout mon trouble uniquement sur mon amour désespéré pour X.

R. Vous voulez dire : le dédoublement ? Le Maquis ?

D. Oui. Et que ce qu'il me demandait, en fait, c'était de ne pas lâcher… ça. En même temps, ses yeux me disaient aussi que ce chemin-là est dangereux. Extrêmement, dangereux. Et que c'était pour ça, qu'il n'appelait pas le monstre par son nom – il ne voulait pas me pousser vers le danger si tel n'était pas mon choix à moi.

R. Quel chemin? Quels dangers?

D. Tenir à son âme, contre vents et marées.

R. Êtes-vous en train de me dire… que selon vous André Pagé… ne faisait que semblant d'appuyer ce qui se passait à l'École à l'époque? Ce qu'on y faisait?

D. Oui. C'est exactement ce que je suis en train de vous dire.

Je crois qu'il était un Résistant. Un espion. Qui était à l'École essentiellement pour pouvoir donner un coup de pouce aux jeunes gens qui étaient aussi des Résistants et qu'il pourrait y rencontrer.

R. Des jeunes gens comme celui qui s'appelait Daniel?

D. Oui.

Il s'était trouvé un poste idéal d'observation et même, si nécessaire, d'intervention.

En plus de ces deux occasions-là – celles de mes deux faux départs – il y a trois autres rencontres avec lui qui sont restées gravées dans ma mémoire.

R. Oui…?

D. J'y vais?

R. Mais oui.

D. Dans quel ordre? Je ne sais pas. Vous savez de quoi je veux parler. Donnez-moi un coup de main.

R. Allez-y chronologiquement, je crois que c'est le plus simple.

D. Deux jours après la fin de mes études. Lundi midi. Je vais à ma banque. Au coin de Saint-Joseph et Saint-Denis, juste à côté de l'École – elle a été transformée en fruiterie, depuis. À ma grande surprise, André est là, qui attend son tour devant un des guichets. Je suis étonné parce qu'il y a deux ans que j'ai un compte là, et je ne l'y ai jamais rencontré. Quand il a achevé ses transactions, il me fait signe qu'il m'attend près de la porte. Je l'y rejoins. Il me demande si j'ai quelque chose à faire,

là tout de suite. Je lui dis que non. Il m'annonce qu'il
m'invite à manger. Et durant le repas, il me parle. Il fait
le bilan de mon passage à l'École, de son point de vue.
Et il est très clair, à mes oreilles en tout cas, que s'il ne
me parle pas seulement d'art cette fois-ci non plus, il ne
me parle pas non plus de carrière. Encore une fois, c'est
de la vie qu'il me parle.

R. Qu'est-ce qu'il vous dit ?

D. Il me fait des compliments. Mais c'est surtout ce qui les
sous-tend, qui me touche.

R. Quoi, qu'est-ce qui les sous-tend ?

D. Une confiance. En moi. Pas particulièrement en l'acteur.
Ni même en l'artiste, je crois. En l'homme. Ou dans son
entreprise. André savait, j'en suis convaincu. Tout comme
je suis convaincu que s'il savait, ce n'était pas parce qu'il
traquait les signes de rébellion, de non-conformité, comme
j'en ai vu tant d'autres le faire, non, mais parce qu'il
cherchait des alliés. Ou, plutôt : à aider.

R. Ce qu'il vous dit ce midi-là confirme, selon vous, qu'il était
un Résistant ?

D. Tout à fait.
Je passe rapidement sur l'évocation de notre seconde
rencontre : elle a lieu à Paris, durant mes études là-bas.
André joue *Le temps d'une vie* de Roland Lepage, à la salle
Gémier.

R. *Le temps d'une vie*… qui est une pièce qu'André avait
justement commandée à Roland pour un exercice de votre
classe, à l'École ?

D. Eh oui – c'était même André qui avait dirigé l'exercice en
question.

R. En quelle année ?

D. En… en première, je crois. Oui, parce que le local où nous
avons fini par jouer était celui où avaient lieu les exercices
de première.

R. Et le travail en interprétation avec lui ne vous a pas plus
allumé qu'avec les autres ?

D. Non. Ce qui m'a marqué le plus profondément, et de très loin, ce sont les discussions que nous avons eues dans son bureau quand j'allais le voir parce que je voulais quitter l'École. Et celle que nous avons eue au restaurant, deux jours après ma graduation.

À Paris, il a l'air triste.

Je ne vois pas ce que je pourrais dire d'autre.

R. Troisième moment?

D. Chez lui. C'est la dernière fois que je le vois, il me semble. Il a été nommé directeur artistique du TNM mais n'est pas encore officiellement entré en fonctions. Je l'ai appelé pour aller lui lire *Les Bédouins*, que je viens de finir d'écrire.

R. Chez lui?

D. Oui. Nous sommes dans la salle à manger. Il est au bout de la table. Le dossier de bois ouvragé de son fauteuil monte très haut : André passe la plus grande partie de ma lecture la tête appuyée contre lui, les yeux fermés.

Quand j'ai fini, il reste comme ça un bon moment. Puis il redresse la tête. Finit par ouvrir les yeux, mais toujours sans me regarder : il fixe un point sur un mur – comme quand, dans son bureau, à l'École, il regardait par la fenêtre avant de me parler. Il finit par tourner son regard vers moi. Et me fait un immense sourire. Puis il se met à me faire des compliments – très chaleureux, très réconfortants. À la toute fin, il fait une pause avant de conclure : « Mais je ne pourrais pas monter ça au TNM... tu comprends pourquoi? » En entendant ça, je sursaute : je réalise que oui, j'avais peut-être espéré qu'il choisisse ma pièce pour une de ses prochaines saisons, mais que ce que je voulais surtout, en la lui lisant, c'était lui dire merci pour son soutien d'autrefois, et pour lui dire : « Tu vois? Je tiens bon. » Je lui dis que ce n'est pas grave, que j'ai été content de la lui lire. Et il me renvoie un autre immense sourire – je pense qu'il a très bien saisi.

R. Et c'est la dernière fois que vous le voyez?

D. Oui.

R. Ensuite ce sera… son suicide.

D. …:

R. Vous ne voulez pas en parler?

D. Je ne sais pas comment.

R. Je vous aide?

D. S'il vous plaît.

R. Comment est-ce que vous apprenez la nouvelle?

D. …

R. Daniel…?

D. Je suis chez… chez quelqu'un.

R. Quelqu'un du milieu?

D. Oui.

R. Un artiste?

D. Oui.

R. Vous ne voulez pas dire son nom?

D. …

R. Vous êtes là pour des raisons… professionnelles?

D. Oui.
   C'est un metteur en scène. Qui vient d'être nommé à la direction d'un grand théâtre, et qui…

R. Attendez…

D. Non!

R. Non, quoi?

D. Je sais ce que vous allez demander : ne me posez pas la question!

R. Tant pis : ce metteur en scène là, vous nous avez parlé de lui déjà?

D. …

R. Dans le passage qui précède, peut-être?

D. …

R. Celui sur l'exercice Williams?

D. …

R. C'est lui qui…

D. Taisez-vous!

R. Non.

D. Je ne veux pas l'accuser. De rien. C'est un très grand artiste.

R. Et un lâche de première grandeur.

D. On s'en fout!

R. ...

D. Nous avons tous le droit, d'être lâches. Personne ne peut être obligé au courage. Il a fait ce qu'il a pu, de toutes ses forces. C'est un artiste immense. Qui a été traité comme un chien. Je ne suis pas un juge. Ne faites pas de moi un juge. Je ne suis pas ici pour accuser.

R. Mais il vous a fait mal!

D. ...

R. Le soir de cet enchaînement-là, à l'École, il vous a blessé! Blessé jusqu'au fond de l'âme.

D. Il a fait ce qu'il a pu. Toute sa vie. Dans des conditions effroyables! Il a eu plus de courage que je n'en aurai jamais!

R. Cessez de dire des sottises.
Et cet autre soir-là aussi, chez lui, il vous a blessé!

D. ...

R. Non?

D. Si je n'avais pas été aussi idiot, si j'y étais allé plus doucement, je ne l'aurais pas mis devant l'obligation de le faire.

R. Racontez.

D. ...

R. Attention, j'y vais...

D. Attendez!

R. ...

D. Il vient, quelques mois plus tôt à peine, d'être nommé à la tête d'un grand théâtre. Et il m'a demandé de traduire, en l'adaptant, la pièce qu'il veut mettre en scène pour son spectacle... d'intronisation.

R. Oui.
Et?

D. Je fais beaucoup plus que ça, beaucoup plus que la traduire et l'adapter. Je la réécris, la pièce. Je la transporte dans le temps et dans l'espace. Je la recentre.

R. Et…?

D. Il m'a demandé de lire où j'en suis.

R. Il n'est pas encore au courant de ce que vous êtes en train de faire?

D. Non. Quelques jours plus tôt, il m'a appelé pour me demander le texte des scènes déjà achevées : les toutes premières, la mise en situation. Je lui ai offert : « Je pourrais te les lire, si tu veux? » Il a accepté. Ce lundi soir là… en début de soirée… je me pointe donc chez lui pour lui lire le début de ce que j'ai écrit.

R. Vous lisez?

D. Oui.

R. Et qu'est-ce qu'il vous répond?

D. Sur le coup, rien du tout. Il se lève sans dire un mot. Sort de la pièce. Revient avec du papier à rouler et un petit sac de plastique. Il entreprend de rouler un énorme pétard. Je n'en prends qu'une *puff* ou deux. Je sens que l'éclair va frapper.

R. Il frappe?

D. Oui.
Après un temps interminable, il finit par se lancer. Sa première phrase, je l'entends encore comme si j'y étais : « Je pense que nous nous sommes mal compris. » Et là, il se lance dans une longue explication. Mais de tout ce qu'il me raconte, ce sont la première et les deux dernières phrases qui sont significatives.

R. La première, vous venez de nous la dire. Les deux dernières, quelles sont-elles?

D. « Prends le chèque. Pis ferme ta gueule. »

R. Comment est-ce que vous réagissez?

D. Je suis. Catatonique.
Je m'attendais à ce qu'il soit critique – peut-être même à ce qu'il refuse ma proposition. Mais pas à me faire servir un

ordre aussi clair. Une injonction aussi monstrueusement…
monstrueuse.

R. Il y a une image…

D. Oui.

R. … qui revient souvent vous hanter…

D. Oui.

R. Décrivez-la.

D. Je suis pétrifié d'horreur. Je viens de comprendre ce qu'il
me demande.

R. L'image…

D. Dans mon crâne de gars un peu *stoned*, il y a une seule
phrase, qui tourne et retourne.

« Il m'a offert cette job-là… pour acheter mon âme. »
Je suis catastrophé. J'ai l'impression de jouer un rôle cliché
dans un mauvais film fantastique : le diable qui roule un
joint, et qui le tend au jeune auteur en lui disant : « Prends
l'argent, merde, épais ! Prends l'argent. Sois libre. Et pis
tes affaires, là… tes niaiseries… tu feras ça une autre fois,
dans ta cour, avec tes petits amis… »

R. « Tes affaires, tes niaiseries », qu'est-ce qu'elles sont, en
l'occurrence ?

D. Ce que j'écris.
La pièce qu'il m'a demandé de traduire est une pièce
ancienne, qui porte sur le pouvoir – pas sur la lutte pour lui,
mais sur son principe. C'est, par certains côtés, un voyage
initiatique, d'une grande capitale à l'autre de l'Antiquité.
Le poète qui représente l'auteur vient raconter que cette
histoire, en fait, est plus ancienne qu'il n'y paraît. Moi,
je propose d'ajouter encore une couche : un autre poète,
un poète d'aujourd'hui, qui vient expliquer qu'on n'a pas
le droit de se servir des poètes d'autrefois pour couper
la parole à ceux de maintenant. Et qui se réapproprie la
pièce, comme le poète de la pièce que j'avais à traduire
s'était déjà approprié une histoire plus ancienne que lui.
Mon poète dit : « Écoutez bien cette histoire, femmes et
hommes de maintenant. Écoutez bien. Toutes ces grandes

cités autrefois prestigieuses et puissantes que vous allez entendre évoquer… ne sont aujourd'hui que des monceaux de ruines. Songez à cela, en admirant vos banques et vos ministères. »

R. Et ça ne plaît pas à votre commanditaire?

D. …

R. Qu'est-ce qui se passe ensuite? Vous lisez, il vous dit que vous n'avez pas compris ce qu'il vous demandait, et il vous enjoint de vous taire, de faire la job peinarde qu'il vous demande et de prendre l'argent – ensuite?

D. Il y a un silence… infini. Après qu'il ait fini de parler, aucun de nous deux n'ose ouvrir la bouche ou bouger. Pendant dix minutes, peut-être.
Et puis…

R. Et puis…?

D. Le téléphone sonne, à l'autre bout de la maison. Il se lève – il se sent soulagé, je pense : sauvé par la cloche, littéralement. Il se rend jusqu'à l'appareil. Décroche. « Allô? » Et c'est tout, pendant… une minute? une minute et demie? Au bout de ce temps-là, j'entends, tout bas : « Oh non!… » Et une chaise qui craque : il vient de s'asseoir. Il ne dit plus un mot. Pendant une éternité. Puis il raccroche. Il n'a rien dit d'autre. Il y a un temps où rien ne se passe. Puis la chaise craque à nouveau et ses pas se mettent à approcher dans le corridor. Il rentre dans la pièce où je me trouve. Reprend place devant moi. Il est blanc comme un linge. Après encore un temps interminable, il lève les yeux vers moi, et murmure : « André. André Pagé. Il est mort. Ils viennent de le trouver. Pendu dans son salon. »

R. …

D. J'étais déjà défait. Mais là, j'ai glacé. En une fraction de seconde. Comme si. Comme si je venais d'être attaqué à coups de couteau. L'acier brûlant de froid dans le cœur. La gorge ouverte. Les reins déchirés.

Quelques minutes après, je suis parti de là. Je me suis sauvé. Littéralement. Dans un état de panique… indescriptible.

R. À quoi est-ce que vous pensez?

D. À la fois à André, mort, et à la scène qui vient de se passer. Les deux choses sont inséparables. Comme si.

Je m'étais bien douté qu'un jour ou l'autre je finirais par me faire dire en pleine face de me tenir tranquille. Mais pas comme ça. Jamais je ne m'étais attendu à ce que ça puisse être de manière aussi brutale, claire, définitive. Je croyais que « C'est moi qui paye, fa que farme ta yeule! » c'était pour le cinéma. Pas pour la vie. Pas pour un artiste parlant à un autre artiste. Et surtout pas pour… cet homme-là. Ce gars-là se défend toujours de tout ce qu'il a pu faire en se traitant lui-même de lâche. Je prenais soudain conscience qu'il est des circonstances, en tout cas, où il peut être remarquablement clair.

Tout ce que je vous raconte ici sur mon trajet dans le Maquis, et sur ce que j'ai appris en le parcourant, je ne l'ai pas appris de gaieté de cœur, ni en recherchant la preuve de quelque chose que j'aurais connu d'avance. Je ne m'attendais pas, en passant mon audition à l'École, à ce que Michelle Rossignol me pose sa question maudite. Je ne m'attendais pas, durant mes études, à une entreprise de chantage et de continuelles menaces implicites aussi monstrueuses. Toute ma vie, je me suis dit : « Je me trompe. Les choses *ne peuvent pas* être aussi abominables. » J'espérais me tromper. Oui, oui, je savais qu'il y avait l'horreur, et je le savais depuis… le début. Mais j'ai toujours cru que je me trompais quand même. C'était pour ça qu'il fallait que j'étudie, que je réfléchisse. Mais sans cesse, les preuves m'ont été lancées au visage. Et cette fois-là, ce soir-là, la preuve a été une véritable explosion.

Je me suis enfermé chez moi. Je ne sais plus combien de temps. Et les deux événements en un se rentraient dedans sans arrêt, dans mon esprit, se fondaient l'un dans l'autre, se répondaient : d'un côté les yeux d'André, dans son bureau, qui m'imploraient presque de ne pas lâcher, de tenir bon, et puis ses pieds qui pendaient dans le vide, dans son salon, et de l'autre le choc d'entendre : « Prends le chèque. Pis ferme ta gueule. »

Comme si.

Comme si... la mort d'André était un avertissement. Arrivant pour moi au moment exact du plus grand danger.

L'image qui m'est restée du moment, c'est.

Si un jour... Si un jour on m'offrait de jouer dans un film sur la Résistance. Et que mon personnage, assis dans un bureau de la *Kommandantur*, apprenait soudain qu'un de ses camarades, un de ses chefs, vient de se faire abattre par la Gestapo.

Je saurais de quel événement de ma vie m'inspirer.

R. Qu'est-ce que vous voulez dire ?

D. ...

R. Il n'a pas été abattu, il s'est pendu.

D. Il y a plusieurs manières de tuer un homme.

Dans une société fasciste, les mots d'ordre, le silence, les faux-semblants, la soif de puissance, la menace omniprésente de représailles et la haine de l'âme en sont de très efficaces.

R. ...

D. ...

R. ...

D. Si cette société-là, où nous sommes, ne finit pas par disparaître, dévorée jusqu'aux os par la haine de la vie et de la beauté qui l'anime. Si un jour la guerre ignoble dans laquelle nous sommes plongés depuis des dizaines et des dizaines d'années finit par s'éteindre. Que la paix s'instaure enfin. Que le soleil brille enfin à nouveau. Je rêve... je rêve... je rêve à un couple de tout jeunes amants, s'avançant, enlacés, s'avançant tout doucement, dans les allées d'un temple laïque. Un temple de la Résistance passée. Un Panthéon. Ils ont les yeux où perlent des larmes. Ils arrivent devant une plaque de pierre gravée. Ils s'essuient les paupières. Et lisent. Le texte a des accents de Malraux : « Entre ici, Jean Moulin, avec ton terrible cortège[11]. » Des accents de Camus : « Nous disions *non* à ce monde, à sa fondamentale absurdité, aux abstractions qui nous menaçaient, à la civilisation de la mort que nous voyions se construire autour de nous[12]. »

J'aimerais. J'aimerais vivre assez longtemps pour avoir le privilège de l'écrire.

Les deux enfants amoureux lisent. Puis ils lèvent les yeux : tout en haut, il y a un nom. « André Pagé ».

*

D. Je vous l'ai dit, déjà : il y a eu des jours, dans ma vie, où l'idée d'en finir m'est venue à l'esprit. Mais il n'y a pas eu que les images qui surgissaient au tout dernier moment qui m'en ont empêché. Il y a aussi eu celle, extrêmement forte, que m'a laissée son suicide.

J'ai littéralement été fou de douleur, de vertige, d'abandon. Des mois, des années durant.

Et ces jours-là, où le désir d'en finir s'est abattu sur moi, je me suis dit, souvent : « Non. Tu ne feras pas ressentir à qui que ce soit ce que toi tu as ressenti à sa mort. »

R. « Tu ne mentiras pas à propos de la souffrance » ?

D. …

R. Vous lui en voulez ?

D. Aujourd'hui, non. Mais longtemps, oh que oui. Je lui en ai voulu plus que je ne saurais dire.

R. Pourquoi ?

---

11. André Malraux, discours prononcé le 19 décembre 1964 lors du transfert des cendres de Jean Moulin au Panthéon, dans *Antimémoires, Le miroir des limbes*, Folio, tome I, Paris, Gallimard, 1972.

12. Albert Camus, « La Crise de l'homme », allocution prononcée le 30 mars 1946 à New York, Paris, *NRF*, Gallimard, vol. 516, p. 8-29.

D. J'avais peur. Peur que la mort, le désespoir, l'impossibilité de vivre n'aient été tissés à même tout ce qu'il m'avait appris et qui m'était si précieux.

R. Vous voulez dire : que l'impossibilité de vivre ait été la trame même de ce qu'il vous avait enseigné? Qu'en acceptant de l'écouter, vous n'ayez emprunté une route qui ne pouvait mener qu'à l'impossible?

D. Oui.

R. Et…?

D. Un jour, j'ai réalisé que ce n'était pas une réponse qu'il m'avait laissée. Mais une question. Qu'en fait, il me léguait un problème. De la même manière que lui avait accepté que j'en sois un pour lui, à l'École, je devais accepter que lui en soit un pour moi.

Je n'ai jamais jugé ni sa douleur ni son geste. C'était leur conséquence : l'abandon, le sentiment d'abandon, qui était épouvantable. Jusqu'à ce que je me rende compte que si j'avais si profondément le sentiment d'avoir été abandonné, ce ne pouvait être que parce qu'il avait tellement compté à mes yeux. Or, qu'est-ce qui chez lui avait été si exceptionnel?

La Résistance.

C'est comme ça que, petit à petit, j'ai cessé de penser à lui comme à quelqu'un qui m'avait abandonné dans une forêt terrifiante, pour ressentir surtout le courage qui a été le sien. C'est comme ça qu'il est devenu pour moi un… un camarade tombé au champ d'honneur.

*

R. Nous ne. Nous n'avons pas vu venir, ni vous ni moi, ce passage sur André.

D. Non.

R. Ce n'était pas là que nous allions.

D. Non.

R. …

*

R. Reparlez-moi de ce surnom : « Billy », comme dans *Billy Elliot*.

D. Je n'ai rien à dire.

R. Forcez-vous.

D. Merde ! Demandez-moi quelque chose ! Qu'est-ce que vous voulez savoir ?!

R. Pourquoi est-ce que vous avez choisi ce surnom-là ?

D. Sacrament !

R. Rappelez-le-moi.

D. Je l'ai choisi… parce que je suis un con fini. Qui s'imagine encore parfois, à certaines heures, qu'il pourrait apparaître quelqu'un dans sa vie qui soit un artiste, qui soit préoccupé de quelque chose d'autre que de son image, et qui puisse *vraiment* ressembler dans les faits à ce qu'il m'inspire. Auprès de qui j'aurais le droit de me tenir. Dans les bras de qui je pourrais être. Quelqu'un qui puisse *vraiment* être préoccupé par quelque chose d'autre, *vraiment*, que par ce que les autres pensent de lui. Quelqu'un qui accepterait *vraiment* d'être hanté par la beauté qui l'habite. Pas seulement caché au fond de son lit, trois minutes avant de s'endormir. Et pas seulement comme argument de vente de lui-même. Quelqu'un pour qui la beauté qu'il porte serait plus importante que quoi que ce soit d'autre. Une beauté qui ne lui appartiendrait pas – il ne l'aurait reçue qu'en dépôt – mais dont il se sentirait *responsable*. Responsable ! Responsable !

R. …

C'est ça, *Billy Elliot* ?

D. Ça, et rien que ça : c'est l'histoire d'un ti-cul qui ressent un appel.

Et qui accepte de l'écouter.

Je vais vous dire une chose : je ne peux pas regarder ce film-là sans en être jeté à terre. Un gars d'un milieu pauvre, qui fonce, qui se bat, qui défonce tous les murs, pour quoi ?

Pour jouer dans une série débile sous prétexte qu'il veut fonder une famille assez débile pour écouter cette série-là ? Non ! Pour tourner des commerciaux de dessous de bras aussi débiles que la vie qu'il se bâtit ? Non ! Pour exprimer le désir de beauté ! Et c'est tout ! Toute sa sainte tabarnak de vie ! Elle, et rien d'autre !

Je l'appelle « Billy » parce que je l'aime et que j'ai envie qu'il soit lui-même, parce que j'ai besoin que sa beauté recouvre ce désir-là, plus fort que tout ! Parce que je n'en peux plus de me faire dire que la vie ne peut rien être d'autre que l'ennui et la merde. Et c'est tout !

De toutes parts, on me répond que ma question est chimérique.

Je m'en fous. À la puissance quatre-vingts.

J'y crois quand même.

Des centaines de fois, dans ma vie, j'ai rencontré ceux qui m'ont annoncé qu'il existe, que Billy existe. Ou qu'il existerait un jour.

Je me gourre ? Je m'en fous ! Je continue d'y croire quand même. Je me contre-tabarnak d'être capable, moi, d'y parvenir ou pas dans ma vie. Ce que je veux, et de toutes mes forces, toutes ! c'est de le permettre ! De l'aider à advenir.

Qu'il aille se l'acheter, son saint-sacrement de bungalow de banlieue. Je suis même assez idiot pour lui offrir les décorations de Noël en prime !

Et pour, ensuite, pleurer jusqu'à Pâques, roulé en boule dans un coin.

Qu'il y aille !

Et qu'il se raconte que lui il n'est pas comme les autres.

Un jour, il réalisera peut-être que ça a déjà été vrai. Mais que ce ne l'est plus depuis longtemps.

Si je suis pour n'avoir à peu près jamais rien rencontré d'autre dans ma vie que des plans de retraite en devenir, tant pis ! Moi, je n'ai rien d'autre à faire que mon possible, de toutes mes forces. Toutes. Jusqu'à la folie. Et jusqu'à la mort.

Peut-être bien, qui sait? qu'il se souviendra un jour d'avoir dit non à la vie, le jour où son fils ou sa fille se fera péter les plombs à la *dope* – ou entrera aux HEC et que lui finira par se tanner de faire semblant de ne pas comprendre pourquoi.

R. …

D. …

R. Vous pensez vraiment qu'il rêve à un bungalow?

D. …

R. …

D. Non.

R. …

D. De toute manière, ce n'est pas de mes oignons.

R. Vous ne doutez pas de lui, en fait? Pas un instant?

D. …

R. Mais vous avez peur pour lui.

D. …

R. …

D. Je n'ai pas peur. Je suis complètement terrifié.

R. …

Et Paul, dans *Ridicule*?

D. La lumière dans ses yeux. Durant la scène avec ses camarades et l'abbé de L'Épée, à la cour. Quand il… parle, enfin.

Je l'ai vue, cette lumière-là, passer dans les yeux de Billy. Quelques fois. Plusieurs fois. Presque toutes les fois.

C'est la plus belle du monde.

R. Et vous?

D. Quoi, moi?

R. Si vous deviez vous en donner un, surnom?

D. Vous voulez dire : qui serait signifiant comme « Billy » ou « Paul » peuvent l'être?

R. Oui.

D. …

Ce serait… « Jim ».

R. « Jim » …?!

D. Oh, pas du tout celui de *La ménagerie de verre*. Non, un autre. Complètement différent. Celui de *Empire of the Sun*, le récit de James Ballard, et du film splendide que Spielberg en a tiré. À mon sens, son plus beau, d'ailleurs. Et de très loin.

R. Comment ça ?

D. *Empire of the Sun* est une clé dans l'œuvre de Spielberg. C'est en tout cas comme ça que je l'ai toujours perçu. Avec ce film-là, on comprend beaucoup mieux, et beaucoup plus profondément qu'avec aucun de ses autres, la fascination de Spielberg pour l'enfance, le début de l'adolescence et l'omniprésence de la menace dans son univers. Quand le film est sorti, dans les années 80, Spielberg s'est fait agonir d'injures par la critique américaine. Évidemment : le héros est Britannique, pas Américain, les Japonais ne sont pas démonisés et les Américains, au camp de concentration, ne sont que des crapules, des opportunistes qui s'engraissent à même la souffrance des autres et qui trouvent toujours le moyen de tirer leur épingle du jeu – beaucoup de critiques états-uniens ne l'ont pas trouvée drôle du tout.

R. Et… « Jim » ?

D. L'histoire se déroule en Chine, pendant la Deuxième Guerre mondiale. Jim, c'est un jeune Britannique dont les parents habitent la Concession internationale de Shanghai. Il est séparé d'eux lors de la débandade des Occidentaux et se retrouve en camp de concentration. À la fin des hostilités, ses parents reviennent en Chine et tentent de le retrouver. Le reconnaissent. Les retrouvailles donnent lieu à une scène époustouflante. Sa mère qui le prend dans ses bras. Lui, qui ne la reconnaît pas – il ne reconnaît plus rien, ni personne. Il a trop vu d'horreurs. Elle le serre dans ses bras. Il y a alors un gros plan de son visage à lui, pressé contre elle. Et, dans ses yeux, il n'y a rien. Rien du tout.

R. « Pourquoi continuer à vivre, quand on a tout perdu » ?

D. Oui.

R. ...

D. Une autre scène splendide a lieu au camp. Des chasseurs-bombardiers américains viennent attaquer le terrain d'aviation militaire japonais, juste à côté. Jim se précipite au sommet de l'édifice le plus élevé et devient fou, fou d'excitation : il crie, il saute, il hurle tout ce qui lui passe par la tête. C'est sans doute l'évocation la plus proche que j'aie jamais vue de ma danse de l'ambulance.

Quand je suis allé voir le film, à sa sortie, je ne me souviens même pas d'avoir quitté le cinéma. J'étais sidéré. Bouleversé, jusqu'au plus profond de moi, comme je me suis rarement senti l'être dans ma vie. Je me suis... réveillé, je ne sais pas, dix, douze ou quatorze heures plus tard, en train de marcher à l'autre bout de la ville. J'avais marché, marché, sans arrêt. J'étais épuisé. Je n'avais pas, pas une seule seconde, cessé de pleurer.

R. Vous aviez reconnu le petit Jim ?

D. Oui.

R. « Janosh » ?

D. ...
Oui.

R. Vous voulez en parler – de Janosh ?

D. Non.

R. S'il vous plaît ?

D. ...
C'est un personnage de *La prière du Renard*. Mais un personnage évoqué, pas un personnage actif. Un mythe, en quelque sorte. Il représente ce qu'un des personnages aime chez certains garçons. Il raconte à celui qu'il aime un moment très dur qu'il a vécu dans son enfance, puis il dit...

> *Depuis cet instant, j'ai un ami de mon âge qui m'est tellement cher. Mais... je ne l'ai rencontré que bien plus tard. Dans un livre sur la guerre. Tu l'as peut-être déjà rencontré : dans le livre où je l'ai connu – mais il vit dans bien d'autres –, il habitait en face de la page deux*

cent cinquante-sept. Il est au milieu de la rue, les mains en l'air ; il porte une casquette plate, grise, sur laquelle le soleil frappe fort ; il est en culottes courtes ; il a des jambes maigres ; et des bas noirs qui lui montent jusque sous les genoux. Derrière lui, sur le trottoir, se tient un soldat qui pointe une carabine vers lui, avec nonchalance, et un officier, plus loin, avec tout plein de galons, sortant d'une maison qui devait être celle de mon copain ; et, à gauche, massés à gauche, derrière mon ami, tout plein de gens qui lèvent aussi les mains. La légende ne porte même pas son nom. Moi, je l'appelle Jeannot. Il est seulement écrit : « Sous l'impulsion de Hitler, Himmler organise l'extermination des Juifs. La chasse s'organise dans tous les pays occupés. »

J'ai revu cette photo-là de lui souvent. On ne dit jamais son nom à lui. Au mieux, on dit « L'Enfant » ou bien « Le Garçonnet ».

J'ai eu de ses nouvelles, de Jeannot, de temps en temps : d'autres photos de lui. Il a beaucoup voyagé. La Corée. L'Alabama. La Hongrie. La Pologne. La Tchécoslovaquie. Le Vietnam. Le Cambodge. Le Biafra. L'Égypte. Israël. La Palestine. Le Nicaragua. L'Argentine. Je crois qu'il s'est mis à écrire, pour d'autres ; un jour j'ai entendu un discours dans lequel j'ai cru déceler le ton de sa plume...

Le discours commençait par ces mots :

– I have a dream...

Il ne pleure jamais. Il lève les bras. C'est tout.

R. Ça va ?

D. ...

Encore un lien qui vient de m'apparaître.

R. Entre quoi et quoi ?

D. Jim, dans *Empire of the Sun*, et Billy. Enfin, pas Billy à proprement parler, mais...

R. Allez-y.

D. Je n'ai pas confié à Billy l'état dans lequel il me plonge en m'imaginant qu'il allait sortir quoi que ce soit de cet aveu.

Simplement, je savais que j'étais sur le point d'atteindre un seuil de douleur qu'il n'allait pas pouvoir ne pas remarquer. Je ne voulais pas qu'il aille mal l'interpréter – qu'il se sente responsable de je ne sais trop quelle faute. Quelques jours plus tard, nous nous croisons. Il a l'air d'être dans un drôle d'état. Quand l'occasion s'en présente, je m'approche et lui demande s'il va bien. Il me dit que oui. Qu'il est allé voir un très beau film – la veille, je crois. *Les choristes*. Et qu'il est très ému.

Quelque temps après, une copine très chère est de passage à Montréal. Elle me passe un coup de fil impromptu et me demande si je n'aurais pas envie d'aller au cinéma. Je fais oui. Nous nous retrouvons dans un resto pour décider du programme. En chemin pour aller la retrouver, je repense au film de Barratier. Je le propose à ma copine. Elle accepte. Nous arrivons au cinéma. La projection commence. Et en moins de cinq minutes, je suis convaincu que je vais être incapable de m'empêcher de hurler. Je pense même à m'enfuir. Pendant des passages entiers du film, je... je pleure, c'est tout – à torrents.

R. Pourquoi? Qu'est-ce qui se passe?

D. Le film raconte, tout doucement, en toute simplicité, l'histoire d'un groupe de jeunes garçons qui se retrouvent... pratiquement en camp de concentration. Une école pour enfants à problèmes, tout de suite après la Deuxième Guerre. J'en ai le souffle coupé.

D'abord il y a l'évocation de la prison. De l'absurdité, de la cruauté, de la dureté monstrueuse de la vie, parfois, ressentie par un enfant qui n'a strictement aucun pouvoir, qui est entièrement à la merci des décisions que l'on prend en son nom. Aussi débiles soient-elles.

Et puis il y a le fait que ce qui va les sauver, c'est l'art. Un professeur particulièrement allumé leur apprend le chant. L'un d'eux, le personnage central, devient même chef d'orchestre.

Comment voulez-vous que je n'aie pas envie de hurler, confronté à ça ? Confronté à ça sans avoir été prévenu ? Et puis. Par dessus le marché…

R. Quoi ?…

D. … qu'entre tous, ce soit lui. Billy… qui m'en ait parlé.

R. Vous pleurez.

D. …

R. Vous lisez un signe dans le fait que ce soit lui qui vous ait, même sans le vouloir, incité à aller voir ce film-là ?

D. « Lire un signe » ? Je n'ai aucun besoin de le faire.
Imaginez-vous, rien qu'un instant, un homme qui est devenu écrivain. Qui est convaincu d'être mort à dix ans, tellement une terrible déchirure est venue couper sa vie en deux à cet âge-là. À quarante-neuf ans, il est époustouflé par une rencontre. Après en avoir fait l'aveu à celui qui le renverse, une des premières choses dont l'autre lui parle, c'est un film qu'il vient de voir. L'écrivain va voir le film. Et c'est le récit d'enfants arrachés à leur vie, enfermés dans une école de fous, sauvés par la beauté, par l'art. Pensez-vous vraiment qu'il faille à cet écrivain-là une pile de dictionnaires et d'encyclopédies pour voir un rapport ?

R. …

D. Ça ne s'arrête pas là.
Je viens de vous parler du film de Spielberg. Savez-vous comment le petit Jim nous est présenté, dès la scène d'ouverture ?

R. Allez-y.

D. C'est un chanteur. Un choriste.

R. Je vois.
Et Effe, à présent… ?

D. Quoi, Effe ?

R. Vous souhaitez en reparler ?

D. Je ne saurais pas quoi en dire. Quoi en dire d'autre que ce que je vous ai déjà dit.

R. Le lien entre Billy et lui ?

D. Oh, il y en a un, incontestablement… une tendresse, à une profondeur insensée… partout en moi.

R. Vous voulez dire que la tendresse que vous inspire Billy est parente de celle qu'évoque Effe dans votre souvenir?

D. Oui, sans l'ombre d'un doute.

R. Et…

D. Et la peur de voir un jour, dans les yeux de Billy, ce que j'ai vu dans ceux de Effe, ce jour-là, pendant qu'il parlait aux *bums* qui nous avaient attachés.
Changeons de sujet, voulez-vous?

R. Dans un instant.

D. …

R. Je voudrais seulement être certain que j'ai bien compris. Ce lien, entre les deux, vous ne l'aviez jamais perçu?

D. Jamais. Jusqu'à ce que tout à coup je réalise que je ne suis pas mort à dix ans. À présent… à présent, je vois bien qu'il a été là, en moi, ce lien, toutes ces années-là. Je le ressentais avec une force terrible. Mais je ne. Je ne savais pas ce qu'il était.

R. Le coup de téléphone que vous attendiez, c'était lui?

D. …

R. Qu'est-ce que vous venez de murmurer?

D. J'ai dit « Oui. Je crois. »

R. Et les autres?

D. Les autres quoi?

R. Les autres liens. Ceux qui vous sont apparus à propos de Matane et du Jeune Acteur?

D. Même chose. Je me rends compte que oui, sans le moindre doute, ce que je ressentais pour Matane était directement lié à la confiance, à l'intimité que j'ai ressenties ce jour-là d'il y a six mille ans, dans une ferme à l'abandon. Et que ce que j'ai ressenti pour le Jeune Acteur descendait directement d'un moment passé à bicyclette sous le soleil de la rue Malo.
Et puis, il y a eu les… les croisements, aussi. Le Musicien, c'était à la fois Effe et le garçon de la ferme. X, au temps

de mes études à l'École de théâtre, c'était à la fois le grand garçon à bicyclette et le garçon de la grange.

R. Qu'est-ce que ça vous apprend?

D. Je ne comprends pas votre question.

Vous voulez dire : « Vous rendez-vous compte à quel point vous êtes resté accroché à votre enfance? Réalisez-vous à quel point vous êtes immature? »

R. Pas du tout.

Je me demande simplement si le fait de prendre conscience de ces liens change quelque chose, en vous.

D. Je suis totalement incapable de répondre à ça. Je n'en sais rien. Peut-être que oui. Je vous l'ai dit : tout se déplace, en moi.

Je sais seulement que je l'aime. Que je suis fou de lui.

Et que je suis seul. Et vais le rester.

Je sais seulement que je suis épuisé. Que j'ai le cerveau en bouillie. Le cœur en morceaux.

Que j'ai envie de dormir.

Et que je n'en ai pas le droit.

Il faut tenir bon.

R. Dites-moi quelques mots sur d'autres histoires d'amour. Je veux dire, autres que les cinq histoires d'amour de guerre ou que le Psychologue.

D. Il me tourne sans cesse dans la tête, ces temps-ci, des images de choses imbéciles que j'ai faites. Un Jeune Poète, il y a quelques années, avec qui j'ai vraiment agi comme un pied. Lui aussi, c'est un talent extraordinaire. Et un désarroi à vous jeter par terre. À l'époque de Matane, il y avait eu l'Instituteur – nous nous sommes vus à quelques reprises. Et il était amoureux de moi. Je le voyais. J'aurais voulu pouvoir lui répondre. Mais je ne le pouvais pas – il n'y avait de la place que pour Matane, en moi. Quelques années plus tard, j'ai croisé un des ses amis. Qui était très en colère contre moi. Il m'a appris que l'Instituteur était parti, avait fui Montréal – il enseignait en Afrique, à présent.

R. À cause de vous ?

D. C'est ce que son copain m'a dit, en tout cas.
Et il y a…

R. Quoi ?

D. Peut-être la pire de toutes.
Il y a bien des années, de ça. Un tout jeune homme. D'une douceur extraordinaire. Il était très amoureux de moi. Et je crois que moi, j'aurais très bien pu le devenir de lui. Chose certaine, sa présence dans ma vie, la présence de sa douceur, me faisait un bien immense. C'est très étrange, je pense que nous n'avons peut-être passé qu'une seule nuit ensemble. Mais j'ai tellement pensé à lui. Et j'ai encore aujourd'hui des images de lui si précises. Que ça me paraît invraisemblable.

R. Invraisemblable… que vous n'ayez passé qu'une seule nuit ensemble ?

D. Oui.
Quoi qu'il en soit…

R. Quoi ?

D. J'ai eu affreusement peur.

R. De… ?

D. C'était après le Musicien. Très peu de temps, après. J'étais encore sous le choc, convaincu, comme je l'ai si souvent été dans ma vie, de ne rien comprendre à rien. Je voyais sa douceur. Et. J'ai eu peur du monstre.

R. Le monstre ?

D. Celui qu'on m'a si souvent accusé d'être.
J'ai eu peur de lui faire affreusement mal. Malgré moi. De ne pas pouvoir faire autrement. Sans même m'en rendre compte.
J'ai décidé de sortir de sa vie avant de provoquer une catastrophe. Je ne pouvais rien lui dire – je savais que ça aurait été totalement inutile, il aurait argumenté, nous serions tombés tous les deux, main dans la main, en pleine face dans le piège des interminables discussions. Un midi, nous étions attablés tous les deux dans un resto de la rue

Prince-Arthur. Il me regardait. Et le soleil qu'il avait dans le cœur lui sortait par les yeux. Il me souriait. Il m'a posé une question, je ne sais plus ce qu'elle était précisément, mais elle avait clairement à voir avec… le désir, dont il voulait savoir si je le ressentais, que nous fassions un bout de route ensemble.

R. Qu'est-ce qui s'est passé?

D. J'ai ouvert la bouche pour lui parler de ma peur. Pour la lui avouer. Mais les mots ont refusé de sortir. À la place, je lui ai répondu ce qu'il voulait entendre. Sans doute une des choses les plus dégueulasses que j'aie faites dans ma vie.

R. Pourquoi « dégueulasse »?

D. Parce qu'en lui répondant, je savais que je mentais.

R. Vous ne l'avez pas revu?

D. Non. Je n'ai jamais retourné ses appels. Et je savais déjà, en lui répondant au resto, que je ne le ferais pas. Mais je savais où il habitait – sur la rue Duluth. Et quatre ou cinq fois, je suis allé m'installer à proximité, pour le voir passer. Une fois ou deux, j'ai même failli l'aborder. Lui demander de me pardonner. Mais j'en étais incapable.
Il y a quelques années, je l'ai croisé. Lui qui était si frêle, dans le temps, est devenu tout muscles. Il m'a vu. M'a lancé un regard d'une dureté, d'une froideur, pires que celles de l'acier.

R. Qu'est-ce que vous avez fait?

D. Qu'est-ce que vous voulez que j'aie fait? Il a parfaitement raison de me détester.

R. En somme, vous lui avez brisé le cœur par peur de lui faire mal?

D. …
Oui. C'est exactement ça.
Il y a des moments, comme ça, où la vie ressemble à du Escher.

R. Ou à du Piranèse…

D. Oui.

R. Il me revient que quand nous avons parlé de vos quatre premières amours de guerre, vous avez dit que vous aimeriez bien avoir l'occasion de parler d'elles pour en dire autre chose que la seule douleur.

D. Oui.

R. Voulez-vous le faire ici ?

D. Pourquoi pas.

R. Voici ce que je vous propose : dix moments au total.

D. Ça me va.

R. Allons-y.
Premier moment ?

D. J'y vais dans l'ordre chronologique, ou quoi ? Vous ne vous attendez pas à une classification par ordre croissant, j'espère ? Ou à quelque autre truc du même genre ? Je ne suis vraiment pas très doué pour décerner des médailles ni pour les concours.

R. Faites comme bon vous semble. Au fil des idées, même, si vous voulez.

D. Seulement à propos des quatre ? Ou des cinq ?

R. Comme vous voulez. Tout ce que je souhaite, c'est vous entendre évoquer un dizaine de moments amoureux. De moments précieux.

D. D'accord.

R. Alors ? Le premier ?

D. Début des années 80. Musée des beaux-arts de Montréal. Un dimanche après-midi. Le Musicien et moi visitons une exposition de photographies. Je ne sais pas s'il n'y a que les leurs, mais en tout cas, il y en a plusieurs de Kertész et de Doisneau. Très belles. Très fortes. Inspirantes. Toute une partie de l'expo consiste en photos urbaines : paysages de villes, de villages, détails architecturaux. Je ne sais plus comment nous en venons là, mais en tentant de lui exprimer quelque chose à propos de ce que m'inspire une des photos, je passe une remarque au Musicien sur la géographie politique européenne. Il me regarde avec de grands yeux, et je réalise qu'il n'a pas compris un traître mot à ce que je viens de lui raconter. Je lui demande ce qu'il connaît de la position des différents pays d'Europe occidentale. Il prend un petit air gêné, détourne les yeux et finit par marmonner quelque chose du genre : « Oh, moi, tu sais, la géo ça a jamais été mon fort. Notre prof, au secondaire, était d'un ennui parfait. » Je lui demande s'il n'a pas quand même une petite idée : « L'Italie par rapport à l'Angleterre, par exemple ? » Il détourne à nouveau les yeux en baragouinant : « Je connais les noms, en tout cas. C'est déjà ça. ».

Un peu plus tard, nous avons quitté le musée, nous sommes dans un petit café tout près de là, et je lui fais un dessin, très sommaire, pour lui expliquer la remarque que j'ai faite. Durant cet échange-là, il règne entre nous une complicité, une simplicité qui, depuis, est souvent revenue me trotter dans l'esprit. Chaque fois, il me monte un grand sourire aux lèvres. Nous nous écoutons, nous nous parlons – il y a un enjeu entre nous. La vie se peut.

R. ...

D. Le deuxième souvenir qui me vient est lui aussi associé au Musicien. Un dimanche soir. Le premier souvenir date de notre première période ensemble, mais celui-ci, de la deuxième.

Je suis dans sa chambre, étendu sur le lit, plongé dans ma lecture. Et lui est quelque part dans l'appartement, je ne sais pas trop où, au salon sans doute – il fait ses devoirs. Tout à coup, il se met à jouer du piano, tout doucement. L'âme me retourne à l'envers. Je pose le livre ouvert sur ma poitrine et ferme les yeux. Je me sens... près de lui. Plus que jamais. Des images montent en moi. Des images de lui, la nuit, quand je m'éveille et qu'en caressant son visage, sa poitrine, ses épaules, je crois entendre à travers mes lèvres, à travers le bout de mon nez, à travers les extrémités de mes doigts, la musique qu'il écrira un jour. Il joue un bon bout de temps. La musique s'arrête. Moment de silence angélique.

R. Les anges retiennent leur souffle…

D. Oui. Et ils sourient à pleines dents.

Puis j'entends ses pas, qui viennent vers la chambre. Il apparaît dans le cadre de la porte. Me fait un grand sourire, lui aussi. Vient s'asseoir au bord du lit. Et m'explique, à voix basse. La pièce dont il vient de jouer un passage est de. De Beethoven. Le dernier quatuor. *Muss es sein?* *Es muss sein!* Il m'explique : Beethoven travaillait trop, ne prenant même plus le temps de manger. Alors sa logeuse lui apportait de temps à autre un bol de soupe et l'obligeait à le finir avant de se remettre à écrire. Ludwig demandait : *Muss es sein?* – « Le faut-il? » Et la bonne dame répondait : *Es muss sein!* – « Il le faut! » Il a voulu lui rendre hommage.

R. Joli…

D. Oui. La vie se peut.

(Les deux rient.)

R. Qu'est-ce qu'il y a? Vous faites une drôle de tête.

D. Il y a. Un autre souvenir très fort, associé à cette pièce musicale là et au Musicien. Mais ce n'est pas celui d'un moment particulièrement heureux. Je vous le conte tout de même?

R. Comme vous voulez.

D. Cela se passe après notre rupture – la dernière.

Quelques mois à peine après qu'elle est advenue. La douleur est atroce. C'est encore une fois un dimanche, je pense bien. Oui. Un beau dimanche après-midi. Je suis dans un café de la rue Saint-Denis, « en haut ». Je viens d'aller chez Champigny m'acheter le dernier Kundera, paru il y a… quelques mois.

R. Lequel?

D. *L'insoutenable légèreté de l'être.*

Je l'ouvre. Je le feuillette, comme je fais souvent avant de plonger, parcourant ici et là des phrases, au hasard, avant de me mettre à lire vraiment. Je fais défiler les pages en éventail. C'est à ce moment-là que je remarque qu'assez tôt dans le livre, il y a un… un dessin, au bas d'une page. Je reviens en arrière. Le retrouve. C'est à la page quarante-cinq. Et ce n'est pas un dessin, mais quelques mesures de musique…

R. Non!

D. Oui : *Muss es sein? Es muss sein!*

Je n'ai que le temps d'en avoir le souffle coupé, de prendre un crayon, d'entourer le numéro de page, d'écrire dans la marge le nom du Musicien suivi d'un point d'exclamation. Je pose le livre. Lève les yeux. Et…

R. Et…?

D. À ce moment précis, le Musicien, l'air soucieux, passe sur le trottoir sans me voir, à trois mètres de moi.

R. Je ne vous crois pas.

D. Rien ne vous y oblige.

R. Vous ne me menez pas en bateau?

D. Pourquoi le ferais-je?

Des événements aussi incongrus, aussi surprenants que celui-là, il m'en est arrivé des masses, tout au long de ma vie.

R. …

Nous reprenons?

D. Oui.

R. Troisième souvenir?

D. Printemps 1994. Une fabuleuse journée de début de printemps. Musée des beaux-arts, encore une fois. Je suis avec le Peintre. Nous sommes assis dans les marches dominant la rue Sherbrooke. Nous sortons de voir une exposition extraordinaire. Zut! j'ai un blanc! Voyons! Ce sculpteur hyper-réaliste américain? Bref. Son travail est saisissant. Un homme assis dans une taverne. Un vendeur de voitures. Une femme rondelette revenant de faire ses emplettes. Des couleurs extrêmement vives, pétantes. Énormément de plastique, dans les accessoires. Et, surtout, un vide, dans les regards. Une douleur qui sonne vide. C'est étourdissant. Je me souviens que je réfléchis très fort, en parcourant l'exposition.

R. Vous réfléchissez à quoi?

D. À ce dont je vous ai parlé, un peu plus tôt, concernant le théâtre naturalo-psychologique. Je me demande pourquoi ces sculptures-là, faisant plus vrai que vrai, ne m'inspirent pas la même répulsion que la plupart des pièces de Williams et que celles de Mamet, par exemple.

R. Et…?

D. Eh bien, je réalise qu'en fait, les sculptures, elles aussi, me mettent un peu mal à l'aise. Mais juste un peu. À peine. Et que c'est bien leur hyper-réalisme qui me fait cet effet-là. Je réalise que toutes les tentatives prétendant montrer la vérité telle quelle, dans un objet, me mettent mal à l'aise. Que ça a sans doute à voir avec le fait que, pour moi, la réalité n'est pas *dans* les objets, mais *entre eux*. Ou entre les pôles qui les composent. Quoi qu'il en soit, ce qui fait la beauté des sculptures de ce gars-là, c'est qu'elles ne peuvent pas prétendre être la chose elle-même, puisqu'elles représentent des personnes humaines mais sont inanimées. Elles sont ainsi nécessairement un regard porté sur son monde par l'artiste, plutôt qu'une affirmation sur la vérité des choses. Une fois que j'ai compris ça, ce que j'ai sous les yeux devient très touchant – je ressens le regard du sculpteur sur ses sujets, au lieu de recevoir une exhortation à m'ébaubir : « Oh, que c'est ressemblant ! Oui, c'est tout à fait ça ! » Le théâtre naturaliste, en revanche, mettant des êtres vivants en présence les uns des autres, ne ressent plus ses propres limites, et devient ainsi prétentieux. Hypocritement arrogant. Prêcheur. Je pense à tout ça en admirant le travail, en le goûtant, et de temps à autre…

R. Quoi?
Oh, le sourire !

D. Oui. J'allais dire : « Le Peintre et moi, nous allons d'une sculpture à l'autre, chacun de notre côté. Et, de temps à autre, nous nous retrouvons. » Au moment où j'allais écrire ça, je l'ai revu, lui, debout dans le musée, en train d'étudier une des œuvres. Et je. L'image de lui est très… très forte.

R. J'écoute.

D. Sa solidité. Son aplomb. Sa concentration. Pour un peu, je l'appellerais, là, tout de suite.

R. Oh.

D. Oui : « oh ».

Parfois, l'un de nous deux vient chercher l'autre pour l'emmener observer un détail d'une des pièces. Un très beau moment.

Et puis nous arrivons, ensemble, à la dernière salle de l'exposition. Nous entrons. Et. Nous restons figés là, net. C'est une assez petite salle. Et elle ne contient qu'une seule œuvre. Magistrale.

Il y a, à plat sur le sol, un grand cadre de bois délimitant un espace rempli de... de sable gris, je crois. Ou de pierraille. Un espace qui fait peut-être cinq ou six mètres sur trois ou quatre. Couchées sur le sable, recroquevillées, des formes calcinées. Des corps. Des êtres humains, brûlés vifs. Au napalm ou au lance-flammes. L'effet est saisissant. Déchirant. La force de l'évocation est à couper le souffle. Je ne me souviens pas du titre, mais je me rappelle que ça a à voir avec la guerre du Vietnam. L'horreur à l'état pur. Tout le monde se tait, en mettant le pied dans la salle. Il se crée, instantanément, un état de recueillement d'une intensité... palpable. Cette œuvre-là recèle le sacré, de plusieurs manières à la fois. Il y a le sujet proprement dit : ces jeunes gens brûlés vifs. Mais il y a aussi la position de l'œuvre : à la toute fin du trajet. Comme pour dire : « Toutes les pièces que vous avez rencontrées jusqu'ici, ce monde peuplé de gens angoissés, saouls, *stoned*, rendus fous par la consommation et le culte du néant, se fuyant eux-mêmes... mènent ici : en enfer. »

Ensuite, le Peintre et moi sommes assis devant le musée, donc, dans les marches. Et nous discutons. De choses et d'autres. D'art. De la vie. Le moment est extraordinairement lumineux. Paisible. Paisible comme la vie peut l'être, quand on vient de croiser la mort.

Le soir même ou le lendemain, je ne sais plus, nous allons aussi voir ensemble les *Trente-deux films courts sur Glenn Gould* de François Girard, au Cinéma Parallèle. Ça aussi, c'est un moment remarquable.

R. Quatre ?

D. Été 1994. Avec le Peintre, encore une fois. Nous sommes à Toronto, cette fois-ci. C'est la nuit. Nous allons nous quitter et nous ne savons pas quand nous nous reverrons : lui rentre chez lui, et moi je rentre à mon hôtel – devant lequel nous nous tenons, juste en face de l'hôtel de ville – je repars pour Montréal demain matin. Nous nous regardons dans les yeux. Et il pleut, mais au ralenti. De temps à autre, il tombe doucement une grosse goutte. Tiède. Il n'y a pas un chat en vue. Nous sommes dans les bras l'un de l'autre. Nous nous regardons dans les yeux. Nous sommes tristes, c'est certain, mais ce n'est pas du tout ce sentiment-là qui domine. Nous sommes surtout heureux d'être ensemble. Nous nous vautrons tous les deux comme des chiens fous dans chacune des secondes qui passent. Nous venons de passer des heures très fortes et très douces à la fois. Soudain, il sourit. Et on dirait que tout à coup le soleil se lève. Ses yeux, ses yeux, surtout, rient. Pétillent. Il se met à me raconter qu'il va venir me visiter à Montréal, en rêve. Nous nous mettons à faire les idiots : à planifier des voyages à faire, la nuit, ensemble, en esprit. Nous parlons de tous ces endroits où nous allons aller. Et de ce que... nous allons faire, dans ces endroits où on ne fait pas, habituellement, ce genre de choses.
La vie se peut.

(Les deux rient.)

R. C'est complet ?

D. Oui.

R. Cinq ?

D. Non. Attendez. Il y a encore un autre moment, époustouflant, avec le Peintre. J'ai très envie de tricher :

de vous le raconter mais de ne pas le numéroter. Comme ça, vous aurez droit à onze souvenirs pour le prix de dix.

R. Bon.

D. C'est la première fois que je vais le voir à Toronto. Depuis des semaines, je me suis retenu d'y aller, j'ai fait tout ce que j'ai pu pour m'en empêcher, mais un bon vendredi, je me réserve une chambre là-bas et je saute dans le premier train.

R. Vous le prévenez que vous allez arriver?

D. Non. J'attends d'être à bord pour téléphoner chez lui.

R. Vous avez son numéro?

D. Oui, il me l'a laissé.

R. Je croyais que vous deviez ne jamais vous revoir?

D. Il me l'a laissé en disant : « Surtout, n'appelle pas »…

R. Oh…

D. Hé… C'est un de ses colocataires qui répond. Il m'explique que le Peintre est au boulot – il a un emploi qui lui prend toutes ses soirées. Il me donne le numéro. J'appelle – annonce au Peintre que je m'en viens.

R. Et…

D. Nous nous donnons rendez-vous après la fin de son quart.

R. Comme ça, tout de go? Le soir même?

D. Oui.

R. Et quand vous vous retrouvez face à lui?

D. Quoi?

R. Qu'est-ce qui arrive?

D. J'ai l'impression que je vais me mettre à siffler comme une bouilloire. J'ai envie de lui sauter dessus, de le déshabiller et de le caresser jusqu'à ce qu'il pousse le cri de Tarzan, le pied pris dans un piège à ours, mais j'ai tout autant envie de rester là, face à lui, et de simplement goûter, sans bouger, le fait qu'il est là. Enfin. Enfin! De me noyer dans ses yeux. À un mètre de distance. L'intensité de son regard.

Il me semble qu'il y a un long silence. Nous nous dévisageons sans broncher. Il finit par me dire « Tu n'aurais pas dû venir », mais il lui monte aux lèvres un tel sourire, tandis qu'il prononce les mots, que je dois me taper une brochette de huit infarctus à la queue leu leu.

R. Vous voulez dire que son sourire dément les mots qu'il vous adresse ?

D. Il n'y a pas seulement son sourire, qui les nie. Il y a ses yeux. Sa manière de me regarder. De se tenir. De se retenir.

R. Où est-ce que vous vous rencontrez, tous les deux ?

D. Dans un café. Ensuite, nous sortons dans une discothèque. Et après, dans une boîte de jazz clandestine. C'est quand nous ressortons de la boîte de jazz qu'advient le moment que je veux vous raconter. Nous marchons un moment, nous sommes sur le point de nous laisser, il me semble que nous discutons d'un rendez-vous pour le lendemain. Quand, tout à coup, il se met à pleuvoir. Un véritable torrent – instantané. Nous nous précipitons dans le premier abri venu : le renfoncement d'une porte de maison, deux ou trois marches au-dessus du niveau du trottoir. C'est minuscule – sans doute à peine plus d'un mètre de côté. Nous restons tous les deux là, debout à regarder le déluge s'abattre. Sans parler. Il est derrière moi. Et puis. Tout doucement, je sens une main, ou peut-être seulement l'extrémité des doigts, qui se pose sur ma nuque. Et me caresse, avec une légèreté, une douceur, hallucinante. Je continue à regarder la pluie, sans broncher. Et l'effet de cette douceur-là est tel. Que je me mets à pleurer. En silence. Les larmes me coulent sur le visage, à torrents, elles aussi.

R. Pourquoi ?

D. Parce que cet instant-là ne pourra pas durer. Il n'est qu'une accalmie. Un moment de vie, volé. Arraché de force au destin. Je suis à la fois bouleversé de bonheur – j'ai envie de crier *Yessss*! un hurlement de victoire totalement inattendue – et déchiré par la conscience que j'ai de l'inévitable séparation. La main continue de caresser ma nuque. Puis je la sens qui se déplace vers mon épaule et la tire gentiment vers l'arrière. Il veut que je me retourne, que je sois face à lui. Je résiste. Je ne veux pas qu'il me voie pleurer. Il insiste, finit par me forcer à me retourner. Et là.

Il pleure autant que moi. En silence, lui aussi.

Au bout d'un moment, il murmure : « Je. Ne. Peux. Pas. » Et aussitôt, ses larmes redoublent, sa douleur, sa douleur physique est telle qu'il en a des spasmes. Nous nous sautons dans les bras l'un de l'autre. Nous mettons à nous embrasser – presque à nous dévorer vivants. À nous caresser. Sans cesser de pleurer et de nous tordre de douleur. Et à la fois nous rions, nous nous sourions jusqu'au fond du cœur. Lui, il répète comme un mantra « Je ne peux pas. Je ne peux pas », en m'embrassant à pleine bouche et en m'arrachant plus qu'à moitié mes vêtements. Et moi je répète comme un mantra « Excuse-moi. Excuse-moi d'être venu. D'insister. De te faire mal », en lui faisant la même chose. C'est dément. Et d'une force de vie à en crever d'aveuglement.

À un moment, nous n'en pouvons plus. Il faut que nous respirions. Nous nous appuyons, chacun, sur un bout de mur, face à face, sans que nos mains se lâchent. Et nous réalisons qu'il y a une dame, là, sur le trottoir, qui nous observe. Pétrifiée. Les yeux ronds comme des assiettes. Une main devant la bouche. La tête qui lui va et vient de gauche à droite, dans un tout petit mouvement de totale incrédulité. Nous la regardons. Elle nous regarde : ses yeux vont de lui à moi, de moi à lui. Elle est complètement trempée. Et je ne sais pas pourquoi, mais je sais qu'il y a déjà un moment qu'elle est là, quasi statufiée, debout sous la pluie, à nous regarder. Elle murmure, sur le souffle. « C'est. C'est. C'est. » Et je ne sais pas ce qui va venir après, quand elle va finir par trouver la fin de sa phrase. Qu'est-ce que c'est ? Une horreur ? Une abomination ? Un scandale ? Elle enlève lentement la main de devant sa bouche. Et elle dit. Elle ne nous parle pas à nous, elle se parle à elle. Elle dit : « Quelle… splendeur ! » Et elle part en courant. À toutes jambes. Comme si elle venait d'avoir une apparition.

Ce court instant-là nous fait, au Peintre et à moi… comment décrire ça ? nous fait… réaliser ?… ce que nous sommes en train de vivre.

Et l'émotion revient, comme un raz-de-marée, et nous balaie. Totalement.

Je n'ai. C'est. Nulle part, nulle part dans ma vie, aucun autre moment ne ressemble à celui-là.

R.   Et les autres ? Sur les marches du musée, avec lui ? Au petit café, avec le Musicien… ou dans sa chambre ?

D.   Vous avez raison. Ils sont tous précieux, précieux au plus haut point… des trésors. Mais celui-là, c'est… Je ne…
Je ne sais pas comment je pourrais vous le dire autrement : ce moment-là, c'est ma vie entière.

R.   …
Bon.

D.   …

R.   Alors… cinq ?

D.   Oui.
Euh.
Une atmosphère, une teneur, complètement différentes.
Été 1977. York, en Angleterre. Mon premier voyage en Europe. Avec le Psychologue. Devant un édifice public – un collège, je crois – un petit parc, et au milieu du parc, une plaque de métal fixée à un bout de rocher grossièrement équarri, le genre de petite installation qui commémore un événement historique. Seulement, il n'y a aucun chemin qui aille du trottoir de la rue à la plaque et, tous les quinze ou vingt pas, une affichette plantée dans le gazon menace des pires représailles quiconque oserait poser le pied sur la pelouse. Le Psychologue et moi nous regardons, regardons la plaque, la pelouse puis les interdictions, et nous éclatons de rire en nous moquant des idiots qui installent des adresses

au public dans des endroits où on ne peut même pas les lire. Nous faisons en vitesse un tour d'horizon : pas un flic, pas un gardien en vue. Hop, nous partons allègrement lire la plaque. Nous arrivons jusqu'à elle. Lisons. Oups… il est simplement écrit : « Cette plaque a été officiellement dévoilée le je ne sais plus quel jour de je ne sais plus quel mois de 1967. Pour commémorer le… deux millième anniversaire de la fondation de la ville de York. »

R. C'est tout ?

D. C'est amplement, vous ne trouvez pas ?

(Les deux rient.)

R. Oui, deux mille ans, c'est amplement suffisant, en effet. Je voulais dire : le souvenir s'arrête là ?

D. Oui. Après ça, nous allons continuer de nous promener, et parler de la durée. Du temps. De l'histoire. Nous sommes bien. C'est tout. C'est amplement.

Je vais repenser souvent à ce moment-là, un peu plus tard, durant mes études à Paris. Certaines nuits, je vais m'installer sur un banc, au parc du Vert-Galant, sous le Pont-Neuf. Et je regarde la tour de l'église Saint-Jacques, au loin. Je pense aux pèlerins du Moyen Âge, qui se réunissaient à son pied pour partir vers Compostelle. Et je pense à la plaque de York. Au garçon très doux à qui j'ai brisé le cœur en partant pour… pour ici.

R. Six ?

D. Euh…

R. Oui ?

D. En pensant au Psychologue…

R. Oui ?

D. … il m'est revenu quelque chose. Qui m'a traversé l'esprit souvent, au cours de nos entretiens. Je n'en ai pas parlé, ça ne cadrait jamais avec les sujets que nous abordions.

R. Vous voulez en parler maintenant ?

D. Oui. Enfin, si c'est possible. Si vous croyez que c'est une bonne idée. Mais ça n'a rien de particulièrement rigolo ni de souriant.

R. De quoi s'agit-il ?

D. De l'image paternelle.

R. Vous voulez dire : à vos yeux ?

D. Non, le contraire : celle que je dégage. Involontairement.

R. Allez-y.

D. Eh bien, voilà. C'est de repenser à... hips, j'ai failli dire son nom. C'est le fait de repenser au Psychologue qui m'a remis l'incident à l'esprit.

Après York, durant notre voyage, nous prenons le car de Londres à Athènes.

R. Hoha !

D. Oui, monsieur. Quatre jours et trois nuits sans discontinuer, sauf la nuit du milieu que nous passons dans un petit hôtel, à Abano Terme, près de Venise. Le voyage est épuisant mais extrêmement agréable. Le Psychologue est le compagnon de voyage idéal. Drôle. Aventureux. Nous rions comme des fous. Mais un matin, il se passe, dans le car, un incident qui va souvent revenir me hanter, au cours de ma vie. Il me semble qu'il a lieu le matin où nous quittons le petit hôtel... et que nous filons vers la frontière yougoslave. Oui, oui, c'est ça, nous venons juste de dépasser Trieste : j'ai aperçu les cimes des grues de transbordement du port, au loin.

Nous discutons, je ne sais plus bien de quoi, et le ton se met à monter. Un peu. Je veux dire que ce n'est pas une dispute, mais qu'il y a nettement désaccord. Tout à coup, en réponse à un de mes arguments, le Psychologue me lance : « T'es pareil comme mon père ! » J'en reste comme deux ronds de flan. Qu'est-ce que son père vient faire dans l'histoire ? La discussion se poursuit, mais il y a quelque chose qui ne va définitivement plus. Depuis qu'il m'a lancé sa phrase-massue, j'ai l'impression que le Psychologue ne me parle plus à moi, qu'il s'adresse plutôt à quelqu'un d'autre, en me parlant. Il entend ce que je lui dis, mais l'interprète systématiquement dans le sens le plus déformé possible. Commençant à être un peu excédé, et avant que la situation ne dégénère – ce qu'elle ne pourra certainement pas manquer de faire si rien n'intervient pour en infléchir le cours –, je prends le temps d'une bonne respiration, je m'accroche le sourire le plus chaleureux que je trouve – je n'ai vraiment aucun goût pour la dispute. Je lui dis, le plus doucement possible : « Écoute. Juste pour que les choses soient bien claires entre nous, tu veux ? Je. Ne. Suis. Pas. Ton. Père. Et je n'ai strictement aucune – soulignez : aucune – envie de jouer à l'être. Ni que toi, tu me forces à endosser son rôle. Si tu veux me parler à moi, tu me parles. Si tu veux lui parler à lui, tu lui parles à lui. Mais tu ne me parles pas à moi pour me faire part de messages qui sont, en fait, adressés à lui. Tu veux bien ? Je ne suis pas ton père, je suis ton amant. Ne me peinture pas dans le coin. »

R. Comment est-ce qu'il réagit ?

D. Il boude.

Ça dure un certain temps. Et puis il se produit un incident : nous arrivons à la frontière, j'imagine, et l'événement et le brouhaha qu'il suscite forcent le Psychologue à sortir de son mutisme. Je ne me souviens pas que nous ayons jamais ré-abordé le sujet. Mais sa remarque m'a frappé. Et souvent, par la suite – pas seulement avec mes amants, d'ailleurs –, elle va me revenir à l'esprit avec beaucoup d'acuité. J'ai très souvent l'impression, quand on me dit « Tu fais peur », ou quand on m'attaque, que ce n'est pas de moi qu'il s'agit. Je veux dire : qu'on parle à quelqu'un d'autre en me parlant. Et je n'aime pas du tout l'impression que ça me fait. Comme. Comme d'avoir à jouer un rôle que je ne connais pas. Et qui, surtout, non seulement ne m'intéresse pas mais me rebute. À telle enseigne que le jour où je lis pour la première fois *L'angoisse du roi Salomon*, d'Émile Ajar…

R. Romain Gary…

D. Non, Émile Ajar – c'est le nom sous lequel l'auteur a voulu publier son roman, c'est celui que j'emploie…

… je m'identifie très fortement au narrateur. Ce gars-là est vraiment dans la merde, parce qu'il a la gueule de Jean Gabin, une gueule de voyou très fort des poings, de tombeur, alors que ce n'est pas du tout ça qu'il est. Ça n'empêche pas à peu près tout le monde de s'adresser à lui, et d'agir à son égard, comme si ce l'était tout de même. Cette lecture-là me fait beaucoup méditer. Et je réalise que je me sens piégé. Que je n'ai pas la moindre idée de ce que je pourrais faire pour me sortir de l'impasse. Il n'empêche, j'ai horreur de deux choses, dans la vie : dire aux autres quoi faire, et me faire dire ce que je suis et le sens de ce que je fais.

R. C'est d'ailleurs de cette horreur que vous parlez, sur le mode comique, dans votre toute première pièce : *Panique à Longueuil*.

D. Oui : le personnage principal, monsieur Arsenault, passe toute la pièce à se faire jeter tête première dans les situations les plus invraisemblables, parce que chacun de ses voisins, qu'il rencontre à tour de rôle, est convaincu de savoir qui il est, et ce qu'il est, avant même de lui avoir adressé la parole.

Bref.

J'ai une sainte horreur de dire aux autres quoi faire – je ne leur pose même pas de questions sur leur vie à moins d'y avoir été formellement invité, et j'ai horreur de me faire imposer des interprétations de mes gestes et de ma vie, surtout par des gens qui semblent convaincus que penser risque de leur user le cerveau. Voilà pourtant que je me retrouve à continuellement me faire accuser de vouloir régenter la vie des autres, et d'être quelque chose qui ne m'intéresse en rien, qui est même aux antipodes de moi.

R. Troublant…

D. Assez, oui.

R. Qu'est-ce que vous faites ?

D. Rien du tout. Je me retire le plus que je peux.

R. Vous n'essayez pas de vous expliquer? De dire aux gens que vous n'êtes pas celui à qui ils s'imaginent s'adresser?

D. Bien sûr que je le tente, qu'est-ce que vous croyez? Mais ça ne fait qu'empirer les choses. À chaque fois. Comme si leur esprit était sur des rails que rien ne peut lui faire quitter. Plus je m'explique, pire c'est : à leurs yeux, toutes les explications, tous les démentis que je peux tenter deviennent autant de machiavéliques manœuvres.

Cela dit, avoir à me retirer ne me dérange pas, bien au contraire – je vous l'ai dit : j'aime la solitude. C'est surtout dans les relations intimes que le fait de me retrouver sans cesse dans un rôle de *punching bag*, sous prétexte qu'apparemment j'aurais une gueule à être le père de tout le monde, me porte sur les nerfs. J'ai l'impression de me retrouver enfermé, dans cette image-là. C'est une image-prison.

La seule personne, peut-être, qui au long de toutes ces années, va avoir la décence d'aborder ouvertement la question, et de vraiment écouter et recevoir ma réponse, c'est Élizabeth Bourget.

R. L'auteure dramatique...

D. Oui. J'ai énormément de respect pour Élizabeth. Nous sommes aussi différents l'un de l'autre, elle et moi, qu'on puisse l'imaginer, et nos œuvres sont à l'avenant. Il n'empêche que son intégrité, sa curiosité très vive, et son... son dévouement, m'impressionnent au plus haut point. Un jour, donc, de rentrée des classes à l'École nationale...

R. Elle est directrice de la section écriture dramatique, à cette époque?

D. Oui.

... il y a la petite sauterie habituelle, dans la cour intérieure. Toutes classes confondues, plus les profs, le personnel et la direction. Les discussions en petits groupes battent leur plein, et à un moment donné, Élizabeth et moi retournons ensemble à l'intérieur nous chercher un verre de vin. Nous

nous servons. Au moment de quitter la grande table, dans le hall, elle se tourne vers moi et me lance : « Il y a une question que j'ai très envie de te poser depuis longtemps. » « Ah bon ? » « Oui. » « Je t'écoute. » « Voici. Quand nous avons commencé, tous ensemble… toute la gang… quand nous avons commencé à écrire et à voir nos pièces créées, au début des années 80… » « Oui ? » « Il m'a toujours semblé. Je ne sais pas trop comment exprimer ça. Que si l'un d'entre nous était destiné à devenir… la figure de proue, ou le porte-étendard, peut-être… peut-être le *leader*… ce serait toi. Et je n'ai jamais compris pourquoi tu… pourquoi tu as refusé, systématiquement, à chaque fois, de saisir le flambeau que nous étions prêts à te passer. »

R. Carré comme ça ?

D. Oui.
   Évidemment, je cite de mémoire, des années plus tard, mais c'est essentiellement la question qu'elle me pose. Il me semble même qu'elle utilise l'expression « chef de file » – quelque chose dans ce goût-là, en tout cas.

R. Vous répondez ?

D. Oui.
   Mais je ne me souviens plus de la teneur précise de ma réponse. Je suis sonné. Chère Élizabeth. Elle aurait aussi bien pu me sacrer un coup de massue sur le dessus de la tête que je ne suis pas certain que j'en serais plus étourdi.

R. Pourquoi ?

D. Le fait d'entendre quelque chose de fugace, de fuyant, que je pressens depuis des lustres, enfin appelé par son nom. C'est essentiel, primordial, de nommer les choses. Je vous en ai parlé, déjà : on peut rendre les autres fous, à force de mal nommer, ou de nommer de travers, ou de cacher le véritable nom des choses. Cette fois-là, dans le grand hall de l'École, le choc est presque aussi fort que la nuit où le Peintre m'a appelé pour m'annoncer qu'il cherchait Daniel. Ou qu'il le sera lors de l'appel de Matane admettant enfin que j'ai signifié quelque chose dans sa vie. Elle me confirme que je ne suis pas fou…

R. …

D. … ou pas de cette folie-là, en tout cas…

(Les deux rient.)

D. Quand Élizabeth me pose sa question, je suis saisi… presque par une « image », par une synthèse. Le souvenir fugace de milliers de moments me repasse par l'esprit, en un éclair. Il me semble que je comprends tout à coup ce que signifiaient des milliers et des milliers de petites phrases, de petits gestes qui m'ont été adressés au fil des ans, et que je n'étais jamais parvenu à m'expliquer. Des comportements agressifs, par exemple, qui me faisaient me demander : « Mais qu'est-ce que j'ai bien pu faire, nom d'un chien, pour mériter ça ? » Tout à coup, grâce à la candeur d'Élizabeth, ces gestes-là, ces phrases-là, s'éclairent.

R. Expliquez-moi.

D. C'est encore la position du Père. Quoi que je fasse, je ne peux pas m'en défaire. Imaginez ce qui se passe dans votre esprit, si le pouvoir et l'autorité ne vous intéressent pas, vous répugnent, même, mais que la quasi-totalité des gens que vous croisez sont convaincus que vous ne cherchez qu'à régner. C'est d'une absurdité à mourir de rire. Vous, vous cherchez à comprendre, à appeler les choses par leur nom, à saisir l'image du monde en vous, à l'exprimer, vous cherchez comment avoir accès au cœur de l'autre pour l'entendre murmurer… mais chacun de vos gestes, chacune de vos paroles, tout ce que vous êtes, quoi que vous tentiez, est interprété comme une volonté de contrôle.

R. Une réaction faussée, comme celle de l'institutrice devant votre danse de l'ambulance…

D. Tout à fait. Mais portée à un point de développement dément.

Ma tête se met à me tourner, littéralement. Plus tard ce soir-là, j'en suis même malade. Physiquement, malade.

Cette fois-là aussi, je voudrais m'arracher la peau, la voix, les yeux.

R. Pour en changer?

D. Oui. J'ai envie de me construire une forteresse au fond d'un garde-robe et d'y rester enfermé pour le restant de mes jours. Dieu du ciel! La bêtise! Et la violence, surtout, de la bêtise! Et de la damnée bonne conscience! À vomir, littéralement!

R. Vous parlez d'Élizabeth?

D. Mais non. Bien sûr que non! Elle, au contraire, a justement le courage tout simple, l'honnêteté de poser la question. Mais les autres, tous les autres, qui des années durant ont été incapables de voir en moi autre chose qu'un conquérant. Mais d'où est-ce qu'ils pouvaient bien tirer une ineptie pareille? Du fait que j'ai une grosse voix? Que je parle fort? Mais ce sont des réactions de bébés de deux ans, ça! pas des réactions d'adultes. Ma voix n'est pas... psychologique. Elle est physique. J'ai le larynx de cette dimension-là, les poumons de cette force-là – la voix que j'ai n'a aucun rapport avec ce que je veux dans la vie, elle est le produit de ce que je suis, physiquement. La psycho-morphologie – tenter de déduire le caractère des gens de leurs attributs physiques – il y a un méchant bout de temps que plus un chat ne croit à ça – plus un chat sérieux, en tout cas. Comment est-ce qu'on peut prétendre au titre d'artiste et ne même pas avoir compris ça, ça au moins? C'est la base de tout, sacré nom!
Bref...

R. Qu'est-ce que vous lui répondez?

D. En gros... je ne me souviens plus des mots exacts... je me souviens surtout du gouffre dans lequel je me retrouve en chute libre... en gros : que l'autorité, les étendards et les flambeaux ne m'ont justement jamais intéressé. Que c'est même le contraire qui me fascine. Non pas : comment mener les autres. Mais : comment parvenir à avoir accès à ce qui les anime.

R. Et vous croyez que dans vos relations amoureuses, ou amicales, cette image-là de vous – le Père, le Meneur – a joué?

D. Je ne pense pas qu'elle ait simplement joué, je pense qu'elle a été déterminante… dans la presque totalité des cas. Au moins en ce qui concerne les gens de mon âge, ou plus jeunes que moi.

R. Et où en êtes-vous à présent, par rapport à ces questions-là?

D. Justement. Nos entretiens agissent sur elles aussi. Très fort. Incroyablement fort.

R. Je vous écoute.

D. Depuis que les deux images d'enfance – celle de la danse de l'ambulance et celle du tableau vert de l'école Lajoie – me sont revenues, et puis… et puis celle du boisé olympique… depuis le début de ma réappropriation de ma vie, en quelque sorte…

R. Oui…

D. … je crois avoir commencé à comprendre pourquoi j'ai ressenti un tel étouffement, chaque fois qu'on a voulu me forcer à accepter une interprétation fausse de ce que j'étais, disais ou faisais. Cet étouffement qui explique, au moins en partie, ma manie de m'expliquer – même quand je sais parfaitement que c'est en pure perte. Je ne peux peut-être pas parvenir à me faire comprendre, mais je n'ai pas le droit de ne pas au moins essayer. Jusqu'au bout. Et même au-delà.

R. Comme dans le cas de ce livre-ci?

D. Jamais de la vie. Je crois avoir été suffisamment clair d'entrée de jeu : je ne m'explique pas, ici… je m'explore. Et c'est une sensation extraordinaire. De liberté. Pour l'heure, il n'y a qu'un seul lecteur assuré de lire notre ouvrage : moi.

Quoi qu'il en soit, la rentrée scolaire de l'École dont je viens de vous parler…

R. Oui.

D. ... c'est celle de 1998.

R. Donc la transformation, la mue, en vous, est déjà commencée?

D. Nettement. Moins de deux ans après cette soirée-là, je vais commencer à... sortir du cadre, à sortir de la carte.

R. Où est-ce que vous en êtes, à ce moment-là?

D. ...

R. Par rapport à l'amour, à l'espoir, à la quête du sens?

D. Je dors.

Je vais me faire réveiller brutalement dans trois mois, à peu près, par le surgissement du Jeune Acteur. Mais pour l'heure, je dors. Je travaille, à cette époque, depuis deux ans et demi à mon essai sur la politique et la culture des élites québécoises, et c'est l'écœurement intégral. Découvrir l'histoire du Québec comme je la découvre, c'est comme faire du *dinghy* sur un océan de merde, sous un soleil qui plombe : ou bien tu restes là, immobile, et tu finis par figer dans les miasmes et par mourir asphyxié, ou bien tu rames, et l'odeur et le bruit sont encore plus épouvantables. Je vais supporter ça encore un an et demi avant de tout arrêter, dégoûté pour l'éternité.

Je dors. Je glisse lentement, tout doucement, vers la mort. Je dérive vers le gouffre, au ralenti, au gré des courants.

Ce soir-là, Élizabeth me lance sa question, et elle m'assomme, comme le Peintre l'a fait, comme Matane le fera bientôt, et à la fois elle m'éclaire profondément : je n'ai pas rêvé – il y a vraiment un décalage invraisemblable entre ma vie et la perception qu'ont les autres de ce que je suis. Mais ce n'est pas le décalage qui est vertigineux, c'est le silence... la bonne conscience... l'aveuglement... les préjugés. L'instrumentalisation de l'autre. C'est que personne, avant Élizabeth, ne me pose la question : « Qui es-tu ? »

R. Vous la posez, vous?

D. Un nombre incalculable de fois. Mais j'ai appris à ne pas le faire trop ouvertement, parce que j'ai réalisé qu'elle peut très facilement être interprétée comme une agression.

R. Le syndrome du coffre-fort enfoui?

D. Oui. Je suis fasciné, par cette question-là, hanté par elle. Quelle est la… la tonalité, la couleur, la saveur, la température, le galbe, le rythme, la trame de la conscience qui vibre doucement, juste là, derrière ces yeux sur lesquels je me penche, ou dont je croise, un court instant, le regard? Comment la vue de cette fleur, l'écoute de ce chant berbère, la pulsation de ce vers de Verlaine, de Hugo ou de Char, cette pensée de Camus ou de Schrödinger, l'affecte-t-elle? Où? De quelle manière? Il n'y a à peu près que ça qui m'intéresse, dans la vie.

Au moment où Élizabeth me pose sa question, la prise de conscience de l'arrogance qui caractérise les rapports humains, dans notre société, me foudroie. D'autant plus que ce que je comprends à cet instant-là cadre parfaitement avec ce que je découvre, par ailleurs, dans le cadre des recherches que je mène pour mon essai : dans la société où je vis, l'autre n'a aucune espèce d'importance. N'importe que le profit que l'on peut tirer de ce qu'il a l'air d'être. Une société qui se prend *réellement* pour un télé-roman. « Passe-moi le sucre. » « Va te faire soigner, mon chéri. » « Mais oui, bien sûr qu'il s'est suicidé, ça n'a rien de sorcier : le bon docteur Untel nous avait bien prévenus que ça devait finir par arriver. Tu veux encore des petits pois? » Un cauchemar.

R. « Le peuple est tout. Tu n'es rien! »?

D. Oui.

Mais quoi qu'il en soit du monde au sein duquel je vis, et de la surutilisation systématique que l'on y fait des clichés les plus creux, même à mon propre égard, il n'en reste pas moins que je vieillis. Seulement, ça n'a pas d'importance pour moi, vous comprenez? Aucune : la presque totalité de moi est à ce moment-là convaincue que dans quinze mois, à la fin de juillet 2000, je vais être mort. Je n'y pense pas, je ne l'énonce pas, même pas dans mon for intérieur, mais cette certitude-là est le fondement de tout mon moi, à cette époque. De chacun de mes jours.

R. Même au moment où Élizabeth vous pose sa question ?

D. Mais oui. Elle me la pose. Je réponds. Les images défilent. Je comprends. Et rien de tout ça, au fond, n'a la moindre importance : je suis en train de m'éteindre. *Ça* achève.

R. Donc… ?

D. Donc, je n'en fais rien.

R. …

D. Le choc me galvanise quelques heures, je vomis, je tressaute, mais au fond, je m'en fous : j'achève. Bientôt, je vais dormir. Enfin, dormir.
Comprenez-vous ce qu'implique la certitude de devoir s'éteindre bientôt ?

R. Non, je ne crois pas.
Pas vraiment…

D. Elle implique qu'on ne date plus les choses. Dater, c'est pour les vivants. Les morts en devenir ne savent pas quel jour de la semaine on est.

R. C'est-à-dire ?

D. Quarante ans. Quarante-cinq. Cinquante. Pour moi, ce ne sont pas des âges. Ce sont des étoiles qui, grâce à mon sextant, me permettent de m'orienter, de me situer sur la carte de ma vie. Je sais que j'ai quarante-cinq ans, mais je ne *sais* pas que je vieillis – ce n'est pas ça que m'apprend le passage du temps, mais uniquement que le terme approche, que la période supplémentaire achève. Je sais seulement que j'approche, inexorablement, du point du trajet où la cloche va sonner avant que tout ne s'éteigne. Pour moi, le temps qui passe ne signifie pas une durée mais une distance. Une journée, c'est un, deux ou trois pas de plus sur mon chemin, et c'est tout.

R. Redites ça ?

D. J'ai quinze ans, vingt, trente-neuf, dix-sept, douze. Mais *je ne suis pas* quelqu'un qui a ces âges-là. Ce ne sont que des points sur une carte, celle de ma vie. La durée, l'âge ne signifient rien, pour moi. Je n'ai pas vingt ans –, je suis simplement celui qui sort de l'École de théâtre, qui enfin commence à jouer, à explorer son art, à inventer son monde – et qui, à cette idée, est presque paralysé de terreur. Je n'ai pas quarante-deux ans, je suis simplement celui qui a connu le Musicien, qui a été ébloui par le Peintre et qui cherche désespérément le piton pour s'éteindre le cœur et le cerveau en attendant que ça finisse.

R. Qu'est-ce que vous me dites là, en clair?

D. Qu'il y a quelques semaines, j'ai commencé à passer, pratiquement sans transition, de dix ou douze ans à cinquante.

R. …

D. Je vous ai dit qu'il y a quelques semaines, quand j'ai réalisé que je vais vivre, les souvenirs inertes de moi, jusqu'à l'âge de dix ans, se sont animés…

R. Oui…?

D. Eh bien, c'est simple : l'effet… symétrique, le corollaire, a, lui aussi, au même moment, commencé à se produire!

R. Expliquez…

D. Au même moment, c'est – un peu, mais c'est déjà beaucoup – comme si le temps se remettait en marche.
Pour la première fois depuis une éternité, je prends conscience d'avoir un âge. « Quarante-neuf ans », soudain, ne se résume plus à n'être qu'une information biographique. J'ai l'impression que des pans entiers de ce que j'ai fait de douze à quarante-neuf ans sont en train, eux, de devenir inertes : quelques lignes de force non seulement surnagent, mais… brillent. Des tas de détails s'estompent à toute allure, et une ligne, non, des réseaux de lignes, déjà présentes, se trouvent ainsi dégagées : claires, définies.

R. Donnez-moi une image.

D. Eh bien… une carte géographique, encore une fois. Imaginez la carte très détaillée d'un coin de pays. Tout y est indiqué : relief, routes, cours d'eau, constructions, grille d'alimentation électrique. À présent, imaginez que tout se met à s'estomper, sur la carte. Comme si elle se mettait à s'effacer. Et qu'il ne restait plus que quelques tronçons de routes à rester dessinés. Ils ont toujours été là, bien sûr, mais ils n'ont jamais eu de sens particulier, ils n'ont jamais attiré mon attention : ils étaient noyés dans la masse des détails. À mesure que l'ensemble s'estompe, ces tronçons-là gagnent de plus en plus en brillance, en définition. Et je réalise qu'ils dessinent quelque chose... qui est là depuis longtemps, mais... comme un arbre caché dans la forêt.

R. Quoi? Qu'est-ce qui était caché?

D. Elles prennent toutes, d'une manière ou d'une autre, le relais de celles que j'ai cru coupées à dix ans.

R. ...

D. J'ai vécu trois vies. Et soudain, un dessin émerge, qui non seulement montre très clairement qu'il n'y en a, en fait, qu'une seule, et qu'il n'y en a jamais eu qu'une seule, tout ce temps-là, mais encore que cette seule-là me... me bouleverse. Je sais, je sais, c'est étrange à dire : « Ma vie me bouleverse », mais je n'ai aucune autre manière d'exprimer ce que je ressens. En tout cas pour le moment. Je ne veux pas dire par là que ce que j'ai fait m'impressionne, non. Je veux dire que la force de la vie m'ébahit. Et que cet effet-là est tout particulièrement fort là où je rencontre la vie avec la plus profonde intimité : en moi. Les segments de routes qui se dégagent de chacune des trois images... se raccordent tous aux segments des autres. Ce n'est pas seulement qu'il y a une seule carte plutôt que trois, c'est aussi, c'est surtout, que la carte évoque une unité saisissante.

R. Le... « fil de votre vie », le mythe?

D. Peut-être.

En tout cas, une très grande beauté, qui émane du fait de me rendre compte que ce qui, au long de ma vie, semblait n'être que des bouts de routes secondaires était en fait le réseau central. Et, inversement, que des tas de préoccupations qui me semblaient essentielles ne servaient, en bout de ligne, que de camouflage à l'essentiel. Un camouflage nécessaire. Vital.

R. Et qu'est-ce qu'il dessine, ce réseau?

D. La maturité.

R. La maturité?

D. Oui.
Et je comprends…
… que je n'avais pas saisi.

R. Quoi?

D. Je n'avais pas saisi ce que c'est, la maturité. Ou ce qu'elle peut représenter. Dans ma vie à moi, en tout cas.

R. …

D. Je n'avais jamais réfléchi sérieusement à ce que ce mot-là signifie. J'avais quelques images d'Épinal, et ça s'arrêtait là. En fait, j'avais toujours plus ou moins cru qu'on passe directement de la jeunesse à la vieillesse, du futur au passé. Mais non. Non. Non.
Des fulgurances insensées me traversent l'esprit, ces jours-ci. Et je viens seulement, il y a quelques jours à peine – je vous en ai parlé, alors –, de saisir ce qui les relie les unes aux autres. Le temps de la récolte. C'est bête, c'est une image très… piétonne, mais c'est la seule qui me vienne. Le temps de la récolte, ce n'est pas l'été. Et pas l'hiver non plus. C'est l'automne. Ma saison préférée, d'ailleurs, depuis toujours. Le début de l'automne. L'or des blés.
Et je. Zut de zut, je ne m'en sortirai jamais…

R. De quoi?

D. Des explications! Je vais encore tout compliquer!
Depuis des semaines. Je pense à Billy. Je repense aux êtres que j'ai aimés. Et je me sens.
Je ne peux pas. C'est trop compliqué. Je n'y arrive pas.
Duane Hanson!

R. Comment?

D. Le sculpteur hyper-réaliste, l'États-Unien, celui de l'exposition que je vais visiter avec le Peintre, en 1994, son nom c'est : Duane Hanson.

R. Ah. Bon.

D. Écoutez, je vais vous lancer tout à trac une tentative de formulation de ce que j'essaie de dire, et nous verrons bien.

R. Allez donc.

D. D'un côté, il y a que je me suis si souvent retrouvé dans le rôle du Père – un rôle dont je ne voulais pas, qui va à l'encontre de tout ce que je suis. Et de l'autre, il y a... que c'est, finalement, exactement ce que je crois être en train de devenir.

R. Quoi, un père?

D. Une image paternelle.

R. Mais...
Mais alors...
Donc, tous ces gens-là avaient raison? Tous ceux qui vous voyaient en être une?

D. Pas du tout.

R. Expliquez.

D. C'est justement ça qui est si difficile à exprimer. Je ne me sens pas devenir *le* père mais *un* père. Celui qui correspond à ce que je suis, plutôt qu'une image stéréotypée. C'est là qu'est toute la différence. Et c'est justement dans ces eaux-là que nage le mensonge : un père, ce n'est pas un statut, c'est une fonction. Ce n'est pas un titre, c'est une responsabilité.
Ce que je tente de vous dire, c'est que je crois que oui, j'ai eu raison de refuser d'endosser le rôle que l'on voulait m'obliger à jouer, parce que si je l'avais accepté, il aurait été un cliché – il aurait été vide –, un titre, sans les attributs de la charge. Parce que, souvenez-vous : la momification, et tout ce qui se rapporte à elle, a justement pour enjeu la maturité. Son empêchement.

R. Vous voulez dire que si vous aviez accepté de jouer le rôle de Père ou de Meneur que l'on voulait de force vous mettre sur les épaules, il vous aurait empêché de devenir celui que vous portez en vous?

D. Quelque chose comme ça, oui.

C'est très étrange. Le Meneur, lui, ne m'intéresse pas plus aujourd'hui qu'il y a dix, vingt ou trente ans.

Il vient de me passer une phrase par la tête : « Moi, régner ? Quand ma faible raison ne règne plus sur moi[13] ? »

R. *Phèdre.*

D. À peu près, *Phèdre*…

Le Meneur ne m'intéresse toujours pas, mais il y a une couleur de la figure paternelle qui, elle, émerge et me parle. Très fort.

R. Laquelle ?

D. Le dialogue.

À Alger, un soir de la toute fin de 1991, j'assiste à une scène qui me frappe énormément. C'est la veille de mon retour à Paris – mon avion décolle tôt le lendemain matin. Vingt-quatre heures avant les élections qui vont être annulées parce qu'elles portent au pouvoir le FIS – le Front islamique du Salut. J'habite dans la famille de mon ami Slimane, il y a eu une petite fête, et là, Slimane et moi prenons un dernier verre avant d'aller dormir : nous causons de mon séjour, du projet en commun auquel nous travaillons. Son fils aîné, Khaled, je ne sais pas s'il a vingt ans, est allé reconduire un de ses cousins avec la voiture familiale. Khaled revient, et aussitôt qu'il apparaît dans la porte du salon, il est clair que quelque chose ne va pas. D'une voix timide, penaude, il annonce à son père qu'il a eu un tout petit accident. Que la voiture est un peu abîmée. Slimane lui demande s'il allait vite. Khaled répond que non, pas du tout. Slimane lui demande alors de décrire les dégâts. Khaled s'agite, insiste : ce n'est presque rien – il invite son père à descendre avec lui, pour le constater de ses propres yeux. Mais Slimane décline l'invitation : « Je n'ai pas besoin de voir tout de suite, j'irai demain matin. Pour le moment, décris-les-moi, les dégâts. » Khaled s'exécute,

---

13. Jean Racine, *Phèdre*, Acte III, scène 1.

et quand il a fini, Slimane, impassible, lui lance : « C'est bien ce que je disais, tu roulais trop vite. » Khaled nie, se débat, se démène. Slimane le fait taire d'un geste lent, lui signifie de s'asseoir devant lui, et lui explique l'enjeu de la discussion qu'ils sont en train d'avoir là : des dommages à une voiture, ce n'est pas si grave, ça se répare – il comprend très bien ce qui a dû se passer : les deux cousins étaient tout contents d'être ensemble, il ne devait pas y avoir grand monde sur la route, ils ont voulu profiter de leur liberté, ils ont fait les imbéciles – ce n'est pas si grave. Les conséquences auraient pu être bien pires. Khaled nie de toutes ses forces : « Non, non, papa, je te jure qu'on n'allait pas vite. » Slimane lui fait à nouveau signe de le laisser parler et poursuit : « C'est le genre d'idiotie que tous les jeunes gars de la Terre font un jour ou l'autre, on reparlera de ses conséquences une autre fois » – il insiste : pour le moment, c'est l'essentiel qui lui importe, et l'essentiel c'est qu'un fils ne doit pas prendre son père pour un imbécile. J'assiste à la scène, sidéré.

R. Pourquoi, sidéré ?

D. La clarté des enjeux. La clarté des idées. La clarté de la situation.

Il est clair comme de l'eau de roche que Khaled se sent coupable, et qu'il a sans doute peur de se sentir infantilisé s'il admet qu'il a fait l'idiot. De son côté, Slimane est tout à fait calme et les choses trouvent leur place toutes seules, dans ce qu'il dit à son fils : faire une erreur qui ne prête pas à de trop graves conséquences, c'est une chose : ça peut se réparer. En revanche… on ne ment pas ! On n'insulte pas son interlocuteur en prétendant le mener en bateau, en niant sa responsabilité, parce que ça, c'est une faute autrement plus grave. On nomme, et on assume.

Je suis sidéré, parce que ce raisonnement-là, c'est celui qui sous-tend mes actions et mes paroles depuis longtemps. Mais je crois que c'est la première fois que je le vois en action. Sauf peut-être de la part de mon père à moi, à mon égard. Slimane ne se réfugie pas derrière son statut paternel, il s'adresse à son fils comme à un être conscient, responsable. En échange, il exige de son fils la même confiance.

Autrement dit, je suis sidéré parce qu'un tel comportement serait inimaginable, dans la presque totalité des cas, dans ma société à moi. Ou bien le père ferait semblant de croire ce que lui raconte son fils – c'est tellement plus facile comme ça – ou bien il se poserait en figure d'autorité – ce qui mènerait droit à l'affrontement. Ce qui me sidère, c'est la beauté que renferme un geste de confiance aussi simple.

R. Comment est-ce que la situation se dénoue?

D. Khaled finit par admettre qu'il allait peut-être... un peu trop vite. Slimane éclate de rire et lui dit qu'ils en reparleront plus tard.

Il y a quelque chose de très nettement socratique, dans la scène : « Je ne te fais pas la morale, je me contente de constater que les dommages que tu me décris, d'une part, et l'évocation de la scène durant laquelle ils ont été produits, d'autre part, ne collent pas. Donc? Donc, je suis bien obligé d'en conclure que tu me mens. Et ça, vois-tu, c'est beaucoup plus grave qu'une calandre enfoncée. »

Je crois. Je crois que c'est ça que j'ai envie d'être, avec Billy.

R. Oh, le saut! « Ça »? « Ça », quoi?

D. Un... un interlocuteur socratique.

Je crois que c'était aussi le cas avec le Jeune Acteur.

Je crois. Oh...

R. Quoi?

D. Pas facile à énoncer, ça... pas facile à admettre...

R. J'écoute.

D. Oh, merde!

R. Quoi?!

D. Les images, encore une fois. À toute allure.

Les images qui tombent en place.

R. ...

D. ...

R. Mais parlez, bon sang !

D. Pendant que je vous racontais la scène qui s'est produite chez Slimane, deux autres images me tournoyaient dans l'esprit.

La première, je l'ai déjà évoquée : après les répétitions avec le groupe auquel appartient le Jeune Acteur, moi, en taxi, hanté par la phrase « Pauvres enfants, mais qu'est-ce qu'on vous a fait ? » Et qui, parfois, en pleure même à chaudes larmes, déchiré par un sentiment d'impuissance.

R. Oui.

D. La seconde est composite.

Les dizaines et les dizaines de jeunes gens, surtout des gars mais nombre de filles aussi qui, depuis dix ou quinze ans, se retrouvent à me parler de leur famille. Des descriptions qui m'atterrent – et qui ressemblent tellement à ce que mes amis me racontaient déjà il y a trente ou quarante ans. Alors que pourtant, on ne cesse de chanter sur tous les tons que tout a changé, dans le Québec contemporain. Quelle foutaise, quel immonde canular. Silence obstiné du père. Aveuglement volontaire de la mère. Tissus de mensonges entretenus comme une pelouse parfaite. Et le désarroi qui leur coule par les yeux, tandis qu'ils me parlent de ça. Et l'image qui se forme, dans mon esprit. À la fois de ce que chacun des récits évoque de particulier, d'unique, mais, à mesure que le temps passe et que ces récits-là se multiplient, leur accumulation, leurs ressemblances. Et l'image qui se construit : la même obligation au silence, les mêmes structures de mensonges, dans les familles, que dans la société dans son ensemble. Évidemment : quoi qu'on se raconte, ce sont des individus qui forment les sociétés.

Ces deux images-là tournoyaient, et tout à coup, elles sont entrées en résonance : le devoir de protéger !

R. ...

D. Le mien, mon devoir !
Avec le Jeune Acteur, avec Billy, mais oui ! Ah…

R. Quoi ?!

D. Je vous en ai même parlé. C'est vous qui avez insisté : Janosh !

R. Parlez-moi : qu'est-ce qui vous fait pleurer comme ça ?

D : …

R. Daniel !

D. …

R. J'insiste !
Parlez ! Maintenant !

D. J'ai. Je crois que je viens de voir.

R. Quoi ?

D. Le fil. Le mythe.

R. Oui… ?

D. Si le garçon de douze ans a survécu, contre toute attente….

R. Oui… ?

D. Sa survie. Son arrivée à l'âge adulte. Le mur entre lui et moi, entre lui et vous, entre vous et moi, qui s'effondre.

R. Oui… ?

D. Tout ça ne peut avoir de sens. Et de suite. Que d'une seule manière.

R. Laquelle ?

D. Que je.
Que je.

R. Daniel !

D. Que je sauve une âme ! Une seule ! Une ! Une vie ! Un espoir !

R. …

D. …

R. Vous pouvez parler ?

D. …

R. Je vais le faire à votre place.
De mon mieux.
Essayez de m'entendre. Malgré la douleur. Le vertige.
Vous voulez ?

D. ...

R. C'était ça, vos études? Durant toutes ces décennies? Apprendre comment vous pourriez aider, un jour?

D. ...

R. C'était ça, le lien entre les trois images? Entre le garçon à la bicyclette, celui de la ferme abandonnée et Effe, quand vous avez caressé ses cheveux, ce soir-là, dans sa chambre? Vous n'avez jamais oublié combien vous aviez envie, combien vous aviez besoin, que le grand garçon vous serre contre lui – comme plus tard vous implorerez en silence votre oncle de ne pas vous trahir. « Toi, toi, Daniel Dubois! Tu ne mentiras jamais sur la souffrance! Jamais! »

D. ...

R. Protéger. Accueillir. Comme la mère de Jim, à la fin de *Empire of the Sun*. Comme le prof de chant, dans *Les choristes*, et l'abbé de L'Épée dans *Ridicule*. Comme vous avez découvert ce que c'était que de donner, que de *se* donner, que d'être *avec* l'autre, avec Effe – ce que vous ne saviez pas encore le jour de la visite à la ferme.
C'est ça?

D. ...

R. Vous voulez protéger. Aider. Mais pour y parvenir un jour, il faut apprendre à voir et à écouter les autres. Sinon. Sinon vous ne pouvez rien faire d'autre que ce que chaque jour vous deviez vous-même subir : imposer aux autres votre vision d'eux. Le contraire d'aider.

D. ...

R. C'est pour ça qu'il faut que l'autre vous invite sur sa planète. C'est pour ça qu'il ne faut rien demander.

D. ...

R. C'est pour ça que l'image de l'amour qui vous bouleverse tant est celle de l'abandon. S'abandonner *ensemble*.
Je pense. Je pense à la phrase de Hans, dans *Bob*.
Je suis désolé, Daniel. Mais le temps presse. Je suis désolé de vous pousser comme ça.
Dites-la.

D. …

R. Dites-la. Il faut que ce soit vous qui la disiez…

D. « N'attends rien. Et ne renonce jamais. »

R. …
Le vertige.

D. …

R. La terreur. Le volcan de glace dont vous avez parlé. C'est. C'est que vous avez, vous aussi. Besoin d'être serré dans des bras. Il ne s'agit pas seulement d'enseigner. Il s'agit aussi d'avoir accès à l'autre. Ce n'est pas simplement de donner…
… mais l'espoir qu'il y ait échange.

D. …

R. C'est ça, vos rêves de Billy?

D. …

R. Ils continuent?

D. …

R. Ils sont plus forts, plus tendres, plus présents que jamais?

D. …

R. Et vous en avez honte?

D. …

R. Vous trouvez injuste d'attendre quelque chose de sa part?

D. Non!
Non : pas « attendre ». Je n'attends rien. Je n'espère rien. J'en ai besoin, c'est tout.

R. Vous savez pourquoi?

D. Parce que je ne suis pas un professeur. Je suis un *bum*. Un *bum* amoureux. Assagi. Ou qui l'a été.

R. Et qui en a assez?

D. …

R. L'assagissement, c'était seulement pour survivre? Pour vous donner le temps d'apprendre?

D. …

R. L'assagissement, c'était… c'était moi?

D. …

R. C'était moi.

D. Je ne crois pas revenir à l'adolescence, non. Je ne suis pas idiot. Pas à ce point-là, en tout cas. Je vous l'ai dit : j'ai récupéré mon enfance, mais mon enfance m'a aussi récupéré, moi.

Dans ces rêves-là, dans ces éclairs-là, de Billy et de moi, de… de tendresse, d'intimité, de… folie… je n'ai pas douze ans. Et il n'est pas Effe. Je le sais. Je sais aussi que je ne suis pas un voyou de douze ans arrivant à cinquante, non. Je suis. Un voyou que sa révolte n'a jamais abandonné. Mais qui sait, qui a appris, que la violence est un viol.

R. …

D. J'ai. Je n'ai pas honte d'être amoureux d'un si jeune homme. Mais je. Il fallait, il fallait que je comprenne.

R. Quoi ?

D. Je m'en suis voulu. Peut-être que je m'en veux encore. Atrocement. De l'aimer. De risquer de l'éloigner de moi, en l'aimant. Alors qu'entre tous, il est celui de qui je voudrais être tout près. Pour pouvoir, le soir, lui raconter des histoires. Et entendre les siennes. Et qu'ensemble nous en inventions de nouvelles. Je connais les pièges. Les pièges d'un homme plus vieux avec un jeune. Mais.

R. Dans *Les rats* ?

D. Oui.

Quand André arrive chez le vieux magicien des Cornouailles, le frère de Merlin, il y a un jeune homme, qui habite là, avec Excabrad. Un étudiant en musique. Qui fait chaque semaine l'aller-retour du Conservatoire royal de Londres à la maison de son vieux compagnon. J'avais. J'avais trente ans, ou à peu près, quand j'ai écrit ce passage-là.

R. Le seul, à l'origine, dans lequel devait apparaître Excabrad ?

D. Oui.

Et je n'ai jamais. Je n'ai jamais été capable de le compléter : de dire, ouvertement, qu'Excabrad et le jeune homme sont amants. Je trouvais ça… dégoûtant. Jamais, jamais, dans toute mon existence, je n'ai pensé que je me retrouverais un jour dans une situation semblable. J'ai toujours cru tous les clichés. Un vieux avec un jeune, c'est un vampire. Qui profite de la jeunesse pour se faire accroire qu'il est lui-même toujours jeune. C'est un monstre, un ogre qui profite de manière dégoûtante d'une faille dans l'âme du plus jeune.

Et aujourd'hui, je veux dire littéralement, là tout de suite, c'est la première fois que j'ose formuler que oui, j'aime un jeune homme, presque un enfant. Et que ça n'a strictement rien à voir avec ces images-là.

Je sais qu'il n'y en a justement pas, d'images. En décembre, je lui ai envoyé une longue lettre – en lui précisant bien que, si moi je *devais* l'écrire, cela ne signifiait pourtant absolument pas du tout que lui *devait* la lire : je l'exhortais même à n'en rien faire, à la jeter tout de suite. Une des choses que je lui disais, dans la lettre, c'était que. Que je n'avais aucune image de ce que ce serait, ou de ce que cela aurait été, si… si quelque chose, entre nous deux, avait été possible. Il n'y a que deux images, encore et toujours, chaque fois que la pensée de lui me happe. Sa présence. Et notre tendresse, chacun, pour l'autre.

R. …

D. Non, il y a encore autre chose.

R. Qu'est-ce que c'est ?

D. La liberté.

Dans les rêves que je fais de lui, dans les fulgurances de lui qui me saisissent, la différence d'âge n'est pas du tout gommée. Je ne m'imagine absolument pas revenant à vingt ans, ni surtout me mettant à me déguiser et à me pomponner comme Aschenbach…

R. « Aschenbach » ? Attendez. Dans *La mort à Venise* de Mann ?

D. Oui. La passion que ressent Aschenbach pour le jeune Tadzio le pousse à vouloir revenir en arrière dans le temps.

Le récit est bouleversant. Mais ce n'est pas du tout ce que je ressens à l'égard de Billy. Je dirais même que c'en est en quelque sorte un opposé. Le désir que je ressens d'une intimité avec lui ne me pousse pas à changer pour l'obtenir. C'est même le contraire : c'est la certitude que cette intimité n'adviendra jamais, qui me force à changer. Vous comprenez ?

R. Pas sûr du tout...

D. Je ne retournerais pas à vingt ans. Sous aucun prétexte. L'âge que j'ai là et le bagage que j'ai acquis au long de la route me conviennent très bien. D'une certaine manière, je suis là où j'ai toujours souhaité être. Mais jamais, jamais, je n'avais prévu que d'y être me ferait cet effet-là. Que dans la société où je vis, je serais un monstre damné par je ne sais combien d'âmes toutes plus vertueuses les unes que les autres, sous prétexte que les valeurs qu'imposent les élites me rendent malade de dégoût. Que je serais amoureux fou d'un garçon qui n'a même pas la moitié de mon âge. Je ne l'avais pas prévu, mais force m'est de constater que ces deux aspects-là de ma vie sont indissociables du fait que je me trouve là où j'ai toujours souhaité me retrouver un jour.

Le petit gars de douze ans, couché sur son lit de camp, coincé entre le mur et la grosse table de chêne massif, est devenu un écrivain. Un acteur. Un metteur en scène. Il connaît très bien ses limites, il s'est frappé le nez sur elles assez souvent pour ne pas pouvoir s'illusionner à leur sujet – de toute manière, la question n'est pas là. Le fait est que si, le soir où j'ai décidé de vous créer, quelqu'un m'avait prédit que non seulement j'atteindrais l'âge de quarante-neuf ans, mais qu'en plus j'aurais dans ma bibliothèque des livres avec mon nom écrit dessus... je pense que je lui aurais hurlé par la tête de cesser de se foutre de moi !

Bon, eh bien maintenant, ça y est, j'y suis !

Qu'est-ce que je fais ?

Qu'est-ce que je fais?
Qu'est-ce que je fais?

R. Oh. Je pense que je commence à comprendre : être quelque part, ce n'est pas du tout la même chose que savoir qu'on y sera un jour…?

D. Oui. C'est exactement ça.

… à plus forte raison quand on pense qu'on n'aura jamais la force de se rendre où que ce soit.

Il y a toujours, toujours, des différences entre nos rêves et leur réalisation. Des différences essentielles. Et totalement imprévisibles. C'est un des aspects de la vie qui m'éblouit le plus fort et le plus profondément. Je dois faire avec celui que je suis, parce que de toute manière il n'y a rien d'autre avec quoi faire quoi que ce soit. Donc? Donc je dois comprendre, je dois absolument comprendre, pourquoi il y a Billy.

R. Et l'autre aspect : le monstre?

D. Lui, je crois que je le sais, ce qu'il est, d'où il a surgi.

R. Dites-moi ça.

D. Qu'aux yeux des innombrables enfants spirituels de l'infect chanoine…

R. L'infect chanoine… Groulx…?

D. Oui.

… qu'à leurs yeux, je devienne un monstre, que je reçoive des menaces de mort, que je me fasse injurier dans la rue, c'était inévitable. Depuis le tout début. Relisez ce que je vous ai raconté des priorités et des rêves que, tout au long de ma vie, je me suis efforcé de préserver, de protéger. Et regardez à quel moment cette image-là de monstre a surgi.

R. …

D. En 1995, durant la seconde campagne référendaire.

R. Et…?

D. C'est l'année de mes quarante ans. Le premier des deux âges qui, durant ma jeunesse, m'apparaissaient probables pour ma mort.

R. Le deuxième âge, c'était quarante-cinq ans. En l'an 2000, donc?

D. Oui.

R. Il arrive aussi quelque chose de marquant, à ce moment-là?

D. Oui.

R. Quoi?

D. J'abandonne mon essai.

R. Pourquoi?

D. Justement : parce que au cours de mes recherches, j'ai fini par comprendre ce que j'avais à comprendre, tout simplement. Et que j'ai aussi fini par réaliser que ce n'est pas sous cette forme-là, celle de l'essai, que cette connaissance-là trouve véritablement son sens. Pas pour moi, en tout cas. Je n'ai jamais eu l'intention de devenir historien. Tout ce que j'ai cherché, c'est à comprendre. Par moi-même, puisque j'ai l'insigne bonheur de vivre dans une société où personne ne parle ouvertement et publiquement de ce qui de très loin importe le plus à mes yeux. Le travail sur mon essai, c'était l'ultime partie de mes études. Mais ces études-là ne me destinaient pas à devenir professeur, elles me destinaient à poursuivre le développement de ce que j'aime le plus au monde : mon art. Il n'a jamais été question de quoi que ce soit d'autre. J'ai plongé dans mon essai, tête baissée. Durant ces quatre années-là, je dévore des bibliothèques entières. Parce que, sans même en avoir « consciemment conscience », je sais qu'il faut que j'aie fini pour mes quarante-cinq ans.

R. Parce que... à quarante-cinq ans, vous savez que vous allez commencer à ressortir du Maquis?

D. Oui : que le contrat va arriver à échéance.

R. Et à présent, une fois que vous avez compris ce que vous aviez à comprendre de ce côté-là, la question qui reste, c'est... celle qui concerne Billy?

D. Oui. Même que pour être tout à fait franc, il n'y en a aucune autre qui m'intéresse autant – et de très loin.

Depuis quatre ou cinq mois, ce garçon-là *est* ma vie. Je vous l'ai dit, je rêve à lui, j'ai des crises de lui. Je suis obsédé. Et je veux comprendre pourquoi. Pas un « pourquoi » théorique, générique, mécanique, non. Le pourquoi, dans ma vie à moi. Je sais que ce n'est pas simplement « tombé sur lui ». Il éveille quelque chose, en moi, des montagnes et des montagnes de choses, en fait, et je veux savoir pourquoi. Pourquoi lui ? Et pourquoi ces choses-là ? Et pourquoi… moi ?

Qui est « moi », pour être bouleversé de la sorte par ce que porte en lui ce garçon-là ?

Ce n'est quand même pas le seul gars de vingt-trois ou vingt-quatre ans que j'aie croisé depuis six mois. Il y en a même avec qui j'ai passé de… de très agréables moments. Mais ce n'est pas de ça qu'il s'agit avec lui. Je ne suis pas en manque ni de sexe ni d'amour. La seule chose dont je sois en manque, c'est lui. Sa présence. Ce qu'il éveille en moi. Alors ? Qui est-il ? Et qui suis-je ? Et quelle est cette chose qui est apparue entre nous, dans mon regard à moi ?

R. Quel rapport avec votre… euh… figure paternelle ?

D. Je ne suis pas certain. Mais l'idée qu'elle est mêlée à toute cette question me revient de plus en plus souvent. Il y a eu un moment, durant les toutes premières semaines de nos entretiens, où j'ai été frappé très fort par un paradoxe : je l'appelle le paradoxe de Cocteau.

Cocteau a été le… le père, en quelque sorte, du comédien Jean Marais. Mais essentiellement, la plus belle part du travail de Marais s'est justement faite avec Cocteau, dans ses films et ses pièces de théâtre. Il existe plusieurs autres exemples d'artistes prenant sous leur aile – pour ainsi dire… – des artistes plus jeunes, et les aidant, oui sans doute, mais en même temps, les rendant dépendants. Après le départ du Père, le plus jeune est pratiquement laissé à l'abandon. C'est un phénomène auquel j'ai souvent eu à réfléchir, au cours de ma vie – mais je ne m'étais jamais attendu à être moi-même aux prises avec lui.

Au plus fort de ma passion pour le Jeune Acteur, je lui ai déclaré un jour que s'il allait m'apprendre tout à coup qu'il était en train de tomber amoureux de moi, je lui répondrais non.

R. …

D. Oui, oui, lui aussi, il a fait une drôle de tête. Il m'a regardé d'un air incrédule : « Es-tu en train de me dire que c'est toi qui me dis non ? » J'ai ouvert la bouche pour lui répondre, mais je l'ai refermée aussitôt : l'explication aurait été interminable.

R. Et c'était vrai ? S'il vous avait fait une déclaration enflammée, vous lui auriez dit non ? À cause du paradoxe de Cocteau ?

D. Oui. Enfin. Je ne sais pas si j'aurais résisté très fort. Mais chose certaine, la mise en garde aurait été très corsée. Il y aurait eu là un terrible danger. Pour lui.

R. Et à l'égard de Billy ?

D. Je me suis posé la même question qu'à l'époque du Jeune Acteur.

R. Et… ?

D. La… la réponse a été très étrange.

R. Oui… ?

D. J'ai eu l'impression qu'en fait, la question ne se pose pas. Bon. Elle ne se pose pas, pas plus que dans le cas du Jeune Acteur, parce qu'il est très hautement improbable qu'il débarque chez moi un soir, éperdu d'amour. Ce n'est pas de ça que je parle. Ce que je cherche à exprimer, c'est que dans ce qui m'anime à son égard, la composante paradoxe de Cocteau n'a pas l'air d'être présente. Pas du tout.

R. Pourtant c'est un artiste, lui aussi.

D. Tout à fait. Et, comme je vous l'ai déjà dit, extrêmement talentueux. De plusieurs manières.
    Je sais, c'est intrigant, mais il n'en reste pas moins que si je sonde mon instinct, ce risque-là est absent.

R. Qu'est-ce que vous en concluez ?

D. Rien du tout. Sinon que l'effet qu'il a sur moi semble tout à fait différent de ce que j'ai ressenti pour le Jeune Acteur.

Je crois. Je crois qu'il m'inspire une telle confiance que je pressens que s'il traverse sa peur actuelle… rien ne pourra lui nuire.

Et pourtant, ma confiance dans le Jeune Acteur est tout aussi solide. Ce n'est pas une plus grande confiance, c'en est… une autre.

R. Je résume à grands traits : la différence d'âge entre vous deux est présente, mais contrairement à ce qui est déjà advenu dans le passé, elle ne risquerait pas, cette fois-ci, d'engendrer un paradoxe de Cocteau.

D. C'est ça.

R. Quoi d'autre ?

D. Je ne sais pas. À ceci près que, pour la première fois de ma vie, peut-être, l'image paternelle que je dégage ne me semble pas menaçante ni étouffante. Au contraire, même. Je la sens… constituante de ce qui m'arrive. Et c'est extrêmement surprenant, pour moi. Et profondément troublant.

R. …

C'est tout ?

*

R. Nous reprenons nos évocations heureuses ?

D. Oui.

R. Alors… la sixième ?

D. L'Instituteur.

R. Celui qui est parti enseigner en Afrique ?

D. Oui.

Chez moi.

R. Vous habitez déjà votre appartement d'aujourd'hui ?

D. Oui.

R. Quelle époque ?

D. 1988 ? Je crois.

C'est l'hiver. La nuit.

Il neige à plein ciel. Nous sommes debout devant la grande fenêtre, tout nus, et nous regardons neiger. Il y a *Le démonstrateur*, qui joue.

R. *Le démonstrateur?*

D. Une... sculpture, une invention de Paul Lacerte, que j'ai le très grand bonheur d'avoir chez moi. Son titre est totalement absurde : c'est un démonstrateur qui ne démontre rien du tout, une caricature de ces lave-vaisselle transparents, par exemple, qu'on peut voir faire de la mousse dans certains magasins d'électroménagers. J'adore. C'est un cube vide de métal gris, vernissé, de peut-être un mètre de haut – une base d'imprimante d'ordinateur des années 50 ou 60, je crois bien –, coiffé par un grand haut-parleur rempli de macaronis de styro-mousse, et percé de fenêtres de plastique. Quand on le met en marche, des lumières se mettent à tourner dans les fenêtres, et une espèce de Muzak, une pulsation très sourde, sort du haut-parleur en faisant sautiller les macaronis. Complètement délirant.

Bref. L'Instituteur et moi sommes debout devant la fenêtre et regardons tomber la neige, éclairés seulement par la lumière venant du *démonstrateur* et bercés par la musiquette qui en sort.

Là aussi, c'est la paix qui domine.

Comme si la vie se pouvait.

R. Septième?

D. Marmotte.

R. Je vous demande pardon?

D. Marmotte. Je ne vous ai pas encore parlé de lui. Le seul de mes amants avec qui j'aie habité.

J'adore travailler la nuit, et...

R. Attendez. Cette fois-ci, nous en sommes à quelle époque?

D. Milieu des années 90.

À l'heure à laquelle lui se couche, moi, souvent, ma journée de travail ne fait que commencer.

R. Sur quoi est-ce que vous travaillez, à l'époque ?

D. En écriture ?

R. Oui.

D. Je commence plusieurs textes, mais aucun n'ira bien loin.

R. Pourquoi ?

D. À ce moment-là, je n'en sais rien, mais *a posteriori*, la raison m'en semble claire : je me prépare sans le savoir au travail sur l'essai. Certaines idées prennent leur élan et elles occupent tout l'espace, en moi. Mais je ne les ai pas encore identifiées.

R. Vous êtes avec Marmotte, quand vous commencez à écrire l'essai ?

D. Non. Notre séparation et le début de l'écriture coïncident, presque jour pour jour – mais inutile de me poser la question : non, je ne sais pas s'il y a un lien de causalité entre les deux.

Toujours est-il que quand Marmotte est prêt à aller au lit, il hurle.

R. …

D. Il se faufile entre les draps et pousse un hurlement de loup. C'est merveilleux, j'éclate de rire à chaque fois. Si je ne rapplique pas dans les vingt secondes, il remet ça. Je vais le rejoindre. Je m'étends à côté de lui, par-dessus les couvertures. Et je lui fais la lecture, pour l'endormir. Je ne dois pas arrêter tant que je ne suis pas certain qu'il est bien passé de l'autre côté. Le soir suivant, bien entendu, il y a tout un cérémonial pour retrouver le point de rupture : « Ce bout-ci, est-ce que je tu l'as entendu ? » « Il me semble que oui. » « Et celui-ci ? » « Je ne pense pas, non. » « Bon, eh bien reprenons entre les deux, alors… »

J'adore ces moments-là.

R. Huitième moment ?

D. Juste un petit instant.

R. Oui… ?

D. Encore une image. Très forte. Qui vient de me venir.

Vous vous souvenez qu'au septième entretien, quand je vous ai rapidement décrit les amas galactiques et les constellations d'images qui forment en nous la représentation du monde, j'ai insisté sur le fait que les nébuleuses ne sont pas uniformes ?

R. Oui, oui, je me souviens : des fragments d'images d'un même événement sont disséminés d'un bout à l'autre de l'univers, associés à ceux d'autres images liées à d'autres événements, dans une logique qui n'est pas du tout linéaire.

D. C'est ça. Eh bien, depuis que je vous ai dit ça… je me suis demandé, très fort…

R. Quoi ?

D. … à quoi tient leur cohérence, à ces amas, à ces galaxies. Je ne m'étais encore jamais posé cette question : sa pertinence ne m'était jamais apparue puisque je n'avais, avant il y a quelques jours, parlé de ça à pratiquement personne.

Si ce n'est pas un thème, ni une… une rubrique quelconque… si ce n'est pas l'étiquette sur le devant d'un tiroir, pour reprendre l'image des classeurs… qu'est-ce qui amène les images à se répartir d'une certaine manière plutôt que d'une autre ? Qu'est-ce qui constitue l'identité, en quelque sorte, d'une région donnée de cet écho du monde, en moi ?

R. Et… ?

D. L'image qui vient de m'apparaître a nettement rapport avec cette question-là.

Il me semble… que quatre des entités constituant des pôles déterminants de l'écho du monde en moi viennent de me devenir perceptibles.

R. …

D. Le Musicien, Matane, le Peintre et le Jeune Acteur.

R. Vous voulez dire que ce sont, en vous, des… des… galaxies ?

D. Non. Ils sont bien plus que ça. Infiniment plus que ça : des amas. Extrêmement éloignés les uns des autres. Ce qui implique qu'ils ont une très grande importance dans la configuration générale de l'écho du monde, en moi, au grand complet.

Et…

R. …

D. … tout à coup, je crois venir de comprendre — en partie au moins — tout un autre pan des raisons pour lesquelles les apparitions successives de ces quatre garçons-là dans ma vie ont été aussi troublantes.

R. …

D. Je crois… qu'à chacune des fois, la rencontre d'un de ces garçons-là a été l'occasion d'une refonte, sinon complète, en tout cas déterminante, de l'écho du monde en moi.

R. Ce que vous appelez la magie?

D. Si vous voulez, mais de manière… démesurée.

R. Expliquez.

D. Dès avant la rencontre du Musicien, il y avait les morceaux de moi, en équilibre. Instable, l'équilibre, mais tout de même : en équilibre. Et voilà qu'un bon jour, je tombe sur lui. Ce qu'il porte en lui, ce que signifie pour moi ce qu'il porte en lui, me bouleverse : me défait puis me recompose, littéralement, d'un bout à l'autre. Son arrivée dans ma vie fait éclater des pans entiers de ma représentation du monde telle qu'elle existait jusqu'alors. Parmi les éclats, certains se reforment en nouveaux systèmes, d'autres partent se joindre à des galaxies déjà existantes, dans tous les coins de moi, d'autres encore partent de tous les systèmes existants et viennent s'adjoindre à la galaxie Musicien nouvellement formée. Sans compter que, bien entendu, l'apparition d'un nouvel amas, à elle seule, suffit déjà amplement à chambouler de fond en comble l'équilibre existant. En plus, cette apparition envoie de nouveaux morceaux, de nouvelles images, à foison, transformer nombre des galaxies préexistantes, les obligeant à un remodelage encore plus profond. Du seul fait de l'arrivée du Musicien dans ma vie, des croyances s'évanouissent, d'autres, de nouvelles, commencent à se profiler, des mots, des images venues du monde changent de sens, changent d'écho.

Je crois...

Je crois que c'est tout ce chambardement-là qui provoque l'insupportable douleur, à son départ. Tous les morceaux de moi, ou en tout cas une immense proportion d'entre eux, sont alors en pleine réorganisation – parce que lui est là. Et voilà qu'il s'en va. En quoi cette... cette révolution-là peut-elle alors se transformer?

R. Elle va continuer, non?

D. Jamais de la vie!

Ce n'est pas moi, ce ne sont pas les morceaux de moi préexistants à son arrivée à lui qui ont choisi de bouger. C'est son arrivée, c'est sa présence concrète à lui, là, devant moi, dans mes bras, c'est son rire, sa musique, ses soupirs, sa manière de baisser les yeux quand il est content, qui me changent... Vous ne comprenez pas? Je ne parle pas ici de l'intérieur de nous comme d'un objet préformé une fois pour toutes. Je ne parle pas de cette fameuse – et fumeuse – soi-disant identité, qu'apparemment tout le monde ou presque s'imagine être un objet concret. Mais non! L'identité n'est pas davantage un objet qu'une image que vous regardez à la télévision n'est en réalité une seule image : une image télé est composée de je ne sais plus combien de milliers de points lumineux, indépendants les uns des autres. Ce n'est pas le poste de télévision qui nous envoie une image, c'est notre cerveau qui la construit, l'image. Le poste, lui, il nous bombarde de points lumineux, c'est tout. Notre œil non plus ne reçoit pas une image : lui aussi ne reçoit que des points lumineux. C'est notre cerveau, qui compose l'image. Il ne le fait d'ailleurs même pas d'un seul coup : « Voir », ce que nous appelons « voir quelque chose », c'est, je ne sais plus, vingt-quatre ou vingt-sept phénomènes physiques différents. Une partie de notre cerveau perçoit les formes, une autre assure la continuité de l'image qui permet la prise de conscience du mouvement, une autre nous donne la profondeur de champ, d'autres encore assurent la coordination des différentes fonctions. Il faut tout cela, pour « voir » un papillon se poser sur une fleur.

De la même manière, « la conscience d'être » et « la conscience du monde » sont le résultat de millions, de dizaines de millions d'interactions entre toutes les parcelles des images qui sont la matière même de notre esprit – même celles dont nous croyons ne plus nous souvenir. Ces images-là nous viennent du monde. Du monde, et de ce qu'il nous fait. L'identité n'est pas un objet, c'est une tension. Dans cette tension, des masses et des masses d'images inertes peuvent tout à coup se réveiller ou d'autres, jusque-là associées entre elles, se séparer soudain et se réorganiser tout à fait autrement, se mettre à palpiter, à rayonner d'une manière totalement inattendue, à prendre de l'expansion, à se scinder, à se dédoubler, … parce que nous venons de rencontrer dans le monde quelque chose à quoi nous ne pouvions pas nous attendre. Et qui s'impose à nous. Qui s'impose avec une force implacable. Et nous transforme de fond en comble. En obligeant l'écho du monde à s'ajuster. C'est ça, que l'arrivée du Musicien dans ma vie a provoqué.

Au moment où il part, la transformation bat son plein, à l'intérieur de moi. L'explosion a eu lieu, tous les morceaux se sont mis en mouvement, et tout à coup, pouf, l'impulsion s'interrompt. Qu'est-ce qui va arriver aux morceaux, à leur mouvement ? Dans quel monde est-ce que je me retrouve, tout à coup ? Ce n'est plus celui d'avant le Musicien, et ce ne sera plus jamais celui d'avec lui. C'est. Le purgatoire. Un état inachevé. À jamais inachevé. Je ne sais plus dans quel monde je suis : je n'ai plus d'écho du monde cohérent auquel me fier. Je ne sais même plus qui je suis.

Vous comprenez ?

Comme… comme… comme si tout à coup je ne savais plus où pointent les boussoles… ce que veut dire une lumière rouge… de quoi parle le mot « bonjour ».

R. Je. Je crois que je comprends, oui.

Vous voulez dire que… que son départ… que sa disparition soudaine… vous laisse… éparpillé dans le vide ? L'écho du monde, en vous, a éclaté. Donc, en marchant dans la rue, vous ne savez plus, vous ne pouvez plus savoir, où vous êtes ?

D. C'est ça.

À ce moment-là de ma vie, d'une certaine manière je meurs à nouveau – comme à dix ans.

Mais oui, bien sûr. C'est pour ça qu'au cours de je ne sais plus lequel de nos entretiens, j'ai sorti tout à coup cette phrase qui nous a tellement étonnés, tous les deux, mais que nous avons été incapables de nous décider à couper : « Faire un deuil, c'est mourir. »

Je me souviens d'une nuit effroyable. Nous venons de nous quitter, lui et moi. Quelques semaines à peine. Un soir, je sors dans un bar. Et dès que je mets le pied dans l'entrée, j'arrive face à face avec lui. Je fige net. Puis je m'éloigne. Presque en courant. Je vais me réfugier dans un coin sombre. Et il vient me retrouver. Nous commençons à discuter. Mais dans ces conditions-là, avec la musique à tue-tête, le mouvement, la chaleur, c'est impossible. Nous sortons de là. Marchons ensemble. Nous nous retrouvons coin de Maisonneuve et Bleury – je n'oublierai jamais ce moment-là. Il m'explique, en faisant bien attention, avec une remarquable délicatesse – qui lui ressemble entièrement – que pour lui c'est impossible. Impossible, nous deux. Je le savais déjà, je l'avais déjà compris, bien entendu, que c'était ce qu'il croyait. Que, pour lui, ce l'est, impossible. Mais. Mais de le lui entendre dire rend la chose réelle, définitivement réelle, et « autre chose », tout à coup, prend le relais, en moi. Quelque chose d'aussi fort, qui vient d'aussi profond, en moi, que la voix qui savait, à bord du 747, que l'avion n'allait pas décoller autrement qu'il l'a fait. Je sais que si le Musicien sort de ma vie, celui que je viens tout juste de commencer à devenir meurt. Alors je hurle, à pleins poumons : « Tue-moi ! Aie le courage de ton geste : frappe-moi ! Assume ! Tue-moi ! Ne m'abandonne pas dans un néant glacial, complètement éclaté ! »

R. Comment est-ce qu'il réagit ?

D. Il a l'air terrorisé. Il recule, les yeux ronds. Et moi, ce n'est pas un chantage que j'exerce, je suis parfaitement sérieux : je vois très clairement le néant dans lequel je vais sombrer sans lui.

R. Celui qui est effectivement advenu ?

D. Non. La réalité a été encore plus effroyable que tout ce que j'avais pu imaginer ou redouter.

Je me souviens, quelque temps plus tard, que je sors de chez moi, un soir, et tout à coup, je tombe pile en arrêt au beau milieu du carrefour, à côté de la maison. Je me mets tout lentement à tourner sur moi-même. Ahuri. Je viens de prendre conscience que je n'ai plus nulle part où aller. Nulle part. Je regarde les façades, les voitures, les gens : tout est vide. Inerte. Mort. Le sens des choses s'est évaporé : le monde n'a plus d'écho, en moi.

J'ai éclaté, littéralement. Quelque temps plus tard, il me vient une idée : j'ai envie de faire de la photo. Et je me mets, effectivement, à en faire. Bien longtemps après, je réalise que j'en ai essentiellement fait deux sortes : des pierres tombales et moi – moi dans toutes les situations. Y compris nu, en érection, devant un miroir. Je cherche la faille – la faille entre être vivant ou mort. Je ne sais plus dans quel univers je vis. Je ne sais plus rien : l'écho du monde, en moi, a explosé. Alors je reconstitue mon... mon stock d'images.

Je finis par colmater tant bien que mal certains des gouffres les plus effroyables. Par. Par me rabibocher. Et par me remettre à flotter – plus ou moins.

R. ...

D. Mais une chose est sûre.

R. ...

D. Il y a désormais, au milieu des débris de moi, tout un... une galaxie, ou plusieurs, qui vibrent. Qui ont pris leur sens à cause de ce qu'il y a, dans l'âme de ce garçon qui vient de partir.

En fait, la douleur que je ressens à son départ est peu de chose. L'éclatement est peu de chose. Il est surtout une conséquence. La conséquence de ce que la splendeur de ce jeune homme a allumé en moi.

Il m'a fait prendre conscience de quelque chose qui va rester le… le cœur de moi.

En sa compagnie, je n'ai eu le temps que de le toucher, de l'effleurer. Mais je sais qu'il y a bien davantage. Et je sais. Qu'il *doit* y avoir une suite.

R. Qu'est-ce que c'est ?

D. Je n'en sais rien. Je veux dire : je n'en connais pas le nom.

Tout ce que je sais, c'est que cela a à voir avec le sacré. À une profondeur insensée. Et je sais, je sais, sans la moindre preuve, que je vais en recroiser le chemin, exactement comme, à bord de l'avion, je savais que je venais, en quittant le Psychologue, en acceptant de poursuivre la… la danse de l'ambulance de ma vie, je savais que je venais de franchir une étape cruciale.

R. « Ta vie commence *ici* ! » au moment précis où s'ouvrent les grandes portes de Kiev et où les roues de l'avion quittent le sol ?

D. Oui.

En plongeant dans la douleur de la séparation d'avec le Psychologue, j'ai fait un premier pas. À la fois sublime et monstrueux. Comme la vie elle-même.

La séparation d'avec le Musicien est tout aussi marquante.

Mais entre les deux choses, il existe une différence essentielle.

R. Laquelle ?

D. Ce qui s'est mis à vibrer en moi, à la rencontre du merveilleux garçon que j'appelle le Musicien, c'est sa présence à lui qui l'a allumé. Et lui, je ne l'avais pas cherché. Nous nous sommes rencontrés, c'est tout. Je pressens qu'il en ira de même dans l'avenir, à propos de cette… de cette chose… nouvelle dans ma vie. À laquelle je viens de goûter pour la première fois. Je ne pourrai pas la chercher. Je ne peux même pas l'attendre. Je ne peux rien.

Ou plutôt oui, je peux. Mais une seule chose.

R. Quoi?

D. La plus difficile, la plus monstrueuse de toutes.

Ne pas renoncer.

Ne pas renoncer au cœur de moi.

Malgré l'effroyable douleur.

Même si je ne sais pas si, oui ou non, la suite adviendra.

Sans même savoir s'il est concevable qu'il y en ait une, suite.

R. « N'attends rien. Et ne renonce jamais? »

D. Oui.

À chacune des fois – je veux dire : avec le Musicien, Matane, le Peintre, le Jeune Acteur, et aujourd'hui avec Billy – le plus effroyable est là : ne rien pouvoir faire. N'avoir rien à faire. N'y être pour rien. Et pourtant. Être tout à coup gagné par… par la beauté renversante d'un être.

D. Des années plus tard, Matane apparaît. Et l'explosion repart. Complètement autre. Dans un tout autre sens. Et cesse, aussi soudainement que la première : Matane veut devenir un auteur – mais il croit que c'est un métier. Ce que ce n'est pas. En tout cas pas pour moi. Ni pour lui. Matane se tient à la fois tout près de moi et tout au loin – comme il fait avec son écriture. Un nouvel amas a tout juste eu le temps d'apparaître à l'intérieur de moi. Tout s'est remis à changer de place : et si la vie allait se pouvoir?

Puis le froid retombe, monstrueux. Mortel. Non, non, pas la vie… l'existence.

Mais je tiens bon. Je brûle sur pieds. Mais je tiens bon. Je plonge dans la douleur. Puisqu'il n'y a qu'en elle que je puisse plonger. Puisqu'elle est tout ce qu'il me reste de lui.

Les années continuent de passer. Mon existence se traîne à plat ventre. Un soir, le Peintre apparaît – et cette fois, la force est immédiatement encore plus colossale que jamais. Ce gars-là, son œuvre lui sort par les oreilles, par les yeux, par la bouche, on la voit émaner de lui rien qu'à le regarder rester immobile. Seulement…

R. Seulement…?

D. Il croit que son œuvre, et sa vie, son désir, sont des culs-de-sac.

Et…

R. Quoi…?

D. Encore une image.

Dieu du ciel!

R. Parlez!

D. Pour la première fois. Pour la toute première fois de ma vie. Je vois une image de. De ce qu'est la douleur. Je veux dire, la douleur amoureuse. Le désir inassouvi.

R. …

D. C'est insensé…

R. Parlez.

D. Je ne sais pas comment. Comment est-ce qu'on parle de ça? Il m'a fallu des décennies rien que pour parvenir à développer l'image sommaire d'une cosmogonie, comment voulez-vous qu'en trente secondes, j'en trouve une pour… *ça?!*

R. Essayez.

Remontez le cours de la séquence : comment est-ce que l'image a commencé à surgir?

D. Un système solaire. Il y a d'abord eu l'image d'un système solaire. Non! D'un système planétaire. Une planète, et deux ou trois lunes qui tournent autour d'elle.

R. De quoi est-ce que cette image-là… parlait?

D. Je voyais. Leur composition, leur structure.

R. À toutes les quatre?

D. Oui.

R. Leur composition, leur structure… physique?

D. Oui. À la fois je voyais l'image littérale – les quatre sphères tournoyantes – et à la fois je voyais… à travers l'image littérale. Les lunes tournent autour de la planète, la planète tourne sur elle-même. Et je vois de quoi, toutes, elles sont composées. Tous les éléments chimiques que vous pouvez nommer. Comment ils sont répartis. Ou combinés. Comme si je *scannais* ces astres-là. Simultanément, je sais que chacun de ces éléments chimiques qui les composent toutes correspond à une image, ou à un type d'images, dans ma vie. Je sais bien que cette représentation-là que je m'en fais est déficiente, épouvantablement incomplète, parce qu'il y a beaucoup plus d'images essentielles, dans ma vie, dans n'importe quelle vie, que d'éléments dans le tableau périodique, mais l'approximation suffit.
Par-dessus ça, j'entends, par… par écho… la répartition de ces éléments-images-là, au-delà de ce système planétaire. Je sais que chaque atome de… de plomb, par exemple… que chacun des atomes de plomb de la planète… vibre… est en communication immédiate, totale, avec chacun des autres atomes de plomb de chacune des trois lunes… et même de… de chacune des autres planètes et lunes, astéroïdes et poussières, de toute cette galaxie-là, de tout cet univers-là. Même chose pour les atomes d'uranium, d'oxygène, et ainsi de suite. Pour des millions et des millions d'éléments. Et j'ai…
Oh, la tête va me sauter. Comment est-ce qu'on s'y prend pour décrire une chose pareille?

R. Une chose à la fois, c'est comme ça, qu'on s'y prend. Continuez.

D. L'image est là, elle est revenue. En ce moment même, dans mon esprit : la planète et ses satellites. Qui… qui palpitent. Comme. Les éléments, tous ces éléments primordiaux qui les composent, ils ne sont pas… pas inertes. Ils vibrent. Chacun d'entre eux est une parcelle de… de conscience. L'image est d'une splendeur à pleurer. La richesse, l'infinie richesse de la vie. Oh !

R. Quoi?

D. Dieu du ciel!

R. Quoi?

D. L'image!

R. Quoi, l'image?

D. C'est. C'est celle...!

R. Quoi?!

D. De la vie, en moi. Celle que... que les arbres m'ont montrée, chaque fois que j'ai voulu mourir. Elle est revenue. Je l'ai sous les yeux, là, en cet instant même! Je n'ai jamais, jamais rien vu d'aussi sublime. D'aussi... subjuguant.

R. Décrivez!

D. Je m'approche... ou je m'éloigne... d'une des lunes. Et je vois, je vois des infinités de réseaux de lumière, dans toutes les teintes, toutes les brillances, toutes les... je ne sais pas comment décrire ça. Pas des cœurs qui battent, mais le mouvement même, l'énergie même du battement d'un cœur. Sa nécessité! Pas le geste de tendresse, mais la tendresse elle-même. Pas le feu, mais la chaleur elle-même. Juste ce petit coin de lune, là, que j'observe en ce moment, est tout un monde d'images, de sensations, de connaissances, de sens, d'appels, de vertiges. Et la lune elle-même... je recule... je la vois... cette lune-là, on pourrait recréer toute la vie rien qu'à partir d'elle.

R. Est-ce que vous savez où elle est?

D. Quoi...?

R. Cette lune-là, que vous observez en ce moment, est-ce que vous savez où elle se trouve? Quelle est sa position, dans l'ensemble de l'écho du monde?

D. Non. Non, ce n'est pas comme ça que ça marche. Attendez, j'essaie de l'exprimer.
Je crois que je l'ai, que j'en ai un bout, en tout cas : les systèmes ne sont pas... spécialisés. Simplement, toutes les combinaisons adviennent. Et s'articulent les unes aux autres. Tous les possibles sont là.

R. Ensuite? Quelle image est venue, ensuite?

D. J'ai réalisé une tout autre sorte de... de tension... de polarité. Complètement différente de toutes celles que nous avons évoquées ou décrites jusqu'à présent.

R. Laquelle?

D. Je vous ai parlé de la structure des répartitions d'images...

R. Oui : la culture personnelle.

D. ... mais il y a aussi une tension, absolument fondamentale, entre... chacun des points de cette structure et... chacune des images qui composent cette structure. Vous comprenez?

R. Je ne sais pas, continuez.

D. Imaginez. Imaginez. Je ne sais pas, je ne sais pas comment le dire?!

R. Prenez le temps. Ne cherchez pas. Laissez monter.

D. Arthur!

R. Quoi?

D. Arthur et Monique! Vous vous souvenez? Nous avons rapidement évoqué la structure de leurs cultures respectives.

R. Oui.

D. Eh bien imaginez que vous prenez la feuille, l'immense feuille sur laquelle est dessinée la structure de l'écho du monde, dans l'esprit d'Arthur.

R. Oui...

D. Posez-la à plat sur une table.

R. Oui...

D. Asseyez-vous au bout de la table, et posez votre menton au bord de la table, bien à plat, regardez droit devant vous, parfaitement à l'horizontale, au-dessus du dessin.

R. Oui.

D. Il va se mettre, au-dessus de chacun des points du dessin de la structure, flottant à quelques centimètres au-dessus de lui, à apparaître le contenu du point correspondant. Votre regard à vous, toujours fixé droit devant, les voit apparaître, à la limite supérieure de votre champ visuel. L'image, le souvenir, la sensation qui *est* la substance même de chacun des points de la structure.

R. Oui.

D. Petit à petit, toute une seconde surface, parallèle à la surface de la table et au dessin, se matérialise : des myriades et des myriades de points lumineux, vivants, palpitants.

R. Oui.

D. Chacun des points apparaît à la verticale de sa propre représentation sur le graphique. Ce n'est plus la structure de l'écho du monde, mais son contenu.

R. Oui.

D. Mais je. C'est illogique. Je ne sais pas comment continuer d'avancer.

R. Allez !

D. Eh bien, le contenu, cette masse quasi infinie d'images, ne fait pas que constituer la structure, elle... elle a aussi... une existence en dehors de la structure.

R. Comme dans ce que vous nous décrivez là : au-dessus du graphique ?

D. Oui... en quelque sorte. Non, non, vous avez raison, oui, oui c'est peut-être comme ça qu'on peut le mieux l'évoquer.

Il y a une double structure. Mais oui, oui, bien entendu. Attendez, je reprends.

Il y a deux structures. Chacun des fragments de chacune des images qui toutes ensemble constituent l'écho du monde dans l'esprit d'Arthur participe simultanément à deux structures : celle que j'ai appelée la cosmogonie, les nébuleuses et le reste, et une autre, à la fois incluse dans la première et indépendante d'elle. C'est une trame qui, elle, n'est pas celle de l'articulation des images entre elles, mais celle de l'articulation, à l'intérieur de chacune des images indépendamment de toutes les autres, des fragments qui la constituent.

R. Recommencez, je ne vois pas.

D. Attendez. Ah, tenez : reprenons l'image du plomb, que j'ai utilisée tout à l'heure. Je vous ai parlé de la lune que j'observais, et je vous ai dit qu'il y avait en elle toute une variété d'éléments... du plomb, par exemple.

R. Oui.

D. Je vous ai dit que j'ai ressenti, très fort, que ce plomb-là, qui fait partie de la lune, est en résonance immédiate, totale, avec chaque autre atome de plomb de tout cet univers-là.

R. Oui.

D. Eh bien cela implique qu'il y ait une deuxième structure. Il y a celle, la première, des atomes de plomb dans cette lune-là, qui s'associent à toutes sortes d'autres atomes, et il y a celle de... tout le plomb de l'univers, celle de... de sa manière de se répartir. Le plomb, c'est une image, en moi, peu importe laquelle... celle de la beauté, ou de la lumière, ou la sensation d'être en vacances, peu importe. Eh bien cette image-là n'existe pas dans un endroit précis, dans un recoin, il n'y a nulle part dans cet univers-là, en moi, où vous pouvez la trouver complète. Elle est fragmentée, disséminée, intégrée à tout l'univers, à toutes les autres composantes, à toutes les autres images. La deuxième structure, c'est celle de... du découpage de cette image-là, de sa manière de se disséminer.

R. Autrement dit...?

D. Autrement dit, assis au bout de la table sur laquelle est déployé le graphique Arthur, vous avez d'abord vu apparaître, flottant au-dessus de lui, la manière dont les différentes images s'associent entre elles. Mais à présent, si vous levez les yeux, mais à peine, sur ce... ce ciel, ce toit de lumière, suspendu au-dessus de la table, vous allez réaliser qu'une image apparaît. Comme une image de télé : faite de milliers et de milliers de points lumineux, répartis dans toute la cosmogonie, ou comme une immense toile tachiste – cette image, c'est une parmi les millions qui composent l'écho de l'univers, dans l'esprit d'Arthur. Si vous bougez les yeux, à peine, presque imperceptiblement, cette image-là disparaît et une autre prend sa place. Bougez encore les yeux, et une troisième apparaît – et ainsi de suite… à l'infini. Chacune des images est explosée en fragments répartis dans l'univers entier.

R. Oh!
Attendez!
Oh là!

D. …

R. Vous…? Vous voulez dire… Que…?

D. Oui.
Que la seule manière de réellement « voir » une image, c'est d'être capable d'embrasser l'univers entier d'un seul regard.

R. C'est…

D. Vertigineux.

R. Mais… ça implique que.

D. Oui. Ça implique que « voir » cet univers-là, c'est en voir les trois ordres de composantes générales, et aussi voir la manière dont ces trois ordres se répondent. Les images, leur contenu, sont le cœur de tout, tout part d'elles. Elles sont éclatées, réparties en nous – et à la fois leur manière d'être éclatées et à la fois la manière dont chacun de leurs fragments s'associe à des fragments d'autres images constitue… la vibration, l'esprit même d'Arthur.
Ces images, elles sont de tous ordres, de toutes les catégories imaginables. Elles sont… le monde, dans l'esprit d'Arthur. Y compris Arthur.

R. Comment dites-vous?

D. Y compris Arthur. Y compris l'image qu'il a de lui-même. Même physiquement.

R. Je ne comprends pas. Je veux dire : je ne comprends pas pourquoi vous insistez sur cet aspect-là, tout à coup?

D. Parce qu'il est essentiel.
Réfléchissez : nous nous faisons sans cesse rebattre les oreilles avec le déterminisme, et en particulier avec le

déterminisme physique, génétique. Être né gars, ou être
née fille. Ou dépressif. Ou. Ou roux. Je ne chipote pas sur
l'aspect prédéterminé de ces caractères physiques-là. Mais
ce qui est extrêmement grave, c'est… la connotation qui
vient avec l'énoncé.

R. Quoi? Quelle connotation?

D. Qu'il n'y aurait rien à faire : que tout serait décidé
d'avance !

R. Oh?!

D. Cette idée-là, qui est colportée de toutes parts, est un
véritable blasphème. Elle ne vise à rien d'autre, elle ne
peut viser à rien d'autre, qu'à la soumission totale.

R. Elle n'est pas fondée?

D. Mais bien sûr que non! Pensez-vous vraiment qu'être…
qu'être sourd-muet, par exemple, pour revenir à *Ridicule*,
soit la même chose aujourd'hui qu'au Moyen Âge? Qu'être
hémiplégique, aujourd'hui, soit la même chose qu'il y a
cent ans?
Le… le « problème » est le même, soit. Mais est-ce qu'il
veut dire la même chose? Bien sûr que non.
Un hémiplégique, aujourd'hui, ou un sourd-muet, n'a
absolument pas avec cette caractéristique de lui-même
le même rapport qu'il aurait eu il y a cent ou deux cents
ans. Et pourtant, il ne peut pas non plus avoir la même
représentation du monde, dans son esprit, qu'un individu
soi-disant « typique ». Le monde n'est pas plus le même,
pour lui, que pour les soi-disant normaux qui l'entourent.
Sa place au sein du monde tel qu'il se le représente ne peut
donc pas non plus être similaire. Pour l'un, une simple
cuillère à soupe représente un combat. Pour l'autre, les
sons ont une signification que même le plus grand pianiste
ne pourra jamais concevoir.

R. Donc?

D. Donc, ce ne sont pas les événements eux-mêmes qui sont
déterminants, mais notre rapport à eux.

R. C'est… C'est pour ça que vous insistez autant sur votre opposition à la civilisation des poseurs de boulons?

D. Oui!

Poser des boulons n'est pas « naturel ». Pas naturel du tout. Poser des boulons, c'est culturel. Et, essentiellement, rien d'autre que ça : culturel. Parce que pour qu'il y ait des boulons à poser, il faut d'abord que les membres d'une société donnée aient en commun une représentation du monde spécifique. Celle, entre autres, où les boulons signifient quelque chose.

R. Et c'est pour ça… qu'une civilisation où l'image primordiale en commun est celle des boulons…

D. … ne peut pas faire autrement que de finir par se calcifier.

Parce qu'elle n'est plus capable de comprendre ses propres désirs. Parce que les désirs ne sont pas des boulons.

R. Et c'est pour ça… que l'art et l'amour…

D. … sont les deux seules portes – les deux seules que j'aie jamais rencontrées, en tout cas – qui ouvrent sur la magie. Sur la possibilité de « voir ».

R. Et…

D. Et je… je crois que… que « voir »… est ma tâche, dans la vie.

R. La tête me tourne.

D. Et à moi, donc…

Mais ça ne s'arrête pas là.

R. Quoi? Qu'est-ce qui ne s'arrête pas là?

D. J'essaie… j'essaie encore de vous expliquer ce qui m'est apparu tout à l'heure… La douleur, la nature de la douleur amoureuse.

R. Allez-y.

D. La force… la terrible force qui anime cette cosmogonie, c'est… la tension qui s'exerce entre l'ensemble des images – des images complètes – et la structure qu'elles créent en se disséminant.

R. Recommencez, c'est trop abstrait.

D. Chacune des images, même… éclatée comme elle l'est, reste active, vivante, du fait que justement elle est éclatée, et se trouve ainsi en interaction avec d'innombrables fragments d'autres images. Rien que se maintenir, garder sa cohérence représente un colossal déploiement d'énergie. Pour chacune d'entre elles. C'est cet énorme travail-là qui provoque parfois la soudaine émergence d'aspects de souvenirs qui semblaient avoir été oubliés, et c'est pour ça qu'il ne faut surtout pas « chercher » quand on essaie de rattraper un souvenir : il ne faut pas chercher, parce qu'il n'y a en définitive nulle part où chercher ; il faut simplement laisser l'image se former.

En même temps, à chaque instant, toutes les images, tous les contenus, luttent pour ne pas se dissoudre dans la structure – de la même manière que la structure lutte pour ne pas se dissoudre dans les images, et surtout pas dans une en particulier.

R. Donc, il se passe trois choses en même temps ? Chacune des images veut rester intacte malgré l'influence des autres ? Toutes les images ensemble luttent pour ne pas s'abandonner à la seule dynamique de la structure ? Et la structure lutte pour ne pas se dissoudre en image ?

D. Oui ! C'est ça !

Et ces forces-là exercent leur tension sur chacun des fragments de chacune des images, et du même coup sur chacun des points du graphique.

R. Recommencez, je ne comprends rien ! Concret !

D. Comment est-ce que vous voulez que je fasse ça ?

R. Allez !

D. Je ne veux pas passer le reste de la journée à me perdre dans des explications – l'essentiel n'est pas là. Pour faire simple, je vous dirai que l'énergie déployée est du même ordre que celle qui, par exemple, se déploie au théâtre entre le metteur en scène, le scénographe et le directeur technique. Le travail du scénographe, c'est l'image éclatée : le décor qu'il va construire, l'espace qu'il va faire apparaître vont être composés de mille détails. Celui du directeur technique, c'est la structure : il doit s'assurer que l'ensemble est réalisable – et surtout qu'il va tenir debout. Si le directeur technique est trop dominant, la scéno peut très bien perdre son âme : elle sera d'une solidité à toute épreuve, mais elle ne voudra plus rien dire. D'un autre côté, si le scénographe est en roue libre, le décor réalisé peut très bien être une splendeur... et foutre le camp par terre dès qu'on fera un courant d'air en passant trop vite à côté. Ou bien il peut investir tout son temps, toute son énergie ou tout l'argent qu'il a à sa disposition dans un seul aspect du projet – au détriment de l'ensemble. La structure qui veut tout ramener à elle, c'est le D.T. L'ensemble des images qui veulent conserver leur intégrité commune, c'est la scéno dans sa totalité. Et chacune des images luttant pour sa propre intégrité, c'est l'allocation équilibrée des ressources entre les différentes composantes de la scéno. Le travail du metteur en scène, quant à lui, consiste à articuler ces trois... nécessités les unes aux autres. Il est à la fois celui qui donne le ton, et l'arbitre.

R. Et...

D. Non, pas de question, s'il vous plaît. J'écrirai un livre sur le sujet une autre fois. Je continue.

Ce à quoi je voulais en venir, c'est à ceci : ces trois forces-là – celle de la cohésion de chacune des images éparpillées, celle du maintien de l'ensemble des images et celle du maintien de la dynamique structurelle – créent un mouvement. Que j'appelle la pensée passive – l'ensemble de ce qui se pense en moi. Dont la conscience et la raison ne sont que des composantes parmi d'autres. Or cette pensée passive, mon être au monde, est un désir. Un appel du monde. Pour être transformée.

Ce que je viens de voir, c'est ceci : je ne sais pas si ça s'appelle l'amour ou le destin, mais je sais que le cœur, la fibre même de moi est constituée d'un appel, d'une quête dans le monde. Une quête qui est ma vie elle-même.

L'ensemble est infiniment plus que la somme des parties. Et comme disait Françoise Dolto : « La dynamique du désir n'a que faire de la morale[14]. »

R. Fichtre ! Vous citez une psychanalyste, à présent ?

D. Je n'ai jamais nié la valeur de la psychanalyse ni de la psychiatrie, je crois simplement que leur hégémonie commune *doit* absolument être critiquée !

R. ...

D. Je ne sais pas pourquoi, mais oui, cette fois, si je me repose la question du fil, du mythe fondateur de ma vie, je le vois.

La rencontre. D'un univers et un seul. J'en ai croisé. Mais je n'en ai pas... rencontré. Je peux comprendre ceux que je croise. Certains, en tout cas, de ceux que je croise. Mais je sais qu'il y a à l'intérieur de moi une force. Non : que la cohérence même de moi *est* une force... qui cherche... depuis le tout début de ma vie... qui cherche un autre univers... à la vibration très particulière... une vibration que je serais incapable de décrire... mais que je ressens quand je la croise. Cette force-là, cette faim-là, m'est si essentielle, elle est si profondément constituante de moi qu'elle peut effacer tout le reste. Comme... comme, lorsque nous manquons d'air, la sensation d'étouffement supplante toutes les autres.

R. Et c'est ce que vous avez croisé chez les Quatre ?

D. Sans l'ombre d'un doute.

Ils ont été, chacun, pour moi, la cohérence du monde. Toutes différentes les unes des autres, mais toutes essentielles. Soudain, à leur rencontre, l'écho du monde qui s'est formé en moi rencontrait son propre écho dans le monde. Vous comprenez ?

R. Un effet de miroir ?

D. Non, non, non ! Une reconnaissance ! L'autre n'est pas moi. Je ne suis pas lui. Je...

---

14. Françoise Dolto, *Dialogues québécois*, Paris, Seuil, 1987.

Une clé! Une clé qui n'est pas en moi. Nous ne vivons pas uniquement à l'intérieur de nous-mêmes. C'est là, à l'intérieur, que l'écho du monde se forme, bien entendu, mais il lui faut le monde. Il faut les trois : l'intérieur de nous, le monde, et l'aller-retour entre les deux. L'écho du monde en moi cherche une clé dans le monde. La clé de lui-même!

Je…

J'ai quelque chose à faire de ma vie.

Quelque chose que je ne pourrai entreprendre que si l'écho du monde en moi est confirmé. Or il ne peut l'être que par la rencontre. Peut-être bien que cette rencontre-là est la chose elle-même? Je n'en sais rien. Mais la solitude de ma vie doit en rencontrer une autre. Ne me demandez pas pourquoi, je ne le sais pas. Mais je sais que ce désir-là est au cœur de toute mon existence – il est la trame même de ma vie.

Je dois… je dois… je dois… l'écho du monde en moi doit trouver sa place dans le monde! Et le monde, trouver sa place en moi!

R. Billy?

D. Oui.

R. « Tu n'étais même pas au monde, et je t'attendais déjà »?

D. C'est fou, c'est dément. Tout moi, tout moi à l'exception de ma raison, hurle depuis des mois que c'est lui. Pourtant, lui ne m'a rien dit dans ce sens, bien au contraire même, il ne m'a pas encouragé, mais tout moi refuse quand même de seulement prendre en compte l'idée que ce puisse ne pas être lui. Et je – la partie de « je » qui est ma raison – ne sais pas pourquoi. La vibration est tellement forte qu'à certaines heures, il me semble savoir ce qu'il ressent. Il s'est même produit des événements que je n'ai absolument pas envie de raconter ici, mais qui étaient terrifiants, à cet égard-là. Et pourtant non, je ne crois pas à la télépathie, et de toute manière la question n'est pas là. La question est : pourquoi mon esprit a-t-il besoin de cette communication ? Qu'est-ce qui s'exprime, là ?

J'ai tâté de toutes les explications imaginables. Est-ce qu'une partie de moi se « servirait » de lui : est-ce que je referais avec lui ce qui est advenu autrefois avec X ?

R. Vous voulez dire : investir tout votre être dans une histoire d'amour pour vous protéger de « Le peuple est tout. Tu n'es rien » ?

D. Par exemple.

R. Et… ?

D. Et cette tentative-là d'explication ne tient pas la route, pas une seule minute. Depuis le Musicien déjà, mais tout particulièrement depuis le Peintre, ce ne sont plus des coupures d'avec des pans du monde, qu'ont provoqué les rencontres… avec lui, le Peintre, avec le Jeune Acteur, et maintenant avec Billy, c'est même le contraire que ces rencontres-là ont provoqué : une intégration de plus en plus profonde des différentes parties de moi. Là où m'ont mené mes rencontres avec eux, ce n'est pas à me couper de ma perception du monde, c'est au contraire à… à son incroyable enrichissement. La rencontre de chacun de ces êtres-là, je vous l'ai dit, a été, chaque fois, un véritable chamboulement de ma perception du monde. Pas une remise en cause de ce qui avait précédé, non, mais un approfondissement saisissant. Pas un… un cheminement, mais un véritable bond électronique.

R. Jusqu'à ce que celle de Billy vous donne l'envie d'enfin réussir ce que nous tentons tous les deux ici…

D. Précisément.

Ce n'est pas en les aimant, que je me suis coupé du monde. Ç'aurait été en refusant de les aimer, à cause de la douleur, que j'aurais provoqué la coupure.

Depuis ma rencontre avec lui, avec Billy, des masses et des masses d'idées, d'intuitions, qui jusqu'à présent s'étaient en quelque sorte développées en parallèle les unes par rapport aux autres, se sont mises à se répondre comme jamais auparavant elles ne l'avaient fait. Pas à ce point-là, en tout cas.

Comment voulez-vous qu'après ça, je ne rêve pas chaque nuit d'intimité avec lui?

R. Mais elle est impossible, cette intimité!

D. Je m'en fous!!!

R. ...

D. Je m'en fous, parce qu'elle existe quand même! Qu'il le veuille ou non! Que *je* le veuille ou non!

R. ...

D. ...

R. Corrigez-moi si je me trompe :

Vous êtes en train de me dire que vous pensez que vous avez survécu, que vous vous retrouvez tout à coup vivant, contre toute attente, ressortant du Maquis, et que tout ce que vous avez appris au cours de votre vie ne visait qu'un seul but : la rencontre d'un autre univers?

D. Je ne le « pense » pas. « Ça » se pense en moi.

R. Mais, ce n'est pas la première fois?

D. Non, c'est vrai. J'ai eu le même sentiment, extrêmement fort, à l'égard du Jeune Acteur. Et je l'avais aussi eu auparavant à l'égard de Matane, du Peintre.

R. Donc ce sentiment peut... se tromper.

D. Je le suppose. Mais je ne pense pas que jusqu'à présent ça ait été le cas. Je vous en ai parlé, plus tôt : Matane et le Peintre ont fini par l'admettre. Je ne sais pas ce qui a déclenché cette certitude-là dans le cas du Jeune Acteur, mais je sais qu'il y avait... qu'il y a... quelque chose, quelque chose qui m'appelait vers lui. Et qui, là non plus, n'était pas de l'ordre du fantasme. Je veux dire ce n'était pas quelque chose que je projetais sur lui. Si cela avait été le cas, la vision que j'ai eue de son talent – et qui était totalement imbriquée à même mon sentiment amoureux pour lui – aurait eu toutes les chances de se révéler n'avoir été qu'une chimère. Or ce talent, il en a fait la preuve, au-delà de tout ce que j'avais pu imaginer.

Ce que je pense, c'est que dans le cas du Jeune Acteur aussi, j'ai « arrondi » à l'amour physique, au désir physique, un désir qui était d'une autre nature. Et que je n'ai pas encore saisi.

R. Quelque chose comme quoi?

D. Je vous dis que je n'en sais rien. Et que cette incapacité à l'identifier fait partie intégrante et de mon désarroi et de ma colère.

R. De votre colère?

D. Oui. Je n'en ai rien à foutre, des quinze ou trente prochains référendums, du placotage stérile des politiciens, des délires de ressentiment – je ne me suis pas penché sur ces questions-là pour sauver qui que ce soit ni quoi que ce soit contre son gré – je ne veux pas « sauver » – je ne suis pas Weulf dans *Les Bédouins*…, je veux empêcher la mort – pas pour l'éternité, juste pour permettre à la vie de continuer. Pour lui permettre de porter ses fruits. Fût-ce dans un contexte aussi monstrueusement opposé à l'âme que celui de la société où je vis. J'ai fait ce que j'ai fait pour tenter de comprendre, pour tenter de discerner, pour avoir une prise plus riche, plus complexe sur la vie, sur *ma* vie – et sur le monde. Dans le cadre de ce travail, j'ai pu mesurer dans quelle invraisemblable mesure je me retrouve coincé : d'une part, le fait de ne pas marcher en rang dans une société qui ne pardonne pas érige un mur autour de moi, et d'autre part, le sujet sur lequel je souhaite réfléchir est la chasse gardée d'une méduse médicale qui pétrifie tout ce qu'elle regarde. J'ai dû inventer une manière de réfléchir, de discuter, tout seul. Parce que dès que je le tente autour de moi, je me retrouve ou bien aux prises avec des clichés politiques et historiques qui réduisent tout en bouillie sur leur passage, ou bien avec un vocabulaire de poseurs de boulons. Dans un cas comme dans l'autre, ces langages-là, ces cultures-là, ne peuvent déboucher nulle part ailleurs que sur la discussion du pouvoir – puisqu'elles sont issues de la fascination pour lui.

Je suis en plein paradoxe : j'écris un dialogue avec moi-même pour pouvoir parler d'amour! C'est fou!

R. Attendez, vous parlez de trop de choses à la fois. Revenons à l'image de la douleur amoureuse qui s'est imposée à vous.

D. J'ai vu. Que. J'ai vu, je crois, qui je suis. Je veux dire : à l'intérieur de moi-même. Une quête. Celle de la rencontre d'un autre univers. De mille, de dix mille autres univers, et d'un seul. Les gens, le monde me fascinent. Me bouleversent. Mais à travers toute cette fascination, il y a un appel, en moi. Je suis un appel.

R. Un appel?

D. ...

R. Comme dans... « le téléphone va sonner »?

D. ...

R. Et le téléphone ne sonne pas?

D. Oh oui, il sonne. Et ce sont des gens fabuleux qui appellent.
Mais ce sont de mauvais numéros.

R. Alex?

D. Oui.

R. Expliquez.

D. Non : vous.

R. Dans *Adieu, docteur Münch*. Alex est un jeune rat qui part faire le tour du monde. Il court sur les fils de téléphone, et par ses pattes, il entend des bribes de conversations. Dont il ne connaîtra jamais la conclusion.

D. ...

R. Poursuivez.

D. Je suis un appel. C'est tout. L'univers est infini. À l'intérieur de moi. Et autour de moi. Et je ne sais pas... s'il y a quelqu'un.
Tout me dit que oui. Tout *moi* me dit que oui.
Mais il n'y a jamais eu de réponse.
Alors, dans mes heures d'angoisse, je me dis que ce n'est qu'une illusion.

Et que ce sont nos rigolotes élites qui ont raison : le seul mode d'être, c'est la lutte pour le pouvoir, la guerre, à l'infini.

R. Les amours de guerre...

D. Oui.

Sans eux, sans les Quatre, sans Billy, voyez-vous, sans eux il n'y avait que la guerre. Et il ne peut pas n'y avoir que la guerre. Il faut qu'il y ait la vie. Ma vie, ça a été eux.

R. Littéralement ?

D. Littéralement.

Ils m'ont enseigné, juste en étant ceux qu'ils sont, la couleur et l'air, la chaleur et l'eau.

R. Vous savez quelle va être ma prochaine question ?

D. Je crois.

Billy ?

R. ...

D. Je ne sais pas. Je ne sais pas ce qu'il représente, en moi. Mais il me semble que c'est, réellement, tout autre chose.

Je vous l'ai dit : le fait d'avoir croisé sa route, de savoir qu'il existe, de pressentir quel écho le monde rend en lui, transforme d'un seul coup tout ce que je suis. Encore une fois. Mais cette fois-ci, même le mot « transformer » change de sens.

Comme si. Comme si.

Comme si les autres avaient changé la répartition de la matière, alors que lui transforme la matière elle-même.

Je n'ai jamais rien ressenti d'aussi profond.

Et je ne sais pas quoi faire.

Non. Non, attendez, je me trompe : ce n'est pas que je ne sais pas quoi faire, c'est que je ne ressens plus qu'un seul désir : ne rien faire. Rien du tout. Attendre. Même pas. Attendre, c'est déjà beaucoup trop.

Ne. Rien. Faire.

Simplement laisser couler en moi l'écho de sa présence à lui dans le monde.

Oui.

Oui, c'est ça.

R. …

D. Je vous ai convoqué, mon cher René-Daniel, pour me justifier de ne rien faire. Rien d'autre que d'entendre battre en moi la chaleur qui me vient du monde – parce qu'il y est.

Du simple fait qu'il est.

Et que je l'ai rencontré.

R. Vous ne voulez rien?

D. Rien.

Savoir qu'il existe me suffit.

Je ne conçois pas ce qu'il y aurait à faire, après ça.

R. …

D. C'est étrange.

R. Quoi?

D. La guerre. Le fracas de la guerre.

R. Quoi, le fracas de la guerre?

D. Je sais qu'il continue. Plus fort que jamais.

Mais je viens de réaliser.

Que quand je pense à Billy.

Quand je laisse la pensée de lui m'envahir.

Le fracas de la guerre.

De la destruction déchaînée…

Je ne l'entends plus.

Neuvième entretien

Projets

R. Jeudi 10 février 2005. Vingt-deux heures quarante.

Barbare.

Bonsoir.

D. Bonsoir à vous.

R. Il a neigé aujourd'hui, et poudré à souhait. Sursaut de l'hiver après une semaine de presque printemps et de smog.

D. Ça a fait du bien. Pas le smog, mais l'air doux…

R. Votre journée a ressemblé au temps…

D. Oui. Cœur glacé.

R. Le silence de Billy?

D. Non. Ma peur pour lui.

Sa vie lui appartient, bien entendu, mais il n'empêche que je suis hanté par de terribles images. Elles remontent sans cesse, de tous les coins de ma mémoire.

R. Parlez-moi d'elles.

D. Tous ces jeunes gens, au long de ma vie – même à l'époque où j'avais leur âge et, même, où ils étaient plus vieux que moi –, débordant de vitalité, et pourtant finissant par se… vider.

Dans le vocabulaire de l'espion que j'ai si longtemps été : « tombés au champ d'honneur ». Comme des soldats ayant été pris dans des embuscades, trahis par leurs officiers.

J'ai tellement peur pour lui… qu'il y a eu des moments, cet après-midi, où mes mains tremblaient. Si j'avais eu la foi, j'aurais imploré le Ciel. J'aurais hurlé : « Prenez ma vie à moi, et laissez-le vivre ! Moi, j'ai vécu, j'ai voyagé, j'ai eu le temps d'aimer, laissez-le vivre ! »

Je n'en peux plus, des âmes assassinées, partout. Je n'aime pas haïr, mais il y a des moments où ma rage contre cette société mesquine, suffisante et puante de bonne conscience me foudroie.

R. Je répète : quelles images?

D. L'espoir qui ratatine, qui moisit. L'œil qui se vide. Les mains qui cessent d'être des cœurs qui battent. Le corps qui s'aplatit – même s'il enfle – comme s'il perdait une dimension. La substance même de la vie qui s'évapore.

R. Vous êtes au bord des larmes…

D. Non, je suis au bord du hurlement. Tant de morts, dans ma vie. Tant d'espoir, qui meurt. C'est une des raisons pour lesquelles je ne veux plus fréquenter les artistes. Je n'en peux plus, de rencontrer des auteurs, des metteurs en scène, des acteurs, des scénographes, plus jeunes que moi, que j'ai connus scintillants de rêve, qui n'ont parfois même pas trente ans, ou à peine, et de devoir me retenir à quatre mains de leur lancer « J'ai bien connu ton grand-père ».

R. Leur... grand-père?

D. Eux, à l'époque où ils étaient vivants.

R. L'humanité qui perd la guerre...

D. Sans doute. Elle va ressurgir, j'en suis certain. Mais le coût! Le prix! Je veux dire : en souffrance, en désespoir!
Ce soir, Le Barbare est plein à craquer. Je viens de parcourir les... je ne sais pas, peut-être cinquante ou soixante visages. Je suis nettement le plus âgé de tous. Et leurs vies me paraissent plus fragiles que des fils.
Ils rient, ils font des projets, ils débattent.
Et je me demande combien seront encore vivants – je veux dire vraiment vivants – dans dix ans. Même dans cinq...

R. C'est terrible.

D. C'est monstrueux. Mais le pire, et de loin, de très loin, à mes yeux, c'est... lui.

R. Billy.

D. Le danger que je sens planer sur son âme fait encore davantage ressortir à quel point sa lumière m'importe. M'est essentielle. À quel point ses rêves – dont je ne connais pas les formes, mais que je sens vibrer – m'émeuvent et me paraissent précieux.
Je suis glacé de terreur.

R. Vous pensez à Andy...

D. Oui.

R. Expliquez.

D. Dans *Bob*. Andy est amoureux de Bob. Bob lui demande ce qu'est cette chose qu'il lui inspire. Andy réfléchit. Cherche ses mots. Les images. Puis, brusquement, il hurle : « Quelque chose qui se puisse, pour faire changement, tabarnak ! »

*

R. Depuis le début de notre travail, nous nous sommes abstenus presque complètement de planifier à l'avance ce qui allait advenir.

D. Oui. Ça a été difficile, mais nous nous y sommes assez bien tenus.

R. À l'exception peut-être des précisions en rafale du huitième entretien, chacune de nos séances s'est élaborée au fil de la plume. Ensuite, il y avait retour, réécriture de ce que nous venions de faire, mais pas de préparatifs pour la suite. Il n'y avait même pas de notes à propos de ce qu'il faudrait absolument mentionner.

D. C'est vrai.

Lors de toutes mes tentatives précédentes, je me retrouvais rapidement avec des piles de notes qui s'accumulaient à toute allure : ne pas oublier de dire que, bien préciser que, il faudrait m'assurer que le rapport entre ci et ça soit assez clair – des dizaines et des dizaines de pages. Qui s'enflaient encore plus vite que le texte lui-même. Cette fois-ci, au contraire, je ne sais même pas si l'ensemble des points que j'ai notés sur l'aide-mémoire suffirait à couvrir une demi-page. Et je crois que ça nous a grandement aidés – qu'il y en ait eu si peu, je veux dire.

R. Au point où nous en sommes – il nous reste moins de trois semaines – je vous suggère un plan.

D. Je vous écoute.

R. Rien ne nous oblige à nous en tenir mordicus à lui, mais il pourrait en tout cas nous guider.

Durant cet entretien-ci, j'aimerais vous entendre à propos de votre… conception du monde. Sur l'aspect de votre vie que nous pourrions appeler l'Intellectuel. Dans le dixième, et peut-être dans le onzième, l'Artiste : l'auteur, le metteur en scène, le comédien, peut-être même le professeur, le traducteur.

Ensuite, quatrième partie : conclusions.

Qu'est-ce que vous en pensez ?

D. Essayons. Jusqu'à présent, vos intuitions ont été encore plus fertiles que je ne m'y attendais.

R. Vous ne proposez pas d'amendement ?

D. Non. Essayons.

*

R. Avez-vous l'impression d'avoir une conception du monde qui vous soit propre ?

D. Non. J'ai l'impression d'avoir une conception du rapport au monde, et une conception du rêve. Elles sont assez sommaires, mais elles sont les miennes et me sont précieuses.

La première chose dont elles m'ont permis de prendre conscience, c'est l'énormité du travail nécessaire pour en avoir une.

C'est peut-être bien mon seul regret à l'idée de vieillir : je n'aurai jamais le temps d'aller aussi loin que je l'aurais souhaité. Le monde est bien trop riche, et nos représentations de lui bien trop diverses, complexes, surprenantes.

R. Nous n'allons pas tenter d'écrire en douze ou quinze pages un essai qui prétendrait couvrir toutes vos idées. Ce n'est pas l'endroit, ni le but visé.

D. Parfaitement d'accord.

R. Pour commencer, j'aimerais assez que vous me disiez quel est l'aspect de… de votre pensée qui vous intéresse le plus. Pas nécessairement le plus important ou le plus déterminant, juste celui qui vous allume le plus fort, ou qui vous revient à l'esprit, de lui-même, le plus souvent.

D. Je pense qu'il est triple. Et ça ne va pas être de la tarte d'essayer d'exprimer à la fois ses trois faces et son unité.

R. Bon, allons-y doucement, dans ce cas.
Premier terme?

D. Qu'est-ce que c'est que penser.

R. Deuxième?

D. Les liens entre pensée et émotions.

R. Troisième?

D. La magie.

R. Ouf.

D. Eh oui… C'est vous qui avez posé la question…

R. Eh bien allons-y.
Roulement de tambour.
« Qu'est-ce que la pensée? »

D. Oh là. Un petit instant.
Je ne suis pas philosophe. Je ne crois pas du tout être en position pour prétendre définir ce qu'est la pensée. Ni d'ailleurs les liens qui existent ou peuvent être déterminants entre pensée et émotions. Tout ce que je peux aborder ici, ce sont les différences entre d'une part les définitions qui m'en ont été proposées – ou, le plus souvent, imposées – au long de ma vie, et, de l'autre, ce que moi j'ai été à même de constater.
Ce ne sont pas des définitions autonomes – elles font écho au contexte dans lequel je vis et me suis développé.

R. Je vois.
Toujours est-il que… la pensée?

D. Je préférerais commencer par le troisième terme : la magie.

R. Ah bon?

D. Oui.

*

Neuvième entretien– bis
arrêt brutal

R. Oh, oh.

D. Eh oui…

R. Nous sommes le… le 14 mars !

D. Oui.

R. Lundi le 14 mars.

D. Comme vous dites.

R. Plus d'un mois !

D. Oui.

R. Nous expliquons ?

D. Allez-y.

R. Pour la première fois depuis le début de notre travail, nous avons fait un bond dans le temps : nous nous sommes lancés dans le neuvième entretien le 10 février au soir, au Barbare, avant d'avoir terminé le huitième. Nous nous étions mis d'accord, tous les deux, sur le fait que le compléter serait simple. Nous comptions le développer à temps perdu, en quelque sorte, pendant que nous développerions le neuvième. Mais ce n'est pas du tout ce qui s'est passé.

D. …

R. Il a fallu un mois. Durant lequel le neuvième, à peine entamé, est resté en plan.

D. …

R. Même le huitième, nous ne l'avons pas complété.

Nous n'avons pas achevé les évocations de moments de bonheur amoureux.

Je voulais aussi vous poser nombre de questions sur ce que c'est que « sortir du Maquis ».

Il y a cette phrase, qui a surgi tout à coup, qui n'a pas trouvé sa place, et sur laquelle je voulais vous forcer à revenir : « Le désir absolu d'être subjugué. Mais pas par la nuit. »

Il y a l'image dont vous avez failli parler, celle de la cafétéria, à l'École nationale, en troisième année, celle qui, en route vers elle, nous a entraînés à parler d'André Pagé.

D. Vous vouliez encore revenir à ça ?

R. Je crois fermement qu'il le faudra, tôt ou tard.

Je voulais encore vous faire parler de l'image paternelle, la vôtre – vous faire parler de cette pièce inachevée : *Lettre à mon fils*.

D. …

R. Il y a les voix de Sibérie. Cette « vision » que vous avez eue, formidablement puissante, lors d'une visite dans un ancien goulag de la toundra. Les morts qui murmurent les noms d'êtres aimés entre leurs dents qui n'ont plus de lèvres.

D. Arrêtez…

R. Oui, j'arrête.

Il aurait fallu compléter – et même commencer, tout simplement – nos discussions sur la magie, que nous n'avons qu'esquissées très grossièrement.

D. …

R. Le prodigieux moment *Icare*, un jour de l'automne dernier, par exemple.

D. …

R. Et même avec tout ça, nous n'aurions toujours pas revisité le septième entretien.

À son sujet, j'aurais voulu revenir sur *Terra incognita*, cette animation censée représenter le parcours de votre vie. J'ai été frappé par une image, quand vous l'avez évoquée : le trajet de votre vie active y est un chemin qui longe la mer. Or, l'image mythique de vous-même en vieillard est celle… d'un homme aux chiens qui marche sur une plage.

J'aurais voulu que vous reparliez de ce jeune prostitué qui vous a distrait, un dimanche soir, d'un projet de massacre.

Je me souviens d'une pensée qui vous a saisi, le soir où nous avons parlé de cet épisode : « Ce n'est pas de tuer, que j'ai envie. Mais de vivre. »

Il y a cinquante, cent livres, au sujet desquels j'aurais voulu vous entendre.

Il y a Knapp, bien entendu.

Il y a la beauté.

D. …

R. Mais nous n'avons plus le temps.

D'ailleurs… parlant de temps… est-ce que nous ne devions pas avoir fini pour la fin de février ?

D. Oui. Mais il est entré un peu de sous auxquels je ne m'attendais pas.

R. Qu'est-ce qui nous reste comme temps ?

D. Deux semaines. Jusqu'à la fin de mars.

R. Et puis il y a une question qui m'est revenue mille fois, depuis les dix semaines que nous travaillons à ceci.

D. Allez-y.

R. Ce livre est-il un travail de deuil ?

D. …

R. Avez-vous l'intention de… d'en finir ?

D. …

R. Pas de réponse ?

D. Vous me posez la question ? Je croyais que vous ne faisiez que me dire que vous auriez voulu la poser, mais que finalement vous ne la poseriez pas.

R. Si je la pose ?

D. …

Je ne réponds pas.

R. Vous refusez ? Pourquoi ?

D. Je ne refuse pas – je m'abstiens, c'est tout.

R. Pourquoi ?

D. Parce que je suis totalement *incapable* d'y répondre.

R. J'écoute.

D. L'effet de ce travail a été étonnant. Et je pressens que je n'ai pas fini de prendre la mesure de ma surprise.

R. Il n'a pas fait ce à quoi vous vous attendiez?

D. Pas du tout. Et pourtant, je ne m'attendais pas à grand-chose. Je vous l'ai dit : je me suis lancé parce qu'il le fallait, pas parce que je cherchais quelque chose de précis.

R. Qu'est-ce qui est si surprenant?

D. Je ressens une solidité intérieure plus grande que je n'aurais pu l'imaginer. Et, simultanément, un sentiment d'étrangeté au monde… absolue. Plus forte, plus profonde que tout ce que j'ai jamais connu.

R. Pourtant, l'étrangeté au monde, c'est un sentiment qui vous est familier.

D. Oui. Mais pas à ce point-là.

Je me sens comme une île perdue au milieu de l'océan. Je sais, je sais, ce n'est pas l'image originale de la décennie, mais c'est celle qui me vient, qui s'impose.

L'impression de savoir plein de choses… mais qui ne s'appliquent pas. Pas dans ce monde-ci, où je me trouve.

R. Le sentiment d'être un Martien?

(Les deux rient.)

D. Oh non : si je viens d'ailleurs, je dois venir de foutument plus loin que ça.

R. Qu'est-ce que ça vous fait?

D. Le goût de me taire. Complètement. Je vous l'ai dit : « Ne. Rien. Faire. »

R. Un sentiment de défaite?

D. Je crois, oui.

…

Ou, plutôt, de la fatuité de faire.

Le goût de me taire.

De ne plus bouger.

De simplement être en vie. Et c'est tout.

R. Je ne peux pas m'empêcher…

D. …

R. … de penser encore une fois à votre pièce inachevée, *Lettre à mon fils*.

D. Oui, je comprends.

R. Vous en dites deux mots?

D. Un écrivain a disparu. Un bon jour, un couple de touristes québécois, de passage en Alabama, se fait voler sa voiture. Ils vont au poste de police pour les formalités, et aperçoivent un portrait, sur un babillard, accompagné de la légende : « Connaissez-vous cet homme? » Ils se mettent à pousser des cris : « Mais oui, nous le connaissons! Il est de chez nous, c'est un écrivain. Il a disparu il y a quelques mois. » Ils apprennent que le gars a été découvert dans un champ, à poil, catatonique. On le ramène à Montréal. On le place à l'hôpital. Et son fils de dix-huit ans vient le visiter. Le père est couché sur le lit, immobile, il ne dit pas un mot de toute la pièce. Le fils lui rend une dizaine de visites. Il n'y a que lui qui parle. Il raconte à son père tout ce à quoi sa disparition l'a obligé. Toutes les questions, à propos de son père, et à propos de lui-même, de sa vie, qu'il a dû se poser. Tout ce à quoi il a dû réfléchir. Il lui raconte qu'il a lu son journal – et qu'il a été bouleversé par tout ce qu'il a compris durant sa lecture. Il lui parle des revues porno qui traînaient partout, et du fait qu'un jour, le soleil se réfléchissant sur une des revues restée ouverte, il a remarqué que le papier glacé portait une empreinte, comme si quelqu'un avait écrit sur une feuille posée sur la page en regard de la photo. Il a fouillé, examiné les piles et les piles de revues, et a découvert des dizaines d'autres pages, elles aussi en relief. Il a trouvé le moyen de reconstituer les textes – c'étaient des textes… d'amour. Dédiés à des garçons que l'écrivain a connus. Des textes sur le désir, sur la beauté, la tendresse. L'espoir. Des dizaines et des dizaines de lettres, de poèmes. Que l'écrivain avait dû jeter : son fils n'a découvert aucune trace d'eux, achevés, ni dans l'ordinateur, ni dans les papiers de son père. La dernière visite a lieu la nuit. Le fils a été appelé d'urgence : le père a bougé. Il a été retrouvé par l'infirmière, face contre terre, les bras en croix, les yeux ouverts – coupé du monde. Resté seul un moment avec lui, le fils remarque une feuille, pliée sous le téléphone, qui dépasse à peine. Il la prend. C'est une lettre de son père, qu'il a dû écrire juste avant de s'étendre sur le sol, et qui lui est adressée.

R. Qu'est-ce qu'il dit ?

D. *Je t'entends, mon garçon, j'ai entendu chacun des mots que tu m'as adressés. Mais je ne peux plus parler. Je n'ai plus rien à dire. Là, tout de suite, ce soir, oui, ça y est : oui, je le peux, je le dois. C'est un sentiment terrible – je veux dire terrifiant de force, de profondeur – qui fuse, qui oblige. Traçant ces mots, je dois me forcer à comprimer ce qui me pousse, autrement j'écrirais si vite que même moi je ne parviendrais pas à me relire. Simplement te dire que je t'ai entendu. Mais que... que je n'ai plus rien à dire.*

Il y a le monde, en moi. Et je suis paralysé de splendeur.

Ne crains rien. Je vais revenir.

Dis-toi que je suis, là, tel que tu me vois, un Franciscain, couché face contre terre, bras en croix, recueilli, en signe d'humilité et de soumission.

Montréal
2 janvier au 27 mars 2005

Post-Scriptum

Mercredi le 6 avril 2005. Quatorze heures pile.
Chez moi.

Ça y est, c'est terminé.
René-Daniel n'y est pas. Je ne sais pas où il est parti. Mais il
n'y est pas.
Il n'y a que moi.

Je viens de terminer les relectures, les corrections.
Je suis sonné.
Les images dansent.
La tristesse est insensée.
Et pourtant il y a aussi la joie.

Ces derniers jours, j'ai considérablement ralenti le travail.
Je ne voulais pas terminer.
J'avais horriblement peur.
De ce qu'il va y avoir… après.

Mais là, ça y est.
J'ai terminé.

Il me reste à décider.
De ce que je vais faire de… de ça.

*

Et puis…
Je ne pouvais pas, je ne pouvais pas terminer sur le silence du
père couché face contre terre.

Je ne pouvais pas terminer sur… la soumission.
Je ne peux pas.

Je n'ai aucune idée de ce qui va suivre,
Mais je ne pouvais pas finir sur le silence.

———

Montréal, samedi 18 décembre 2004

Salut Billy,

Il vient juste de me surgir à l'esprit une idée complètement saugrenue et tout à fait inattendue, encore une autre de ces idées de fou qui m'a, oui, pris complètement par surprise, avec une force qui – encore une autre fois dans ma vie – je le sais, ne me laissera pas respirer, ne me laissera pas vivre si je ne l'écoute pas, si je ne la suis pas jusqu'au bout. Jusque-là où je peux.

C'est absurde, je sais, mais je veux… te raconter ma vie.

Pas parce que je la pense si intéressante, ni parce que je la trouve exemplaire en quoi que ce soit, mais juste pour… pour quoi?… pour te mettre la puce à l'oreille.

Parce que ce qui me blesse tellement, dans notre société, et tout particulièrement dans les milieux artistiques, c'est la ressemblance de tout le monde avec tout le monde, et que la vie m'a obligé à me différencier de ça. Pour mille raisons, je n'ai pas pu, me conformer aux mots d'ordre. Oh, ma dissidence n'est vraiment pas grand-chose : selon les critères en vigueur dans la plupart des pays du monde, elle serait moins qu'une pinotte. Mais dans cette société-ci, pourtant, elle suffit amplement à faire de moi un paria : ici, les mots d'ordre sont tellement puissants que même l'ombre d'un doute qui te passe dans l'œil fait de toi un danger pour la nation.

Je t'aime, Billy. Je t'aime de toute mon âme. Et de tout mon corps. Je m'éveille chaque matin avec l'ombre de ta tête posée sur mon épaule. Avec dans mes paumes l'ombre de la chaleur douce laissée par l'ombre de ta nuque. Parfois, je marche dans la rue, et tout à coup quelqu'un fait un geste, juste à la frange de mon champ de vision, je sursaute : ce geste-là m'a donné l'impression que c'était toi qui étais là. Il suffit d'une impression aussi fugace que ça pour que mon cœur bondisse de joie. Il n'y a que mon désir pour toi, qui ne soit pas une ombre. Et toi, aussi, bien sûr. Toi, quand je te vois. Quand nous discutons. Quand tu souris. Quand tu me regardes. Quand je te regarde, là, devant moi. Et qu'en égoïste que je suis, je voudrais que le temps s'arrête. Que tu restes là, à jamais, avec moi.

Je ne connaîtrai jamais le bonheur de m'éveiller dans tes bras, mais comme je te l'ai déjà écrit, je voudrais pouvoir tout te donner, tout ce que j'ai. Et je n'ai rien d'autre que ce que je sais. C'est très peu. Mais c'est tout ce que j'ai à t'offrir.

Si mes paumes ne peuvent pas en te caressant te dire toute la tendresse que je ressens à ton égard, peut-être que mes mots le pourront ?

Je voudrais te raconter ma vie, Billy. Parce que je n'ai rien d'autre. Et parce qu'une des plus grandes souffrances que j'aie eu à vivre a été celle du silence. Parce que je suis arrivé, tant bien que mal, petit à petit, au prix d'efforts surhumains – pour moi en tout cas – , d'efforts dont je ne me serais jamais cru capable, à arracher à la vie quelques parcelles de réponses – alors que mes concitoyens me les refusaient. Toute ma vie, je me suis buté, et je continue à me buter tous les jours, à un incroyable mur de silence, de demi-vérités et de fausses évidences suffisant pour rendre qui que ce soit fou de douleur. Pour survivre à ça, et même parvenir à continuer à écrire, à faire ce que j'aime le plus au monde, il a fallu que je m'invente mille et une ruses de Sioux, que je me creuse des passages secrets, que j'étudie, comme dans les romans fantastiques, des tas de documents anciens.

Je n'ai pas appris ni compris grand-chose, mais le peu que j'ai appris et compris, je voudrais te le remettre, du mieux que je le peux. Pour, si ça se peut, un peu t'aider. Pour que toi, au moins, tu n'aies pas à subir un silence aussi opaque que celui dans lequel moi, à ton âge, j'ai eu à me dépêtrer.

Fais-en ce que tu voudras ou ce que tu pourras, Billy. Peut-être que ce ne sera pour toi d'aucun intérêt. Pour ma part, je ne peux faire que ce que je peux pour t'aimer en respectant celui que tu es. Et que j'aime. Mais ça, je dois le faire jusqu'au bout.

Tu as été tout surpris, mercredi, cette semaine, quand je t'ai dit, à L'Île noire : « Au milieu des années 70, quand j'étudiais à l'École nationale, j'habitais au coin de Saint-Joseph et Hôtel-de-Ville, avec deux autres gars de la classe, c'était mon premier appart. Et tu sais quoi ? Certains jours, en rentrant, je me rendais compte que... que j'attendais ton appel. »

Toi, tu m'as regardé en riant : « Mais j'étais même pas né ! »

Et j'ai juste répondu : « Je sais. »

Tu sais, Billy, quand quelqu'un nous appelle, c'est qu'il n'est pas là. Évidemment. Mais il n'y a pas que la distance physique qui nous sépare, il y a aussi le temps.

Si j'avais su que j'allais attendre ton appel pendant trente ans, je n'aurais sans doute pas raté ma tentative de suicide, à la fin de mes études. Eh bien, heureusement que je ne le savais pas. Parce qu'aujourd'hui, je ne regrette rien. Je veux dire : il y a trente ans, j'attendais ton appel. Mais à cette époque-là, même si tu avais pu appeler, je n'aurais pas pu te dire grand-chose. Ce que j'allais un jour avoir à te dire, en te regardant droit dans les yeux, et en te disant, à chaque seconde, quels que soient les mots qui paraîtraient franchir mes lèvres : « Je t'aime », eh bien, cette chose-là, je ne la savais pas encore.

Tout ce que je sais, c'est que ce que j'espérais, ce que je pressentais quand j'espérais cet appel, c'était ce que toi, aujourd'hui, tu éveilles en moi.

———

Et maintenant...
Allons voir ce que la vie me réserve.

ENTRETIENS
PLAN

ENTRETIENS

DU MÊME AUTEUR

Panique à Longueuil..., Leméac, 1980

Adieu, docteur Münch, Leméac, 1982

26 bis, impasse du Colonel-Foisy, Leméac, 1983

Ne blâmez jamais les Bédouins, Leméac, 1984

Combien dites-vous, courte pièce parue dans le recueil commémorant les 20 ans du CEAD, VLB Éditeur, 1986

Being at home with Claude, Leméac, 1986

Le printemps, monsieur Deslauriers, Guérin littérature, coll. Tragédie et Quête, 1987

Le troisième fils du professeur Yourolov, Leméac, 1990

... Et Laura ne répondait rien, Leméac, 1991

Julie, Boréal, 1996

OUVRAGE RÉALISÉ PAR
LUC JACQUES, TYPOGRAPHE
ACHEVÉ D'IMPRIMER
EN AOÛT 2006
SUR LES PRESSES DE MARQUIS IMPRIMEUR INC.
POUR LE COMPTE DE
LEMÉAC ÉDITEUR, MONTRÉAL

DÉPÔT LÉGAL
1re ÉDITION: 3e TRIMESTRE 2006
(ÉD. 01 / IMP. 01)